D1867746

# THÉOLOGIE AFRICAINE

Collection dirigée par François-Xavier Amherdt,
Bénézet Bujo, Thierry Collaud et Albertine Tshibilondi

Volume 8

Luc Olivier Razafitsimialona

# LA VIE PASTORALE, CHEMIN D'ÉVANGÉLISATION

## Les *Bara* et la Bible en dialogue, perspective pastorale dans le diocèse d'*Ihosy* à Madagascar

Préface de Philippe Lefebvre

Schwabe Verlag

Thèse approuvée par la Faculté de théologie de l'Université de Fribourg sur la proposition des professeurs Luc DEVILLERS, doyen et président du jury, Philippe LEFEBVRE (1er censeur), François BENOLO (2ème censeur), Franz MALI (assesseur) et Helmut ZANDER (assesseur) en sa séance du 14 décembre 2018.

L'étape de la prépresse de cette publication a été soutenue par le Fonds national suisse de la recherche scientifique.

MIX
Papier aus verantwortungsvollen Quellen
FSC® C083411
www.fsc.org

Information bibliographique de la Deutsche Nationalbibliothek
La Deutsche Nationalbibliothek a répertorié cette publication dans la Deutsche Nationalbibliografie; les données bibliographiques détaillées peuvent être consultées sur Internet à l'adresse http://dnb.dnb.de.

© 2021 Schwabe Verlag, Schwabe Verlagsgruppe AG, Basel, Schweiz
Cette œuvre est protégée par le droit d'auteur. L'œuvre ne peut être reproduite de façon intégrale ou partielle, sous aucune forme, sans une autorisation écrite de la maison d'édition, ni traitée électroniquement, ni photocopiée, ni rendue accessible ou diffusée.
Conception de la couverture: Kathrin Strohschnieder, Oldenburg
Composition: François-Xavier Amherdt
Impression: CPI books GmbH, Leck
Printed in Germany
ISBN Livre imprimé 978-3-7965-4474-3
ISBN eBook (PDF) 978-3-7965-4475-0
DOI 10.24894/978-3-7965-4475-0
L'e-book est identique à la version imprimée et permet la recherche plein texte. En outre, la table des matières et les titres sont reliés par des hyperliens.

rights@schwabe.ch
www.schwabe.ch

À mon grand-père maternel
Raharo François, dit « Ombilahy-vato » (Taureau-pierre)

À mon cher papa
Razafimampiandra Philibert

# TABLE DES MATIÈRES

**CHAPITRE 2**
**LA VIE PASTORALE DES *BARA***

**CHAPITRE 3**
**LE MONDE PASTORAL COMME LIEU DE RENCONTRE AVEC DIEU ET DE CONNAISSANCE DE DIEU :**
**LES USAGES RITUELS DES ZÉBUS**

## PARTIE II
## LE MONDE PASTORAL COMME LIEU DE RÉVÉLATION DANS LA BIBLE



### CHAPITRE 1
### LE MONDE PASTORAL : UNE RÉALITÉ BIBLIQUE

**CHAPITRE 3**
**LE MESSIE, ROI ET BERGER**

## CHAPITRE 4
## LA PLEINE RÉVÉLATION DE DIEU EN JÉSUS, MESSIE « AGNEAU » ET « BERGER »

## PARTIE III
## LE MONDE PASTORAL, LIEU D'ÉVANGÉLISATION CHEZ LES *BARA* : LES MONDES BIBLIQUE ET *BARA* EN DIALOGUE



### CHAPITRE 1
### L'ÉVANGÉLISATION CHEZ LES *BARA* : LE CAS DU DIOCÈSE D'*IHOSY*



### CHAPITRE 2
### PARLER DE DIEU DANS UN LANGAGE PASTORAL : DIALOGUE ENTRE LES DEUX TRADITIONS *BARA* ET BIBLIQUE, POUR UNE PERSPECTIVE D'ÉVANGÉLISATION CHEZ LES *BARA*

**CHAPITRE 3**
**QUELQUES PISTES POUR UNE LITURGIE INCULTURÉE ET UNE ORIENTATION PASTORALE**

# SIGLES ET ABRÉVIATIONS

| | |
|---|---|
| ACM | Aspects du Christianisme à Madagascar |
| *CEC* | *Catéchisme de l'Église Catholique* |
| CR | Commune Rurale |
| FLM | *Fiangonana Loterana Malagasy* (Église Luthérienne Malgache) |
| HAT | Haute Autorité de la Transition |
| ISTA | Institut Supérieur de Théologie d'*Ambatoroka* |
| ISTP | Institut Supérieur de Théologie et de Philosophie |
| JMJ | Journée Mondiale de la Jeunesse |
| LMS | *London Missionary Society* |
| *LXX* | *La Septante* |
| PUF | Presses Universitaires de France |
| RFI | Radio France Internationale |
| *TM* | *Texte Massorétique* |
| *TOB* | *Traduction Œcuménique de la Bible* |
| TV | Télévision |

# PRÉFACE

## La Parole de Dieu adressée à tous les humains

Nous avons la chance à la Faculté de théologie de l'Université de Fribourg en Suisse d'accueillir depuis quelques années des étudiants malgaches. J'ai eu le privilège d'accompagner plusieurs d'entre eux dans l'élaboration de leurs thèses en Ancien Testament. Il m'a semblé, à moi et à d'autres collègues, qu'une génération de jeunes théologiens et chercheurs malgaches était en train de naître et qu'elle poursuivait, avec son intelligence et son enthousiasme propres, des recherches théologiques développées dans la Grande Île depuis des décennies.

Le père Luc Olivier Razafitsimialona est un de ces chercheurs et le beau livre qu'il propose ici, issu de sa thèse, atteste de la vigueur, de la créativité de cette « nouvelle vague » de théologiens malgaches à laquelle il appartient. En s'intéressant aux *Bara*, cette ethnie qui habite la partie Sud de Madagascar, au cœur des terres, le père Luc Olivier a choisi un groupe humain qu'il connaît et qui le fascine, un peuple conscient de ses traditions qu'il a conservées vivantes. Pour approcher les gens de cette ethnie réputée pour ses élevages séculaires de zébus, le père Luc Olivier a trouvé un chemin qui a déjà fait ses preuves depuis longtemps : la Bible ! L'Ancien Testament évoque dans de nombreux passages les gens d'Israël ou des pays alentour qui élèvent des troupeaux. Il y a là un terrain de rencontre possible, un ensemble de traditions qui vivent dans cet Israël biblique, ainsi que chez tous ceux – juifs et chrétiens – qui, aujourd'hui encore, se nourrissent de ce vivant héritage. Il y a là aussi un certain regard sur la réalité, façonné par l'expérience de la vie pastorale. Conduire des troupeaux (ou se laisser conduire par eux), comprendre leurs besoins, observer ces animaux, apprendre d'eux, appréhender les liens entre la vie d'un groupe d'animaux et celle d'un groupe d'humains, toutes ces expériences et d'autres encore, ne constituent pas seulement un contexte, un arrière-fond, un décor : elles sont constitutives d'une société humaine, elles forment le creuset où une ethnie trouve ses caractéristiques, son âme en quelque sorte.

## Un regard méditatif

En lisant ce qu'écrit le père Luc Olivier, j'ai été touché, interpellé par ce *regard méditatif* sur l'animal que les *Bara* ont développé. Les *Bara* mangent peu de viande, ils sont plutôt végétariens ; leurs troupeaux, ils les élèvent surtout pour des raisons religieuses. On ne mange de la viande, comme c'était le cas dans l'Antiquité du Moyen-Orient et du bassin méditerranéen, que dans un contexte religieux, quand on sacrifie un animal. Sa chair est alors dépecée et partagée de manière rituelle. Même le vol de bétail, qu'on note parfois chez les *Bara*, s'apparente à un rituel que l'on rencontre aussi chez les anciens peuples indo-européens. Cela n'a rien à voir avec les entreprises crapuleuses et massives de vol de bétail qu'on revend pour s'enrichir, et qui se multiplient, hélas, à Madagascar et dans d'autres contrées.

Ce que j'ai appelé un regard méditatif sur les animaux, ici tout spécialement sur les zébus, manifeste une certaine manière d'être au monde, non comme des prédateurs, mais comme les membres d'une communauté humaine qui apprend à regarder, qui s'initie sans cesse à la création par sa proximité avec les autres créatures : arbres, plantes, animaux – en particulier les animaux familiers que l'on élève et accompagne. Or, c'est là une attitude permanente que l'on mentionne dans la Bible. Jacob et ses deux épouses, Léa et Rachel –

chacune donnant aussi sa servante à leur mari pour que la descendance s'accroisse –, engendrent treize enfants (Gn 29-30). Et, parallèlement, les troupeaux de Jacob se multiplient. Il n'y a pas là simple correspondance ni « métaphore » du côté des bêtes de ce qui arrive dans la famille de Jacob. Cette profusion procède d'une même présence de Dieu, qui, dans les aléas de la vie de Jacob et des siens, manifeste sa présence donatrice de vie.

En Genèse 31, 10-13, Jacob raconte comment, alors que les bêtes de son troupeau s'accouplaient, l'ange du Seigneur lui parlait, avant que bientôt Dieu lui-même s'adresse à lui. Le Dieu biblique est présent au cœur d'un moment important du troupeau : le rut des animaux, et il choisit ce moment-là pour rejoindre Jacob, lui rappeler quel Dieu de vie il est. Ce même Dieu demande aussi à Jacob de quitter le pays de son beau-père, Laban, chez qui il séjourne, pour revenir dans la fameuse Terre qu'il a jadis donnée à Abraham. Pour Dieu, il n'y a donc pas de moment ni d'endroit qui serait indigne de lui : les animaux qui s'accouplent, comme il leur a demandé de le faire dès le commencement (Gn 1, 20-25), le dévoilent comme la source de toute existence et lui-même apparaît comme un bon Berger qui conduit Jacob et les siens ainsi que ses troupeaux jusqu'au pays qu'il a choisi pour lui.

## Dieu révélé par les humains et leurs troupeaux !

Dans ce bref passage de la Genèse que le père Luc Olivier évoque à l'occasion dans son livre, on peut trouver plusieurs chemins pour la réflexion. D'abord, comme nous l'avons dit, les animaux s'avèrent essentiels comme révélateurs et comme accompagnateurs de la vie humaine. Et puis ces animaux – ici le troupeau de Jacob – manifestent la profusion de vie que Dieu a inscrite depuis le commencement dans sa création (Gn 1) : les êtres sont appelés à « pulluler », dit ce chapitre premier de la Bible, à témoigner que la vie, donnée par Dieu et bénie par lui, ne cesse de se propager. En Gn 1, les humains sont en quelque sorte les « imitateurs » de ce monde animal (notamment des quadrupèdes) qui ont été créés au 6$^{\text{ème}}$ jour, le même jour qu'eux, juste avant eux ! Les humains ont certes leur particularité décisive : ils sont créés *« à l'image de Dieu, selon sa ressemblance »* (Gn 1, 26). Mais ils sont liés à ce monde animal, comme ils sont liés au monde végétal. Le premier mot en effet que Dieu leur adresse est *« Fructifiez et multipliez »* (Gn 1, 28) ; à la manière des arbres, créés au troisième jour, hommes et femmes doivent donc porter du fruit – ce qui est un thème essentiel de la Bible jusque dans le Nouveau Testament.

Cette communion des êtres créés fait que les grandes révélations de Dieu ont parfois lieu quand, justement, tous les êtres de sa création sont réunis. Dans le passage concernant Jacob, ce patriarche a taillé des branches pour favoriser la fertilité des troupeaux (Gn 31, 37-41), il s'occupe de ce cheptel, il raconte avoir vu l'ange du Seigneur, avant que le Seigneur lui-même lui parle (Gn 31, 11-13). Ainsi donc le patriarche, qui est par ailleurs un grand manieur de pierres et a ainsi une accointance avec le monde minéral (cf. Gn 28, 11.18.22 ; 29, 10 ; 31, 46-53 ; 35, 14.20), est aussi lié au monde végétal (il taille des branchages et Dieu lui redira, comme aux premiers humains, de *« fructifier »* : Gn 35, 11) ; il s'occupe avec professionnalisme de troupeaux, est avisé par un ange (il en rencontre d'ailleurs à diverses reprises dans sa vie : Gn 28, 12 ; 31, 12 ; 32, 2-3) et Dieu lui parle. Dieu parle à ceux qui vivent intensément avec les différents ordres de la création – particulièrement avec les animaux. Ce sera aussi le cas du berger Moïse, à qui Dieu parle, après que son ange l'eut vu s'approcher d'un buisson, alors que, dans le désert minéral de la montagne, il conduisait ses moutons (Ex 3, 1-6).

## Des animaux pour dire Dieu

Bien plus – et le père Luc Olivier aura dans sa dernière partie des pages très importantes là-dessus – Dieu ne craint pas en retour d'être révélé par des images, des métaphores animales. Cela peut être dangereux, certes ; en effet, le risque est grand de croire qu'on peut représenter Dieu comme une bête. Aaron, poussé par le peuple, fabriquera ainsi un fameux *« veau d'or »* (Ex 32). Mais la crainte de l'idolâtrie ne l'emporte pas définitivement sur cette méditation biblique profonde : tous les êtres vivants disent, manifestent, chantent quelque chose de Dieu, de sa splendeur. Moïse compare le Dieu, qu'il vient, pour la première fois dans la Bible, d'appeler Père, à un aigle qui vole au-dessus de ses petits ; si donc Dieu est un aigle, les aiglons sont les membres de son peuple (cf. Dt 32, 6-11) ! Dieu est aussi comparé à un taureau puissant : *« Dieu a fait sortir son peuple d'Égypte. Il est pour eux comme les cornes de l'aurochs »*, chante Balaam dans une prophétie (Nb 23, 22). Un psalmiste se compare lui-même à un aurochs à qui Dieu vient donner force : *« Tu élèves ma corne comme celle de l'aurochs »* (Ps 92, 11). Employant un autre terme, Moïse reprend cette image du bovin vigoureux en affirmant que Joseph est *« le premier-né du taureau »* (Dt 33, 17). Ce taureau est-il Dieu lui-même ? C'est ce que beaucoup pensent. Ne peut-il être aussi Jacob, père de Joseph ? Pourquoi pas ? On voit ainsi que la figure du taureau, telle celle de l'aurochs et de l'aigle, passe de Dieu aux humains qui s'attachent à lui et lui ressemblent, comme ses enfants.

## Propositions nouvelles pour dire et célébrer la foi

Le père Luc Olivier a donc parfaitement raison de proposer, à la fin de sa réflexion, de faire entrer dans la liturgie malgache, spécialement à destination des *Bara*, cette grande richesse biblique, à la fois concrète et surnaturelle, désignant les créatures tout en visant le Créateur. Le Christ n'a pas craint d'être appelé par son précurseur *« Agneau »* (Jn 1, 29), lui qui se présente aussi comme *« Berger »* (Jn 10, 7-16). En tant que berger, il conduit le troupeau (comme il le suggère d'abord à ses disciples : *« Venez derrière moi »*) ; en tant qu'agneau, il est solidaire des plus faibles du troupeau, qui sont aussi, selon un paradoxe biblique plein de sens, les premiers (cf. Mt 19, 30 et ailleurs) – tout en étant les derniers quand ce troupeau est en marche. Le fait de « croiser » les comparaisons animales, de ne pas se contenter d'une seule, fait que l'on n'est pas guetté par l'idolâtrie dont la tendance est de se limiter à une seule représentation et à réifier ce qui doit rester fluide.

On pourrait alors mettre en valeur les figures de bovidés dans la Bible, appliquées à Dieu et à ses amis : elles parleraient sans doute, une fois mises en évidence et commentées, à des peuples où l'élevage bovin – qu'il soit encore pratiqué ou pas – fait de toute manière partie de la culture la plus ancienne, la plus enracinée. Plutôt qu'une théorie, je me permets de citer ici quelques exemples bibliques, dont nous avons longuement parlé, le père Luc Olivier et moi, et qu'il a développés dans son livre. Abraham, quand il reçoit les trois mystérieux messagers sous les chênes de Mambré, sacrifie un veau tendre et l'offre à ses hôtes. Dans ce passage, le veau est exceptionnellement nommé *« fils de bovin »* (Gn 18, 7-8). Ainsi donc, juste avant de recevoir la nouvelle qu'il aura un *fils*, lequel devra être offert à Dieu (cf. Gn 22), Abraham offre un *fils* à ses trois convives, dont l'un se révélera être le Seigneur lui-même. Le dernier repas du premier roi messie d'Israël, Saül, se compose aussi d'un veau gras que la femme qui le reçoit lui apprête (1 S 28, 24-25). Comment ne pas entendre une réminiscence de ces veaux, offerts à des moments cruciaux, dans la parabole de Jésus du fils prodigue que son père accueille en organisant un banquet dont le *« veau gras »* est la pièce maîtresse (Lc 15, 23) ? Le texte de cette parabole renvoie aussi à la figure de Joseph dans la Genèse : les fils prodigues comme Joseph sont revêtus de robes somptueuses et reçoivent une bague au doigt (cf. Gn 41, 42) ; or, Joseph a commencé sa brillante « carrière », après des années malheureuses, en décryptant le rêve du Pharaon qui avait vu en songe deux séries de vaches. Spécialiste des bovins, notre Joseph est aussi appelé *« fils du Taureau »* (Gn 49, 24 ; le terme hébreu est difficile, mais il ressemble à s'y méprendre à un des noms du taureau).

Bref, on n'en finirait plus de parcourir la Bible, de s'arrêter sur ces réalités si importantes des troupeaux, plus précisément sur celles, parfois oubliés, des bovidés qui ont tant de choses à nous apprendre. Si des éleveurs de troupeaux, de bovins écoutent patiemment ces textes et les mettent en rapport avec leur propre genre de vie, alors les discussions qui s'ensuivront seront à coup sûr passionnantes et ouvriront peut-être des perspectives théologiques inattendues et vivifiantes.

On dit parfois que les auteurs de la Bible étaient plutôt des « intellectuels » ; en cela, on projette sur une époque et une culture anciennes nos propres conceptions. Les « intellectuels » – si ce terme convient – qui ont écrit la Bible vivent dans un monde où l'on écoute, regarde, où l'on sent et touche les animaux. Les figures des troupeaux qui paissent un peu partout ne sont pas seulement des sources de revenus, des moyens de maintenir une existence quelquefois bien fragile. Elles sont aussi des lieux de méditation, de révélation, de rencontre avec Dieu lui-même. Que les *Bara* – et beaucoup d'autres –, aidés par des gens comme le père Luc Olivier, puissent entendre dans la Parole biblique des échos de leur propre expérience et sachent que cette Parole ancienne s'adresse à eux aujourd'hui.

Que l'Aurochs aux cornes puissantes, que le Fils du Taureau, que l'Haleine de vie qui procède d'Eux, autrement dit, que le Père, le Fils et l'Esprit Saint viennent à notre secours ! Que la Trinité nous dévoile son Être et nous donne la Vie.

Professeur Philippe Lefebvre o.p.

# INTRODUCTION GÉNÉRALE

> *« Tout pouvoir m'a été donné au ciel et sur la terre. Allez donc, de toutes les nations faites des disciples, les baptisant au nom du Père et du Fils et du Saint Esprit, et leur apprenant à observer tout ce que je vous ai prescrit. »* (Mt 28,18b-20a)

Comme je suis natif de la région des hauts-plateaux de Madagascar (*Betsileo* nord) mais que j'ai grandi comme « *valovotaka* »[1] chez les *Bara*, ma vie est largement marquée par le croisement de ces deux cultures. Vu que j'ai été ordonné prêtre pour le diocèse d'*Ihosy*, territoire *bara*, mon premier souci est d'annoncer la Bonne Nouvelle de Jésus-Christ à ce peuple selon le désir de notre Seigneur.

Si l'annonce de la Bonne Nouvelle du Christ franchit son troisième millénaire, le premier contact de l'Évangile avec le peuple *bara* date d'un siècle seulement, plus précisément à la fin du 19ème siècle. Et l'évangélisation la plus sérieuse de ce peuple a eu lieu à la moitié du 20ème siècle. Cette volonté sérieuse de l'évangélisation chez les *Bara* fut marquée par l'érection du diocèse d'*Ihosy* en 1967[2]. Ce nouveau diocèse comprend la plus grande partie du territoire *bara*[3].

---

[1] Expression *bara* pour désigner un étranger résidant depuis plusieurs années dans leur territoire.

[2] Le diocèse a célébré le 50ème anniversaire de son érection le 15 août 2017.

[3] Excepté le territoire des *Bara Imamono* dans la région d'*Ankazoabo* qui appartient au diocèse de *Morombe* et le territoire des *Bara Vinda* qui se trouve autour du fleuve *Onilahy* et fait partie du diocèse de *Tuléar*.

Après cet effort d'évangélisation, la plupart des *Bara* restent toujours méfiants à l'égard de la religion chrétienne. Actuellement, les *Bara* représentent seulement moins de 10% des chrétiens du diocèse d'*Ihosy*. Pourquoi cette méfiance ?

Certainement, il y a des raisons historiques qui ont laissé de mauvais souvenirs au peuple *bara* lors de son premier contact avec l'Évangile. Le premier contact se produisit au temps de l'impérialisme *Merina*, suivi par la colonisation. La religion chrétienne était donc considérée comme un impérialisme religieux. Cependant le problème ne nous semble pas seulement historique mais c'est aussi un problème de fondement. Les *Bara* se méfient de l'évangélisation qui s'est déroulée sans tenir compte de leur connaissance religieuse, de leur richesse culturelle. Comment les *Bara* pouvaient-ils croire que ce qu'on leur annonçait était la Bonne Nouvelle, alors qu'on profanait, démolissait, brûlait leur *hazomanga*, objet le plus sacré et qui définit leur existence ? N'est-ce pas la plus mauvaise nouvelle pour eux ? Cela nous rappelle l'affirmation du Pape Paul VI dans son Exhortation apostolique *Evangelii Nuntiandi* sur l'évangélisation des hommes de notre temps : « La rupture entre Évangile et culture est sans doute le drame de notre époque, comme ce fut aussi celui d'autres époques. » (n° 20) Une rencontre manquée mérite une profonde réflexion, une remise en question de la méthode de l'évangélisation. Elle nous ouvre vers une perspective d'une nouvelle évangélisation.

Comment donc rétablir la confiance des *Bara* en la religion chrétienne ? Comment changer leur méfiance en confiance ? Comment pourrions-nous guérir et réparer cette rupture, tout en respectant l'autonomie, l'altérité et la pluralité des cultures et en demeurant fidèles à la nouveauté et au dynamisme de l'Évangile ?

Effectivement, cela demande une remise en question de la façon dont nos prédécesseurs ont abordé l'évangélisation. Une nouvelle évangélisation s'impose comme le rappellent les Pères synodaux :

> « Une nouvelle évangélisation ne signifie pas "nouvel évangile" car *"Jésus-Christ est le même hier et aujourd'hui, il le sera à jamais"* (He 13, 8). Nouvelle évangélisation signifie une réponse adéquate aux signes des temps, aux besoins des hommes et des peuples d'aujourd'hui, à tous les scénarios qui dessinent la culture à travers laquelle nous révélons nos identités et nous cherchons le sens de nos existences. Nouvelle évangélisation signifie donc promotion d'une culture enracinée plus en profondeur dans l'Évangile : cela signifie découvrir l'homme nouveau qui est en nous grâce à l'Esprit que nous ont donné Jésus-Christ et le Père. »[4]

Une mise en valeur de la culture *bara* pour l'accueil du message chrétien est donc indispensable et pourra être une voie efficace pour l'évangélisation chez les *Bara*. Mais quelle est cette identité culturelle *Bara* qui pourrait nous servir à accueillir la révélation de Dieu contenue dans la Bible ?

Lorsqu'on parle de l'identité du peuple *Bara*, c'est tout de suite le monde pastoral qui vient en tête, et plus précisément, les bœufs. En effet, les *Bara* sont de grands éleveurs de zébus. Cet animal joue un rôle prépondérant dans la vie des *Bara*. Il est symbole du clan et de la richesse[5]. Le zébu intervient dans les différentes étapes de la vie d'un *Bara*. Il est toujours présent à chaque événement marquant la société *bara*. Il partage une unité ontologique avec l'homme. Il est « *vie* » pour les *Bara*. Il est là pour aider les humains à créer et à entretenir la relation entre la génération future, présente et les ancêtres à travers le sacrifice. Avec les sacrifices de zébus devant le

[4] ASSEMBLÉE GÉNÉRALE ORDINAIRE DU SYNODE DES ÉVÊQUES, *Lineamenta de la XIII^e Assemblée générale ordinaire du Synode des évêques pour la nouvelle évangélisation, « La nouvelle évangélisation pour la transmission de la foi chrétienne »*, 7-29 octobre 2012, *La Documentation catholique*, n° 2467, 2012, p. 422-454.

[5] *« Aomby, raza sady harea »*, ce qui signifie « le zébu est symbole du clan et de la richesse ». Tel est le slogan du festival du zébu qui se déroulait dans le chef-lieu de la région d'*Ihorombe* et dans la commune rurale de *Ranohira* (lieu touristique). Nous comprendrons plus tard la teneur de cette affirmation.

*hazomanga* (poteau de sacrifice), les *Bara* s'ouvrent au monde surnaturel, à savoir les ancêtres et Dieu. Considérés comme les créatures parfaites, les zébus demeurent l'offrande agréable au Dieu et aux ancêtres. Le patriarche élève les prières de sa famille ou de son clan vers Dieu et les ancêtres en offrant des zébus : des prières qui confessent leur foi en Dieu et leur connaissance de Dieu ; des prières accompagnées de gestes qui témoignent de leur relation avec ce monde spirituel. Bref, le symbolisme du bœuf peut aider les *Bara* à embrasser la foi chrétienne, à accueillir la révélation divine contenue dans l'Écriture.

Justement, en parcourant la Bible, nous y rencontrons beaucoup d'animaux. Cette présence importante d'animaux dans la Bible n'a pas comme but un simple décor mais elle participe à la révélation de l'image de Dieu. D'ailleurs, la Bible compare chaque personne de la Trinité[6] avec un animal. La colombe est présentée comme image du Saint Esprit : *« Ayant été baptisé, Jésus aussitôt remonta de l'eau ; et voici que les cieux s'ouvrirent : il vit l'Esprit de Dieu descendre comme une colombe et venir sur lui. »* (Mt 3, 16) La deuxième personne de la Trinité, Jésus, se compare lui-même à une poule : *« Jérusalem, Jérusalem, toi qui tues les prophètes et lapides ceux qui te sont envoyés, combien de fois ai-je voulu rassembler tes enfants à la manière dont une poule rassemble ses poussins sous ses ailes... »* (Mt 23, 37 // Lc 13, 34) Quant à *YHWH*, il se compare à un aigle : *« Vous avez vu vous-mêmes ce que j'ai fait aux Égyptiens, et comment je vous ai emportés sur des ailes d'aigles et amenés vers moi. »* (Ex 19, 4) À cela s'ajoute l'usage des images bibliques d'animaux pour exprimer la relation entre le monde divin, le monde humain et le monde animal[7]. Des auteurs des livres bibliques illustrent leur enseignement par des images animales. Jésus nourrit ses prédications

---

[6] Cf. STEYMANS H.U., *La Trinité et les animaux*, http://www.unifr.ch/theo/assets/files/SP2016/mot_du_doyen_juin2016.pdf.

[7] L'harmonie entre ces mondes (divin, humain et animal) rappelle le monde paradisiaque dans le récit de la création (Gn 1-2) ainsi que l'annonce d'un

par des images et des métaphores animales. L'art chrétien[8] apprécie et transmet à sa manière le message symbolique et catéchétique des animaux de la Bible.

Quant au monde pastoral, la Bible enregistre une tradition pastorale assez importante. Le monde pastoral est une réalité biblique. D'ailleurs, cela fait partie de l'identité de peuple de Dieu. Joseph demande à ses frères de se présenter à Pharaon avec l'identité de berger : *« Tes serviteurs se sont occupés de troupeaux depuis leur plus jeune âge jusqu'à maintenant, nous-mêmes comme déjà nos pères. »* (Gn 46, 34) En fait, Dieu se sert de cette image pastorale pour montrer son visage et sa proximité avec les humains. L'être humain essaie de comprendre Dieu à travers sa relation avec ce monde animal. Ce qui fait du monde pastoral un lieu de rencontre entre Dieu, l'être humain et les animaux. Et dans ce contexte l'un se définit par rapport aux autres. Ce qui signifie que le monde animal fait partie de la définition de Dieu et de l'homme. Autrement dit, le monde pastoral est aussi un lieu de connaissance de Dieu.

Puisque nous cherchons un thème qui permettra l'évangélisation du peuple *Bara*, tout en considérant sa culture, le monde pastoral est donc le lieu d'attente idéal qui peut favoriser un dialogue fructueux entre ces deux traditions, biblique et *bara*. Vu la place très importante de la vie pastorale dans la Bible et dans la vie des *Bara*, le monde pastoral ouvre un chemin d'évangélisation du peuple *bara*.

---

monde nouveau de l'ère messianique (Is 11, 1-9). Saint François d'Assise est l'exemple typique de cette incarnation de l'harmonie entre Dieu, l'homme et les créatures.

[8] Des artistes ont dessiné des animaux mentionnés dans l'un des récits bibliques (la création, l'arche de Noé, le bon pasteur avec ses brebis, la colombe lors du baptême de Jésus, etc.) sur les murs, les plafonds ou sur les vitraux des églises et des chapelles. Des objets liturgiques (calice, ciboire) enregistrent aussi quelques figures animalières comme l'agneau.

Et dans cette perspective, des questions se posent : D'abord, comment les *Bara* avec leurs expériences pastorales accueillent-ils la révélation de Dieu dans le contexte pastoral contenue dans la Bible ? Comment les expériences pastorales dans la Bible peuvent-elles aider le peuple *Bara* à découvrir le vrai visage de Dieu révélé dans la Bible ? Et si la Révélation trouve son point culminant en Jésus-Christ qui est venu non pas pour abolir la loi mais pour l'accomplir (Mt 5, 17), comment le message biblique accomplit-il le peuple *bara* et sa culture ? Comment peut-on faire dialoguer les expériences pastorales *bara* comme lieu de rencontre avec Dieu et de connaissance de Dieu avec celles de la Bible pour évangéliser les *Bara* et leur culture ? Finalement, quels sont les apports théologiques de cette recherche pour l'évangélisation ?

Telles sont donc les différentes questions auxquelles nous essayerons de répondre tout au long de cet ouvrage.

PARTIE I

# PRÉSENTATION DE LA VIE PASTORALE CHEZ LES *BARA* DE MADAGASCAR

## INTRODUCTION DE LA PREMIÈRE PARTIE

Le peuple malgache, majoritairement d'origine afro-asiatique, présente une unité dans la diversité. Une diversité héritée de son origine multiple dont la grande partie vient du Sud-Est de l'Asie (les archipels de Malaisie et de l'Indonésie, de l'Inde et du Sri-Lanka) et de la partie orientale de l'Afrique[9]. Cette diversité se manifeste à travers les différents dialectes parlés par chaque ethnie, l'apparence physique (visage, taille, couleur, cheveux…). On peut le définir comme un peuple à multiples visages. Mais uni par la grande île, le peuple malgache présente des points communs. On peut constater l'existence de modes de vie variés car chaque ethnie a le sien propre. Mais, retenons qu'à Madagascar, il existe des fonds communs qui tissent l'unité de ces différents modes de vie. Parmi ces points, nous avons la culture pastorale, plus précisément le zébu. C'est l'animal

---

[9] RANDRIAMAMONJY F., *Histoire des régions de Madagascar. Des origines à la fin du 19ème siècle*, Antananarivo, Éd. Luthérienne TPFLM (Trano Printy Fiangonana Loterana Malagasy), 2008, p. 8.

qui occupe une place vitale et dominante dans la vie de tout Malgache. Il fait partie de l'identité du peuple malgache. D'ailleurs l'appellation de la grande île comme « l'île au zébu » le confirme bien.

Certes, avec les nouveautés apportées par les différentes civilisations en contact avec la culture malgache, cette culture pastorale semble avoir connu un certain changement, surtout en ville. Mais au fond, elle laisse un caractère indélébile dans la vie de tout Malgache. La présence de la tête de zébu dans l'emblème de la République malgache rappelle cette trace ineffaçable de la culture pastorale à Madagascar. Dans les cérémonies et les grands événements de la vie de l'individu et de la communauté, il y a un sacrifice de zébu. C'est une pratique assez fréquente dans tout Madagascar, surtout en milieu rural.

Les *Bara* sont de grands éleveurs de zébus et ont une culture pastorale très profonde. En effet, pour nous permettre d'évangéliser le peuple *Bara* et sa culture pastorale à la lumière de la Bible, il est très important d'avoir une bonne connaissance de ce peuple et de sa culture pastorale. La première partie de ce livre va donc présenter cette vie pastorale des *Bara*. Pour cela, nous commençons notre investigation par la présentation du peuple *Bara* : une présentation qui définit sa situation géographique, raconte son histoire et présente son mode de vie et ses villages pour nous aider à nous familiariser avec la culture pastorale des *Bara*.

CHAPITRE 1

# LE PEUPLE *BARA*

## Introduction

Les *Bara* sont l'une des dix-huit ethnies qui forment le peuple malgache. Pour nous aider à mieux connaître les *Bara* qui sont l'objet de notre étude, nous allons découvrir d'abord leur situation géographique, leur histoire, leur type de village et leur mode de vie. En évoquant ces trois points qui nous introduisent à la découverte du peuple *Bara*, nous essayons de mettre en exergue la relation de chaque point à l'identité des *Bara*, en tant que peuple de pasteurs.

## 1.1 Situation géographique

Les *Bara* peuplent le Centre Sud de Madagascar dans un territoire de plus de 60 000 km$^2$ qui s'étale dans les régions d'*Ihorombe*, d'*Anosy* et qui correspond d'une manière générale aux anciennes divisions administratives des préfectures ou sous-préfectures d'*Ivohibe*, *Iakora*, *Ihosy*, *Betroka*, *Sakaraha*, *Ankazoabo* et *Beroroha*.

Plus précisément, le territoire *bara* s'étend des fleuves de *Zomandao* et du grand *Mangoky* au Nord qui constituent les frontières classiques avec les *Betsileo* et les *Sakalava*, et la rive du petit *Mangoky* et la colonie de *Tanosy* sur la rive gauche de l'*Onilahy* qui freinent leur avancée vers le Sud-Ouest ; de la montagne d'*Analavelona* comme frontière avec le *Vezo* à l'Ouest, au fleuve de l'*Itomampy* et les forêts qui les séparent des *Tanala* à l'Est.

Étant une peuplade de pasteurs, les *Bara* se trouvent dans un territoire spacieux qui est favorable pour l'élevage extensif de troupeaux ; les plaines et plateaux forment d'excellents pâturages. Mais pour donner une idée plus précise sur la géographie du territoire *Bara*, nous citons cette explication de P. Elli :

> « L'est du territoire *bara* est constitué d'une zone montagneuse, partiellement recouverte de forêts ; les rivières les plus importantes sont l'*Itomampy*, le *Ionaivo* et la *Menarahaka*, qui confluent en une seule rivière, la *Mananara* qui, elle, se jette dans l'Océan Indien au nord de *Vangaindrano*. L'ouest est formé par un immense plateau dénudé, de plus de mille mètres de haut : *l'Horombe,* « la grande prairie », qui offre de bons pâturages. Le massif de l'*Isalo* longe l'*Horombe* à l'ouest. Dans le sud domine la savane boisée. La rivière *Ihosy* se jette dans le *Zomandao* qui, lui, grossit le *Mangoky*. L'*Ilañana* et le petit *Mangoky* (à ne pas confondre avec l'autre, de même nom, mais beaucoup plus important et beaucoup plus au nord) deviennent l'*Onilahy*, qui se jette dans le Canal de Mozambique, au sud de *Toliary*. »[10]

Grosso modo, les *Bara* sont l'une des ethnies malgaches qui dominent un important territoire de la grande île : ils occupent 10,20 % de la superficie de Madagascar[11].

## 1.2 Aperçu historique des *Bara*

L'ethnie *bara* est composée de quelques tribus qui se divisent aussi en plusieurs clans descendants d'ancêtres communs mais qui se reconnaissent entre eux à travers la marque des oreilles des bœufs[12],

---

[10] ELLI L., *Une civilisation du bœuf. Les Bara de Madagascar. Difficultés et perspectives d'une évangélisation*, Ambozontany, Fianarantsoa, 1994, p. 21.

[11] La superficie de Madagascar est de 587 040 km².

[12] MICHEL L. « Autrefois, chaque caste avait sa marque spéciale », *Mœurs et coutumes des Bara, mémoires de l'académie malgache*, XL, Tananarive 1957, p. 133.

le nom, les interdits et l'histoire de la famille. Mais d'où viennent-ils ?

L'origine des *Bara* est encore un objet de discussion parmi les savants. Mais deux thèses sont généralement exposées à ce sujet, comme disait Louis Michel :

> « Selon les uns, des immigrants mélano-polynésiens seraient débarqués sur la côte Sud-Est de Madagascar avant les migrations arabes. Ces nouveaux venus seraient descendus dans l'*Anosy*, l'*Androy*, le pays *mahafaly* pour remonter par suite de guerres vers l'*Onilahy* dont ils auraient passé le cours et seraient établis dans la région actuellement peuplée de *Bara*. Nous croyons très peu à cette version pour le simple motif que les traditions des peuples intéressés du Sud ne la reproduisent nullement.
>
> Il nous a été affirmé par contre, de la part de *Bara* très anciens et notamment par les descendants actuels des *mpanjaka*, que les *Bara* habitaient autrefois le Sud-Est de l'Afrique et qu'un millier d'hommes et de femmes aurait, sous la conduite d'un chef désigné, traversé le canal de Mozambique pour débarquer entre *Morondava* et Tuléar. Ce serait donc une race africaine émigrée. »[13]

Les affirmations suivantes de grands auteurs nous poussent à affirmer la forte probabilité de l'origine africaine des *Bara*.

Selon H. Deschamps :

> « Anthropologiquement, les *Bara* sont, après les *Makoa*..., les Malgaches les plus proches des Africains. »[14]

Selon G. Ferrand[15] d'après l'explication de L. Michel :

---

[13] *Ibidem*, p. 15.

[14] DESCHAMPS H., *Les migrations intérieures passées et présentes à Madagascar*, coll. « L'homme d'outre-mer », Nouvelle Série, n°1, Berger-Levrault, Paris, 1959, p. 124.

[15] FERRAND G., « L'origine africaine des Malgaches », *Journal asiatique*, mai-juin 1908, p. 353-500, ici p. 426.

« Ce nom tribal n'est pas indonésien, mais semble pouvoir être rapproché du nom tribal *Mbara* ou *Mbala* à l'ouest du Nyassa. La nasale initiale du bantou *mbara* nous explique la forme *bara* au lieu de vara qu'on aurait pu attendre. Mais au groupe bantou initial "mb" le malgache répond généralement par "b" : swahili *mbaya* "baobab", malgache *baza.* »[16]

« D'après les descendants des anciens *mpanjaka bara,* leur race est originaire de l'Afrique. Ils habitaient à une époque qu'il est impossible de fixer, sur la côte africaine. »[17]

Et en arrivant à Madagascar, ces immigrants africains, conduits par leur chef *Rabiby*[18], qui débarquèrent près de *Morondava,* rencontrèrent les *Vazimba*[19]. Étant un homme pacifique et sociable, *Rabiby* et ses groupes ont pu s'établir auprès des *Vazimba.*

Mais à la mort de *Rabiby,* son fils *Ndriamanely*[20] qui lui succéda n'avait pas les mêmes qualités conciliatrices que son père, d'où le désaccord entre ses membres et les *Vazimba* qui les obligea à quitter la côte Ouest pour entrer vers l'intérieur. Après un voyage de longue haleine, ils trouvèrent un pays non peuplé à l'Est d'*Ivohibe* et s'y établirent. Le large espace de leur pâturage vers le Sud jusqu'à *Ranotsara-Sud* était nécessaire vu l'importance de leurs troupeaux. C'est à *Ranotsara-Sud* que *Ndriamanely* mourut vers la moitié du 17ème siècle.

---

[16] MICHEL L. « Autrefois, chaque caste avait sa marque spéciale », p. 17.

[17] *Ibidem.*

[18] *Rabiby* signifie l'animal.

[19] Selon la tradition orale, les *Vazimba* sont les premiers habitants de l'intérieur de l'île de Madagascar.

[20] *Ndriamanely* est le prince qui élargit son pouvoir ou son territoire. En effet ce nom est composé de deux mots à savoir « (A) *Ndriana* » qui signifie prince, et le mot « *manely* » qui veut dire élargir ou étendre ou encore propager.

Son fils *Ndriatompoinarivo*[21] lui succéda et il eut trois fils : *Ramasoandro*[22], *Tonanahary*[23] et *Tsimivila*[24]. Les trois fils de *Ndriatompoinarivo* avaient demandé le consentement de leur père pour se tailler chacun un royaume où ils régneraient sur ceux des *Bara* qui les y suivraient. Cette demande avait comme objectif l'extension des pâturages.

Après avoir eu le consentement de leur père, *Ramasoandro* et ceux qui l'avaient suivi retournèrent à *Ivohibe* et formèrent la tribu de *Bara Iatsatsa*[25]. Le retour de *Ramasoandro* dans la région d'*Ivohibe* se déroula paisiblement.

Par contre, les deux frères, *Tonanahary* et *Tsimivila* ont dû lutter contre les *Sakalava* et les *Masikoro* pour pouvoir gagner plus de territoire vers l'Ouest. Finalement, les *Masikoro* furent repoussés vers l'Ouest et *Tsimivila* put restaurer son royaume à *Ankazoabo* sous le nom de *Bara-Imamono*[26]. *Tonanahary* s'installa à *Ranohira* et constitua le royaume de *Bara-Be*[27]. Les *Bara* se divisaient donc en trois

---

[21] C'est le nom posthume, mais son vrai nom n'est pas retenu par les historiens. *Ndriatompoinarivo* signifie le prince servi par milliers.

[22] *Ramasoandro* est composé d'un préfixe « *Ra* » qui indique un titre de respect comme Monsieur ou Madame et le mot « *masoandro* » qui signifie soleil. Littéralement *Ramasoandro* se traduit par « Monsieur Soleil ».

[23] *Tonanahary* est composé de deux mots à savoir « *to* » qui, en dialecte *bara*, signifie « vrai », d'où l'expression « *to vata* », c'est la pure vérité ; et le mot « *Nañahary* » qui veut dire « Dieu ». *Tonanahary* peut se traduire « le vrai dieu » ou celui qui ressemble à Dieu.

[24] Étymologiquement, le nom *Tsimivila* est composé d'un préfixe négatif « *Tsi* » qui signifie « ne pas » et le mot « *mivila* » qui veut dire être courbé, plié, tordu, de travers. *Tsimivila* est donc celui qui est droit.

[25] *Antsantsa* veut dire requin.

[26] *Imamono* signifie « ceux qui tuent ».

[27] *Be* signifie grand. Les *Bara-be* sont donc les grands-*Bara*.

grands royaumes à savoir les *Bara Iatsatsa*, les *Bara Be* et les *Bara Imamono*.

Michel L. souligne ceci :

> « Les trois frères *Ramasoandro*, *Tononanahary* et *Tsimivila* vivaient en parfait accord. Ils organisèrent chacun leur royaume. En réalité, ils régnaient sur des pasteurs nomades et on ne peut songer à attribuer le nom de gouvernement au pouvoir qu'ils exerçaient. Ils répartirent le pays et sa population en tribus ayant à leur tête un chef qu'elles désignaient. »[28]

Face à l'invasion de *Merina* qui voulut réunir Madagascar en un seul royaume[29], les *Bara* résistèrent contre les soldats menés par *Ravoninahitrinarivo* envoyés par le roi *Radama* I. C'est seulement par souci de conciliation que les *Bara* ont reconnu le pouvoir de *Ranavalona* comme reine de Madagascar le 9 septembre 1873[30]. Mais les rois *Bara* restaient toujours gouverneurs des *Bara*.

À leur arrivée en 1896, les Français ont trouvé encore quatre grands royaumes (*Bara-iantsatsa*, *Bara-be*, *Bara-imamono* et *Bara-vinda*), tous dirigés par des chefs d'une même famille, les *Zafimanely*. Selon le P. Elli :

> « La conquête et la "pacification" par l'armée française n'ont pas été une mince affaire : là surtout où la géographie est venue en aide aux *Bara* pour pallier la trop grande disproportion en armement, les *Bara* ont su défendre avec courage et détermination leur terre et leur indépendance. *Isambo* et *Tsivoa* dans les forêts de l'Est, *Ramieba* et *Inapaky* dans le massif de *Vohingeza*, *Befanoa* et *Regaky* dans la

---

[28] MICHEL L., « Autrefois, chaque caste avait sa marque spéciale », p. 18.

[29] Selon la devise même d'*Andrianampoinimerina*, roi du *Merina* : « *ny ranomasina no valam-parihiko* », qui veut dire la mer est la limite de ma rizière, autrement dit de mon royaume.

[30] Ranavalona III, dernière reine du royaume Merina (1861-1917), était la nièce de la reine Ranavalona II à qui elle succèda en 1883. Pendant la colonisation, la France l'exila à la Réunion puis à Alger.

> région montagneuse de *Begogo* et *Isoanala, Manorotoro* à *Tsivory*, ont démontré que la renommée de guerriers courageux qui a toujours accompagné les *Bara* n'était pas imméritée. »[31]

À part ces quatre royaumes que nous venons de mentionner, il existait aussi des peuplades dénommées *Bara-Bory*[32].

> « C'étaient en réalité des *Betsileo* qui, chassés de leur pays d'origine par des guerres civiles, étaient venus chercher asile et répit auprès des *Bara*. Lorsqu'ils arrivèrent sur les confins du royaume *Bara-Be*, ils entrèrent en pourparlers avec les maîtres du pays Sud. Ils se montrèrent souples et conciliants de manière à obtenir la tranquillité qu'ils désiraient. Les *Bara* accédèrent à leurs demandes et leur accordèrent le droit de s'établir dans les terres situées au Nord du *Zomandao*, dans ce qui constitue l'actuel poste d'*Ankaramena*. »[33]

Généralement, ils avaient gardé une partie de leurs coutumes d'origine, mais ils acquirent assez facilement certains usages des véritables *Bara*. Géographiquement parlant et selon leur coutume, ils faisaient la transition entre les *Betsileo* au Nord et les *Bara* au Sud.

Nous voulons souligner aussi que dans la société *Bara*, le roi *Ndriatompoinarivo* avait décidé de créer des castes pour distinguer du reste de la population ses fils et ses parents, d'une part, et ses grands chefs et leurs descendants, d'autre part.

À ses fils et à leurs descendants, *Ndriatompoinarivo* attribua le nom de *Zafimanely*, d'après le nom de son père *Ndriamanely*. C'est la caste royale.

Mais au-dessous de cette caste royale, il existait aussi quatre autres classes de nobles et de princes, qui toutefois ne régnèrent pas.

---

[31] ELLI L., *Une civilisation du bœuf*, p. 25.

[32] On les dénomme *Bara-Bory* car, selon la coutume, les nouveaux venus doivent se raser la tête dans le but de se distinguer des autres. « *Bory* » veut dire rasé.

[33] MICHEL L., « Autrefois, chaque caste avait sa marque spéciale », p. 20.

C'étaient les descendants de ses frères et ses sœurs. Ces quatre castes princières sont les *Ndriamisara*, les *Hovalahin'ny Antara*, les *Zafimarosoa* et les *Ambilony*.

Le premier des neveux *Mahongaky* avait obtenu de son oncle *Ndriatompinarivo* de se transférer vers le Sud-Ouest où il fonda la tribu de *Tevondro*. Il avait le même titre princier que les quatre castes princières sus-mentionnées. Cette caste princière est le *Zafimarozaha*.

Outre les castes nobles et descendantes des chefs guerriers, le reste de la population *bara* se divisait en deux classes à savoir les hommes libres et les esclaves. Les hommes libres ou la masse de la population étaient désignés *Bara-madio*[34]. En se groupant autour d'un chef à qui ils obéissaient, ils conservaient toujours avec fierté leur dignité et liberté complète. Quant aux esclaves qui étaient des ennemis capturés à la guerre, ils étaient partagés en deux catégories, à savoir les serfs royaux, les *Mahombe*[35], qui travaillaient à l'exécution des corvées royales, et ceux qui étaient attribués aux chefs et au peuple, les *Anakomby*[36]. La suppression de l'esclavage dans tous les territoires malgaches a suivi de peu les débuts de la colonisation à Madagascar.

## 1.3 Le village et le mode de vie des *Bara*

À Madagascar, comme ailleurs, on peut identifier un peuple par sa manière de planifier son village et sa façon de construire sa maison. Le mode de vie fournit également les éléments identitaires d'un peuple. Comme ils constituent une peuplade de pasteurs, le mode de vie ainsi que le village des *Bara* sont inspirés par cette culture pastorale. C'est ce que nous allons développer dans les points suivants.

---

[34] *Madio* veut dire propre.

[35] *Mahombe* signifie efficace.

[36] *Anakomby* signifie veau.

## 1.3.1 Le village et la maison *bara*

Profitant de leur vaste territoire, les *Bara* fondent leurs villages en gardant une grande distance les uns par rapport aux autres. Leurs villages s'éparpillent dans ces contrées perdues, surtout afin de donner une grande liberté au troupeau. En effet, c'est le troupeau qui délimite le territoire d'un village à un autre. C'est ce qu'on appelle *tanin'aomby*[37] ou pâturage. L'un des critères fondamentaux pour la fondation d'un village est la possibilité d'un pâturage suffisamment vaste pour les troupeaux.

Un village *bara* est constitué par un *toñy,* un *hazomanga*, une *tranobe*, les maisons des villageois, les parcs à zébu, le *toetr'aomby* et le *tanin'aomby,* le *sirana,* les rizières et le champ, le *kibory.* Voyons l'emplacement de ces différents lieux.

### 1.3.1.1 Le *toñy* ou composants magiques enterrés

Rappelons toujours que la première condition de la fondation d'un village, c'est la possibilité d'un pâturage propice pour l'élevage. Et quand celle-ci est remplie, on passe à la fondation du village. La famille consulte donc l'*ombiasa*[38] et lui demande de préparer le terrain. L'*ombiasa* enterre donc des composants magiques assurant la paix et la bénédiction pour le futur village. Et ces composants s'appellent *toñy*. En effet le mot *toñy* signifie calme, c'est-à-dire paix. De ce fait, le *toñy* est le garant de la paix dans le village. Il renferme un caractère sacré, d'où le grand respect que les villageois lui accordent. Il est enterré soit dans le parc à bœufs, soit à l'Est du village. Ce sont les deux endroits vitaux dans la vie des *Bara*. Le parc contient les zébus, la chose la plus importante dans la vie des *Bara.* L'Est est le lieu où résident les forces surnaturelles.

---

[37] *Tanin'aomby* est composé de deux mots, *tany* qui veut dire terre, et *omby* qui signifie bœuf.

[38] C'est le devin.

La présence d'un *toñy* dans un village est un indice montrant que celui-ci est un village ancestral. D'ailleurs les archéologues se basent sur le *toñy* pour reconnaître un ancien village. Il se peut qu'on place aussi un *toñy* dans un simple village qui sert comme campement à la recherche de pâturages. Ce genre de *toñy* est lié directement à l'élevage. D'ailleurs, on l'appelle *toñin'aomby* à la différence du *toñy tanà*. Lié au charme *fandrorota*[39], ce *toñy* est destiné à protéger les bœufs et à les faire produire.

### 1.3.1.2 Le *hazomanga* ou arbre sacré

Étymologiquement le mot *hazomanga* comprend deux racines à savoir le mot *hazo* qui signifie « arbre » et *manga* qui veut dire « bleu ». Littéralement le *hazomanga* se traduit comme l'arbre bleu. Chez les Malgaches, la couleur bleue est symbole de la célébrité et de la beauté. C'est le cas d'hommes célèbres dénommés *olo manga* (hommes bleus), la belle voix appelée *manga feo*. Pour cette raison le *hazomanga* est traduit par « un bois par excellence »[40]. Il est estimé avoir plus de *hasina* (valeur sacrée).

En principe, le *hazomanga* est le nom d'un bois qui pousse dans la forêt de l'Est. Mais à cause des feux de brousse, il est en voie de disparition et on lui substitue le *hazomena* (bois rouge) dit *teza* avec lequel on bâtissait jadis la maison du roi. On prend aussi d'autres arbres locaux comme la *katrafay*, le *kily*, le *varo*, le *lalipito*, le *pea*, le *soaravy*. Ce sont des arbres durs et résistants. Malgré la disparition du bois *hazomanga*, on garde toujours le nom *hazomanga* pour désigner cet arbre sacré.

Avant d'abattre l'arbre, on sacrifie un bœuf et on enduit le tronc du sang du bœuf. Les jeunes hommes qui portent l'arbre au village sont

[39] *Fandrorota* veut dire : ce qui sert à attirer. Ce charme a comme mission d'attirer la richesse et d'attirer beaucoup plus de zébus.

[40] CARUSO V., *Brève esquisse d'analyse du « hazo-manga » dans la société bara*, Document ronéotypé, Farafangana, 1970, p. 2.

encouragés par les chants des femmes. On enlève l'écorce du bois et on l'appointe à son extrémité supérieure, puis on le plante à l'Est de la maison du patriarche, car l'Est est la direction des ancêtres et de Dieu (*Zañahary*). D'ailleurs, la partie Est de la maison du patriarche où se trouve le *hazomanga* est gardée toujours propre. Une fois que le pilier est planté, le patriarche fait une *tata*. Au pied du *hazomanga* se trouve une pierre plate qui sert pour affûter la lame du couteau sacrificiel ou *verara*. Et à côté de *hazomanga* s'alignent des *hazomboto* (bois du pénis) dressés lors de la circoncision. Ces derniers sont plus petits que le *hazomanga*.

Le *hazomanga* est le pilier rituel du culte ou l'autel des *Bara*[41] devant lequel on célèbre la *tata*. Il constitue le village comme tel, même s'il n'y a que deux ou trois maisons. Le *toetr'omby* (habitation éloignée du village en fonction du pâturage des bœufs) ne constitue pas un village, même s'il possède plusieurs maisons, car on n'y plante jamais un *hazomanga*. Jadis les esclaves n'avaient pas le droit d'avoir un *hazomanga* à eux. Mais depuis l'abolition de l'esclavage, les anciens esclaves qui veulent avoir un *hazomanga* doivent choisir un emplacement en dehors du village. Tous les enfants, les jeunes gens et jeunes filles appartiennent toujours à l'*hazomanga* du père[42] et sont ensevelis dans le tombeau familial du père. La femme ne suit pas son mari, mais elle appartient toujours à l'*hazomanga* et au tombeau de ses parents. Le *hazomanga* est le signe visible et durable de l'union des vivants avec les membres défunts de la famille.

Toutes prières célébrées au *hazomanga* doivent être suivies du sacrifice d'un bœuf. Ce qui souligne encore la valeur vitale de ce lieu sacré dans l'univers *bara* et le rôle du zébu comme un trait d'union entre le monde des vivants et celui des ancêtres, le monde naturel et le surnaturel.

---

[41] CARUSO V., *Brève esquisse d'analyse du « hazo-manga » dans la société bara*, p. 2.

[42] Cf. ELLI L., *Une civilisation du bœuf*, p. 91.

Comme c'est le troupeau qui rythme la vie des *Bara*, si un village ne porte pas chance à l'élevage du troupeau, ou si la prairie devient insuffisante à cause de l'agriculture, les *Bara* abandonnent facilement leur village pour chercher un autre endroit qui est favorable à l'élevage du troupeau. Dans un changement de village, le *hazomanga* reste toujours au village abandonné. Ce qui signifie l'érection d'un nouveau *hazomanga* pour le nouveau village.

#### 1.3.1.3 La *tranobe* ou la *tranon-donaky* et les autres maisons

La *tranobe* ou la *tranon-donaky* est la maison du patriarche. Elle est la maison par excellence[43], modèle pour les autres maisons. C'est un petit univers où vit la société patriarcale *bara* et qui comprend l'espace, le temps et les destins. Pour l'espace, les parois sont toujours en direction Est-Ouest et Nord-Sud. La maison patriarcale comme les autres maisons se présentent comme suit :

- Une porte au Sud-Ouest (l'unique porte)
- Une fenêtre au Nord-Est. Lors du décès du patriarche, cette fenêtre sert pour faire passer sa dépouille mortelle avant son enterrement au tombeau familial.
- Un *fatana*, c'est le lieu où on cuisine.
- Un *kobany* ou le lit se trouve à l'Ouest. Il se tourne vers le Sud.
- *Takiva*, une petite table où on met l'assiette du chef de la famille. Elle se place à l'Est du lit.
- *Taky*, un bambou suspendu au toit, juste au-dessus du *fatana*, pour ranger la vaisselle.
- *Lambora,* un cordon suspendu au toit à l'Ouest au-dessus du lit, pour ranger les nattes.

---

[43] CARUSO V., *Brève esquisse d'analyse du « hazo-manga » dans la société bara*, p. 2.

- *Viarara,* couteau sacrificiel. Il est rangé au-dessus du *takiva*. C'est un objet sacré.
- *Fandamba,* deux petites assiettes qui servent pour l'offrande des prémices du riz. Elles font partie des objets religieux.
- Le balai, la hache et la bêche sont rangés au Sud de la porte.
- La valise ou coffre, au-dessous de *takiva.*
- L'*Atsiva,* la conque qui sert pour la convocation des villageois lors de la cérémonie religieuse. Elle fait aussi partie des objets sacrés.

Quant à l'emplacement de chaque individu dans la maison, on peut observer l'ordre suivant :

- Le patriarche occupe la place d'honneur au Nord-Est.
- Les hôtes d'honneur sont placés juste à côté du patriarche.
- La femme du patriarche est tout près du four.
- Les femmes sont à l'Ouest.
- Les enfants au Sud.
- Les serviteurs ou esclaves au Sud de la porte.

Chaque chose et chaque personne ont leur place selon la tradition inspirée par un sens symbolique. Pour le temps, les douze mois de l'année sont fixés et distribués par la tradition tout autour de la maison[44]. Et pour les destins, ils règlent la naissance et l'activité de tout homme selon les différentes combinaisons des mois avec les jours de la semaine, suivant les inclinaisons successives du soleil et le cours de la lune.

La *tranobe* se trouve au Nord-Est du village car l'Est, ainsi que nous avons déjà dit, est la demeure et la direction de *Zañahary* et des ancêtres, et le Nord est celle de l'autorité. Elle se distingue des autres

[44] *Ibidem.*

maisons du village par sa grandeur. On n'a pas le droit de construire une maison d'une hauteur dépassant la *tranobe*. La *tranobe* en tant que *hazomanga* est aussi un signe visible de communion entre les vivants et avec les ancêtres. « Toute circoncision doit se faire dans la *tranobe* et chaque membre de la famille mort dans le village doit être déposé dans la *tranobe* avant d'être emmené dans le tombeau familial. »[45]

> « La *tranobe* c'est l'univers sacré où la société familiale vit en conformité aux coutumes ancestrales et aux destins et où chaque individu et chose n'ont un sens qu'en relation avec la société même. Le patriarche manifeste et fait cette unité sociale-familiale. »[46]

#### 1.3.1.4 Le parc à zébus ou *valan'omby*

L'une des caractéristiques d'un village *bara* est l'existence d'un parc à zébus. Il est impensable de voir un village *bara* sans parc à zébus. Ceci se trouve à l'Ouest de la *tranobe*. Il accueille les zébus de tout le clan. Quand le clan possède un très important nombre de bovins, il construit un ou plusieurs autres parcs. En effet, un parc contient en moyenne une cinquantaine de têtes de bétail[47].

Pendant les différentes saisons, les zébus passent toujours la nuit dans des parcs. Le parc à zébus est confectionné avec des matériaux sommaires tels les bois morts ou épineux et la haie d'aloès. Il est doublé d'une rangée de sisal ou de nopal. L'entrée est marquée par deux troncs troués où les pasteurs glissent des traverses pour sécuriser le parc pendant la nuit.

Même si la clôture du parc est doublée, il n'est pas tout à fait solide. En effet, un parc est construit juste pour empêcher les animaux de

---

[45] *Ibidem*, p. 3.

[46] *Ibidem*, p. 10.

[47] Cf. ELLI L., *Une civilisation du bœuf*, p. 33.

s'égailler et de s'égarer pendant la nuit[48]. Certes, il est facile pour les voleurs de s'introduire pour faire sortir les bœufs. Mais retenons qu'au centre de ce parc est planté un *toñy*[49], charme pour protéger les zébus des maladies ou de l'envahissement des ennemis et des voleurs. « D'autres *toñy* sont cachés aux alentours des villages, sur les collines environnantes, aux croisements des sentiers à l'intérieur même des villages : ils ont pour fonction de protéger le groupement de l'arrivée des ennemis et des voleurs. »[50]

À l'extérieur ou à l'intérieur du parc à zébus, il existe souvent un petit enclos (*vala-tsaraky*) réservé pour les veaux (*saraky*).

À part ce petit enclos pour les petits veaux, il y a aussi une autre enceinte qu'on appelle *kizà*. Elle est constituée par du sisal aligné ou une haie de branchages entremêlés. Elle accueille les bœufs le matin à la sortie du parc et le soir avant d'y retourner pour le temps de contrôle. Le pasteur y fait une vérification de la santé de son bétail et y contrôle si son troupeau est au complet.

### 1.3.1.5 *Toets'aomby*[51] ou campement à zébus

À part le parc au village, il existe aussi un autre parc hors du village. Celui-ci entre en fonction lors de la saison sèche où l'herbe est sèche et devient rare, où les rivières baissent, les points d'eau tarissent. De ce fait, les pasteurs doivent faire un long parcours pour nourrir leur bétail. Ils ne peuvent plus rentrer au village chaque soir. Ils installent

---

[48] Cf. MICHEL L., « Autrefois, chaque caste avait sa marque spéciale », p. 158.

[49] Cf. ELLI L., *Une civilisation du bœuf*, p. 36.

[50] *Ibidem*.

[51] *Toets'aomby* vient de deux mots, à savoir *toetsy* ou *toerana* en malgache officiel qui signifie place et *aomby* qui signifie bœuf. C'est un mot qui désigne le parc à zébus pendant la saison sèche.

donc des campements sur les lieux des pâturages pour pouvoir s'occuper davantage de leur bétail. De jeunes femmes les rejoignent pour s'occuper de leur cuisine.

### 1.3.1.6 Le *tanin'aomby*[52] ou le pâturage

Les vastes plaines et les savanes à perte de vue qui constituent le pays *bara* donnent une grande liberté au troupeau. Comme nous venons de le dire ci-dessus, les villages *bara* sont éparpillés dans cet immense territoire. Mais chaque village a son *tanin'aomby*. Littéralement, c'est un terrain appartenant à l'élevage des zébus.

Certes, ce *tanin'aomby* n'est pas cadastré dans le registre foncier administratif. Aux yeux de l'administration foncière, cela n'existe pas. Mais les *bara* entre eux, en particulier les villages voisins, savent la limite de leur territoire. Assurant la nourriture du troupeau, ce *tanin'aomby* est vital pour les *Bara*. Malgré le non enregistrement de ce territoire, les *Bara* y tiennent beaucoup. Cela crée souvent un problème foncier très sérieux entre le peuple *bara* et l'État. On peut citer le litige qui opposa les firmes internationales *Tozzi Green* et *Landmark*, aux *Bara* de la région d'*Ihorombe*. On peut lire dans la pétition adressée au président de la transition la phrase suivante : « La région *Ihorombe*, dans le Centre Sud de Madagascar, est victime d'accaparements de terres de vastes surfaces par deux investisseurs bien identifiés, les sociétés *Landmark* d'origine indienne et *Tozzi Green*, d'origine italienne. »[53] Ce problème est loin d'être ré-

[52] *Tanin'aomby* qu'on traduit par « pâturage » vient de deux mots à savoir *tany* qui signifie terre et *aomby* qui signifie bœuf. Chez les *Bara*, le pâturage est donc une partie de terre qui appartient aux bœufs.

[53] Cf. RAKOTONDRAIBE M., *Madagascar : Halte à la vente de terre*, http://www.pambazuka.net/fr/category.php/advocacy/79500/print.

glé. Certainement, les *Bara* qui ont considéré la terre comme sacrée[54], ne cèdent jamais leur terrain aux étrangers. D'ailleurs, la cession d'un terrain aux étrangers est considérée comme tabou pour les Malgaches. Ce qui signifie que ce litige foncier va perdurer comme rapporte le journal *La Nation* :

> « C'est un bras de fer qui risque de durer. Plusieurs milliers de villageois pourraient être "virés" sans ménagement de leur terre dans la région *Ihorombe*. 7 000 à 10 000 hectares de terrains comprenant des pâturages sont sur le point d'être bornés au bénéfice d'une société dénommée "Triangle Vert" qui n'est autre que l'ancienne Tozzi Green. Le régime HAT a désormais son affaire Daewoo. L'affaire Triangle Vert ou Tozzi Green provoque un véritable scandale dans la région *Ihorombe*. En tout, pour le moment, 22 villages sont concernés, à savoir *Ivato Ouest*, *Fenoarivo*, *Bevaho*, *Vavalovo*, *Satrapotsy*, *Akatrakatra*, *Andiolava*, *Ambararatabe*, *Manatamia*, *Ambondro*, *Ankotoriky*, *Maharivo*, *Bemavo*, *Andranoboky*, *Soavinonjy*, *Ambakoa*, *Langay*, *Satrokala*, *Mihary*, *Fanatoliza*, *Bemelo*, *Ampandrambe*. »[55]

Nous pouvons retenir tout simplement que les *Bara* sont intolérants quand il s'agit de leur troupeau. Le *tanin'aomby*, comme son nom l'indique, est lié à son troupeau. Il n'est pas étonnant qu'ils se montrent sérieusement jaloux de leur pâturage.

#### 1.3.1.7 Le *siraña* ou point d'eau

Le choix du lieu d'installation d'un village dépend aussi de la présence d'un *siraña*. Ce terme désigne le point d'eau. C'est là qu'on prend l'eau pour faire la cuisine, laver le linge, se baigner.

Le *siraña* indique également un lieu de passage, de rencontre. En effet le mot *siraña* est l'équivalent du mot *seranana* en malgache

---

[54] Nous verrons un peu plus loin l'invocation de la terre sacrée dans la prière *bara*.

[55] Dans le journal *La Nation* du 19.3.2013.

officiel qui signifie port. C'est un endroit fréquenté par beaucoup de monde. Étymologiquement, le mot *siraña* tire son origine du mot *sera* qui signifie relation ou contact. De là on obtient le mot *serasera* pour dire la communication. En effet, ce point d'eau, comme le puits[56], ou la fontaine dans d'autres endroits et d'autres cultures, est un lieu de rencontre.

Pour raison de sécurité, chaque soir, quand tout le monde est déjà au village, une personne ou un groupe de personnes (selon l'organisation du village) va effectuer le *fafa-siraña*[57] . On efface des pas de tout le monde, surtout la trace du troupeau pour faciliter la surveillance du village. Dans le cas où il y a une attaque ou un vol de bœufs pendant la nuit, les gens du village vont à la poursuite des malfaiteurs en reconnaissant et en suivant leur trace. Il faut avouer que les *Bara* ont des compétences incroyables concernant la reconnaissance de traces de troupeau et de voleurs[58].

### 1.3.1.8 Le *horaky* ou rizières

L'installation d'un village dépend aussi de l'existence d'un terrain qui sert à la culture du riz. Certes, les *Bara* ne sont pas de grands producteurs de riz, comme certaines ethnies malgaches, mais ils en cultivent surtout pour l'autosuffisance alimentaire de leur famille. À cela s'ajoute la culture des tubercules tels que la patate douce, le manioc. Tous ces terrains font partie du village.

[56] Il en est de même dans la Bible (cf. Ex 2, 16-17 ; Jn 4, 6s).

[57] C'est l'action de balayer le *siraña*. *Fafa* signifie balayer et *siraña* est le lieu de rencontre ou de passage.

[58] Nous revenons sur ce thème au chapitre suivant.

#### 1.3.1.9 Le *kibory* ou tombeau ancestral

Un village ancestral possède un tombeau ancestral. En effet, il y a un lien très fort entre le village et le tombeau, comme disait Tsangadahy : « Si la *tranobe* est le lieu de rassemblement pour les vivants, le tombeau est la *tranobe* par excellence qui rassemble tous ceux qui se reconnaissent d'une même origine. »[59]

Le tombeau est placé sur un endroit élevé et de préférence à l'Est du village. Ce qui montre déjà sa valeur. En effet, les *Bara*, comme les autres ethnies malgaches, accordent beaucoup de respect au tombeau. Croyant en la présence de leurs ancêtres, racines de leur vie en ce lieu, ils ne respectent pas seulement le tombeau mais l'honorent en y faisant un culte.

### 1.3.2 Le mode de vie des *Bara*

Comme l'histoire nous le rappelle, avant et au début de son installation dans son territoire actuel, le peuple *Bara* a mené une vie nomade[60]. Mais vu la croissance démographique et la formation de l'État malgache, il mène une vie semi-nomade. Même s'il fonde un village pour s'y installer, il n'y tient pas tellement. Il s'attache plutôt à son troupeau. Alors, si un village est jugé impropre à l'élevage du troupeau (mort fréquente du bétail ou attaques multiples de voleurs de zébus) ou d'autres raisons nuisibles à l'élevage du troupeau, il l'abandonne sans hésitation et se déplace pour en fonder un autre.

Menant un mode de vie semi-nomade, il donne priorité[61] aux soins du troupeau mais à côté, il travaille aussi les champs. Comme nous

---

[59] TSANGANDAHY H.V., *Le havoria bara : De l'ancestralisation à la Pâque chrétienne*, Mémoire de maîtrise, ISTP Antananarivo, 1995, p. 50.

[60] Cf. MICHEL L., « Autrefois, chaque caste avait sa marque spéciale », p. 130.

[61] Nous verrons un peu plus tard le récit qui relate la préférence du métier de l'éleveur par rapport à l'agriculteur.

l'avons déjà dit à maintes reprises, les *Bara* sont de grands éleveurs de zébus. Certains clans *bara* élèvent aussi des moutons, des porcs, mais d'autres clans considèrent ces animaux comme prohibés. En général, chez les *Bara*, la chèvre est un animal prohibé[62]. Chaque famille fait aussi un petit élevage de volaille. L'élevage avicole, porcin et ovin est destiné à gagner l'argent nécessaire pour le fonctionnement de la vie quotidienne. Même si les bœufs font la richesse des *Bara*, ils ne sont pas l'objet de commerce. En effet, les *Bara* ne vendent leurs bœufs que dans des cas vitaux[63] (soins des malades, affaires au tribunal, etc.).

En ce qui concerne l'agriculture, les *Bara* plantent du manioc, des patates douces, du maïs et du riz. Le produit de ce travail agricole sera consacré à nourrir la famille. Le surplus sera destiné à la vente. Et l'argent obtenu sert à subvenir aux besoins quotidiens de la famille, tels que le sel, le sucre, le savon, les vêtements, la lampe à pétrole.

Certes, les *Bara* sont riches en troupeaux et pratiquent le travail agricole comme accessoire à l'élevage du troupeau. Mais quant à la nourriture, il est étonnant d'apprendre qu'ils sont presque exclusivement végétariens[64]. Les aliments de base chez les *Bara* sont : le riz, le manioc, la patate, le tarot, et le *habobo*[65]. La viande de bœuf est prise occasionnellement en cas d'accidents survenus à des zébus et aux fêtes religieuses. En effet, comme dit Faublée, « chez les *Bara*,

---

[62] Les *Bara* comme beaucoup d'ethnies malgaches justifient l'interdiction par des contes explicatifs, d'aspect rationnel.

[63] Le chapitre suivant explicitera davantage la valeur des bœufs dans la vie des *Bara*.

[64] Cf. ELLI L., *Une civilisation du bœuf,* p. 31.

[65] Lait fermenté et caillé.

[…] on ne tue des bœufs que lors des sacrifices religieux, seule occasion qu'ont les *Bara* de manger de la viande »[66]. Les *Bara* mangent de temps en temps des fruits de saisons, des poissons, des oiseaux ou des animaux de la chasse. Mais personne n'envisage de devenir professionnel en ces métiers car « la chasse, la cueillette, la pêche […] sont regardés comme de *tsy mapanan-draha, mampisotry, mahararaky* (tous des termes interchangeables signifiant "rendre pauvre") »[67]. Cela souligne que l'élevage du troupeau de zébus est le vrai métier noble et digne d'un homme.

## Conclusion

Nous pouvons ainsi retenir que les *Bara* sont une peuplade de pasteurs, d'origine africaine selon plusieurs auteurs et qui peuplent le Centre Sud de Madagascar. Ils forment trois grandes royautés, à savoir celle de *Bara-Iantsatsa* à *Ivohibe*, celle de *Bara-Be* à *Ranohira* et le *Bara-Imamono* à *Ankazoabo*. De ces trois royaumes ont surgi d'autres royaumes, tels que le royaume de *Bara-Vinda* autour de l'*Onilahy* qui fut la branche de *Bara-be*, et le *Bara-Tevondro* qui sortit du royaume de *Bara-Iantsatsa*.

La découverte de leur village et leur mode de vie offrent un avant-goût de leur culture pastorale. Ils construisent leur village dans un endroit propice pour l'élevage du troupeau. Ils mènent un mode de vie rythmé par l'élevage du troupeau. En un mot, les *Bara* sont très attachés à leur troupeau. Le chapitre suivant va développer cette vie pastorale des *Bara*.

[66] FAUBLÉE J., *Récits Bara*, coll. « Travaux et mémoires de l'Institut d'Ethnologie », n° 48, Paris, Institut d'Ethnologie de Paris, 1947, p. 44.

[67] ELLI L., *Une civilisation du bœuf,* p. 31.

CHAPITRE 2

# LA VIE PASTORALE DES *BARA*

## Introduction

Après avoir découvert le peuple *bara* à travers son milieu géographique, son histoire et son mode de vie, notre investigation se concentre, dans ce deuxième chapitre, sur sa vie pastorale. Deux points principaux constitueront ce chapitre. D'abord, nous parlerons de la vie pastorale comme identité du peuple *bara*. Constituant l'identité des *Bara*, le monde pastoral devient l'expression même de la vie et de la société *bara*.

## 2.1 Vie pastorale, identité *bara*

Le monde pastoral reste le lieu absolument marquant de l'identité du peuple *bara*. En effet, les *Bara* sont de grands éleveurs de zébus. Les deux points du présent chapitre tâcheront de l'établir. Leur territoire, d'ailleurs fruit de leur quête personnelle d'un lieu propice pour l'élevage de leur troupeau, leur permet de vivre cette vocation pastorale. Son aperçu historique témoigne de leur attachement aux zébus. Comme notre recherche se focalise sur cet animal exceptionnel aux yeux des Malgaches, il serait intéressant de commencer ce chapitre par la présentation du zébu malgache.

### 2.1.1 Présentation du zébu malgache, *omby* ou *aomby*

Le zébu malgache s'appelle *omby* dans le malgache officiel ou *aomby* chez les *Bara* ou encore *agnomby* dans certaines régions. Deux thèses sont proposées comme se trouvant à l'origine de cette appellation *aomby*, ainsi que l'explique Raharolahy : « Au terme kiswahili (Afrique de l'Est) "*gnombe*" correspond celui de "*omby* ", "*aombe*" ou encore "*agnomby*". Mais il est aussi avancé selon certains mythes que le terme "*omby*"[68] serait dû au fait que ces animaux – appelés autrefois jamoka – ont pu être "rassemblés" dans un même enclos. »[69]

Si l'appellation de zébu malgache résonne selon une connotation africaine, cela s'explique par le fait que la race zébu malgache tire également son origine de l'Afrique. En effet, selon les chercheurs, les bœufs à bosse ne sont pas originaires de Madagascar, mais y ont été introduits. Des données paléontologiques, archéologiques et mythologiques montrent que les zébus malgaches, issus de la race « *Bos indicus* » ou bœufs à bosse, ont été introduits à Madagascar à différentes périodes. Lily Raharolahy indique la présence des zébus dans la grande île dès le 5ème siècle[70]. Tandis que L.M.A Rakotozafy parle de l'introduction des zébus « soit directement de l'Inde par les Arabes à partir du 7ème siècle soit via l'Afrique (après le 7ème siècle) tout en ayant acquis des métissages avec les taureaux africains en ce qui concerne les petits et grands zébus Est et Sud-africains »[71].

---

68 *Omby* signifie aussi une place juste ou suffisante pour quelque chose. Ici donc, l'enclos est suffisant pour contenir ces animaux.

69 RAHAROLAHY L., *Le bœuf dans la société traditionnelle malgache*, 2010, http://www.naturevolution.org/wp-content/uploads/.

70 *Ibidem.*

71 Cf. RAKOTOZAFY L.M.A., « Essai d'établissement de l'histoire des bœufs à Madagascar », *Taloha*, n° 20, Revue scientifique internationale des civilisations, 2012, http://www.taloha.info/document.php?id=1241.

À part les zébus malgaches, le monde bovin malgache enregistre aussi d'autres races telles que les *omby baria* à grandes cornes et sans bosses et les *omby manga* ou zébus sauvages de couleur marron. Ces races ont disparu. On trouve aussi d'autres races caractérisées par leurs cornes courtes et sans bosses. Ces races existent encore aujourd'hui. Il s'agit des *omby rana* issus d'une race brahmane américaine ou de race normande européenne introduite par Jean Laborde vers 1840. On trouve aussi des *omby bory* sans bosses avec cornes courtes, liés au « *Bos primigenius brachyceros* » introduit par les Européens. Face à ces différentes races, la race zébu malgache représente le 90% de l'élevage bovin à Madagascar. Voici comment Randrianarison J. présente le zébu malgache :

> « Le zébu malgache, de taille moyenne (de 1,25 m à 1,35) est un animal qui, soumis à l'engraissement ..., peut éventuellement dépasser 600 et même 700 kg. [...] Le zébu malgache se distingue des races européennes par sa bosse, sorte de loupe graisseuse située audessus du garrot. La tête est courte, les cornes bien ouvertes et de taille moyenne, le cou grêle avec un fanon très développé, la poitrine très ronde, un peu plaquée vers les épaules, le rein assez large et la culotte moyenne. Les pelages sont très variés allant du blanc au noir, du rouge au froment en passant par tous les intermédiaires. Bœuf de boucherie, le zébu malgache peut donner en moyenne 50% de viande nette. [...] Quant à la vache zébu, elle n'est pas bonne laitière puisqu'elle ne peut guère donner plus de 800 l de lait par an. Au total, le zébu malgache a des qualités incontestables, dont la moindre n'est pas sa rusticité. »[72]

Le zébu malgache s'adaptait bien au climat et au paysage et se multipliait assez vite. Jusque dans les années 1980, il y avait autant de

---

[72] RANDRIANARISON J., « Le bœuf dans l'économie rurale de Madagascar », I, *Madagascar. Revue de Géographie* 28 (janvier-juin 1976), p. 9-122.

zébus que d'habitants. Solofo Ranaivo[73] estimait à 26 millions de têtes de zébus dans les années 1989, soit le double de la population d'alors. Mais depuis un certain temps, le nombre des zébus connaît une baisse assez marquée. Les causes de cette baisse sont multiples. Entre autres, on peut citer le vol de bœufs, l'exportation de zébus, l'augmentation du besoin de viande de zébus sur les marchés nationaux, les maladies bovines et la sécheresse dans la partie Sud de Madagascar qui conduisent à la diminution rapide des troupeaux à Madagascar.

Néanmoins, l'attachement du peuple malgache aux zébus demeure. Voyons comment Louis Molet décrit cette relation du peuple malgache au zébu :

> « Le bœuf, à de nombreux points de vue, tient à Madagascar une place de premier ordre. Aux yeux de tous les Malgaches le bœuf, ou plus exactement le zébu, possède un caractère sacré qui le distingue des autres animaux et le rapproche de l'homme. Aucun travail d'ethnographie sur les populations de l'île ne doit le passer sous silence et son étude, pour certaines régions, peut servir de fil conducteur pour aborder les principaux problèmes de la vie indigène. »[74]

Certes, cette affirmation de L. Molet a été publiée dans la 2e moitié du siècle dernier, mais cela n'enlève rien à son authenticité. Nous n'avons qu'à constater, même aujourd'hui, les empreintes qu'a laissées cette culture dans la vie des Malgaches. Sceau, blason, armoiries, billet de banque, logo, portent l'image d'une tête de zébu. L'équipe nationale de Madagascar endosse le nom *Barea* qui signifie zébu sauvage. La voiture made in Madagascar *karenjy* est marquée d'un zébu. Le zébu est un sujet très développé par les artistes. Les sculpteurs, les dessinateurs incarnent la beauté de cette créature.

---

[73] Cf. RANAIVO S., « La longue marche des zébus », *no comment magazine*, n° 44, sept 2013.

[74] MOLET, L., *Le bœuf dans l'Ankaizina : son importance sociale et économique*, coll. « Mémoires de l'Institut Scientifique de Madagascar », n° 2, Série C, Paris, 1953, p. 1.

Des chants, des poèmes racontent la relation de cet animal avec les humains. Des proverbes[75] enregistrent la sagesse malgache en métaphore zébu. Ainsi, les grands événements sont toujours marqués par un sacrifice d'un ou de plusieurs zébus, selon les possibilités. Tout ceci pour dire que la culture du zébu est bien ancrée dans la vie des Malgaches.

C'est chez les *Bara*, ce peuple de pasteurs et d'éleveurs du Sud de Madagascar, que nous allons vérifier cette suprématie du zébu dans la culture. Ce qui nous introduit au point suivant :

### 2.1.2 Le troupeau *bara*

Traversant le pays *bara*, les voyageurs profitent d'admirer les troupeaux qui occupent la vaste savane du plateau d'*Ihorombe* ou de la vallée d'*Ihosy*. Les *Bara* sont réputés pour leurs troupeaux de zébus. Les *Bara* se démarquent des autres ethnies par leur richesse en troupeaux. En effet, avec quarante têtes de zébus, ils se considèrent encore comme pauvres[76]. On est considéré riche quand on possède cinquante zébus et plus. Les plus riches peuvent en avoir quelques dizaines de milliers. Pour ceux qui en possèdent beaucoup, ils répartissent leur troupeau chez des parents qui habitent dans d'autres villages afin que ceux-ci s'en occupent. Comme nous avons déjà souligné auparavant, ils pratiquent aussi l'élevage de *omby lia*, c'est-à-dire l'élevage des zébus sauvages. On délimite seulement le territoire où on pratique cet élevage. Le pasteur surveille uniquement la frontière pour éviter la fuite de ses bêtes.

[75] L'Office national des arts et de la culture enregistre pas moins de 190 proverbes se rapportant au zébu.

[76] ELLI L., *Une civilisation du bœuf*, p. 32.

Comme dans l'ensemble du territoire malgache, le troupeau *bara* n'échappe pas à la baisse quantitative. Cette chute est due au phénomène des vols de bœufs qui sévissent sur le territoire *bara* ces dernières années. L'exportation des zébus favorise le vol de bœufs.

Le troupeau est composé d'un taureau, de bœufs castrés, de vaches et de veaux. Chaque bête a sa place et sa fonction dans le troupeau. Le taureau, c'est la tête du troupeau. Il assure la protection, la procréation. Il est garant de la pérennité du troupeau. Les zébus mâles castrés *vosotsy*, sont l'image de la vie en plein épanouissement. La castration permet au zébu d'avoir du poids, un corps bien développé. De là certainement vient le mot *foloay*, qui signifie littéralement avoir « dix vies », pour désigner un animal ou un être humain robuste et grand. Cette catégorie de zébu est chargée d'aider les hommes au travail des champs ou dans la vie quotidienne pour tirer la charrette. Les *vositsy* forment le 22 à 28% du troupeau. Les vaches de zébus assurent la reproduction et la multiplication du troupeau. On distingue trois sortes de vaches à savoir la *tamana* qui désigne la vache adulte, la *sekatsy* qui définit la vache stérile ou bréhaigne et la *reny aomby*, la vache qui a déjà mis bas. Elles représentent approximativement le 30 à 40% du troupeau. Viennent ensuite les veaux, les génisses et les génissons. Ce sont l'avenir du troupeau. Ils constituent le 20 à 23 % du troupeau. Chez les *Bara*, il existe différents termes pour spécifier l'âge de ces jeunes zébus. Le *tara-bao* désigne le tout jeune veau. Le *saraky*, c'est le veau qui tète encore. Le *donga* c'est le veau en âge d'être sevré mais qui tête encore. Après, il devient *maota* quand il est sevré (10 mois). À l'âge de deux ans environ, on l'appelle *temboay*. Avant d'entrer à l'âge adulte, à deux ans, le taurillon et la génisse sont appelés *sakan'aomby* et à trois ans et plus, on les dénomme *vatots'aomby*. Tout cela nous dit la connaissance méticuleuse des *Bara* en ce domaine.

Dans le troupeau *bara*, outre les dénominations données à chaque bête suivant son âge et sa taille, elle reçoit aussi un nom d'après la forme de ses cornes et la couleur de sa robe. On peut enregistrer quatre couleurs de base pour désigner les robes des bovidés. Ce sont la *metso* (noir), la *foty* (blanc), la *mavo* (beige, gris, jaunâtre) et la *mena* (roux, fauve). Il existe une cinquième dénomination, la *tomboloho*, qui désigne une robe entre le noir et le roux. Notons que les quatre couleurs de base désignent seulement les animaux dont la robe est unie et sans tache. En présence de taches, on a encore une autre manière de désigner les animaux, comme l'explique Elli[77] :

> « En composition, les noms des couleurs interviennent pour indiquer la couleur du fond de la robe, quand celle-ci comporte des taches. Quand le fond de la robe est blanc ou noir, cette couleur est très souvent sous-entendue et seule la variété des taches est exprimée. Pour la couleur noire des taches, on emploie le terme *mety* (*mity*, *minty*) au lieu de *metso* qui, lui, indique seulement une robe unie. Les désignations tiennent compte donc de l'emplacement, de la grandeur et de la répartition des taches de couleurs sur le fond dominant. »[78]

Quant au nom obtenu par la forme des cornes[79], on peut en citer quelques-uns. Pour celui qui a des cornes en directions opposées, il s'appelle *dimba*. Quand les deux cornes ont les extrémités recourbées, l'animal reçoit le nom *teko-doha*. S'il a les cornes retombant devant, on le désigne *havy*. Avec des cornes largement ouvertes, on le dénomme *sabera* ou *trea-doha*. Le zébu aux cornes bien arrondies, recourbées en avant en forme de crochet, est appelé *korongo* ou *hoko*. Le *kitsondro* est l'animal qui a les deux cornes ouvertes mais moins que dans *sabera*, *trea-doha*. Le *bory* est celui sans cornes ou presque sans cornes. Le zébu avec une seule corne est appelé *sambilo*.

---

[77] Le Père Elli enregistre 84 appellations données aux bœufs d'après la couleur de leur robe.

[78] ELLI L., *Une civilisation du bœuf*, p. 39.

[79] Cf. *ibidem*, p. 180.

À remarquer aussi la présence du préfixe respectueux *re-* au nom des zébus mâles tels les veaux, les taurillons, les taureaux et les castrats. Ceci montre la supériorité du mâle par rapport à la femelle. C'est une transposition de la société *bara* au troupeau. La désignation d'un zébu selon son âge, la couleur de sa robe et la forme de ses cornes, montre encore l'effort des *Bara* pour spécifier l'animal et avoir une précision sur chaque bête afin d'éviter son égarement. Il est à retenir que les noms de zébus peuvent changer d'un clan à l'autre. Chaque région a aussi sa manière d'appeler les zébus. Ce qui complique le contrôle du vol des zébus.

### 2.1.3 Les charmes et les interdits liés au troupeau

Certes, lors de la présentation du village *bara*, nous avons déjà parlé du *toñy*, charme planté au milieu du parc ou aux alentours des villages pour protéger les bœufs des maladies ou des voleurs. Ce *toñy* peut se présenter sous forme d'une grosse pierre, ou d'une plante d'aloès, ou d'un *sozo goaky*. C'est le magicien qui a indiqué le *toñy* et a donné la formule de sa consécration et les interdits à observer pour le rendre efficace. La violation des interdits du *toñy* fait perdre son efficacité.

Si avoir beaucoup de bœufs est le noble rêve des *Bara*, ils cherchent tous les moyens pour augmenter le nombre de leurs bêtes. Selon la croyance des *Bara*, un charme dénommé *fandrorota* favorise l'augmentation du troupeau. En effet le mot *fandrorota* est déjà révélateur car sa racine *rorotsy* signifie action d'allonger en tirant, action d'augmenter. L'effet de ce charme est donc d'attirer ou d'augmenter l'ampleur du troupeau. Comme tous les charmes, celui-là trouve son efficacité dans la formule de sa consécration et dans le respect des interdits liés à son usage. Constitué par un morceau de bois ou par un charme contenu dans une corne, ce *fandrorota* est conservé dans la maison où le propriétaire le consacre en brûlant de l'encens accompagné d'une récitation de la formule de consécration, chaque semaine ou chaque mois, selon la recommandation du magicien.

Les interdits liés au troupeau sont identiques un peu partout. Nous nous référons à la liste offerte par le P. Elli :

- Il est interdit de brûler le bois *hary* en reconnaissant que le mot *hary* même signifie « faire de l'élevage ». Le brûler, c'est détruire le troupeau.
- Il est défendu de porter un chapeau dans le parc à zébus en signe de respect de cet animal sacré, comme disait un *bara* : « Il n'y a pas de chose aussi sacrée que le bœuf pour nous les *Bara* ; c'est pour cela que nous ôtons nos chapeaux comme marque de respect. Même quand on ne fait que passer là où il y a des bœufs, il faut ôter son chapeau. »[80]
- Il est interdit de jeter le reste de la calebasse pour la traite quand elle se casse. Il faut la jeter dans le parc. Il est tabou de la laver le mercredi et le jeudi.
- Il est interdit de brûler le bois de clôture du parc pour éviter la maladie des bœufs.
- Le roseau ne sert jamais de bâton à frapper les bœufs.
- On ne met jamais du sel dans le lait.
- Il est défendu aux pasteurs de porter du feu.
- On ne porte pas de marmite derrière les bœufs.
- On ne peut pas faire tournoyer la corde qui sert à traire.

Comment peut-on interpréter ces interdits ? D'abord, ils nous rappellent la valeur du troupeau aux yeux des *Bara*. On fait très attention à tout ce qui touche à la croissance de ce troupeau, ce qui est impliqué dans l'interdiction du bois *hary*. Les autres interdits révèlent la relation profonde entre le zébu et le peuple *bara*. Le respect à l'égard des zébus et toutes choses qui les concernent confirme que

[80] *Ibidem*, p. 39.

le zébu est sacré pour les *Bara*. Le feu et la marmite ne rappellent-il pas les grillades et la marmite pleine de viande, fin de parcours des zébus ? Tissant une relation très proche avec leur troupeau, les *Bara* témoignent de leur fidélité en leur compagnon, en se privant d'apporter ce genre de choses. Cela nous rappelle que les *Bara* ne mangent de la viande qu'à l'occasion des événements familiaux où on sacrifie des zébus.

### 2.1.4 Le pasteur *bara*

Être pasteur est vraiment une fierté chez les *Bara*. C'est ce que nous rapporte le conte suivant recueilli par J. Faublée :

> « *Beronato* avait deux garçons, l'un cultivateur, l'autre pasteur. Il y eut une famine.
> "Qui de nous, papa, est le plus intelligent, mon frère pasteur ou moi cultivateur ?"
> Leur père répondit : "Chacun de vous est intelligent, tu m'alimentes quand il y a une disette, ton frère m'enterrera."
> "Je ne comprends pas tes paroles, papa, je demanderai à maman qui me dira la vérité."
> "Je te demande maman : Qui de nous est le plus intelligent ?"
> "Vous êtes également intelligents, tu nous entretiens pendant les disettes, il nous enterrera quand nous mourrons, mais vraiment, à mon avis celui qui a des bœufs est plus intelligent que toi ; s'il n'a pas d'aliments, il en échangera contre ses bœufs, tandis que s'il n'y a personne pour échanger tes affaires, tu ne trouveras pas de bœufs, pour nous enterrer."
> "Je ne pense pas tout à fait à cela, j'irai chez le roi le vérifier."
> "Il y a une discussion en famille : Qui est le plus intelligent du pasteur ou du cultivateur ?"
> "Questionne tes parents, ils sauront quel est le plus intelligent."
> "Je les ai déjà questionnés, mais ils ne disent pas la vérité."
> "Va chercher tes parents pour qu'ils se présentent ici devant moi, je demanderai quel est le plus intelligent du cultivateur ou du pasteur."
> Une fois les parents présents : "Je vous demande quel est le plus intelligent : le cultivateur ou le pasteur ?"

> "Le pasteur est le plus intelligent", ont répondu les époux. Le roi est décidé à dire la vérité : "Le pasteur est plus intelligent, toi cultivateur n'es pas aussi intelligent, même si tu récoltes des aliments, tu es encore pauvre, car tu n'as pas de bœufs, tu es obligé d'emprunter des bœufs à ceux qui en ont pour piétiner tes rizières ; tandis que les pasteurs ne sont pas pauvres car ils ont des bœufs à échanger contre des aliments, et pour piétiner les rizières où ils planteront le riz." Depuis cela ceux qui n'ont pas de bœufs détestent ceux qui en ont. »[81]

Ce conte nous rapporte la réalité en pays *bara*. Certes, il a été recueilli par Jacques Faublée vers l'année 1940 et il est difficile de fixer la date de sa composition, mais cela n'enlève rien à la réalité actuelle sur le mode de vie des *Bara*. En effet, ce conte justifie la vocation pastorale des *Bara* et la suprématie du métier des éleveurs par rapport aux agriculteurs. Une suprématie qui engendrait la jalousie et suscitait la rivalité entre frères[82]. Être plus intelligent, autrement dit, être sage signifie pouvoir nourrir les parents et les enterrer dignement en sacrifiant autant de bœufs que possible[83]. C'est en élevant un troupeau donc qu'on peut réaliser ce noble désir d'avoir un enterrement prestigieux et digne par l'accompagnement de plusieurs sacrifices de zébus. Avec les bœufs, on peut résoudre aussi plusieurs problèmes (nourriture, maladie, etc.).

Comment les *Bara* assument-ils la fonction de pasteur ? C'est ce que nous allons voir par la suite. D'abord en *bara*, le mot qui désigne le

---

[81] FAUBLÉE J., *Récits Bara*, p. 42-43.

[82] On a des récits similaires dans d'autres civilisations. On peut citer à titre d'exemple l'histoire de deux frères dans la civilisation égyptienne, in LALOUETTE Claire, *Contes et récits de l'Égypte ancienne*, Paris, Flammarion, 1995, p. 41s. Ainsi que l'histoire des deux premiers frères de la Bible en Genèse 4. La possibilité de l'influence de ces civilisations dans leur contact avec la culture *bara* n'est pas à écarter. En tout cas, il (le conte) parle d'une réalité *bara*.

[83] Nous y reviendrons un peu plus loin.

pasteur est le *piarakandro* ou *perakandro*. En effet ce terme est formé de deux mots, à savoir *miaraka* qui signifie « être avec » et *andro* qui veut dire jour. Le pasteur est celui qui accompagne son troupeau tout au long de la journée. La vie d'un pasteur est collée à celle du troupeau. Le jour comme la nuit, il doit toujours veiller sur son troupeau.

Le rythme de vie de pasteur change d'une saison à l'autre. Les deux principales saisons sont la saison des pluies de décembre à avril et la saison sèche de mai jusqu'à novembre. Pendant la saison des pluies que les *Bara* appellent *asara*, où les rivières et les mares s'emplissent et les pâturages verdissent, les pasteurs partent tard et rentrent tôt. Tandis que pendant la saison sèche, les rivières baissent, les points d'eau tarissent et les herbes se flétrissent, ce qui rend pénible la tâche des pasteurs. Ils doivent faire sortir les bœufs très tôt vers trois heures du matin, dans les environs du village. À huit heures, ils rentrent et laissent le troupeau dans le *kizà*, le moment où ils prennent leur petit déjeuner. Puis ils repartent plus loin durant la journée pour ne rentrer que vers six heures du soir. On laisse les veaux non sevrés au village sous la garde de petits garçons. Le témoignage du Père Benolo nous laisse imaginer et vivre la journée des pasteurs :

> « Comme tout enfant *ntandroy*[84], je m'initiais quand même à la vie pastorale. Au fur et à mesure que je grandissais, je gardais successivement veaux, moutons, chèvres et bœufs. À la bonne saison, cela n'était qu'un plaisir. Je gambadais à travers forêts et campagnes pour surveiller distraitement les troupeaux qui paissaient au petit bonheur quand je me livrais à la chasse aux pintades et porcs-épics, sans parler des oiseaux que je cherchais à attraper avec un lance-pierre appelé *filesy* (du français flèche) ou de la récolte du miel sauvage.

[84] *Ntandroy* est l'ethnie voisine des *Bara* au Sud et pratique aussi l'élevage des bovins et des ovins.

> Mais quand venaient les périodes de sécheresse – ce qui n'était pas rare – il me fallait, comme tous les autres, me lever de bonne heure pour ne rentrer que bien tard dans la nuit. Adieu le plaisir de la chasse ; adieu la gaieté des campagnes. Il fallait se serrer la ceinture (le pagne plus exactement), car je ne trouvais rien à me mettre sous la dent pendant toute la journée alors que le soir je ne m'attendais qu'à une pitance frugale… Et coûte que coûte, il fallait nourrir les troupeaux. »[85]

À part cette quête de nourriture pour le troupeau, les pasteurs doivent connaître individuellement leurs zébus par les dénominations données à chacun d'eux selon les différents critères que nous venons d'énumérer précédemment et d'après leurs meuglements. Le matin, avant d'aller au pâturage et le soir, avant d'entrer au parc, les pasteurs font toujours le contrôle de leurs animaux. Ce contrôle s'appelle *famatoa*[86] *aomby.*

> « Une telle surveillance implique la connaissance individuelle de tous les bœufs du troupeau et cette connaissance, à bon droit, étonne les Européens, car elle permet de remarquer l'absence d'un animal sans recourir au comptage. »[87]

Si jamais un bœuf s'égare, on peut l'appeler par son nom. Dans ce cas, les pasteurs doivent connaître les traces de l'animal égaré.

---

[85] BENOLO Fr., *La foi d'un gentil ou l'inculturation nature*, coll. « ISTA » n° 4, Institut supérieur de philosophie et de théologie de Madagscar, Antananarivo, 1996, p. 9.

[86] Le mot *famatoa* vient du verbe *mamatoky* qui signifie laisser un message très important. Par exemple, avant de partir en voyage, les parents laissent un message plein d'instructions à leurs enfants. Le *famatoa* est donc cette action de laisser un message. C'est un mot qu'on utilise chez les humains. Le fait d'utiliser ce mot dans le monde des zébus confirme encore l'union profonde des *Bara* avec leur troupeau.

[87] MOLET L., *Le bœuf dans l'Ankaizina : son importance sociale et économique*, p. 35.

Les pasteurs doivent connaître les plantes et les insectes nuisibles au bétail. Évidemment ils doivent aussi connaître et garder les interdits concernant les élevages.

Toutes ces connaissances, les *Bara* les apprennent depuis leur jeune enfance, en passant la journée à faire paître les veaux, puis à l'âge de dix ans, en accompagnant leur père et leur frère aîné toute la journée aux pâturages. C'est là la véritable école pour eux.

### 2.1.5 Le vol des bœufs

Les *Bara* sont réputés pour razzier ces animaux précieux. Le vol de bœufs est une pratique fréquente chez les *Bara*. C'est pourquoi ils sont toujours jugés par les gens des hauts-plateaux comme des voleurs. Et c'est bien vrai que les *Bara* volent les bœufs, ainsi qu'en témoignait un *Bara* lui-même :

> « Si on parle de vols de bœufs, il faut dire que c'est une réalité sur laquelle se sont ouverts nos yeux de *Bara* en naissant, et que les fils des *Bara* sont vraiment très habiles pour le vol ; personne autrefois ne trouvait à redire à cela ; peut-être y a-t-il aujourd'hui des parents qui n'aiment pas ça. Jadis on ne pouvait pas avoir une femme si on n'était pas un voleur. »[88]

Mais il faut avouer aussi que tous les *Bara* ne sont pas des voleurs de bœufs et qu'il n'y a pas que les *Bara* qui soient des voleurs. Comme les vols de bœufs étaient toujours un fléau qui perturbait la vie des éleveurs dans presque tous les territoires malgaches, il est clair que ce ne sont pas les *Bara* qui vont circuler partout pour razzier. Dans les autres ethnies, il existe aussi des voleurs de bœufs. On peut même trouver cette pratique dans d'autres civilisations[89]. Mais

---

[88] *Ibidem*, p. 49.

[89] Nous avons par exemple dans la civilisation celtique, selon la légende, l'existence de la razzia des vaches. La dispute entre le roi Aillil et la reine

retenons que les *Bara*, même s'ils sont réputés pour les vols de bœufs, ont des motivations différentes de celles des autres pour cette pratique.

Pour les *Bara*, le vol des bœufs est commis dans le but de s'enrichir car les bœufs sont leur seule véritable richesse. La considération d'une personne dans la société réside d'abord dans le volume de son troupeau. À cela s'ajoute la considération du bœuf comme animal sacré par excellence dont l'utilisation sacrificielle vaut à celui qui le fait immoler toutes les grâces qu'il peut demander à Dieu. Ce qu'explique un *Bara* en parlant des vols de bœufs :

> « La possession des bœufs est la suprême ambition de tout individu *Bara* qui, ayant le sentiment de sa dignité, considère comme légitime tout moyen de s'en procurer. Imbus de cette idée, les audacieux et les impatients ne résistent guère à la tentation de razzier, armes en main et au péril de leur vie. D'ailleurs, l'arrivée de butin au village est une prouesse qui vaut à son auteur respect et congratulations ; mais si l'entreprise a mal tourné pour lui, c'est que les dieux protecteurs ne l'ont pas aidé et l'on se console à l'idée qu'une prochaine expédition sera couronnée de succès.
>
> N'est-ce pas en effet, pour se concilier la divinité, être agréable aux Ancêtres, apaiser l'esprit, que l'on risque sa vie en de telles expéditions ? Rien, par suite, n'est plus exalté que la mort subie en des circonstances de ce genre. »[90]

---

Medh au sujet d'un taureau se transforma en une guerre sanglante, une razzia organisée. Cf. Christian-J. GUYONVARC'H, *La razzia des vaches de Cooley*, Paris, Gallimard, 1994.

[90] NAKANY Pierre, « Un *Bara* parle des vols de bœufs », *Journal Lumière*, 5 août 1973, p. 5.

Mais notons que les vols de bœufs ne s'inspirent pas toujours de motivations louables. Il y a aussi des raisons beaucoup moins élevées[91] telles que :

- La jalousie, quand celui qui a peu de bœufs en veut à qui en a beaucoup.
- L'envie d'avoir de l'argent pour pouvoir se divertir avec les femmes, pour pouvoir s'enivrer avec les camarades, pour acheter une arme à feu, incite beaucoup de jeunes à voler des bœufs.
- La rancune envers les immigrés qui ont pris leurs meilleures terres pour l'agriculture peut pousser les *Bara* à voler leurs bœufs pour les contraindre à partir.
- Enfin la vengeance, lorsque celui qui a eu son troupeau volé veut se venger pour récupérer le sien et celui qui a une dent contre quelqu'un pense à la vengeance. La meilleure vengeance c'est de piller ce que l'autre considère comme le plus cher : ses bœufs.

Ces derniers temps, les vols de bœufs ont été organisés par des hommes d'affaires et des fonctionnaires comme moyen d'enrichissement. Ils deviennent même fléau national. Le chef d'état-major, le général de l'armée malgache, Béni Xavier Rasolonirina, disait même :

> « Ce sont des bandits sans foi ni loi. Ce sont également des réseaux mafieux. Donc c'est pour cela que nous cherchons à arrêter les grands bandits et à démanteler ce réseau. Et là nous essayons de durer sur le terrain tant qu'il y aura encore de l'insécurité en milieu rural. »[92]

L'insécurité règne un peu partout dans toute l'île du Nord au Sud, de l'Est à l'Ouest. Presque chaque semaine, un article sur le vol de

---

[91] Cf. RASAMOELINA H., *Madagascar, État, communautés villageoises et banditisme rural*, Paris, L'Harmattan, 2007, p. 201.

[92] Cf. RFI, 15.8.2015.

bœufs ne manque pas d'étoffer la page des journaux. Depuis 2012[93], la recrudescence des vols de bœufs dans plusieurs régions de Madagascar, notamment dans la partie Sud de Madagascar, a pris de l'ampleur. Le phénomène *Remenabila*[94] a terrorisé la partie Sud de Madagascar. En effet, ce chef de bande *Remenabila*, de son vrai nom Arthur Rabefihavanana, a organisé des bandes de voleurs armés jusqu'aux dents qui ont razzié des milliers de zébus et tué ceux qui osaient s'opposer à leur funeste entreprise.

Depuis l'époque des rois, durant la colonisation et avec les gouvernements qui se succèdent, des solutions sont proposées et effectuées pour éradiquer ce fléau, mais le résultat montre l'inefficacité de ces solutions et la résistance du vol dans les pays *Bara*. En 2015, une nouvelle solution est apparue avec la création d'une unité spéciale *anti-dahalo*, comme le rapporte le journal *Midi Madagasikara* :

> « L'État est plus que jamais déterminé à lutter contre les *Dahalo*. Le Conseil des Ministres d'hier a adopté au titre du secrétariat d'État chargé de la Gendarmerie nationale un décret portant sur la création d'une "Unité Spéciale *Anti-Dahalo*". La mise en place de cette unité spéciale au niveau de la Gendarmerie nationale laisse croire que la lutte contre les *Dahalo* n'est pas encore terminée et que ces derniers

---

[93] Cf. l'enquête menée par Bilal TARABEY (un journaliste français d'origine libanaise et syrienne, correspondant pour RFI, France 24 et Afrique-Asie depuis 2011) sur les bandits du grand Sud, dans son livre *Madagascar Dahalo. Enquête sur les bandits du Grand Sud*, Antananarivo, Éd. no comment, 2014.

[94] *Remenabila* est un nom issu d'un nom de zébu. Comme nous avons déjà expliqué précédemment, le préfixe *re-* exprime une marque de respect donné au zébu mâle. Le mot *mena* (rouge) désigne la couleur de la robe de zébu. Et le *bila* indique la forme de ses cornes.

continuent de sévir dans certaines parties de l'île, notamment dans le Sud. »[95]

Après l'unité spéciale *anti-dahalo*, en 2017, l'État malgache a mis en place à *Ihosy* un bataillon interarmes[96]. Il est venu renforcer l'Unité *anti-dahalo* de *Betroka*. Ce bataillon interarmes est composé d'éléments commandos et de toutes les unités spécialisées des Forces armées comme les pilotes de l'armée de l'air, les éléments du génie militaire, les services des renseignements, le régiment d'appui et la transmission. L'objectif est de remédier au phénomène de l'insécurité dans la partie Sud de Madagascar.

Le peuple attend avec impatience un résultat palpable à ce fléau national, résultat de la manipulation de la culture de vol des bœufs à une fin politico-économique[97].

## 2.2 Le monde pastoral, expression de la vie et de la société *bara*

Nous venons de présenter la vie pastorale comme identité du peuple *bara*. L'expression de la vie et de la société *bara* en témoigne encore davantage. C'est ce que nous allons développer en ce point.

---

[95] EUGÈNE R., http://www.midi-madagasikara.mg/a-la-une/2016/03/10/executions-sommaires-et-bavures-des-forces-de-lordre-creation-dune-unite-speciale-anti-dahalo/.

[96] Cf. RANAIVOSON G.F., « Un bataillon interarmes pour lutter contre les dahalo », https://www.lexpressmada.com/24/07/2017/.

[97] Politique car le vol des bœufs sert à déstabiliser le pouvoir en place, économique car c'est un business pour les hauts responsables afin de s'enrichir vite.

## 2.2.1 Le bœuf et l'*aina* dans les différentes étapes de la vie d'un *Bara*

Au cours de notre exposé, nous établissons le fait que le bœuf tient une place vitale dans la vie de chacun et de la société *bara*, comme le rappelle ce propos du P. Elli :

> « Chez les *Bara* nous sommes encore en plein dans la "civilisation du bœuf" qui était jadis patrimoine commun de toutes les ethnies de Madagascar. Loin d'être cantonné dans son seul rôle de source de profits, le bœuf est le compagnon de l'homme dans les circonstances joyeuses et douloureuses de sa vie : naissance, circoncision, mariage, alliances, adoption, héritage ainsi que pour la faute grave, la maladie et surtout la mort. Dans tous ces événements qui rythment la vie sociale et religieuse, le bœuf est une "personnalité". C'est la victime de choix pour les sacrifices. »[98]

Cela nous dit que le bœuf est l'*aina* des *Bara*. Mais qu'est-ce qu'on entend par *aina* ?

### 2.2.1.1 L'*aina*

Pour nous permettre de mieux saisir la relation entre le bœuf et l'*aina*, il est nécessaire de définir le terme *aina*. D'abord, reconnaissons que ce mot est riche en significations. D'où la remarque de Dubois[99] qui dit que ce mot est intraduisible en français. Certes, les traducteurs facilitateurs rendent le mot *aina* par « vie ». Ce qui n'est pas faux mais incomplet car comme disait Dubois : « Le même terme (*aina*) veut dire, à la fois, le flux vital, le corps animé par le flux vital, le moi possesseur du flux vital qui s'exprime corporellement. »[100] Selon les circonstances, le mot *aina* évoque l'un de ces trois sens. Mais dans tous les cas, nous voyons que l'idée de « vie »

---

[98] ELLI L., *Une civilisation du bœuf*, p. 89.

[99] DUBOIS R., *Olombelona. Essai sur l'existence personnelle et collective à Madagascar*, L'Harmattan, Paris, 1978, p. 52.

[100] *Ibidem*, p. 52.

reste un fond commun véhiculé par les trois idées contenues dans ce mot. Prenons quelques exemples dans le dialecte *bara* : *afak'ay*[101] signifie que son *aina* expire c'est-à-dire la mort. *Folo ay* (ce qui littéralement veut dire avoir dix *ay*) signifie que quelqu'un est robuste. *Kely ay* (littéralement avoir un petit *ay*) signifie faible. *Manendry ay* veut dire se désigner. *Sahira ñain-dry* se dit de quelqu'un qui est en difficulté. Dans ces quelques exemples que nous venons de citer, le mot *ay* en dialecte *Bara* ou *aina* en malgache officiel, n'a pas le même sens dans ces différents usages mais parle de « vie » sous des formes différentes. Le *afak'ay* parle d'une vie qui touche à sa fin ; *folo ay* montre une vie en pleine puissance ; *kely ay* désigne une vie en déclin et faible ; *manendry ay* désigne celui qui offre sa vie volontairement pour accomplir un acte ; *sahira ñain-dry* évoque une vie en difficulté, gênée. Bref le mot *aina* parle d'un être vivant ou plutôt du flux vital dans toutes ses formes.

Le *aina* a une valeur primordiale dans la vie de toute la société malgache. Il est considéré comme un fils unique comme dit l'expression *lahitokana ny aina* (le *aina* est un fils unique). Les Malgaches font tout pour conserver cet *aina*. Ils savent très bien que Dieu est le Maître de cet *aina*. Ils ne sont que des « *mpiandry omby volavita : tsy tompony fa mpamerin-doha* »[102] (« Les gardiens de bœufs *vola-*

[101] *Ay* signifie *aina* en malgache officiel. Selon la règle de grammaire dans le dialecte du Sud et du Sud-Ouest, le suffixe « *-na* » en malgache officiel tombe. Et comme le « *i* » final est toujours en « *y* » dans la langue malgache, alors le *ai (na)* devient *ay* en *bara* ou les autres ethnies du Sud ou Sud-Ouest. Comme le mot *olombelona* en malgache officiel (homme ou être humain) devient *olombelo* dans le dialecte.

[102] « Les bœufs appelés *volavita* étaient des bœufs marqués de taches blanches, et considérés comme appartenant en droit au souverain auquel on les offrait pour reconnaître sa souveraineté. Ce proverbe s'applique à toute chose dont on ne peut disposer librement, parce que quelqu'un d'autre a

*vita* : ils n'en sont pas les propriétaires, mais les dépositaires seulement »). D'où les soins et l'attention qu'on lui prête. Et le plus grand soin pour conserver cet *aina* c'est de le confier à son auteur à travers les *tata* où ils offrent à Dieu des bœufs en échange de leur vie. En effet, les bœufs sont l'*aina* pour les *Bara*.

Rappelons que la totalité des différentes étapes de la vie d'un *Bara* sont toujours accompagnées d'une prière par laquelle ils invoquent le nom de Dieu en sacrifiant des bœufs. Et ces invocations et ces sacrifices sont faits pour le bien de cet *aina*. C'est ce que nous allons aborder par la suite.

#### 2.2.1.2 Les fiançailles

Chez les *Bara*, il existe généralement deux sortes de fiançailles. Premièrement les fiançailles d'enfants préparées par les parents ; elles se font par l'accord des familles. Mais ce qui distingue les *Bara* des autres ethnies malgaches, c'est que, lorsque les enfants sont devenus adultes, le jeune homme doit redemander la main de la jeune fille qui lui avait été promise. La jeune fille a le droit de refuser cette demande si elle trouve une raison de ne pas l'accepter. Mais si les jeunes se mettent d'accord, alors la fête aura lieu en invitant les *fokonolona*[103] dans le but d'en assurer la publicité. Selon l'usage ancien, en fonction de la fortune des parents, ils abattent un ou plusieurs bœufs pour fêter cet événement avec le *fokonolona*.

Voici la deuxième forme de fiançailles qui est spéciale à cette race : l'homme lui-même fait un accord avec les parents d'une enfant de deux ou trois ans pour la demander en mariage quand celle-ci sera nubile. Cette demande est sujette à une longue discussion sur les questions d'intérêts. Une fois que l'affaire est conclue, on convoque le *fokonolona* pour le mettre au courant de l'accord de fiançailles.

---

des droits sur elle. » (HOULDER J.A., *Ohabolana ou proverbes malgaches*, Tananarive, Trano printy FLM, 1960, p. 121, n° 1444)

[103] *Fokonolona* désigne les habitants du village, l'assemblée.

Puis, l'homme doit remettre à ses beaux-parents le *tandra*[104] qui est constitué d'un bœuf. Le gendre peut ajouter un don en argent ou d'autres offrandes aux parents comme des tissus ou des objets domestiques. Devenant nubile, la jeune fille dispose entièrement de la faculté d'accepter ou de refuser la requête de celui qui va la demander en mariage. Dans le cas où elle refuse cette demande, ses parents doivent rembourser les dépenses du demandeur lors des fiançailles. Si les parents refusent ce remboursement, l'affaire est menée devant le *fokonolona* qui va presser ceux-ci de rembourser. D'habitude, le prix du remboursement est beaucoup plus élevé que le coût exact du *tandra*.

Face à ces mœurs, L. Michel conclut :

> « Les mœurs *bara* sont parfois vives et violentes ; elles sont pourtant d'une morale certaine. L'enfant fait peu à peu son apprentissage de la condition d'épouse sous la conduite de celui qui doit devenir son mari. Et, si ce mariage clôt les fiançailles prématurées et prolongées, il ne comportera pour les conjoints aucune surprise. Ils auront été accoutumés l'un à l'autre par une longue fréquentation. Le temps aura rôdé leurs caractères respectifs. »[105]

### 2.2.1.3 Le mariage

Suite à ce que nous venons de mentionner à propos des fiançailles, le mariage a lieu quand le jeune homme s'est assuré que son affection est partagée par la jeune fille. Il va annoncer sa demande directement aux parents de la jeune fille. Puis, selon la coutume, les futurs beaux-parents l'invitent à revenir en compagnie de sa propre famille. Dès que la famille du jeune homme est mise au courant, elle envoie un membre, un des siens vers la famille de la jeune femme pour l'informer du jour du retour du jeune homme avec les membres de sa

---

[104] *Tandra* désigne le bœuf donné par l'époux à la famille de l'épouse.

[105] MICHEL L., « Autrefois, chaque caste avait sa marque spéciale », p. 91.

famille pour demander la main de la fille. Évidemment, on fixe le jour après avoir consulté le *mpanandro*[106] ou l'*ombiasy*.

Alors au jour fixé, le jeune homme, avec ses parents et amis, arrive de bon matin chez ses futurs beaux-parents en amenant un bœuf. On les accueille dans le *tranon-donaky*[107]. L'orateur du jeune homme commence à expliquer la raison de leur visite en disant :

> « *Izahay avy eto ry lahy ; tsy misy resaka lava hataonay intsony raha tsy hoe hangataka doria, kihon'akondro, aminareo eto. Izany no amoriana anareo eto an-tranon'ny Lonaky.* »[108] (« Nous sommes venus ici ; nous n'avons plus beaucoup de paroles à dire mais juste pour vous demander la semence, le bourgeon de banane. C'est pourquoi nous vous rassemblons dans cette maison patriarcale. »)

Puis l'autre orateur répond :

> « *Raha avy eto inareo ary lazainareo fa hangataka doria no iavianareo, dia efa nahare izahay zaza. Ka amin'izao izaho mitodika aminao anabavy (raha anabavy, reny raha reny, zanaka raha zanaka), manao ahoana ianao? Mazoto moa? Raha tsy mazoto, dia lazao, fa ratsy raha mangala-baraka ny mpanjakantsika ianao.* »[109] (« Si vous êtes venus ici, comme vous dites pour demander la semence, eh bien, nous, les enfants, sommes déjà prévenus. Et maintenant, je me tourne vers toi sœur (si c'est une sœur, ou mère si c'est une tante, ou fille si c'est une fille), qu'est-ce tu penses ? Es-tu d'accord ? Si tu n'es pas d'accord, dis-le, car il n'est pas bon de déshonorer notre roi. »)

Puis après avoir demandé le consentement de la jeune fille, on confie la décision au *Lonaky*. Puis après sa décision, on commence la céré-

---

[106] Devin.

[107] Maison de patriarche.

[108] ELLI L., *Une civilisation du boeuf*, p. 131.

[109] *Ibidem*.

monie de *Tandra* qui consiste dans le sacrifice d'un bœuf en présence du *Fokonolona*, avec comme but de rendre officielle et publique l'union de l'homme et de la femme qui acceptent de se prendre réciproquement pour époux. La cérémonie a lieu à l'Est de la maison où se trouve le *Hazomanga*. Tout le monde se place derrière l'animal. Les deux époux se mettent un peu en avant de la foule du côté droit de l'animal, assis sur une natte confectionnée par la future épouse. Puis l'officiant s'avance au-devant des conjoints et commence la prière en demandant la faveur « des *helo*[110] et des ancêtres » et leur bénédiction, pour que le couple soit heureux et prolifique. Puis il bénit le couple. Voici un extrait d'une *tata* lors d'un mariage :

> « Nous vous invoquons *Zañahary*, Créateur des pieds et des mains. Car lui... enfant de... originaire de... va se marier avec l'enfant de... qui est notre enfant.
> Protégez-le bien, Maître Créateur, car s'ils n'ont pas un lien de parenté avec le père et la mère, ils s'aiment et nous vous demandons *Zañahary*.
> Il emmène devant nous son zébu pour demander et pour verser son sang sur son épouse.
> J'accepte de lui donner une épouse pour qu'elle lui apporte du bien.
> Il en est de même pour vous, Ancêtres.
> Vous Ra... (énumérer les ancêtres).
> Même s'ils n'ont eu aucun lien de parenté auparavant, actuellement ils sont parents, car les hommes sont recherchés actuellement par les femmes.
> S'ils ont ramené quelque chose chez nous, nous l'acceptons bien volontiers, car on demande au *Zañahary* le mariage et c'est le destin qui le détermine et le *Zañahary* a prévu pour qu'il soit son parti que les bonnes choses soient pour eux, qu'ils se portent chance l'un et l'autre, qu'ils aient des garçons arrivés à terme, qu'ils aient des filles

[110] *Helo* désigne les esprits de la nature, du sol, des arbres, des eaux.

arrivées à terme, ce qui vous est adressé *Zañahary*, et à vous tous les Ancêtres. »[111]

Après la prière de l'officiant, le jeune homme se lève pour égorger l'animal avec l'aide de son futur beau-père et de quelques hommes. Le jeune homme essuie de son index droit le sang qui tache le couteau puis il en marque la femme à son front en prononçant ces paroles : « Je te prends pour épouse aux yeux de tous ; ce sang remplace le mien comme témoignage de mon amour. » Puis la femme reprend le même geste en répondant : « J'accepte de devenir ta femme et de t'avoir pour époux. Ce sang remplace le mien comme témoignage de mon amour. » C'est seulement après cet échange de consentements que les deux sont liés par le mariage.

On commence à distribuer la viande de l'animal qui se partage comme suit : l'arrière-train revient au père de la femme ; la bosse et les parties grasses à la mariée, comme signe des devoirs et de la responsabilité de l'épouse ; la tête au mari car il est la tête ou le chef de la famille ; le reste est réparti sans autre distinction pour les membres de la famille du nouveau couple et le *fokonolona*.

L'explication du déroulement du mariage, ainsi que la présentation de la prière et la bénédiction du mariage, confirmées par le geste du sacrifice en marquant du sang le front du nouveau couple, montrent la place vitale du bœuf dans la vie des *Bara*. Si l'objectif du mariage est la pérennité de la vie, le sang de zébu versé à travers le sacrifice et mis sur le front du couple symbolise cette vie. En effet le zébu a offert sa vie pour donner une vie en abondance au couple à travers ses descendants.

[111] *Tata* recueillie par RAHASASON Germain Albert Richard dans son mémoire intitulé *Endri-pifandraisana amin'ny Zagnahary sy ny Raza araka ny Tata Bara*, Foko Zafimagnely, Tarik'i Barera BENAIVO ao Sahambano, Vohitsoa-Fianarantsoa, 1992, p. 23, nous traduisons.

### 2.2.1.4 La naissance

Chez les *Bara*, le début de la grossesse reste un fait discret. La femme ne s'en ouvre à son mari qu'après trois mois. Les mois suivants, elle avise ses proches parents. Et seulement au cinquième mois, elle en informe le village. Cette formalité est appelée en terme *bara miboaky* qui signifie « publier ». Cette formalité peut être suivie d'une petite cérémonie où l'on tue un bœuf sans grande valeur pour le village (si les moyens du couple le permettent).

Voici la *tata* faite lors de cette cérémonie :

> « Vous qui êtes *Zañahary*, vous tous qui êtes les Ancêtres, vous la Terre sacrée.
> Elle est là notre enfant, pour sa première grossesse.
> Nous emmenons ici le zébu pour vous l'offrir *Zañahary*.
> Pour vous les Ancêtres, pour que vous la bénissiez, pour que vous la protégiez, qu'elle soit à l'affût des fourmis, des cafards lorsqu'elle accouchera, que tout se passe bien, que son accouchement soit sans difficulté et qu'il ne lui arrive rien.
> Qu'elle ait dix enfants, pour que nous ayons encore l'occasion de la bénir. »[112]

Pendant la grossesse, la femme prend certains bouillons de plantes, selon la prescription de la *renin-jaza* ou matrone, pour faciliter l'accouchement. Elle respecte aussi un certain nombre d'interdits toujours dans le but de favoriser un accouchement facile. La responsabilité d'un accouchement réussi ne dépend pas seulement de la femme mais aussi du mari. Celui-ci doit s'abstenir de relations sexuelles avec d'autres femmes car, selon la croyance *bara*, cela peut jeter un mauvais sort sur la mère.

C'est pourquoi, dans le cas d'un accouchement difficile, le mari effectue au moment du danger une véritable confession.

> « Il se rend d'abord près de sa femme à laquelle il avoue ses fautes, en particulier. Puis il réunit toute la famille, et procède au même

---

[112] Cf. *ibidem*, p. 24, nous traduisons.

> aveu, mais publiquement. Enfin, il accomplit la *tata*. C'est le sacrifice d'un bœuf qui est destiné à chasser l'esprit malfaisant susceptible de nuire à la future mère. Le danger est alors écarté et l'accouchement s'effectuera dans des conditions normales. »[113]

Ainsi, en cas d'accouchement difficile, si le mari et la femme ont eu des disputes fréquentes pendant la grossesse, le mari est appelé au moment de l'accouchement pour lui demander pardon et il prononce une parole de bénédiction à sa femme en disant : « *Hotsotsoriky soa-ho vototsa mieva – ho tera-dahy soa andro – ho tera-bavy soa andro – hovototsy malama* » (c'est-à-dire : « Que ton accouchement soit facile – que tu sois délivrée vivante et sans mal – que tu mettes au monde un garçon ou une fille qui aura un bon destin – que ta délivrance soit facile. »)

La naissance d'un enfant est toujours fêtée. Les parents et les amis viennent visiter l'accouchée et lui apporter des offrandes comme de l'argent, des bœufs ou des crevettes. Un enfant est toujours considéré comme une bénédiction de Dieu.

Nous constatons encore la place du bœuf dans la naissance d'un enfant. Dès la conception, on tue un bœuf pour demander la bénédiction, la protection de cette nouvelle vie pour qu'elle soit gardée de tout danger. Le jour même de la naissance, dans le cas d'un accouchement difficile, le bœuf est de nouveau là, tué pour jouer son rôle protecteur de la vie de l'enfant et de délivrance de la vie de sa mère. Et quand l'accouchement est effectué avec succès, on le fête. Pour cette fête de la vie, le bœuf[114] réapparaît pour marquer cette naissance et pour offrir un sacrifice en guise de reconnaissance aux êtres suprêmes, le *Zañahary* et les ancêtres.

---

[113] MICHEL L., « Autrefois, chaque caste avait sa marque spéciale », p. 82.

[114] Cela nous fait penser à la naissance de Samuel, cf. 1 S 2.

### 2.2.1.5 La circoncision

La circoncision est une cérémonie spéciale pour intégrer les garçons parmi les hommes de la tribu. Elle confère la pureté physique et morale. C'est pourquoi le *Bara* ne donnera jamais sa fille à un garçon non circoncis, car celui-ci est considéré comme impur. Chez les *Bara*, on circoncit l'enfant en bas âge (entre 6 mois et 10 ans). Elle aura lieu au *Volambita,* c'est-à-dire au mois d'août pendant la saison froide. Cette cérémonie, chez les *Bara*, est purement familiale et individuelle. Elle est une des plus grandes solennités de la famille, marquée par des rites ancestraux immuables. Pour des familles peu aisées, elle est faite dans l'intimité de la famille, dans la maison du grand-père.

L'usage ancestral de la circoncision se fait en deux étapes. La première correspond aux préparatifs. Comme son nom l'indique on prépare tous les matériaux nécessaires pour la cérémonie. Pour une cérémonie plus solennelle, on se procure un taureau *volavita*[115]. Puis, les parents consultent l'*ombiasy* ou le *mpanandro* pour déterminer le jour favorable. En outre, les parents et ceux qui vont assister à la cérémonie doivent s'abstenir de relations sexuelles ou, en terme *bara*, *mifaratsy*. La veille de la circoncision, les jeunes gens, qui sont généralement robustes et courageux, vont à la source pour chercher le *rano malaza*[116], l'eau qui servira à la circoncision. Le cortège des jeunes gens est toujours accompagné de l'*antsa*[117] qui a comme contenu le souhait pour l'enfant qu'on va circoncire. L'eau est apportée

[115] Un taureau de robe rouge tachée de blanc sur chaque flanc et sur les deux membres antérieurs.

[116] Littéralement, cela signifie l'eau célèbre. C'est l'eau destinée à la solennité.

[117] Hymne spécial pour les *Bara*.

au *tranon-donaky*[118]où se réunissent les hommes importants pour attendre le lever du jour de la circoncision.

La seconde étape est la cérémonie elle-même qui a lieu entre 7 et 10 heures du matin. C'est juste durant la montée du soleil sur l'horizon qu'on pratique la circoncision. Tout le monde se met à l'Est du *tranon-donaka* où une natte neuve est déjà étalée. On cherche le taureau *volavita* et les jeunes commencent le *tolon'omby*[119] jusqu'à l'épuisement total de l'animal pour démontrer leur force. Cependant les jeunes continuent leur chant de souhait. Puis, le *rain-jaza*[120] s'assoit et se place entre les deux cornes face tournée vers le soleil. Avant l'opération il faut aussi un *fantaka*[121] d'un *vahindrano*[122] et d'un arbuste de *tavovola*[123]. Ce sont des plantes symboliques, comme retient L. Michel :

> « Le *vahin-drano* est une liane aquatique qui, une fois épanouie, passe pour ne jamais mourir. C'est donc un symbole de longue vie pour le circoncis. Le *fantaka* restera sur les lieux où on l'a fixé. Il rappellera à l'enfant qu'il ne doit jamais abandonner la terre des ancêtres pour n'importe quelle cause. Enfin, l'arbuste *tavovola* en croissant s'élève droit et majestueux comme les palmiers. Il symbolisera pour le nouveau circoncis les souhaits que l'on forme pour lui, à savoir qu'il devienne plus grand que tous, qu'il les dépasse de la tête[124] et qu'il soit admiré pour sa taille et sa beauté. »[125]

---

[118] Maison de patriarche.

[119] Lutte avec le taureau.

[120] Le médecin qui soigne l'enfant depuis sa naissance.

[121] Herbe dont la tige est semblable à un roseau.

[122] Liane d'eau.

[123] Jeune arbuste.

[124] Cela nous fait penser à la présentation de Saül que nous allons voir dans la deuxième partie de notre travail (cf. 1 S 9, 2).

[125] MICHEL L., « Autrefois, chaque caste avait sa marque spéciale », p. 87.

Après tout cela, a lieu l'invocation des paroles rituelles ou la prière prononcée par le *Lonaky* entouré du père et de la mère de l'enfant. Nous citons ci-après un exemple de cette *tata* faite par le *Lonaky* :

> « Nous vous appelons, *Zañahary*, c'est vous qui créez les pieds et les mains, vous aussi Terre sacrée, c'est là que les hommes vivent.
> Vous les Ancêtres, vous… (les énumérer)
> Un tel… (Nom du père de l'enfant) va faire la circoncision de son fils.
> Il va circonscrire son enfant.
> Donnez votre bénédiction, *Zañahary*, car aujourd'hui (citer le jour) c'est le jour où nous bénissons notre fils, et nous le consacrons pour qu'il devienne un homme.
> Ainsi, nous vous demandons, *Zañahary*, protégez-le bien, *Andriatompo*, *Andriananahary*, pour qu'il soit heureux sur cette terre.
> Que vous le protégiez bien, vous les Ancêtres, vous grands-pères, vous grands-mères.
> Faites que la circoncision se passe bien, que la plaie se cicatrise bien.
> Et voici le zébu pour demander votre protection. »[126]

Puis, les assistants lèvent les bras au-dessus de la tête, les paumes des mains tournées vers le ciel. Et après l'invocation du *Lonaky*, ils crient en unisson : *« Ho soa, ho meva, ho to vola anay »*[127]. Puis, le *Mpanandro* vise l'enfant de la sagaie et dit : « *Ho lahy ialahy* »[128] et on donne un nouveau nom à l'enfant. C'est après cette cérémonie qu'on commence l'opération effectuée par un homme dont les parents sont encore vivants. Le sang de la plaie et le *rano malaza* avec laquelle on la lave doivent couler sur la tête du taureau. Avec cette même eau le président prononce encore une invocation aux ancêtres pour que ceux-ci bénissent l'enfant. Il émet alors le nouveau nom de l'enfant.

---

[126] RAHASASON G.A.R., *Endri-pifandraisana amin'ny Zagnahary sy ny Raza araka ny Tata Bara*, p. 25, nous traduisons.

[127] Qui signifie : « Que nos prières soient exaucées. »

[128] « Que tu sois un mâle. »

Le prépuce de l'enfant est fixé à l'extrémité d'une sagaie qu'on jette à l'Ouest de la maison en passant par-dessus le toit. On ne peut pas toucher cette sagaie jusqu'à la guérison totale de la plaie de l'enfant. On peut faire disparaître aussi le prépuce en le mettant dans la bouche du fusil et on tire vers l'Est par-dessus le toit de la maison. Tout cela est suivi par un sacrifice et un partage de la viande. Mais le président reprend encore l'invocation des ancêtres en bénissant de nouveau l'enfant.

La cérémonie de la circoncision est conclue par des jeux qui expriment une démonstration de force comme le *ringa*[129]. Ensuite, les assistants se retirent en touchant un à un la main de l'enfant.

Voilà une présentation brève de la circoncision chez les *bara*. Elle est pleine de symbolique comme, l'explique Michel Louis :

> « Le taureau qu'on immole, le soleil qu'on fixe, les incantations prononcées sont autant de figurations du principe mâle. Le grand souhait formulé tant par le *mpanandro* que par le grand-père en sa qualité d'officiant, c'est que le nouveau circoncis soit digne de ses ancêtres dans toute la plénitude de sa masculinité : l'enfant ne devient un homme qu'après avoir subi l'épreuve de la circoncision qui le purifie et lui donne rang parmi les mâles de la famille. »[130]

### 2.2.1.6 La maladie

Pour les *Bara*, la maladie résulte plus d'un mauvais sort et des maléfices d'un esprit que de l'imprudence et de pratiques déraisonnables. À part la cause naturelle, les *Bara* se réfèrent à trois causes de maladies.

La première cause est la violation ou le non-respect des *faly* (interdits). Or, ce sont les ancêtres qui ont ordonné à leurs descendants de respecter un tel *faly* pour différentes raisons, par conséquent sa vio-

---

[129] La lutte.

[130] MICHEL L., « Autrefois, chaque caste avait sa marque spéciale », p. 89.

lation signifie une violation de la parole des ancêtres toujours considérée comme une parole sacrée. De ce fait, les ancêtres manifestent leur colère en punissant le fautif par une maladie. Ainsi, si on viole un interdit posé par un *Ombiasy*, ce sont généralement les *helo*[131]qui sont mécontents et punissent l'auteur par une maladie.

La deuxième cause est le *handra*[132]. Si on commet une faute à l'égard des parents ou des *lonaka* du village, on dit qu'on commet un *handra*. Ceux-ci maudissent les auteurs en appelant les *helo* et les ancêtres. Alors, c'est aussi par la colère des ancêtres et des *helo* que l'auteur devient malade.

La troisième cause de maladie est un sortilège jeté sur la personne atteinte. On peut ensorceler un individu de trois manières. D'abord, l'*Ombiasy* peut proférer verbalement des malédictions contre une personne déterminée selon le désir d'un client. Alors, celui-ci prononce des paroles qui attireront le malheur et la maladie. Ainsi, les *Bara* peuvent ensorceler quelqu'un sans consulter un *ombiasy* ou un sorcier ni recourir à lui. Car ils connaissent d'innombrables pratiques qui attirent le malheur. Par exemple, le *rao-dia*, ramasser de la terre prélevée dans l'empreinte du pied de son ennemi et la placer ensuite sur une tombe est un puissant moyen de nuire à la personne détestée[133]. Puis, la troisième manière de se débarrasser d'un ennemi est le poison. On va demander à un sorcier qui est spécialiste pour cela (*mpamoriky)* de fabriquer un poison. Et on le dépose soit dans la nourriture, soit dans la boisson de celui qu'on veut cibler. Certains peuvent provoquer un effet rapide et violent, d'autres n'agissent que lentement en ruinant peu à peu la santé de l'adversaire.

---

[131] Les *helo* sont les esprits qui sont toujours en communion avec l'*ombiasy* et qui lui indiquent le *faly* à respecter.

[132] *Handra* est un tort, une faute, un reproche.

[133] MICHEL L., « Autrefois, chaque caste avait sa marque spéciale », p. 108.

Pour se débarrasser de la maladie, les *Bara* font toujours appel à un *Ombiasy*. En arrivant, celui-ci fait un diagnostic pour connaître la source de la maladie. Alors, après avoir consulté son *sikidy*[134], il indiquera la cause de la maladie. Si la maladie n'a pas de cause naturelle (comme une fracture à cause d'une chute), on l'attribue à des effets surnaturels et à la vengeance du *fahasivy*. Dans ce cas, il faut faire sortir du corps du malade l'esprit qui cause la maladie. Et pour le faire sortir, l'*ombiasy* ordonne de faire un *bilo*[135] ou un *saotra*[136].

> « *Bilo* et *saotra* sont les grands moyens employés pour exorciser un esprit malfaisant, ou apaiser les ancêtres irrités d'un manquement grave aux *fady* qu'ils avaient institués. Mais l'*ombiasy* démêle souvent que l'état de fortune du patient ne lui permettra pas d'engager les dépenses nécessaires au *bilo*, ou même au *saotra*, ou simplement qu'il n'est atteint que d'une maladie courante facile à guérir. Dans ce cas, il se transforme en guérisseur, et se contente d'ordonner l'emploi des médicaments de sa pharmacopée. »[137]

Voici donc un extrait de cette *tata* pour demander la guérison :

> « Vous *Zañahary*, vous Terre sacrée, surtout vous les Ancêtres.
> On vous appelle car un tel ... (citer le nom du malade) est malade.
> Nous demandons sa vie, car c'est vous, *Zañahary*, qui avez créé les pieds et les mains.
> Et à vous, Terre sacrée, là où il vit.
> Voici le zébu que nous vous portons pour bénir notre parent, pour demander sa vie, que sa main soit le prix de sa main, que son pied soit le prix de son pied, que son corps soit le prix de son corps.

---

134 Voyant.

135 Chez les *Bara*, c'est une manière de guérir un malade à caractère religieux, à laquelle on invite tout le village pour assister et contribuer à la guérison d'un malade. C'est une sorte d'exorcisme accompagné d'un sacrifice.

136 C'est un sacrifice.

137 MICHEL L., « Autrefois, chaque caste avait sa marque spéciale », p. 111.

> Protégez-le bien. Que sa maladie ne l'emporte pas, mais qu'il soit guéri. Lorsqu'il sera protégé par vous, *Zañahary*, et qu'il sera guéri, et que nous le verrons marcher, nous vous offrirons un zébu, *Zañahary*, pour vous remercier. »[138]

La prière de demande de guérison nous montre à quel point la vie du bœuf se substitue à la vie de l'homme. Elle exprime littéralement que la vie d'un bœuf vaut la vie d'un homme. Et quand le malade sera guéri, on sacrifie encore un bœuf en guise de reconnaissance et de réalisation de vœu.

> « Voici le zébu pour vous, *Zañahary*, pour vous remercier.
> Après ce que nous avons dit : "Si vous veillez sur lui, s'il ne lui arrive rien, que notre parent est guéri de sa maladie, nous vous offrirons, *Zañahary*, des zébus".
> Voilà qu'il ne lui est rien arrivé, qu'il est vivant et bien portant, c'est pour cela que nous vous emmenons des zébus, *Zañahary*, qu'il ne sera plus malade, qu'il ne lui arrive plus rien. Que ces dons qui le remplacent lui apportent du bien. Si la maladie revient, que cela soit éliminé pour de bon. Que peut-on faire, la maladie est le propre de l'homme ? Voici les zébus, Ancêtres, vous ne lui en réclamerez plus désormais, mais puissiez-vous le protéger pour que la maladie ne lui revienne plus. »[139]

Ici encore, on confirme que la vie des zébus remplace la vie de l'homme. Les zébus sont garants de la santé de l'homme.

#### 2.2.1.7 La mort

Si l'état du malade s'aggrave et qu'il entre dans l'agonie, on apprête déjà un bœuf *sekatsy*[140]. On fait le *fampindry ay*, c'est-à-dire on immole l'animal pour que sa vie accompagne celle du défunt vers le monde des ancêtres et chez Dieu. Puis, on prépare le cadavre. On le

---

[138] Cf. RAHASASON G.A.R., *Endri-pifandraisana amin'ny Zagnahary sy ny Raza araka ny Tata Bara*, p. 26, nous traduisons.

[139] *Ibidem.*

[140] Un animal qui ne peut plus reproduire, une vache stérile par exemple.

lave, on le rase et on l'habille d'un pagne si c'est un homme ; pour une femme, on recouvre d'un *lamba*[141] le bas du corps. Ensuite, on enveloppe le cadavre d'un *soga*[142]. On n'enveloppe pas la tête. Quand le corps est prêt, on le transporte dans la *tranobe*[143]. Désormais, la *tranobe* devient *Beranomaso*[144] car ceux qui veulent pleurer doivent rejoindre cette maison. Les femmes exercent la fonction de pleureuses rituelles et doivent pousser de grands cris. Et celles qui viennent d'autres villages doivent pleurer en franchissant la maison de *beranomaso*. Ce sont elles qui veillent le cadavre. Pendant la veillée mortuaire, elles chantent des *antsa*[145] et dansent. Dans la cour, jeunes gens et jeunes filles chantent aussi leurs *antsa*. Ces chants continuent tant que le corps reste exposé.

Les hommes se réunissent à la *Tranon-dahy* (maison de l'homme) pour discuter sur la façon dont on va réaliser les funérailles. Ils commencent par l'envoi de faire-parts aux familles, aux amis, aux voisins et aux villages alentours. Ceux-ci viennent pour présenter leurs condoléances. Les gendres doivent apporter un bœuf comme participation aux frais pendant les funérailles. On tue un bœuf (ou plusieurs selon la fortune de la famille) pour le repas des assistants.

Après trois jours de veillée funèbre, on passe à l'enterrement. Avant d'aller au tombeau, quatre hommes robustes transportent le cadavre à l'extérieur de la maison. On commence à faire danser les zébus en faisant le tour de la maison. Puis, on rejoint le chemin vers le tombeau. Tous les bœufs du village doivent accompagner le cortège. Et en route, on continue à faire danser les bœufs accompagnés toujours

---

[141] Vêtement.

[142] Cotonnade de diverses provenances.

[143] Littéralement, *tranobe* signifie la grande maison, mais sa grandeur est ici signifiée par sa valeur coutumière.

[144] Celui qui a beaucoup de larmes.

[145] Chant ou hymne.

par les chants des femmes et des jeunes filles. Arrivés près du tombeau, on s'arrête et on tue un bœuf en présence des assistants. Seuls les hommes qui transportent le cadavre suivi du *Lonaky* continuent leur chemin vers le tombeau et y déposent la dépouille mortelle. Puis, on partage la viande pour chaque village. Et le représentant de la famille du défunt prononce un dernier discours qui clôture la première partie des funérailles en disant :

> *« Vory eto daholo isika, ary mirava isika, fa vita ny zavatra natao'ny Zañahary. Na dia namono i Zañahary, mbola hangataka aminy isika, tsy isika ihany ny tompony, fa maro ny tompony, ka dia mbola hivory andro iray isika rehetra hangala sikidy, ary mbola hampandre anareo. Isika izao dia mba mijanona kely. »*[146] (« Nous sommes rassemblés ici et nous allons rentrer à la maison car le sort qu'a fait *Zañahary* est terminé. Même si *Zañahary* a tué, nous tournerons encore vers lui nos demandes, car notre parent défunt ne nous appartient pas à nous seuls, il appartient à plusieurs parents. Nous allons donc nous rassembler de nouveau pour terminer la cérémonie de deuil. Et nous allons vous tenir au courant. Mais maintenant nous allons faire une pause. »)

Cela indique que la cérémonie funèbre ne se termine pas ici. Elle continue avec le *havoria* (rassemblement). Le but de cette deuxième cérémonie est de faire participer les familles qui n'ont pas pu assister aux funérailles à cause de la distance.

Il y a encore une troisième cérémonie qui clôt la cérémonie funèbre. C'est le *fanefana faty* qui signifie l'achèvement de la cérémonie funèbre. Cette cérémonie a comme but l'intronisation du défunt au rang des ancêtres. Elle a une dimension très festive. C'est vraiment une fête solennelle à laquelle on invite beaucoup de monde. Hymnes et danses, jeux et distractions, repas et boissons sont au rendez-vous pendant ces quelques jours, voire une ou deux semaines selon la ri-

---

[146] ELLI L., *Fomba Bara,* p. 268.

chesse de la famille. Mais le sacrifice des bœufs s'y avère indispensable car selon leur croyance, « les *Bara* ont assuré au *fahasivy*[147] du défunt une compagnie décente d'ombres de bœufs. Celui-ci sera donc entièrement satisfait, et ils n'auront pas à craindre l'effet d'un mécontentement quelconque »[148].

À la clôture de la cérémonie, le *lonaky* adresse une parole de remerciements à tous les invités qui ont consacré leur temps précieux pour accomplir cordialement avec la famille le devoir suprême envers le défunt ; celui de le placer au rang des ancêtres. Puis, il termine la cérémonie avec une prière sacrificielle suivie de la distribution de viande.

> « On vous appelle *Zañahary.*
> Voici le zébu, même si vous avez tué, qu'il ne se passe rien.
> Voici le zébu que nous vous apportons pour vous appeler.
> Vous aussi, tous les Ancêtres.
> Protégez bien les enfants car ils vont tresser leurs cheveux.
> Qu'on ne coupe pas trop court leurs cheveux et que les hommes coupent les bouts de leurs cheveux. »[149]

Cette prière finale est une demande de protection de la vie des vivants en échange de la vie du zébu. Le zébu est toujours présent là où il y a une question vitale.

Mais cet *aina*, valeur fondamentale dans toute la société malgache, se développe au milieu d'une valeur culturelle communautaire qui signe l'identité des Malgaches. Cette valeur culturelle est le *fihavanana* en malgache officiel ou *filongoa* chez les *Bara.* Nous allons voir par la suite la relation entre le bœuf et le *filongoa.*

---

[147] C'est le principe immortel chez l'homme.

[148] MICHEL L., « Autrefois, chaque caste avait sa marque spéciale », p. 126.

[149] Cf. RAHASASON G.A.R., *Endri-pifandraisana amin'ny Zagnahary sy ny Raza araka ny Tata Bara*, p. 63, nous traduisons.

### 2.2.2 Le bœuf et le *filongoa*

Pour parler de la relation entre le bœuf et le *filongoa*, nous commencerons par la présentation de ce qu'est le *filongoa*. Puis, nous parlerons du bœuf et du *filongoa* en tant que réalité humaine. Après, nous évoquerons le bœuf et le *filongoa* en tant que réalité cosmique. Et à la fin, nous aborderons le bœuf et le *filongoa* en tant que réalité spirituelle.

#### 2.2.2.1 Le *filongoa* ou *fihavanana*

S'il existe une réalité qui définit l'identité du peuple malgache du Nord au Sud, de l'Est à l'Ouest, c'est le *fihavanana*. Si pour Descartes la pensée désigne l'existence d'une personne d'après sa formule « je pense donc je suis », pour un Malgache le sens de son existence s'inscrit dans son ouverture à l'autre sous la notion de *fihavanana*. Un Malgache dit : « J'ai des relations ou j'ai le *fihavanana*, donc j'existe ». C'est pourquoi on lui donne même le surnom de *rabefihavanana* (celui qui a beaucoup de *fihavanana*). Mais que signifie donc cette réalité prépondérante de la vie malgache ? Et quelles sont les relations du bœuf avec le *fihavanana* ?

Certes, pour un Malgache la compréhension du terme *fihavanana* va de soi, il ne s'explique pas, car il relève de l'ordre de ce qui se montre mais qui ne se démontre pas. Pourtant, le mot *fihavanana* désigne une réalité assez complexe d'où la difficulté de le traduire en français. Nous pouvons retenir quelques grandes idées qui nourrissent les différentes dimensions du *fihavanana*. D'abord, par sa nature, le *fihavanana* désigne une parenté, une attitude, des relations interpersonnelles excellentes, une harmonie, une loi morale et sociale. Au point de vue fonctionnel, le *fihavanana* c'est vivre, penser, adopter, impliquer, s'imposer. Les exigences du *fihavanana* sont les relations interpersonnelles, l'affection, l'amour, la qualité de relations, le savoir-vivre. Quant aux agents du *fihavanana*, nous avons les parents, les membres d'une famille, les membres de la société, les vivants, les ancêtres et *Zañahary*. L'espace où se vit le *fihavanana* s'étend de la famille à la communauté parentale, de la société au groupement humain de la même race ou non, de la terre au ciel. Bref, nous pouvons affirmer avec Raharilalao que le *fihavanana* est à la fois un lien et un lieu, une connaissance mutuelle, un comportement et un devoir à accomplir, un état d'esprit de conservatisme intérieur véhiculé par la transmission du patrimoine familial, la perpétuation de la sagesse ancestrale et le respect des traditions[150].

En poussant beaucoup plus loin notre réflexion, nous pouvons distinguer quelques grands types de *fihavanana* selon la réalité où l'homme malgache se situe. D'abord, il y a la réalité humaine qui enregistre trois types de *fihavanana*, à savoir le *fihavanana* familial, le *fihavanana* parental et le *fihavanana* social.

Deuxième réalité où s'exprime le *fihavanana*, c'est la réalité cosmique, d'où le nom de *fihavanana* cosmique. Il désigne le milieu physique comme l'espace vital, terre nourricière, terre des ancêtres, le *Hazomanga*, la *Tranobe*, la prairie. Le lien qui tisse la relation du *fihavanana* cosmique est la subsistance et l'habitation. Le type de relation est d'ordre vital.

La dernière réalité exploratoire du *fihavanana* est la réalité spirituelle. Elle présente deux natures du *fihavanana*, à savoir le *fihavanana* ancestral et le *fihavanana* transcendant. D'abord, le *fihavanana* ancestral désigne le *fihavanana* avec les membres défunts de sa parenté et tous les ancêtres. Ce type de *fihavanana* met en relation l'homme avec l'au-delà. Le critère de relation est basé sur le respect, le souvenir, la vénération. Pour le *fihavanana* transcendant, il met en communion l'homme avec le milieu divin. Il s'agit du Dieu Créateur des pieds et des mains (*Zañahary namboa-tomboky namboa taña, Ndrianañahary*). Le critère de relation est le lien de vie, la croyance et la religion à travers la *tata*. C'est une relation d'ordre théocentrique.

---

150 RAHARILALAO H.A.M., *Église et fihavanana à Madagascar*, p. 126.

Pour créer, confirmer, entretenir et sauver le *fihavanana* à travers les trois réalités où il s'exprime, les *Bara* se servent de ce qui est cher à leurs yeux, les zébus. C'est ce que nous voulons développer au paragraphe suivant.

#### 2.2.2.2 Les bœufs et le *filongoa* en tant que réalité humaine

Il est impossible de contester la place primordiale des bœufs dans la vie des *Bara*. Mais face au *filongoa*, ils n'hésitent pas à sacrifier ou à offrir cet animal si précieux pour sauver leur relation avec les *longo*[151]. C'est ce qu'exprime le proverbe : « *Sitrany rarak'aomby toy izay rara-dongo* » (« Mieux vaut perdre des bœufs que perdre des parents »). En effet, c'est dans le *filongoa* que se développe le *aina*, valeur fondamentale chez les *Bara*. Quelles sont donc les relations entre les bœufs et le *filongoa* ?

#### *Sofin-draza*[152] ou marques des bœufs

D'abord, la relation familiale du clan est imprimée sur le corps même des bœufs. En effet, les membres des familles se reconnaissent par les marques des bœufs. Il s'agit de la coupe des oreilles. La coupe peut affecter les deux oreilles ou l'une des deux seulement. Certes, ces marques, avec la robe et les cornes, servent à déterminer l'animal avec précision par rapport aux autres. Mais elles rappellent aussi le lien et l'histoire familiale. Elles sont signes de communion entre les parentés. En terme *bara*, cette marque est appelée *sofin-draza* qui se traduit littéralement « les oreilles du clan ». Elle est le blason de famille.

---

[151] Les parents.

[152] Les oreilles du clan.

« Autrefois, chaque caste avait sa marque spéciale. Actuellement, ces indications sont combinées avec un signe choisi par chaque propriétaire »[153], souligne Louis Michel. À titre d'exemple, nous pouvons citer quelques noms de marques de bœufs[154]. Les *Zafimañely* ont la marque *tsiomby* qui signifie « pas assez de place », sous-entendu pour contenir le troupeau. La marque du clan *Zafimarozaha* s'appelle *tsiarihanovo*, ce qui veut dire « tout n'est pas fait pour puiser ». Celle des *Zafimarosoa* s'appelle *marolahy*, c'est-à-dire qui a plusieurs mâles. Il s'agit du souhait pour avoir des bœufs nombreux. Les *Bara Masitoka* d'Ivohibe[155] ont la marque *Zañahary miahy*, qui signifie « Dieu est mon soutien ». En effet, selon la légende, un des ancêtres vivait tout seul dans la forêt avec sa famille. On lui a proposé de venir rejoindre le village pour être à l'abri des attaques ennemies. Mais il a refusé cette proposition en disant : « *Ndre toka iaho da masy avao, ao Zañahary miahy* » (« Même si je suis seul, je suis fort, et puis Dieu est là mon soutien »). C'est pourquoi, on l'appelle *masitoka* avec la marque d'oreille *Zañahary miahy* pour perpétuer ce souvenir.

## Le don de bœufs

Outre les marques des bœufs, la relation des bœufs au *filongoa* se manifeste aussi à travers le don pour créer ou entretenir le *filongoa*. Le don et le cadeau sont l'expression de l'affection. C'est une manière d'entretenir la relation humaine. La valeur du cadeau ou du don varie d'un peuple à l'autre. Si sous d'autres latitudes, les cadeaux les plus estimables, ce sont la maison, la voiture ou la Rolex, chez les *Bara*, les bœufs sont les cadeaux les plus précieux. Nous avons déjà évoqué au point précédent que la création d'une nouvelle famille par le lien conjugal (cf. fiançailles et mariage) est suivie d'un

---

[153] MICHEL L., « Autrefois, chaque caste avait sa marque spéciale », p. 133.

[154] *Ibidem*, p. 134.

[155] Cf. ELLI L., *Fomba Bara,* p. 39-40.

don de bœufs. En effet, l'époux offre un bœuf à la famille de l'épouse comme cadeau. C'est ce qu'on appelle *tsongo traka*[156]. Ce bœuf n'est pas immolé lors du mariage, mais comme échange à la femme. Il comble l'absence de la jeune épouse chez ses parents.

Ainsi, après la circoncision, on offre un bœuf à l'enfant. Il s'agit de *fen'akoho*[157]. Comme la circoncision est le moment où on l'intègre dans la tribu, cette intégration mérite un accueil chaleureux, convivial et haut en couleurs de la part de la famille. L'image de *fen'akoho* exprime cette affection envers l'enfant. Et le bœuf témoigne de l'honneur qu'on réserve à l'enfant lors de cette intégration. Avec le don d'un bœuf, l'enfant n'est pas intégré seulement dans la tribu, mais aussi dans le monde bovin. Il est initié à se familiariser avec le troupeau, monde qu'il va fréquenter tout au long de son existence.

Il arrive qu'un oncle maternel ou un autre parent très proche offre un bœuf comme cadeau à son neveu. Le terme qui désigne ce don est la *tandra sofy*[158]. C'est une sorte de bénédiction de la part de la famille maternelle qui a sa marque des oreilles. Mais comme on hérite la marque des oreilles de la part du parent paternel, ce *tandra sofy* rappelle donc le lien avec la famille maternelle.

### Les bœufs et l'œuvre de la réconciliation

Comme toute société, la tribu *bara* n'est pas épargnée par toutes sortes de conflits qui peuvent ruiner le *filongoa*. Mais en s'appuyant sur la valeur de *filongoa*, les *Bara* se servent de ce qui leur semble très cher pour restaurer la relation. Les bœufs jouent donc le rôle de médiateurs et de réconciliateurs. Nous citons ici quelques termes montrant cet usage de bœufs dans l'œuvre de réconciliation. Pour

---

[156] *Tsongo* veut dire pincée et *traka* signifie brèdes (ou feuilles de manioc ou de patate douce). C'est l'activité quotidienne des jeunes filles.

[157] La cuisse de poulet. C'est une part réservée à l'enfant.

[158] *Tandra* signifie aspersion avec le sang ; *sofina* veut dire oreille.

régler les conflits entre frères par serment, on sacrifie un bœuf. Les *Bara* appellent ce bœuf *fitrebeha troky*[159]. En effet, en malgache, le terme pour dire frère est *iray tam-po*, c'est-à-dire tiré du même ventre. Les frères par serment se considèrent comme du même ventre pour exprimer le lien très proche existant entre eux. Si le lien vient à être détruit, on dira que le ventre est déchiré. L'un sort du ventre. Pour l'y remettre de nouveau, il faut un sacrifice. Et ce sacrifice a pour objet de recoudre le ventre déchiré.

Quand un homme répudie sa femme et veut la récupérer, il doit lui offrir un bœuf. Ce bœuf s'appelle *fafa hazava*[160]. Cela signifie que l'époux doit balayer sa cour pour pouvoir accueillir de nouveau sa femme. Dans d'autres cultures, cela ressemble au tapis rouge pour accueillir l'hôte d'honneur. Cela montre l'accueil cordial que l'époux réserve à sa femme.

Il se peut qu'un homme commette une faute ou adresse une insulte à sa femme. Pour se faire pardonner, il doit lui offrir un bœuf. Ce bœuf s'appelle *tangy*[161]. Il est le symbole de son regret et de sa repentance.

En cas de conflit sanglant qui mène à la destruction du *filongoa*, on convoque une assemblée où on tue un bœuf pour rétablir la paix. Ce bœuf s'appelle *tandra fery*[162]. Cela signifie littéralement « une aspersion pour panser la blessure ». C'est l'acte de réconciliation.

---

[159] *Fitrebeha* vient du verbe *mitrebika* qui signifie coudre ; *kibo* veut dire ventre. Le *fitrebeha kibo* désigne donc l'action de coudre le ventre.

[160] *Fafa* vient du verbe *mamafa* qui signifie balayer ; *hazava* désigne la cour.

[161] *Tangy* signifie cadeau ou argent ou bœuf donné à une femme pour obtenir sa faveur.

[162] *Tandra* c'est l'aspersion avec le sang ; *fery* c'est la blessure. *Tandra fery* est donc l'aspersion pour faire soigner la blessure.

### Les bœufs et le dédommagement

Les bœufs servent aussi à dédommager les pertes. Comme dans le cas de vol de bœufs, le voleur doit dédommager le propriétaire des bœufs volés pour le temps perdu à suivre les traces des bœufs. Ces bœufs donnés sont appelés *sasa lia*[163]. Comme son nom l'indique, ils sont offerts pour effacer la trace.

### Bœufs et violation des interdits sexuels

Quand une personne a commis un inceste, il doit immoler un bœuf pour enlever les conséquences très fâcheuses et dangereuses de cet acte. Ce bœuf est dénommé *ala toño* ou *ala havoa*[164]. Il est sacrifié en guise de purification.

Dans un mariage entre consanguins, on doit tuer aussi un bœuf pour enlever l'interdit sexuel et leur permettre de s'unir. C'est le *taha faly*[165]. Il s'agit d'un bœuf tué pour compenser la violation de l'interdit sexuel.

### Les bœufs et la reconnaissance

La reconnaissance est un signe de respect. Elle entretient la relation humaine. Chez les *Bara*, on manifeste la reconnaissance par le don d'un bœuf vivant ou tué. C'est le cas de *sasa taña*[166]. Il s'agit d'un bœuf tué en guise de reconnaissance pour le travail effectué. Les personnes sont considérées comme ayant sali leurs mains par leur service. Par conséquent on leur lave les mains.

---

163 *Sasa* vient du verbe *manasa* qui signifie laver et *lia* veut dire trace. *Sasa lia* désigne donc l'action de laver ou d'effacer la trace.

164 *Ala* c'est enlever et *toño* et *havoa* signifient les péchés.

165 *Taha* signifie substitution, compensation, dédommagement ; *faly* veut dire interdit.

166 Rappelons que *sasa* signifie laver et *taña* veut dire mains. *Sasa taña* est le lavement des mains.

Pour remercier le devin-guérisseur pour les médicaments et les soins qu'il prodigue à un malade, on lui offre un bœuf dénommé *sara-panafoly*[167]. Comme son nom l'indique, ce bœuf est le prix des médicaments.

### La *nofon-kena mitam-pihavanana*

Le dépeçage de viande lors du sacrifice de mariage symbolise la naissance de la nouvelle famille. L'arrière-train va au père de la femme, comme signe du plus grand respect. La bosse et les parties grasses échoient à la mariée, symbolisant les devoirs et la responsabilité de l'épouse. La tête revient au mari, car désormais, il est la tête de la famille. Le reste est partagé entre les membres de la famille du nouveau couple et tous les invités. C'est ce qu'on appelle *nofon-kena mitam-pihavanana*, c'est-à-dire la viande qui établit le lien entre les *mpilongo* ou les *mpihavana* ou la « parenté ». D'ailleurs, toutes les cérémonies où on sacrifie des bœufs se terminent toujours par le partage de ce *nofon-kena mitam-pihavanana.* Cette part de viande est très significative. Recevoir une telle part rappelle le lien noué avec la famille organisatrice. Priver de cette part de viande signifie l'exclusion faite par la famille organisatrice. Le bœuf à travers sa chair partagée joue le rôle de rassembleur. Il est signe de communion.

### 2.2.2.3 Les bœufs et le *filongoa* cosmique

Rappelons que le *filongoa* cosmique comprend le milieu physique comme la terre des ancêtres, le *hazomanga*, la *tranobe* et la prairie. Ces lieux vitaux dans l'existence des *Bara*, références de *filongoa*, ont aussi une relation avec les bœufs.

Lors du sacrifice d'un bœuf, la terre sacrée reçoit le sang de la victime. Le sang est le siège de la vie. La terre étant considérée comme

[167] *Sara-panafoly* vient de deux mots, à savoir *sara* qui signifie prix, et *fanafoly* qui désigne les médicaments.

mère, la vie revient en elle. Le bœuf verse donc son sang sur le sol sacré, afin de lui obtenir bénédiction et faveur pour les humains. Il fait donc l'union entre les êtres humains et la terre des ancêtres.

Certes, nous avons déjà beaucoup parlé du *hazomanga*, mais nous évoquons ici sa relation particulière avec les bœufs. Rappelons qu'avant de couper l'arbre choisi pour le *hazomanga*, on tue déjà un bœuf. Puis, on enduit le tronc de l'arbre avec le sang de la victime. Et lors de l'implantation du *hazomanga* au village, on sacrifie aussi un bœuf. Et à cette occasion on fait cette prière :

> « Nous allons élever un *Hazomanga*.
> Nous vous appelons à cet endroit, *Zañahary*, vous tous les Ancêtres.
> Voici le zébu que nous vous amenons.
> Si nous faisons cette prière, c'est pour que vous nous protégiez.
> Nous vous amenons ce zébu, *Zañahary*.
> Protégez-nous, protégez-nous bien… »[168]

Et à chaque fois qu'on fait une *tata* à cet endroit, on sacrifie toujours un bœuf, ce qui nous rappelle la place vitale de ce *hazomanga* dans la société *bara*. *Hazomanga* et bœuf font partie de l'identité des *Bara*.

Il en est de même pour la *tranobe*. C'est la maison de référence pour la famille du même *raza*[169] où la société familiale vit en conformité avec les coutumes ancestrales. C'est là qu'on prend toutes décisions concernant la vie de la famille. C'est là qu'on célèbre les événements de la vie d'une personne. Le *lonaky* est la personne de référence pour cette *tranobe*. Il met en communication les membres de sa famille avec les puissances surhumaines par le sacrifice des bœufs. En un mot, la *tranobe* en la personne du *lonaky* joue aussi ce rôle de rassembleur et de communicateur entre le monde surnaturel, le monde humain et le monde animal.

---

[168] Cf. RAHASASON G.A.R., *Endri-pifandraisana amin'ny Zagnahary sy ny Raza araka ny Tata Bara* », p. 63, nous traduisons.

[169] Ancêtre.

#### 2.2.2.4 Les bœufs et le *filongoa*, réalité spirituelle

D'abord, le *filongoa* ancestral parle de la relation entre les vivants et les ancêtres. Comme les autres ethnies malgaches, les *Bara* sont toujours en relation avec leurs ancêtres. Cette relation se base sur le respect, le souvenir et la vénération. Ils entretiennent et soignent cette relation avec les ancêtres en respectant les interdits et le *fetsy*[170] qu'ils ont laissés pour leurs descendants. Ils leur demandent bénédiction et protection pour leur « *aina* ». Mais l'invocation des ancêtres dans la prière *tata* est accompagnée par le sacrifice des bœufs[171]. Ils pensent être exaucés en offrant des zébus.

Puis, le *filongoa* transcendant désigne cette relation avec le monde divin. En effet, les *Bara* croient que leur vie *aina* tire son origine en *Zañahary naboa-tomboky namboa-taña*, « Dieu créateur des mains et des pieds »[172]. Et afin de demander protection et bénédiction pour cette vie *aina* à son auteur et créateur, les *Bara* lui procurent le meilleur d'eux-mêmes, les bœufs.

On peut retenir que le bœuf est omniprésent dans la vie des *Bara*. Il entretient, nourrit, soigne leur manière de vivre les trois types de *filongoa* (réalité humaine, cosmique et spirituelle). Il est vital.

### 2.2.3 Le troupeau, reflet de la société *bara*

Suite à ce que nous avons dit sur la relation du bœuf à la vie *aina* et au *filongoa bara*, nous allons évoquer maintenant que ce monde bovin est le reflet de la société *bara*.

Certes, nous avons déjà mentionné le fait que le troupeau est signe de la richesse. Toutefois, nous voulons encore confirmer ici que cette richesse n'est pas seulement matérielle mais aussi culturelle. À

[170] La recommandation, les dernières volontés des ancêtres.

[171] Nous verrons un peu plus tard les détails et le symbole du sacrifice.

[172] C'est une expression qui exprime la totalité de l'homme.

part ce que nous avons évoqué sur la place du zébu dans les différents événements individuels et communautaires, il reflète également la société *bara*. En effet, la société est considérée comme un troupeau. Le taureau est l'image du patriarche ou du chef de famille. Retenons qu'il n'existe qu'un seul taureau dans un parc, comme un seul *lonaky* ou patriarche dans un clan. À la mort du *lonaky*, le taureau doit être sacrifié. À part le taureau, le troupeau est composé de différents types de zébus (sexe, âge, taille, couleur). C'est l'image d'une famille constituée par les différentes catégories de personnes.

À part cette image métaphorique du troupeau par rapport à la société *bara*, des proverbes sont nés de cette culture pastorale pour exprimer la réalité de la vie. Citons-en ici quelques-uns : « *Aombilahy tsy rambesy amy ñy tsifany* », qui signifie : « On n'attrape pas un taureau par les cornes ». C'est un proverbe qui invite à savoir contourner les difficultés, à prendre des voies détournées pour résoudre des problèmes difficiles. Pour exprimer la triste réalité de l'indifférence envers les pauvres, on dit : « *Aomby mahia tsy mba tsafoin'e namany* », qui se traduit comme suit : « Les bœufs ne lèchent pas leur compagnon maigre ». Pour s'excuser de ne pas prêter quelque chose dont on a besoin, car si on la prête, on est dans l'impossibilité de faire ce qu'on a l'intention de faire, on dit : « *Kobay an-tañandrahalahy tsy azo amofoha aomby* ». On peut le traduire : « On ne peut pas frapper un bœuf avec le bâton qui est dans la main de son frère ». Pour corriger un enfant de ses bêtises, on dit : « *Aomby mana mila, anaky mana miteraky* », qui se traduit : « Les bœufs ont qui les cherchent, les enfants ont qui les a enfantés ». Cela veut dire que les bœufs ont leurs pasteurs, les enfants ont leurs parents. Et pour parler de l'accueil, on dit : « *Aomby mañay aomby, olo mañay olo* », c'est-à-dire : « Les bœufs vont avec les bœufs, les gens vont avec les gens ». P. Elli explique ce proverbe en disant : « Un bœuf fourvoyé à proximité d'un troupeau s'y agrège assez rapidement : de même un étranger qui arrive au village cherche quelqu'un qui va l'accueillir. »[173]

Des expressions pastorales sont utilisées pour décrire les activités humaines. C'est le cas de *kapo-tandroky*[174] ou *misiotsy* qui signifie coup de cornes, une expression employée pour un homme qui prend une décision brusque et irréfléchie. Cela ressemble à l'expression française « coup de tête ». Deuxième exemple, le mot *mandrongambala* qui signifie s'échapper du parc. C'est une expression pour désigner une personne qui découche. Un autre exemple est le terme *mitrè* qui veut dire meugler, mugir et qui se dit du taureau et du bœuf châtré. On utilise ce mot pour exprimer des sentiments (tristesse, joie, orgueil). De là vient l'expression *mitretre*, utilisée quand on présente les condoléances lors de funérailles : *Toy ahay avy hitretre anareo…* On peut dire littéralement : « Nous sommes là pour mugir avec vous », c'est-à-dire pour partager votre douleur. Ou encore le *trèn'aomby* qui signifie la parole du chef, d'un ancien.

Outre les proverbes, nous constatons aussi le reflet de cette culture pastorale dans l'attitude même de l'homme *bara*. Pour exprimer sa fierté, l'homme *bara* ose s'identifier à un zébu comme l'évoque l'expression suivante : « *Laha nana tsifa da nitrahatraha ; laha nana trafo da nidoladola ; laha nanan'ohy da nipiopioky* », qui signifie : « Si j'avais des cornes, je les tiendrais bien droites ; si j'avais une bosse, je la balancerais ; si j'avais une queue, je frétillerais »[175]. Cette volonté d'imiter le geste du zébu se concrétise à travers la danse traditionnelle de *karitaky*. Dans la publicité pour la promotion d'une destination touristique dans le Sud de Madagascar, on peut lire cette phrase : « Le festival "*karitaky*" est une des manifestations

[173] ELLI L., *Fomba Bara,* p. 195.

[174] *Kapo-tandroka* est composé de deux mots, à savoir *kapoka* qui signifie frapper, et *tandroka* qui veut dire corne. On peut le traduire donc par un coup de corne.

[175] ELLI L., *Fomba Bara,* p. 195.

qui font la renommée de cette région. C'est un événement organisé tous les ans au mois d'août à *Ranohira*, qui consiste à faire découvrir la danse traditionnelle *bara*. Une danse tirée des mouvements de zébus. »[176] Plus précisément, il y a ce morceau de danse dénommé *tipaky be rambo*[177] qui exprime cette imitation de la danse de zébu. En effet, le danseur reproduit les mouvements de zébus lors de la lutte entre eux où l'animal saute et donne un coup de savate au lutteur pour se débarrasser de lui. Cela peut être aussi le bondissement du zébu pour montrer sa joie. Cette danse est donc à la fois l'expression de la force (comme le zébu pendant la lutte) et de la joie (comme bondissement). D'ailleurs, la tenue du danseur mettant autour de la hanche une sorte de pagne confirme cette imitation du zébu. Un autre type de danse est la *kibato mangala hosy*[178]. Avec ce style d'évolution, le danseur imite le mouvement désobéissant d'une vache qui essaie d'enlever la corde attachant ses pieds pendant une séance de traite. Cela nous confirme la proximité entre le zébu et l'homme *bara*. Si la danse est l'expression de l'émotion de l'homme, les *Bara*, pour montrer leur côté rebelle, l'expriment à travers cette danse de *kibato mangala hosy*.

Nous terminons ce point sur l'usage du corps du bœuf dans la vie des *Bara*. Il est bon de souligner d'entrée que rien ne se jette du corps du bœuf. Commençons par la peau. Le récit recueilli par Faublée rapporte l'usage de la peau pour enrouler la dépouille mortelle : la peau du taureau pour l'homme et la peau d'une vache pour la femme[179]. Aujourd'hui cette coutume a disparu. L'usage actuel de

---

[176] Voir htt://www.tresorpublic.mg/ ?p=8079.

[177] *Tipaky* signifie savate, *be* veut dire grand et *rambo* c'est la queue. *Tipaky be rambo* signifie donc la savate de zébu à longue queue.

[178] *Kibato*, c'est la vache à traire ; *mangala* signifie enlever ; *hosy* veut dire corde ou cordelette. Le *kibato mangala hosy* est donc la vache qui essaie d'enlever cette corde qui lie ses pieds pendant qu'on la trait.

[179] FAUBLÉE J., *Récits Bara*, p. 104.

la peau de zébu est multiple. On peut l'employer pour confectionner des *hana* ou sandales afin de protéger les pieds des épines ou de la chaleur du sol pendant la saison chaude. Elle sert à fabriquer la fronde. C'est une arme utile pour protéger le troupeau. La peau de la bosse est destinée à la confection du chapeau. Avec la peau, on peut fabriquer une gaine pour le poignard ou le couteau. Elle peut servir comme manteau imperméable pour se protéger contre la pluie.

Les cornes sont utilisées par les magiciens pour fabriquer des charmes. La graisse sert à l'éclairage de la maison. Certains os peuvent être transformés en petites flûtes. La bouse peut servir à nettoyer et rendre luisants les instruments en argent et en cuivre. Mêlée avec du sable et de la terre, elle est utilisée pour enduire les murs de la maison. Sèche, elle peut être employée comme combustible. Elle est utilisée par les femmes comme fumier nécessaire à la culture des légumes.

## Conclusion

Les différents points évoqués tout au long de ce chapitre confirment l'identité *bara* comme un peuple de pasteurs. En effet, ils sont de grands éleveurs de zébus. Cet animal d'origine africaine qui s'adapte très bien au climat de Madagascar se multiplie assez vite. Il y a des périodes où le nombre de zébus est plus élevé que celui des habitants. Mais depuis un certain temps, il connaît une baisse assez drastique. L'une des raisons à l'origine de cette baisse est le vol des bœufs. Certes, le vol des bœufs fait partie de la culture *bara* et est animé par des raisons symboliques (force, habileté, ...) et louables (pouvoir accomplir le devoir aux ancêtres), mais manipulé pour des raisons politico-économiques par certains hauts dirigeants, il devient un fléau national.

Pourtant, cet animal en péril joue un rôle prépondérant dans la vie des *Bara*. En effet, le zébu intervient dans les différentes étapes de la vie d'un *Bara*. Il est toujours présent dans chaque événement marquant de la société *bara*. Il partage une unité ontologique avec l'homme. Il est *aina* pour les *Bara*. Puisque perpétuer cet *aina* est le plus grand souhait des Malgaches, y compris les *bara,* ils ont choisi le *filongoa* comme lieu d'expression de leur être. Plus on a d'ouverture et de relations, plus on se sent épanoui, protégé, sûr de perpétuer la vie-*aina*. Étant essentiellement « relation avec l'autre », le *filongoa* donne le maximum d'ouverture envers les vivants, le cosmos, les ancêtres et Dieu. Et le lien qui stimule cette relation c'est le zébu. Il est là pour aider les humains à créer et à entretenir la relation entre la génération future, présente et les ancêtres à travers le sacrifice. À travers le sacrifice, le zébu fait également le lien entre les humains et Dieu. C'est ce que nous allons aborder au chapitre suivant.

CHAPITRE 3

# LE MONDE PASTORAL COMME LIEU DE RENCONTRE AVEC DIEU ET DE CONNAISSANCE DE DIEU : LES USAGES RITUELS DES ZÉBUS

## Introduction

La présentation de la vie pastorale chez les *Bara* touche son point culminant dans les usages rituels des zébus, montrant le monde pastoral comme lieu de rencontre avec Dieu et de connaissance de Dieu. Nous mènerons dans ce chapitre une analyse plus approfondie du sacrifice des zébus pour aborder une interprétation des symboles utilisés pendant le sacrifice. Pour ce faire, nous évoquerons l'offrande, le sacrificateur, le lieu de sacrifice et la prière sacrificielle. Tels sont les différents points constitutifs de ce chapitre.

## 3.1 Zébu : offrande la plus agréable au *Zañahary* et aux ancêtres

Comme nous l'avons déjà évoqué dans le chapitre précédent, il serait important de noter ici encore que l'élevage bovin chez les *Bara* a d'abord un motif religieux. C'est ce qu'a fait remarquer Faublée en disant : « Le vrai *Bara* garde ses bœufs pour les usages rituels »[180].

Certes, faute de bœuf, on peut aussi offrir pour le sacrifice d'autres éléments naturels comme des grains de riz, du rhum, etc. Mais il faut retenir que dans l'esprit des *Bara*, le bœuf demeure l'offrande la plus agréable au *Zañahary* et aux ancêtres[181]. Le sacrifice de bœuf a toujours lieu au *Hazomanga.*

Comme nous l'avons déjà mentionné, l'offrande de zébu change selon les événements célébrés. Ce qui confirme encore le sens symbolique de l'offrande par rapport à chaque occasion du sacrifice. Nous récapitulons ici la variété des offrandes de zébus lors des différents événements de la vie des *Bara*. Pour le rite de mariage, on offre une vache fertile. À l'occasion de l'officialisation de la conception, on sacrifie un veau en croissance. Lors d'une circoncision, on immole un taureau. Pour l'adoption d'un enfant, c'est un bœuf castré qu'on sacrifie. Pour demander la guérison d'un malade, on offre un bœuf gras castré. Pour la célébration du dixième enfant, on tue une vache en ménopause. Et à l'occasion de l'inauguration de *hazomanga*, on sacrifie un bœuf gras castré.

C'est après l'invocation des forces surnaturelles que vient la présentation de l'offrande. Celle-ci est faite pour demander la bénédiction de la part des forces surnaturelles et pour leur rendre grâce. Ces

---

[180] FAUBLÉE J., « L'élevage chez les Bara du Sud de Madagascar », *Journal de la Société des Africanistes*, nº 11, 1941, p. 115-124, ici p. 123.

[181] ELLI L., *Une civilisation du bœuf,* p. 89.

gestes rituels sont vraiment symboliques de la foi en des forces divino-ancestrales. Cette croyance manifeste à la fois la confiance en Dieu et aux ancêtres comme sources de bénédiction et le grand respect envers eux par l'action de grâce.

L'offrande prend la forme d'un échange de vie réciproque, comme le mentionnent les prières sacrificielles suivantes : « Voici le bœuf que nous échangeons contre nos enfants, que nous échangeons contre nos vies. »[182] « Voici le bœuf, ses mains (ses pattes antérieures), nous les échangeons contre nos mains, ses pieds (ses pattes postérieures) nous les échangeons contre nos pieds »[183].

Dieu est la source de bénédiction pour une vie meilleure et durable, les ancêtres sont les intermédiaires par excellence entre Dieu et l'homme, qui peuvent intercéder pour les vivants auprès de Dieu. Mais pour recevoir cette bénédiction, il faut que les vivants donnent satisfaction aux ancêtres et à Dieu. Pour les *Bara*, ce qui donne satisfaction à Dieu et aux ancêtres n'est autre que le bœuf[184]. Ici, le sacrifice prend deux sens. D'abord, le sacrifice proprement dit de l'animal. On tue l'animal pour que Dieu obtienne la vie de celui-ci dans le but de recevoir en retour une abondance de vie. Les *Bara* se sacrifient aussi à travers ce sacrifice du bœuf car ils offrent le meilleur d'eux-mêmes. C'est comme s'ils perdaient une partie de leur vie (en tenant compte que le bœuf est vie *aina* pour les *Bara*).

Ainsi, le sang du sacrifice éclaire davantage le sens de l'offrande comme échange. D'abord, le sang rejoint la terre qui est sacrée car

---

[182] FAUBLÉE J., *Les esprits de la vie à Madagascar*, Paris, PUF, 1953, p. 4.

[183] ELLI L., *Une civilisation du bœuf*, p. 95.

[184] Cf. FAUBLÉE J., *Récits Bara*, p. 412. Dieu a demandé et a pris avec force le bœuf de *Zatovo*.

c'est la femme de *Zañahary*. Le sang, qui est conçu comme « véhicule de la vie »[185] ou « la vie » elle-même, rejoint Dieu pour obtenir de la part de Dieu la vie en abondance. Et le sang mêlé à l'eau pour la bénédiction renforce encore cette idée de demande de vie ou de soif d'immortalité[186].

Par cette réflexion, nous constatons qu'il y a une idée paradoxale dans la croyance des *Bara* à travers ce sacrifice. À travers la mort surgit une nouvelle vie. Le sacrifice donne naissance à une bénédiction.

Le symbolisme de l'offrande est beaucoup plus significatif quand on entre dans le détail des offrandes à chaque occasion sacrificielle. Citons quelques exemples :

- Pour le mariage, on offre comme sacrifice une vache (*tamana be anaky*). La vache est déjà symbolique de la maternité qui joue un rôle indispensable dans la procréation. Puis ici, on met l'accent sur une vache qui donne des petits. C'est le symbole de la fertilité. Avoir un enfant, c'est le premier objectif du mariage comme on dit : « *Ny hanambadian-kiterahana* » (« On se marie pour avoir des enfants »). Ainsi, le mot *tamana*, qui signifie vache, a aussi un autre sens, à savoir avoir une bonne impression ou être à l'aise dans le nouveau cadre de vie. Ce qui peut être aussi un souhait pour que le couple soit à l'aise dans ce nouveau cadre de vie qu'est le mariage.
- Pour la *boaky troky* (l'officialisation de la conception d'un enfant), on sacrifie un *timboay* (un bœuf en pleine croissance).

[185] CHEVALIER J., GHEERBRANT A., *Dictionnaire des symboles*, Paris, Robert Laffont / Jupiter, 1969, p. 673.

[186] Cela nous rappelle « le sang – mêlé à l'eau – qui coule de la plaie du Christ, recueilli dans le Graal, qui est par excellence le breuvage d'immortalité ». Cf. CHEVALIER J., GHEERBRANT A., *ibidem*.

C'est pour souhaiter la bonne croissance de l'enfant dans le sein de sa mère et pour souhaiter sa naissance.

- Pour la circoncision, on offre un taureau. C'est le symbole de la virilité et de la force. C'est le sens de la circoncision. L'enfant circoncis deviendra un homme véritable qui assurera la procréation, la perpétuation de la vie du clan. Il sera aussi, après cette première épreuve de la vie, protecteur de la vie de sa famille et de son clan.

- Pour la demande de guérison, on offre un *vositra* (bœuf castré bien gras). Il symbolise la vivacité, la pleine santé : Que le malade reprenne de la vivacité, qu'il retrouve la santé.

- Pour l'adoption d'un enfant ou l'intronisation d'un patriarche, on sacrifie un *vositra* qui est aussi symbole de fierté, car il est plein de force et peut beaucoup travailler : Que les parents soient fiers de l'enfant adopté, que les familles soient fières de leur patriarche.

- Pour la célébration du dixième enfant, on sacrifie une vache en ménopause en faveur de la bénédiction des parents : qu'ils puissent se tenir en bonne santé avec leurs enfants. Ici, la vache en ménopause montre la satisfaction d'avoir dix enfants et la décision de s'arrêter de mettre au monde.

Bref, que ce soit une offrande de bénédiction ou une offrande d'action de grâce, elle manifeste d'une manière symbolique la foi en Dieu des *Bara*, une foi manifestée par la confiance en Dieu et par le respect envers Dieu. L'offrande est aussi le symbole de l'intercommunication de vie entre Dieu et l'homme. L'homme offre sa vie à Dieu à travers les offrandes et Dieu communique sa vie, sa grâce à travers la bénédiction. Elle est aussi signe d'intercommunication entre l'homme et le bœuf.

## 3.2 Le dépeçage et la distribution

L'aboutissement de l'offrande est la distribution de viande. Elle marque aussi un signe d'alliance, de communion des vivants, comme dit une expression malgache : « *Nofo-kena mitam-pihavanana* » (« La viande qui maintient l'alliance »). Dans plusieurs endroits, certaines tribus malgaches concluent le rite par un repas familial. Tandis que chez les *Bara*, il n'y a pas de repas commun mais on distribue la viande du sacrifice. Tous ceux qui sont présents, ont une part à ce sacrifice, y compris Dieu et les ancêtres, pour signifier la communion. D'ailleurs, ils sont les premiers servis car dès qu'on égorge le bœuf, sa vie est destinée à *Zañahary* et le sang aux ancêtres. C'est ce que dit le patriarche dans sa prière : « À toi, *Zañahary*, sa vie ; à vous, les ancêtres, son sang ; à nous sa viande. »[187]

Quant à la distribution de viande, on doit tenir compte de la position et du statut de tout un chacun dans le groupe. « La parenté, les alliances et les autres relations sociales jouent ici un rôle important : elles se trouvent manifestées, affirmées, renforcées, ou niées le cas échéant. »[188]

Voici un exemple de dépeçage et de distribution à l'occasion d'un sacrifice pour demander la santé d'un malade :

- « l'arrière-train va au patriarche,
- la cuisse à celui qui a égorgé la victime,
- les côtes à ceux qui dépècent la bête,
- le paleron et la tête aux jeunes hommes qui étaient les gardiens de la bête,

[187] ELLI L., *Une civilisation du bœuf*, p. 96.

[188] *Ibidem*, p. 97.

- le poitrail aux étrangers importants ; si un frère par un serment ou parent à plaisanterie est présent, il a droit à ce morceau de viande,
- le garrot à celui qui a offert le bœuf,
- les abats aux femmes, c'est à elles de les distribuer,
- le reste est divisé entre les autres gens. »[189]

Retenons que la distribution peut subir des variantes selon les circonstances qui ont nécessité le sacrifice. Le fait d'avoir part à la viande distribuée signifie avoir part à la grâce du sacrifice. Communion et alliance, tel est l'objectif de ce geste rituel. Cette communion n'est possible que par l'intermédiaire du *lonaky*. C'est ce que nous allons aborder par la suite.

## 3.3 Le patriarche

Le *lonaky* (patriarche) ou le *mpisoro* (prêtre) est le doyen de la génération aînée, qui, seul, peut mettre en communication les humains et les puissances supra-humaines par le truchement du sacrifice. Voyons ce que Faublée a retenu au sujet de ce personnage religieux :

> « L'aîné de la génération la plus ancienne commande à sa famille. Son autorité ne dépend pas de facteurs matériels. Ceux-ci ont peu d'importance pour les *Bara*. Sa force s'appuie sur son rôle religieux. L'aîné de la génération la plus ancienne est le dépositaire des objets du culte, propriété collective familiale. Non seulement il veille sur ces objets sacrés, mais il est l'unique prêtre de la famille. Personne ne peut prier ancêtres et dieux autrement que par son intermédiaire. Il représente les dieux et les aïeux parmi les vivants et est leur truchement. »[190]

---

[189] *Ibidem*.

[190] FAUBLÉE J., « L'équilibre d'une société malgache traditionnelle : les Bara », *Cahiers Charles de Foucauld*, 6ème série, nº 21 (1er trimestre), 1951, p. 168.

Théoriquement chaque *raza* a son patriarche et un seul. Mais vu les migrations et les divisions du clan, le patriarche du clan donne autorisation aux aînés des lignages *tariky* d'officier eux-mêmes lors des sacrifices pour leurs familles. C'est pour cela qu'on peut trouver, actuellement, plusieurs *lonaky* dans un même village comme l'a constaté le P. Elli : « Au seul village d'*Ambararata* Nord, habité par le lignage des *Zafindrendriko Temilà*, il y a cinq hommes qui ont droit au titre et aux prérogatives de patriarche. »[191]

Si l'on tient compte de ce que nous avons dit sur l'image du troupeau en relief à l'image d'un clan ou d'une famille, le *lonaky* est symboliquement représenté par le taureau. Si l'un est à la tête de la famille ou du clan, l'autre est à la tête du troupeau. Ce qui nous permet de dire que le personnage du *lonaky* est chargé de cette double image. Il est à la fois le sacrificateur et le sacrifié. Comme le bœuf joue le rôle de communicateur entre les humains et le monde spirituel (Dieu et ancêtres), le *lonaky*, en conduisant le rite de sacrifice, fait entrer en communication son clan ou sa famille avec Dieu et avec les ancêtres. Comme la victime fait la communion entre la famille présente au sacrifice, le *lonaky* est aussi signe de communion pour sa famille. Il porte la prière de toute la famille. Celle-ci, après la prière prononcée par son *lonaky,* montre sa participation en répondant à l'unisson : « *Anay aby izay* », qui signifie : « C'est à nous tous », sous-entendu, votre prière est la nôtre.

Pour officier, le *lonaky* emploie des objets sacrés. C'est ce que nous allons présenter ci-après.

## 3.4 Objets sacrés

Comme dans toutes les religions, la religion traditionnelle *bara* possède des objets sacrés qui sont indispensables aux cultes rituels. Il y en a trois, à savoir le *verara*, le *fanovy* et l'*atsiva*. Ces objets sont hérités des ancêtres.

191 ELLI L., *Une civilisation du bœuf,* p. 90.

Le *vy arara* ou *verara* ou *vy lava* ou encore *vy mengoky* sont des mots pour désigner le couteau sacrificiel. Le *vy arara* et le *verara* sont des mots de même racine *vy* qui signifie fer et *arara* qui nous semble un mot inconnu. Le *vy lava* est le fer long et le *vy mengoka* est le fer recourbé. Ce couteau sert à égorger les victimes. Il n'est pas question de faire un sacrifice sans le *verara*. On ne peut pas le remplacer par un autre couteau. Le P. Elli dans sa note affirme que « si la lame du couteau a besoin d'être réparée, il faut que le fer ancien reste dans la lame ainsi rénovée. Avant de le confier au forgeron, et après avoir reçu la lame, le patriarche égorge un bœuf »[192]. Ce *verara* doit se conserver dans la maison du patriarche, à une place spéciale au coin Nord-Est de la maison mais en étant enfilé dans la chaume du toit. C'est la place réservée aux dieux et aux ancêtres. C'est ainsi que le patriarche est appelé *pita verara*, *pita vy lava*, c'est-à-dire détenteur du *verara* ou du *vy lava*.

On a aussi le *fanovy* qui sert pour les aspersions d'eau lustrale ou d'eau mêlée de sang. C'est un gobelet à anse, en fer blanc. Il est conservé au même endroit que le *verara* mais accroché à une solive.

Le troisième objet de culte est l'*atsiva*. C'est une conque marine pour convoquer les consanguins. Il est conservé au même endroit que les deux objets ci-dessus, plus précisément accroché aussi à une solive.

Ces trois objets ne sortent jamais de la maison du patriarche si ce n'est à l'occasion d'un sacrifice. On ne peut pas y toucher en dehors des sacrifices. D'ailleurs, la maison du patriarche possède toujours une petite porte qu'on appelle *varangaran'e loha* (la porte de la tête) sur la paroi Nord : c'est par là que passent les trois objets.

Mais à part les trois objets cultuels, il existe aussi chez les *Bara* un objet sacré qui possède une force divine : c'est le *mohara* ou *aoly* (charme). Michel Louis décrit ce charme ou *aoly* en disant :

---

192 *Ibidem*.

> « Pour former ses *aoly*, il [le devin-guérisseur] a recours à des ingrédients les plus divers. C'est généralement dans une corne de bœuf qu'il place le mélange. Pour former sa mixture, il emploie des râpures de bois, d'os, des fragments de cuivre, d'argent, divers poils et feuilles, ainsi qu'une foule de matières aussi diverses qu'inattendues, le tout incorporé dans un excipient de graisse de bœuf, ou de miel sauvage. La corne est généralement ornée de clous de cuivre et d'un treillis de perles de petites dimensions et de couleurs variées. »[193]

Ce *mohara* ou *aoly* est utilisé par le devin-guérisseur pour soigner les malades mais les sorciers l'emploient pour faire du mal aux autres. Selon la croyance des *Bara*, l'efficacité et la sacralité de ce *aoly* ou *mohara* a une origine divine, comme le dit ce récit :

> « *Pelaparatsa*, fille de *Ndriananahary* envoie l'homme *Ikoto* chez *Ndriananahary* son père pour lui demander le philtre de vie (*fanohy ay*, ce qui fait continuer la vie). Arrivé chez Dieu, *Ikoto* doit triompher de plusieurs épreuves pour prouver qu'il vient vraiment de la part de *Pelaparatsa*. Enfin convaincu, Dieu lui donne le *fanohy ay*, mais le met dans la tête et le cœur de deux bœufs, un taureau et une vache. "Emmène-les, dit-il ; malgré la chaleur ne les laisse pas entrer dans la forêt et ne les laisse pas boire." Sur le chemin du retour, à cause de la forte chaleur, *Ikoto* n'arrive pas à empêcher les deux bêtes d'entrer dans la forêt et de se désaltérer à une source : le très précieux philtre se disperse parmi les arbres et se dissout dans l'eau. Retourné chez *Ndriananahary* pour en demander à nouveau, *Ikoto* reçoit cet ordre : "Quand vos enfants sont malades, prenez du bois, car le philtre de vie a été renversé dans la forêt ; prenez l'eau où la vie a été versée, pour les en asperger ; et les bœufs sacrifiez-les pour vos enfants, prenez leurs cornes, mettez-y des feuilles et des graines de *fany*, préparez du sable, mettez-le dans la corne et ceci vous fera vivre." »[194]

---

[193] MICHEL L., « Autrefois, chaque caste avait sa marque spéciale », p. 62.

[194] FAUBLÉE J., *Récits Bara*, p. 372-376, selon la traduction de L. ELLI, *Une civilisation du bœuf*, p. 96.

C'est ainsi que les *Bara* croient profondément à l'efficacité de cet *aoly* et y recourent chaque fois qu'ils ont un problème lié à la santé ou à la vie. Cela explique aussi l'origine du sacrifice de bœuf pour la guérison.

Quant au respect de ces objets sacrés, les *Bara* en prennent grand soin et ils les gardent comme la prunelle de leurs yeux. Désacraliser ces objets entraîne la mort. Mais la croyance des *Bara* à la sacralité de ces objets réside dans la fréquentation et le service du monde divin et ancestral.

## 3.5 *Hazomanga*, lieu de rencontre par excellence entre le bœuf, la famille, les ancêtres et Dieu

Nous avons déjà parlé du *hazomanga*[195], ce lieu sacré chez les *Bara*. Nous n'avons pas l'intention de faire une répétition de ce que nous avons déjà dit sur le *hazomanga* mais juste de souligner sa position comme lieu de rencontre par excellence. Rappelons alors que le *hazomanga* est le pilier rituel du culte ou l'autel des *Bara* où on offre le sacrifice[196]. La famille est convoquée auprès du *hazomanga* par le son de conques sous la conduite du patriarche, l'aîné de la lignée patrilinéaire du village. Il est à noter que « seul le patriarche peut mettre en communication les hommes et les puissances surhumaines à travers le sacrifice »[197]. Le bœuf est donc déposé entre le poteau sacrificiel et la maison du patriarche. Il y joue un rôle important car sans lui, il n'y a pas de sacrifice devant le *hazomanga*. Il est l'unique

---

[195] Il faut noter aussi qu'il existe des *hazomanga* dans les autres ethnies du Sud de Madagascar.

[196] Cf. CARUSO V., *Brève esquisse d'analyse du hazomanga dans la société bara*.

[197] COLOMBI G., *Une évangélisation dans le diocèse d'Ihosy*, Rome 1994, p. 58.

animal qui a le droit d'être immolé sur l'autel du *hazomanga.* Dans tous les événements qui rythment la vie sociale et religieuse des *Bara,* le bœuf est une « personnalité »[198]. Quand toute l'assemblée est présente (famille, bœuf), le patriarche commence à invoquer *Zañahary* et les ancêtres. Cela présente le *hazomanga* comme lieu de rencontre par excellence entre Dieu, les ancêtres, les familles et le bœuf. Caruso confirme cela dans son analyse sur le *hazomanga* :

> « Le poteau de culte est la manifestation visible de l'union des membres vivants de la famille avec les membres de la famille passés dans l'autre vie, de l'union de la terre et du ciel, de l'union des hommes avec Dieu. Les rites sacrificiels autour du même poteau, sont le moyen pour réaliser cette union. »[199]

Mais cette union nous semble sélective car « seuls les membres d'un même *hazomanga* peuvent se recueillir devant le poteau pour prendre part à la prière et au sacrifice »[200]. En effet, une personne appartient à un seul *hazomanga.* L'homme dont la femme appartient à un autre *hazomanga* ne peut pas participer aux rites célébrés devant le *hazomanga* de son épouse et réciproquement. Nous pouvons retenir donc que l'union soudée par le poteau sacrificiel reste au niveau des membres de la famille ou de la grande famille, avec leurs ancêtres, la terre de leurs ancêtres, leur troupeau et *Zañahary.*

## 3.6 La prière rituelle ou la *tata* proprement dit

Comme nous l'avons déjà mentionné, la *tata* signifie d'abord la prière rituelle ou l'invocation pendant les rites. Pour nous aider à saisir la notion de Dieu et constater l'ampleur de la croyance en Dieu chez les *Bara* à travers les rites, nous citons quelques exemples de

---

[198] *Ibidem.*

[199] CARUSO, *Brève esquisse d'analyse du hazomanga dans la société bara*, p. 10.

[200] COLOMBI G., *Une évangélisation dans le diocèse d'Ihosy*, p. 61.

*tata* qui ont lieu au *hazomanga* et quelques exemples de *tata* qui n'ont pas lieu au *hazomanga*. Analysons-les et interprétons-les.

### 3.6.1 La prière rituelle au *hazomanga*

#### 3.6.1.1 Prière d'action de grâce pour un vœu

Il arrive qu'une femme stérile[201] fasse un vœu, promettant un sacrifice si elle a un enfant :

> « Si j'ai un enfant, je tue un bœuf au mur de mon père. »

Exaucée, elle remercie les dieux :

> « Voici le bœuf avec lequel j'ai prié, car j'ai un enfant, il enlève le vœu que j'ai fait, ne rends pas malade mon enfant, ne me rends pas malade. »

Puis le patriarche fait la *tata* en priant :

> « La voici, ne faites pas mourir sa grossesse, qu'elle enfante bien, que les enfants soient des garçons, que les enfants soient des filles, ils seront tous bien ; que suivent encore des garçons et des filles.
>
> Voici le bœuf pour vous dieux, bénissez, vous tous ancêtres, que mes enfants soient bien, que les lézards gris *tsatsaky* n'entendent pas, que les gros lézards *androngo* n'entendent pas, qu'elle enfante bien. »[202]

#### 3.6.1.2 Prière de bénédiction pour la circoncision

Voici aussi la prière de bénédiction pour la circoncision :

> *Ndria-Ndria-Ndria-Agne*, toi *Ndrianagnahary*, toi *Ndriatompo*, toi *Ndriamagnitse*, toi *Ndrianakatsakatse-Ndrianaboabo-Ndrianafotrea*, je t'implore, je te supplie, je me prosterne devant toi, je lève mes bras en suppliant (il lève ses bras au-dessus de sa tête). Bénis-nous en nous accordant ce qui est bon. Bénis-nous en nous accordant ce qui est beau.

---

[201] Cela fait penser au récit d'Anne au début du livre de Samuel (cf. 1 S 1-2).

[202] FAUBLÉE J., *Les esprits de la vie à Madagascar*, p. 6-7.

Fais de notre fils un homme. Fais que notre fils subvienne aux besoins de son père, qu'il subvienne à ceux de sa mère, qu'il subvienne à ceux de ses parents. Accorde-lui une longue vie. Que ses biens croissent. Qu'il puisse vaincre ses ennemis. Qu'il l'emporte dans la bataille et dans le vol (de bœufs). Que la sagaie ne l'atteigne pas. Qu'il soit considéré et que son nom soit connu sur cette terre (de ses ancêtres). Sois béni, Toi, tout-puissant. »[203]

#### 3.6.1.3 Prière de bénédiction d'un mariage

Et voici la prière de bénédiction lors d'un mariage :

> « Toi, *Zañahary*, qui as fait les mains, qui as fait les pieds. Voici le bœuf que nous t'offrons : sa vie est pour toi, le sang à la terre, sa viande est à nous. Ra…et Ra… vont s'épouser. C'est pour cela que nous t'appelons, *Zañahary*. Qu'ils aient des enfants, beaucoup d'enfants, des garçons, des filles. Et vous, les ancêtres, qui êtes près de *Zañahary*, vous les ancêtres ensevelis à…et à…, regardez vos fils, vos petits-fils qui vont se marier, bénissez-les, qu'ils aient des enfants, beaucoup d'enfants, qu'ils aient des garçons, des filles. »[204]

#### 3.6.1.4 Prière de bénédiction pour la consécration d'un patriarche

Cette prière se fait en deux temps. D'abord la bénédiction effectuée par l'aîné des oncles de celui qu'on va consacrer.

> « Nous vous appelons *Zañahary,* vous terre sainte, et surtout vous ancêtres et les ancêtres familiaux.
>
> Voici … Il va diriger ses enfants et sa famille. Alors, on va l'introniser dans sa maison paternelle. Et c'est pour cette même raison que nous vous appelons ancêtres, vous … (les noms de ses ancêtres). Veillez sur lui pour qu'il puisse supporter sa nouvelle charge. C'est pourquoi nous vous appelons. »

---

[203] MICHEL L., « Autrefois, chaque caste avait sa marque spéciale », p. 88.

[204] ELLI L., *Une civilisation du bœuf,* p. 105.

Puis le nouveau patriarche fait pour lui-même une prière de bénédiction.

> « À vous *Zañahary*, qui avez fait les pieds et les mains, vous Terre sacrée ici, je vous appelle car je vais prendre ce couteau sacrificiel (*viarara*).
>
> C'est par votre désignation, *Zañahary* et ancêtres, que j'accomplis ce devoir ; surtout vous ancêtres : grand-père, grand-mère, père, mère, même les enfants, les cadets, vous tous esprits des ancêtres.
>
> Veillez sur moi, car désormais je suis le responsable de cet endroit ; pour faire la *tata* aux enfants, aux petits-enfants, et à toute la famille.
>
> Qu'ils se portent bien si je tiens debout ici, et que cela ne me rende pas faible car c'est moi le successeur.
>
> Et moi je vais manger leurs prémices. Et que ces prémices me procurent du bien. »

### 3.6.2 Prières qui n'ont pas lieu au *Hazomanga*

Nous présentons ici quelques *tata* dites en dehors du *hazomanga.* Certes, il n'y a pas de sacrifice de bœuf lors de ces *tata*, mais cela n'empêche pas qu'elles véhiculent une demande pour obtenir cet animal tant désiré par les *Bara.* Elles peuvent également formuler le vœu d'offrir un bœuf, une fois que celles-ci sont exaucées. Les quelques prières citées ci-dessous nous aideront aussi à mieux saisir la conception de Dieu chez les *Bara.*

#### 3.6.2.1 Prière de bénédiction pour la récolte

> « Portez bonheur, faites vivre, que les bœufs se multiplient, que les enfants se multiplient aussi. Faites-les vivre, *Ndrianakatsakatsi, Ndrianabolisy, Ndriananahary*. Bénissez, vous du côté du père, vous du côté de la mère, pour que produise ce que je plante. J'aurai des récoltes dans ma terre, ici, je gagnerai des bœufs, des marmites, des biens. »[205]

[205] FAUBLÉE J., *Les esprits de la vie à Madagascar*, p. 7.

#### 3.6.2.2 Prière de bénédiction pour un malade

« Vous *Ndrianagnahary*, vous qui êtes maître de la vie et vous autres ancêtres et esprits de par le père, de par la mère, qui pouvez donner la vie si vous le voulez et pouvez donner la mort si vous le voulez aussi, nous vous demandons, nous supplions, voilà un tel (on nomme le malade) pris par une maladie car il a négligé le *faly*, il est pris par une maladie car il a commis un tort envers son père, ou sa mère, son épouse, son enfant, nous supplions en cette heure, nous pardonnons le tort, nous réglons ce qu'il doit vis-à-vis du *faly*, veuillez le quitter mais ne restez pas pour l'anéantir. Nous faisons un vœu, s'il sort guéri de cette maladie, nous abattrons un bœuf pour vous (il précise quelle sera la robe du bœuf). Veuillez donc le caresser, guérissez-le bien, guérissez-le complètement car vous êtes les maîtres de la vie. »[206]

#### 3.6.2.3 Prière pour une construction de maison

« Voici un tel ... (on nomme celui qui va construire une maison). Il va construire une maison sur cet endroit. Alors veillez sur lui vous *Zañahary*, aussi vous les ancêtres... Qu'il puisse terminer jusqu'au bout sans obstacle cette construction, car construire une maison est une coutume de l'homme. »[207]

### 3.6.3 Analyse des *tata*

D'abord, l'analyse structurelle de ces *tata* montre que toutes les *tata* (au *hazomanga* ou ailleurs) se divisent en deux grandes parties, à savoir :

La première partie, c'est l'appel ou l'invocation :

- invocation de Dieu ou des dieux ;
- invocation des ancêtres ;

---

[206] MICHEL L. « Autrefois, chaque caste avait sa marque spéciale », p. 118.

[207] Texte original tiré du mémoire de RAHASASON Germain Albert Richard, *Endri-pifandraisana amin'ny Zanahary sy ny raza araka ny Tata Bara*, p. 32.

- invocation de la terre sacrée.

La deuxième partie, c'est l'offrande :

- pour une bénédiction ou action de grâce ;
- pour une demande de protection ou un souhait.

Nous remarquons aussi qu'il existe deux sortes de prières : la prière de bénédiction et la prière d'action de grâce. Pour mieux visualiser et comprendre cette structure des *tata*, nous les présenterons en tableaux.

D'après ces deux tableaux représentatifs des *tata*, nous avons remarqué qu'il y a un ordre de valeur entre la prière faite auprès du *hazomanga* et celle qu'on fait dans d'autres endroits. Les *tata* au *hazomanga* sont beaucoup plus solennelles que celles qu'on fait ailleurs.

Par la suite, nous voudrions tenir compte de l'ordre chronologique de ces textes. Les textes de Jacques Faublée et ceux de Louis Michel sont antérieurs et plus anciens que les textes recueillis par les pères Luigi Elli et G.A.R. Rahasason. Dans les textes anciens, nous avons une énumération des noms de Dieu tandis que pour les textes contemporains, les auteurs se contentent tout simplement d'appeler Dieu par le nom *Zañahary*.

## Tableau 1 : Tableau représentatif des *tata* qui ont lieu au *hazomanga*

| | Mariage | Officialisation de la conception | Circoncision | Adoption | Maladie | Dixième enfant | Inauguration du *hazomanga* |
|---|---|---|---|---|---|---|---|
| **Lieu** | *HAZOMANGA* | | | | | | |
| **Offrande** | Vache fertile | Veau en croissance | Taureau | Bœuf castré | Bœuf gras castré | Vache en ménopause | Bœuf gras castré |
| | **Gestes des assistants :** A S S I S | | | | | | |
| | **Geste de *mpitata*** : DEBOUT DEVANT L'ASSEMBLÉE, FACE VERS L'EST | | | | | | |
| | **Appel des forces surhumaines :**<br>Appel de *Zañahary* et de sa famille<br>Appel de la terre sacrée<br>Appel des ancêtres | | | | | | |
| **Raison des offrandes** | Bénédiction du mariage | Bénédiction de la conception | Introduction de l'enfant dans la lignée familiale | Bénédiction et marque familiale | Bénédiction et échange de vie | Bénédiction de la famille et remerciements | Bénédiction du *hazomanga* |
| **Souhait** | Biens, avoir des enfants | Qu'elle enfante bien, sans problème | Que l'opération soit réussie et que la plaie soit guérie | Qu'il soit puissant et riche | Guérison | Qu'ils se portent bien | Que tout le monde se porte bien |
| **Bénédiction** | Eau ou eau mêlée avec le sang | | | | Eau, eau + sang | | |
| **Distribution** | Tout le monde a sa part | | | | | | |

**Tableau 2 : Tableau représentatif des *tata* qui n'ont pas lieu au *hazomanga***

| | Achat de moustache | Quête du travail | Naissance |
|---|---|---|---|
| **Lieu** | Maison patriarcale | | |
| **Offrande** | RHUM | | |
| **Gestes des assistants** | ASSIS FACE VERS L'EST | | |
| **Geste de *mpitata*** | DEBOUT DEVANT L'ASSEMBLÉE, FACE VERS L'EST | | |
| **Appel des forces surhumaines** | Appel de *Zañahary*, terre sacrée et ancêtres | | |
| **Raison des offrandes** | **Demande de bénédiction** | | |
| **Souhait** | Qu'il soit bien, ait une maturité et soit maître de sa décision | Qu'il se porte bien, que la chance soit avec lui pour qu'il puisse avoir beaucoup de richesses | Qu'elle se porte bien, ainsi que son enfant. Qu'elle ait encore un enfant la prochaine fois |
| **Bénédiction** | EAU + RHUM | | |
| **Distribution** | Chacun déguste le rhum | | |

## 3.6.4 Interprétation et commentaire

### 3.6.4.1 L'invocation

« *Ndria, ndria, ndria...* ». La prière rituelle est préludée par un grand cri qui a comme sens d'appeler ou d'invoquer toutes les forces surnaturelles. Un grand cri d'appel signifie que les destinataires de l'appel ne se trouvent pas tout près de celui qui émet l'appel. Pourtant, ils peuvent se trouver dans un endroit accessible au cri de celui qui appelle. Ce qui nous explique déjà la résidence des êtres surnaturels. Ils ne vivent pas avec les hommes mais loin des hommes. Par contre ils sont attentifs et résident dans des endroits accessibles par la voix humaine. Le nom divin *Ndrianakatsakatse*[208], qui signifie « Dieu

[208] Cf. MICHEL L., « Autrefois, chaque caste avait sa marque spéciale », p. 88.

placé au-dessus de tout », confirme que Dieu se trouve dans un endroit haut placé pour voir tout ce qui se passe sur la terre. De même, le nom divin *Ndrianaboabo*[209], traduit comme « Dieu qui domine le monde » non pas par son pouvoir, mais par sa place, par sa vision dominante et panoramique, ce nom exprime la résidence divine qui embrasse le monde entier. Bref, Dieu est omniprésent. Il est à la fois loin de nous dans le ciel et près de nous pour entendre notre appel.

Ainsi, il est présent dans les quatre points cardinaux, comme le dit l'orant lors d'une simple prière pour la guérison d'un malade. En jetant du riz, il dit : « Voici, *Ndrianagnahary, Ndrianakatsakatsy*, voici celui de la terre, voici celui de l'Est, voici celui de l'Ouest, voici celui du Nord, voici celui du Sud. Que je me porte bien. »[210]

Face à cette réflexion, nous pouvons retenir que la théogonie *Bara* repose sur le schématisme cosmique vertical du ciel (*Ndrianakatsakatse*, *Ndrianaboabo*) et de la terre (celui de la terre), et horizontal des quatre points cardinaux (celui de l'Est, celui de l'Ouest, celui du Nord et celui du Sud).

La structure des prières rituelles nous montre aussi la priorité de Dieu comme destinataire premier de toutes les prières. Dans la plupart des prières rituelles, les orants se tournent d'abord vers *Zañahary.* Ici, la logique montre la valeur supérieure que *Zañahary* a au-dessus de tous les êtres visibles et invisibles. Car le premier invité n'est autre que la personne la plus importante. Ce cri invitatoire confirme donc la priorité de *Zañahary* dans l'ordre des invités (terre sacrée, ancêtres) à la prière sacrificielle.

Cette importance de *Zañahary* s'explique par son pouvoir, son autorité et sa puissance sur toute créature, y compris l'homme. Il est celui dont l'orant dit : « Toi qui as fait les pieds et les mains », pour dire

---

[209] *Ndrianaboabo* est traduit par MICHEL comme Dieu qui domine. Cf. *ibidem*.

[210] FAUBLÉE J., *Les esprits de la vie à Madagascar*, p. 5.

qu'il est le principe de la vie et source de toutes grâces et de tous biens. Cet invitatoire destiné prioritairement à *Zañahary*, est donc un signe de respect et de confiance envers lui à cause de sa grandeur.

Après l'appel de *Zañahary* suit celui des ancêtres. Dans cet appel, on distingue deux groupes d'ancêtres : les *Raza* et les *Fahasivy*. Les *Raza*[211] sont l'ensemble des ancêtres dans la lignée généalogique d'un clan ou d'une tribu et qu'on cite particulièrement lors d'une cérémonie ou prière rituelle. Les *Fahasivy*[212] sont aussi des esprits des morts, mais ils ne sont pas inclus dans la lignée généalogique d'un clan ni d'une tribu. Mais les *Bara* les appellent ou les invoquent après *Zañahary* car ils croient que ceux-ci possèdent une force supérieure et peuvent avoir une bonne ou mauvaise influence dans leur vie.

Pour les *Bara*, comme pour tous les Malgaches, les ancêtres ont un caractère divin. Le bon déroulement de la cérémonie de l'enterrement proprement dit, l'exhumation et le *fanefa-faty* (accomplissement de la cérémonie funèbre) sont toutes des démarches accomplies pour faire entrer le défunt dans l'ordre des ancêtres. Désormais, ils jouent le rôle des intermédiaires[213] compétents entre l'orant qui représente les hommes et Dieu, car ils connaissent bien la vie des hommes, surtout leur tribu ou leur famille, et découvrent mieux le monde divin.

Après les ancêtres, vient l'invocation du *tany masy* ou « terre sacrée ». Le fait d'invoquer le *tany masy* signifie déjà la croyance des *Bara* en la sacralité de la terre. D'abord, la terre est sacrée car c'est elle qui vivifie l'homme, comme Dieu qui donne vie à l'homme.

---

[211] RAHASASON G.A.R., *Endri-pifandraisana amin'ny Zagnahary sy ny Raza araka ny Tata Bara*, p. 43.

[212] FAUBLÉE J., *La cohésion des sociétés bara*, Paris, PUF, 1953, p. 14.

[213] JAOVELO-DZAO R., *Mythes, rites et transes à Madagascar*, Antananarivo / Paris, Ambozontany / Karthala, 1991, p. 213.

Autrement dit, c'est par ce pouvoir vivificateur de la terre que les *Bara* croient à son caractère sacré.

D'ailleurs, il existe un mythe *bara* intitulé « *Ramasoandro et Ratany* »[214] (« Le Soleil et la Terre ») qui s'épousèrent. Le Soleil était le mari et la Terre, l'épouse. Étant l'épouse, la Terre donna naissance à de nombreux descendants, tous les êtres vivants, y compris l'homme. D'après ce mythe, le Soleil et la Terre sont considérés comme des dieux car ils ont le pouvoir de donner la vie. De cette conception provient l'expression malgache : « Les parents sont un Dieu visible » (*Andriamanitra hita maso ny Ray aman-dReny*), car ce sont eux qui nous permettent de trouver la vie.

Ainsi le Soleil tient une place divine très symbolique dans la conception *bara* et malgache de Dieu. Le mot *Zañahary* (Dieu créateur) d'après plusieurs recherches a comme racine le mot Soleil. Nous y reviendrons plus tard, mais parlons d'abord du mot Terre. La révélation du mythe parlant de la Terre comme épouse du Soleil est aussi confirmée par le proverbe malgache qui dit : « *Ny tany vadiben-Janahary : mihary ny velona, manotrona ny maty* », c'est-à-dire « La Terre est la première femme du Créateur : elle amasse les vivants et entoure les morts »[215]. Le caractère sacré de la Terre est donc sans doute tiré de cette conception d'« épouse du Créateur ». Ce qui veut dire qu'elle a un caractère divin.

Cette conception est affirmée par Faublée : « Dans les prières de la *tata* on évoque *tany*, dans les contes c'est la déesse terre, parfois épouse de dieu. Dans les récits, c'est elle qui crée le corps des hommes, tandis que dieu *Ndriananahary* leur donne le souffle ou la vie (*ay*, souffle vital). »[216]

---

[214] MICHEL L., « Autrefois, chaque caste avait sa marque spéciale », p. 177.

[215] HOULDER J.A., *Ohabolana ou Proverbes malgaches*, Tananarive, Imprimerie Luthérienne, 1960, p. 2, n° 22.

[216] FAUBLÉE J., *Récits bara*, p. 488.

À cela s'ajoute son rôle qui « amasse les vivants et entoure les morts » (« *mihary ny velona, manotrona ny maty* »). La Terre est la demeure par excellence des hommes morts et des vivants. Les morts se trouvent au cœur même de la Terre (profondeur). La Terre garde le corps de l'homme tandis que l'esprit rejoint le ciel où se trouve le Soleil (hauteur). Mais il arrive souvent que les esprits des morts visitent leur mère Terre, d'où la présence de nombreux endroits sacrés comme le tombeau de *Vazimba* (les premiers habitants de Madagascar). Avec les morts, la Terre représente un mouvement vertical.

Pour les vivants, la Terre situe l'homme au centre du monde car la surface de la Terre (horizontale) est prise comme le diamètre du cercle cosmique[217]. Elle le nourrit et le soigne, comme affirme P. Jaovelo-Dzao : « La terre est avant tout une mère qui ne cesse d'allaiter et de nourrir ses enfants que sont les plantes, les animaux, mais surtout les hommes...Tout ce que peuvent manger l'homme et les animaux est issu de son ventre. »[218] Elle est donc comme une personne vivante digne de respect, capable de souffrir et de se venger ou de sanctionner si les hommes ne lui obéissent pas.

Ainsi, dans l'image qu'ont les *Bara* de la Terre, elle a une forme rectangulaire qui possède les quatre points cardinaux où résident les forces surnaturelles. La Terre se trouve au milieu comme centre du monde et du cosmos. Une telle réflexion nous révèle en quelque sorte la raison pour laquelle les *Bara* croient à la sacralité de la Terre. D'ailleurs, ce sont tous « les Malgaches qui considèrent la terre comme une puissance surnaturelle »[219].

---

[217] JAOVELO-DZAO R., *Mythes, rites et transes à Madagascar*, p. 69.

[218] *Ibidem*, p. 70.

[219] MOLET L., *La conception malgache du monde surnaturel et de l'homme en Imerina*, T. 1, Paris, L'Harmattan, 1979, p. 122.

### 3.6.4.2 Ordre chronologique

Les textes susmentionnés sont de sources et de périodes différentes. Les textes de Jacques Faublée et de Louis Michel sont enregistrés pendant le temps de la colonisation, c'est-à-dire au début du 20ème siècle, par contre ceux de Luigi Elli et de G.A.R. Rahasason sont recueillis après l'indépendance et jusqu'à la fin du 20ème siècle. Dans les textes de Faublée et de Michel il y a une énumération des noms divins selon chaque fonction, par exemple :

- Pour Faublée, dans la prière de bénédiction pour la récolte, il évoque *Ndrianakatsakatsy, Ndrianambolisy, Ndriananahary*. Selon l'explication de l'auteur même, *Ndrianakatsakatsy* qu'on évoque à la *tata* est « dans les récits tantôt un dieu, tantôt le messager de dieu. Dans un conte recueilli par le Barbier c'est la première femme de dieu »[220]. Mais les récits ne précisent pas le rôle de ce dieu. Ainsi, d'après l'analyse de Faublée, *Ndrianambolisy*[221] est l'adversaire de dieu avec son caractère démoniaque. Mais l'auteur reconnaît lui-même que la tradition *bara* est imprécise, car l'on trouve aussi dans les récits recueillis par le Barbier, *Ndrianambolisy* comme seconde femme de dieu. Puis, *Ndriananahary*[222] est le seigneur dieu qui forme les choses et les êtres, celui qui selon la formule rituelle, « a fait les pieds et les mains ».
- Quant à Michel, dans la prière de bénédiction, il mentionne plusieurs noms divins : *Ndrianagnahary, Ndriatompo, Ndriamagnitse, Ndrianakatsakatse, Ndrianaboabo, Ndrianafotrea*. Selon lui, *Ndrianagnahary* est le créateur et le maître de la vie ; *Ndriatompo*, c'est le maître ; *Ndriamagnitse* c'est le dieu parfumé, sain et pur ; *Ndrianakatsakatse*, c'est le dieu qui visite la

---

[220] FAUBLÉE J., *Récits bara*, p. 489.

[221] *Ibidem*, p. 488.

[222] *Ibidem*, p. 487.

terre mais qui réside dans le séjour des autres divinités et qui est situé plus haut. *Ndrianaboabo* est le dieu haut placé et qui domine le monde, non par son pouvoir mais par la place qu'il occupe. Et *Ndrianafotrea* est le dieu de la miséricorde.

Par contre les textes d'Elli et de Rahasason, qui sont contemporains, ne présentent aucune énumération de noms divins. Les orants se contentent tout simplement d'appeler *Zañahary* à la place des noms divins. Quelles peuvent être les causes de ce changement ? D'abord, reconnaissant *Zañahary*[223] comme Dieu suprême et principe des autres dieux, et comme celui qui concentre toutes les responsabilités divines, l'orant préfère évoquer tout simplement le nom de *Zañahary* pour englober les autres forces divines. Cela montre aussi, dans un certain sens, une prudence de la part de l'orant, car oublier un nom divin peut entraîner la jalousie ou la colère de celui qu'on oublie et conduira à une malédiction.

Il est aussi possible que de nos jours, l'orant ait la maîtrise ou la connaissance insuffisante de la fonction de chaque divinité. Alors, pour ne pas se tromper d'adresse, il évoque directement le Dieu suprême et principe de toute chose qu'on dénomme *Zañahary.*

### 3.6.4.3 Gestes rituels

Les gestes sont aussi un langage pour dire ce qu'on n'arrive pas à exprimer avec des mots ou tout simplement pour renforcer le sens de la parole. D'abord, la disposition ou l'emplacement des assistants pendant la prière sacrificielle n'est pas du tout insignifiante. Contemplons en effet cette image représentative de l'emplacement de chacun pendant une *tata* :

[223] MICHEL L., *Mœurs et coutumes des Bara*, p. 52.

**Figure 1 : Figure représentative de l'emplacement de chacun pendant une *tata***

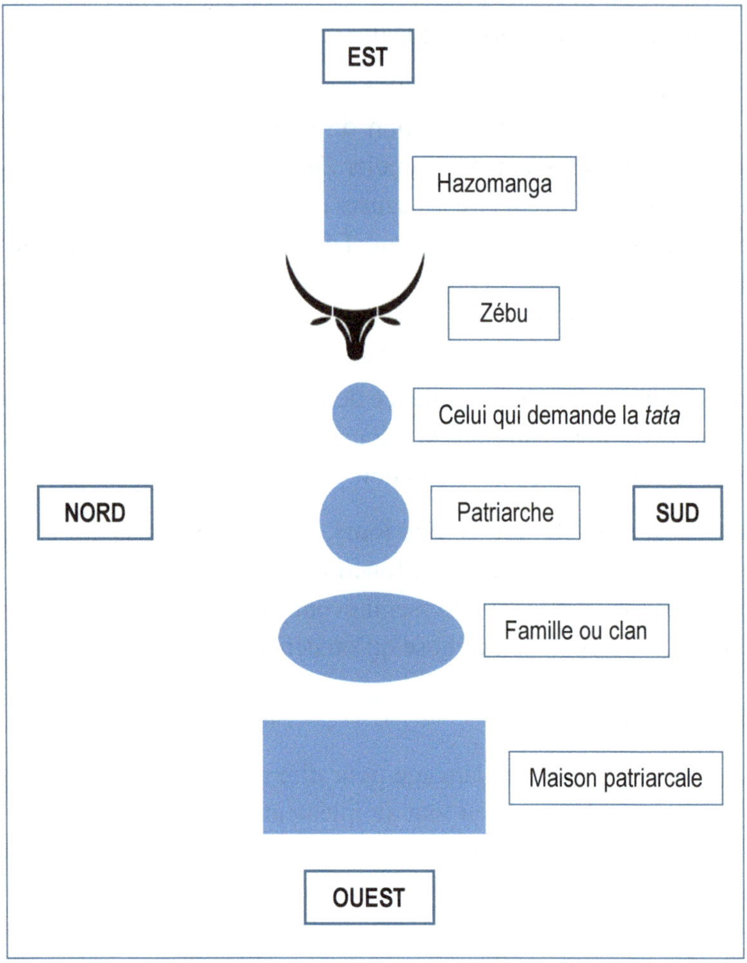


Apparemment, l'Est de l'*hazomanga* est totalement vide ; mais réellement, selon la croyance des *Bara*, il n'est pas vide du tout car c'est la place réservée pour *Zañahary* et sa famille. Puis, cet espace est suivi par le *hazomanga*. Cela explique la fonction de celui-ci dans la prière sacrificielle. Il est le lieu intermédiaire pour relier Dieu et les hommes. Dieu se trouve à l'Est du *hazomanga*, l'homme se place à l'Ouest du *hazomanga* et il se situe au milieu des deux pour jouer le rôle d'intermédiaire. En termes médiatiques, l'*hazomanga* est l'antenne à la fois émetteur de la prière vers *Zañahary* et récepteur de la grâce et de la bénédiction de *Zañahary*. Planté sur la terre avec son bout pointu tourné vers le ciel, le *hazomanga* relie le ciel et la terre comme le symbole des échanges et des allées et venues entre le ciel et la terre. Il est le symbole par excellence de l'ascension et de la valorisation, comme l'échelle[224].

Par la suite, on a la victime qui est là sur terre. Les deux pattes postérieures et la patte antérieure droite sont attachées ; l'autre patte est libre. Elle est couchée sur le flanc droit, la tête tournée vers le *hazomanga*, vers l'Est, le dos au Sud et le ventre au Nord. Par la victime, l'idée de communiquer avec *Zañahary* par l'intermédiaire du *hazomanga* se poursuit. Mais cela est symbolisé par la position de la victime. La tête tournée vers l'Est et le *hazomanga* indique une direction vers le monde divin par l'intermédiaire du *hazomanga*. Trois pattes reliées servent à garder le bœuf immobile. Le chiffre trois est un chiffre sacré chez les Malgaches, il indique que le sacrifice est sacré. Puis, la patte libre peut symboliser sa destination vers le monde divin. Le dos est dirigé vers le Sud, car c'est le lieu du mal. Tourner le dos vers le mal, c'est refuser ou oublier le mal mais faire face au bien.

Derrière la victime s'assoit celui qui est l'objet de la *tata* (par exemple pour l'adoption l'enfant adopté et le père adoptant). L'homme a toujours la face vers l'Est où se trouve le *hazomanga*. Il se tourne vers l'Est pour recevoir la grâce venant de *Zañahary* par l'intermédiaire du *hazomanga* et de la victime.

Derrière lui, se tient debout le patriarche qui fait la prière au nom de tous les assistants et sur toute la lignée parentale. Être debout signifie le respect dû à celui à qui on adresse la prière. Mais comme tout le

224 CHEVALIER J., GHEERBRANT A., *Dictionnaire des symboles*, p. 309.

monde s'assoit, ce geste différencie le patriarche des autres. Car il représente toute la famille dans sa prière.

Enfin, tous les assistants sont assis derrière le patriarche pour communier à sa prière. « Pendant la prière, les deux mains sont placées ouvertes sur les cuisses. Puis en priant, on les élève d'un geste lent, paumes en l'air au-dessus de la tête comme pour remercier, dès que la prière est achevée. »[225] Les mains ouvertes expriment la demande, et élever les paumes en l'air au-dessus de la tête est un geste de remerciement chez les *Bara*. Pendant la prière du patriarche, il y a un silence total chez les assistants, mais à la fin de sa prière, ils disent ensemble : « *Toly ijay lahy e* », ce qui signifie que la prière est dite ou la prière est arrivée chez Dieu. Ceci signifie qu'ils sont attentifs et en communion avec la prière du patriarche.

Mais avant la prière du patriarche, il existe aussi un geste symbolique : l'invocation de *Zañahary* et des ancêtres. Nous venons de dire qu'avant la prière rituelle, on pousse un cri qui prélude l'invocation de *Zañahary*. Et ce cri d'appel est accompagné d'un geste significatif aussi d'un appel. Ce geste, c'est le fait d'enlever une pincée de poils du front, de la bosse, des naseaux et des oreilles de la victime, pour que les « dieux entendent et sentent »[226]. Et une partie de ces poils est mêlée à l'eau destinée à la bénédiction et une autre partie brûlée « pour faire sentir les dieux »[227]. Parfois, il tire la queue du bœuf ou la tient à la main durant la prière « pour appeler les dieux »[228].

Puis, lors de l'égorgement du bœuf, le sang est recueilli dans une cuvette. La pointe de *viarara*, tachée du sang de la victime, est immergée dans l'eau du *fanovy* (gobelet pour la bénédiction). C'est

[225] MICHEL L., *Mœurs et coutumes des Bara*, p. 61.

[226] FAUBLÉE J., *La cohésion des sociétés bara*, p. 13.

[227] *Ibidem.*

[228] *Ibidem.*

avec l'eau mêlée au sang que le patriarche asperge toute la famille rassemblée. Cela symbolise la soif de l'immortalité.

Il arrive parfois que le patriarche fasse suivre cette aspersion par le *deboky lio* (points de sang) : il passe l'index sur la lame sanglante et marque de sang le front et les tempes de chacun. C'est le signe de participation aux bienfaits du sacrifice[229].

Ces gestes rituels renforcent le sens de la parole dite pendant la prière et donnent une dimension symbolique au sacrifice.

## Conclusion

Tout au long de ce chapitre, nous avons tenté de confirmer que l'élevage des bœufs a avant tout une fin religieuse. En effet, le bœuf est l'offrande préférée des forces surnaturelles, ancêtres et Dieu. De ce fait, il joue un rôle de rassembleur. Il met en communication le monde visible avec le monde invisible, le monde profane et le sacré, les vivants et les morts, les humains et les divins.

Par son sacrifice, la communauté humaine s'ouvre avec fierté à son Créateur et à ses ancêtres. Il permet au patriarche de se tenir debout devant le *hazomanga* pour communiquer la prière de sa famille à Dieu et aux ancêtres. Il rend possible l'échange de vie entre Dieu et l'humanité.

Dans les prières formulées lors de cette rencontre, les *Bara* expriment leur foi en Dieu. L'analyse menée de ces quelques types de prières nous a permis de découvrir leur connaissance de Dieu. Un Dieu qui possède plusieurs qualités exprimées par des différentes appellations. Un Dieu qui partage le même amour que l'homme vis-à-vis du bœuf. Un Dieu qui a fait un seul être des hommes et des bœufs[230].

---

[229] ELLI L., *Une civilisation du bœuf,* p. 93.

[230] FAUBLÉE J., *La cohésion des sociétés Bara*, p. 199.

# CONCLUSION DE LA PREMIÈRE PARTIE

En guise de conclusion, nous pouvons retenir que le peuple *bara*, une des dix-huit ethnies formant le peuple malgache, occupant le Centre Sud de Madagascar, est une peuplade de pasteurs. Son histoire rappelle son origine africaine et sa quête de ce vaste territoire – où il habite actuellement – favorable à l'élevage des zébus. La structure de son village, ainsi que son mode de vie révèlent sa vocation pastorale. Être pasteur, c'est une fierté. C'est le métier digne d'un homme.

Attachés à cet animal d'origine africaine – issu de la race « *Bos indicus* » ou race des bœufs à bosses, introduite à Madagascar à différentes périodes –, les *Bara* rythment leur vie à celle du zébu. En effet, le zébu intervient dans toutes les étapes de la vie des *Bara*. De ce fait, les *Bara* ont une très grande considération pour cet animal. En revanche, la considération d'une personne dans la société dépend aussi du nombre de zébus de son parc. Le zébu est chargé de symbolisme[231]. On peut lire en cet animal la beauté de la créature, la force, la fierté, le prestige, la santé, le bonheur, la joie, la fête, la communion, la relation, la réconciliation, l'assurance, la postérité. En effet, les *Bara* se servent de cet animal pour faire la lecture de leur vie. Des proverbes ou des expressions sont formulés à partir des

---

[231] ELLI L., *Une civilisation du bœuf*, p. 124.

mouvements ou du mode de vie de leur troupeau, pour communiquer leur sagesse.

Si les zébus font l'identité du peuple *Bara*, ils connaissent une baisse en nombre assez considérable à cause du phénomène du vol des bœufs, une pratique archaïque de la société *bara*. Comme les *Bara* et les zébus font une unité, cette baisse en nombre des zébus risque également de changer l'identité du peuple *bara*.

En effet, pour les *Bara*, la valeur des zébus dépasse celle de toutes les autres choses[232] car elle réside dans son caractère d'être vivant. En effet, les *Bara* vivent avec les zébus et les zébus avec les *Bara*. Cette proximité entre les zébus et les hommes se manifeste par la place du parc dans le village *bara*, par sa présence dans tous les événements de la vie sociale, économique, culturelle et religieuse. Ce lien entre les zébus et les *Bara* s'inscrit dans le don réciproque entre les deux protagonistes. Les *Bara* font don aux zébus de la marque de leur clan, de leur famille par les marques des oreilles. Avec les marques des oreilles, on dirait que les zébus sont attentifs à ce qui est le plus important dans la vie des hommes. Ils (les zébus) gardent le souvenir du passé, et l'actualisent pour les membres du clan ou de la famille vivante, et garantissent la transmission de cette tradition aux descendants. Cela exprime à quel point les *Bara* tiennent à leurs zébus et les aiment. Face à cet amour des *Bara* pour les zébus, ces derniers leur rendent service par leur présence dans les différents événements douloureux et joyeux. Ils font don de leur vie dans les sacrifices pour donner vie aux hommes. Leur chair partagée à chaque sacrifice offre à l'homme un aliment vivificateur et unificateur de la famille. Ce qui rappelle que les zébus sont *aina*, vie et *longo*, parenté[233] pour les *Bara*.

---

[232] FAUBLÉE J., *La cohésion des sociétés bara*, p. 85.

[233] *Ibidem*, p. 86.

Avec les sacrifices des zébus devant le *hazomanga*, les *Bara* s'ouvrent au monde surnaturel, à savoir les ancêtres et Dieu. Considérés comme des créatures parfaites, les zébus demeurent l'offrande agréable au *Zañahary* et aux ancêtres. Le patriarche élève les prières de sa famille ou de son clan vers Dieu et vers les ancêtres en offrant des zébus. Des prières qui confessent leur foi en Dieu et leur connaissance de Dieu. Des prières accompagnées de gestes qui témoignent leur relation avec ce monde spirituel.

Retenons que cette ouverture semble sélective car l'accès au *hazomanga* est réservé uniquement aux membres de la famille ou du clan qui appartiennent au même *hazomanga*.

Si cette première partie a évoqué la présentation du peuple *Bara*, elle a essayé de développer l'identité de ce peuple comme une peuplade de pasteurs. De père en fils, les *Bara* sont des pasteurs. Et ils en sont fiers. Mais ils ne sont pas le seul peuple qui ait cette vocation pastorale. D'ailleurs, nous avons mentionné en passant le fait que la culture générale malgache est même marquée par cette culture pastorale. En outre, parmi les autres peuples qui ont cette vocation pastorale, nous avons le peuple hébreu. Écoutons la présentation des frères de Joseph en présence de Pharaon, en réponse à la demande de celui-ci : *« Quel est votre métier ? Tes serviteurs sont des bergers, nous-mêmes comme déjà nos pères. »* (Gn 47, 3) Ce qui nous introduit à la deuxième partie de notre ouvrage.

## PARTIE II

# LE MONDE PASTORAL, COMME LIEU DE RÉVÉLATION DANS LA BIBLE

## INTRODUCTION DE LA DEUXIÈME PARTIE

Après avoir présenté la vie pastorale chez les *Bara* de Madagascar, nous poursuivons notre recherche, dans cette deuxième partie de notre travail, avec la présentation du monde pastoral comme lieu de révélation dans la Bible.

Il serait bon de noter que nous n'avons pas la prétention de faire une étude comparative qui requerrait la méthode assez complexe et très exigeante de l'ethnologie, même si notre recherche relève des points communs entre les deux cultures. Avec ces points communs, nous essayons d'expliquer comment la Bible peut parler aux Malgaches, en particulier aux *Bara* dans le domaine de la vie pastorale. Pour nous aider à mieux comprendre notre démarche, nous faisons allusion à l'Épiphanie du Seigneur aux nations. Les mages autrefois ont demandé l'avis des spécialistes de la Bible tels que les scribes et les chefs des prêtres, pour pouvoir rencontrer le Messie. Ainsi les *Bara* aujourd'hui, dans leur quête de Dieu, ont besoin eux aussi de la lumière de l'Écriture. En tant que connaisseurs des astres, l'étoile a permis aux mages de rejoindre Dieu. Il en est de même pour les *Bara,* en tant que peuplade de pasteurs : c'est dans leur vie et leur culture pastorale qu'ils peuvent rejoindre Dieu. La lumière de la

Bible reste la clé de cette rencontre. C'est ce que nous allons développer dans cette deuxième partie.

Pour ce faire, nous aborderons les grands thèmes du monde pastoral, et pour commencer ce qui concerne le bestiaire dans la Bible, car qui dit « pastoral », dit naturellement rapport à « l'univers animal ». Nous choisirons ensuite quelques figures bibliques de bergers dans le premier livre de la Bible en suivant les riches expériences pastorales des patriarches. Puis nous suivrons plus particulièrement le parcours de Moïse en évoquant le monde pastoral comme lieu de rencontre avec Dieu et de Révélation de Dieu. Nous cernerons par la suite dans l'histoire des rois-bergers et de l'annonce du Messie à venir chez les prophètes, l'usage de ce thème pastoral pour exprimer la proximité de Dieu auprès de son peuple et la compréhension du peuple de cette présence divine. Pour ne pas nous perdre dans cette vaste problématique, nous choisissons quelques figures de rois qui marquent la royauté en Israël et un exemple d'un prophète qui développe ce thème pastoral dans le contexte de l'annonce du Messie à venir. Et nous terminons cette partie par la pleine Révélation de Dieu le Père en Jésus, Messie, Agneau et Berger.

CHAPITRE 1

# LE MONDE PASTORAL : UNE RÉALITÉ BIBLIQUE

## Introduction

La Bible enregistre une tradition pastorale assez importante. En effet, le monde pastoral est une réalité biblique. Comment donc la Bible aborde-t-elle ce monde pastoral ? Ces animaux, qui sont cités tout au long des livres bibliques, n'y sont pas simplement un décor, mais leur forte présence est porteuse de sens. Comment donc ces animaux nous aident-ils à découvrir l'image de Dieu ? Nous essayons de répondre à ces questions en ce chapitre. Pour ce faire, nous commençons par la présentation de la place des animaux dans la culture biblique. Puis nous aborderons la vie pastorale dans la Bible.

## 1.1 Place des animaux dans la Bible

Les animaux sont les acteurs principaux dans le monde pastoral. Le monde pastoral est vide, n'a pas de sens sans le troupeau des bovins ou des ovins. Avant d'aborder le monde pastoral dans la Bible, il nous semble fondamental d'avoir un aperçu des animaux dans la Bible. Cela nous permettra d'évaluer leur valeur et leur place dans la culture biblique. Pour ce faire, nous commençons par la présentation de la géographie animale de la Palestine antique. Par la suite nous parlerons de la relation entre les animaux et les êtres humains.

Et nous évoquerons à la fin la relation des animaux avec leur Créateur.

### 1.1.1 Géographie animale de la Palestine antique

On entend par Palestine antique, la région historique et géographique du Proche-Orient située entre la mer Méditerranée et le désert à l'Est du Jourdain et au Nord du Sinaï[234]. La région correspond à Canaan ou à la Terre promise aux fils d'Israël. Actuellement, elle comprend l'État d'Israël et les territoires palestiniens, une partie du royaume de Jordanie, le Liban du Sud et le plateau du Golan. Ce qui veut dire que la position géographique de la Palestine antique se trouve à la croisée de trois continents à savoir l'Europe, l'Asie et l'Afrique.

Face à ce croisement continental, nous pouvons trouver en Palestine trois mondes animaux distincts à savoir le monde animal eurasien, oriental et africain. On y trouve donc des variétés d'animaux comme le sanglier, le chevreuil, l'ours brun, la belette, l'écureuil, l'hippopotame, le crocodile du Nil, le daman des rochers, la gazelle à goître, le daim, le mouflon asiatique, la gerboise. En outre, la Palestine antique enregistre des troupeaux d'ovins et de bovins.

Plusieurs livres bibliques témoignent de cette variété d'espèces animales. Le premier livre de la Bible s'ouvre par les récits de la création où on donne un aperçu général du monde animal. Nous verrons un peu plus loin que l'histoire des patriarches est liée à l'élevage de troupeaux d'ovins et de bovins. Il en est de même pour l'histoire des rois. Les Psaumes citent dans leurs textes de nombreux animaux en guise d'action de grâce pour la beauté des créatures divines, ou pour parler du Seigneur. Les sacrifices de l'ancienne alliance consacrent plusieurs animaux. Les prophètes évoquent une variété d'espèces animales pour transmettre des messages. Les évangiles mentionnent

[234] Cf. https://fr.wikipedia.org/wiki/Palestine.

une trentaine d'animaux. Il n'y a pas moins dans les épîtres du Nouveau Testament. Tout cela nous conduit à dire que la géographie animale de la Bible rappelle cette faune variée citée tout au long de l'Écriture. Ce survol rapide laisse apercevoir la présence massive du monde animal dans la Bible. Comme nous l'avons déjà évoqué précédemment, cette forte présence des animaux dans la Bible n'est pas un signe pour rien. Nous allons voir au paragraphe suivant les rapports entre ces animaux et les êtres humains.

### 1.1.2 Les animaux et les êtres humains

Partons du premier récit de la création. La Bible présente la création des animaux en deux jours, ce qui montre d'emblée l'importance du monde animal dans la Bible. Othmar Keel note que « cette répartition sur deux jours de la création des animaux reflète les efforts de systématisation des auteurs du premier chapitre de la Genèse »[235]. Le cinquième jour, Dieu crée les animaux qui peuplent la mer et les airs, c'est-à-dire les poissons et les oiseaux. Puis, le sixième jour, il crée les animaux de la terre. Comme notre thème est centré sur le monde pastoral, nous nous intéressons plutôt aux animaux terrestres.

Revenons au premier récit de la création. Selon ce récit, l'homme a été créé le sixième jour avant que Dieu se repose de l'œuvre accomplie. Le fait de partager ce même jour de création et ce même espace vital exprime déjà la proximité entre les animaux terrestres et les êtres humains. À cela s'ajoute l'usage du verbe créer בָּרָא (*bara'*), « un terme théologique empreint d'une certaine solennité »[236]. Il est utilisé pour la création de ce qui est vivant[237]. Certes, ce verbe est présent au verset 1 pour résumer l'ensemble de l'œuvre créatrice de

[235] KEEL O., STAUBLI Th., *Les animaux du 6ème jour. Les animaux dans la Bible et dans l'Orient ancien*, Fribourg, Musée Bible + Orient, 2003, p. 8.

[236] DE PURY A., RÖMER T., SCHMID K., *L'Ancien Testament commenté. La Genèse*, Paris / Genève, Bayard / Labor et Fides, 2016, p. 28.

[237] Selon la conception hébraïque, la plante n'a pas part à la vie.

Dieu, mais c'est à partir de la création des êtres vivants que l'auteur le reprend (Gn 1, 21). Pour les autres créatures, l'auteur se contente de présenter la création par la parole דָּבָר (*dabar*).

De plus, l'homme (Gn 2, 7) et l'animal (Gn 1, 20-21) bénéficient de la part du Créateur de la même נֶפֶשׁ *nephesh* (souffle de vie). Ils partagent aussi la même bénédiction liée à la multiplication « *soyez féconds, multipliez…* » (Gn 1, 22.28). Dans cette bénédiction, la Bible montre que Dieu entre en dialogue[238] avec les animaux comme avec les hommes[239]. Cette proximité se confirme encore par la matière commune avec laquelle Dieu a modelé l'homme et l'animal, évoquée par le second récit de la création. En effet, l'homme et l'animal ont été formés à partir de la même terre. Dans les deux récits des animaux, on voit cette participation créatrice de la terre maternelle, comme dit Von Rad : « L'animal est totalement dépendant de la terre pour ce qui fonde sa vie et c'est de cette dépendance dans l'ordre de la création qu'il reçoit et la vie et la mort. »[240] Il en est de même pour l'homme. En effet, la racine du mot אָדָם (*adam*) pour désigner l'homme en général (l'être humain) partage la même racine que le mot אֲדָמָה (*'adamah*) qui signifie « le sol ».

À part la femme qui est, comme il s'écria lors de sa création : « *l'os de mes os et la chair de ma chair !* » (Gn 2, 23), les animaux tiennent aussi une place assez proche de l'homme. Ils sont insérés dans son existence comme son plus proche entourage[241]. Ils ont vocation de porter remède à la solitude de l'homme et de l'aider. Mais c'est la

---

[238] Nous pouvons citer à titre d'exemple le serpent en Gn 3, ainsi que l'ânesse de Balaam en Nb 22. Ce dialogue avec les animaux se trouve aussi dans la tradition chrétienne à travers les exemples de saint François d'Assise et de saint Antoine de Padoue.

[239] CULAT R., *Méditations bibliques sur les animaux. Nouvelle édition augmentée*, Paris, L'Harmattan, 2016, p. 18.

[240] VON RAD G., *La Genèse*, Genève, Labor et Fides, 1968, p. 53.

[241] *Ibidem*, p. 81.

femme qui demeure bien sûr la partenaire idéale pour l'homme. C'est en elle que l'homme trouve l'aide correspondante à sa nature.

Cette proximité entre l'homme et les animaux est attestée encore par la responsabilité que Dieu lui donne envers les animaux. En effet, il est chargé de les nommer. Afin de parvenir à mieux saisir le sens de cette noble tâche que Dieu confie à l'homme, il serait bon de connaître le sens du mot « nom ». Traduit de l'hébreu שם (*shem*), du grec ὄνομα (*onoma*) ou du latin « *nomen* », le mot « nom » indique une désignation, une note caractéristique qui permet de reconnaître un être[242]. Il a d'abord une signification appellative. Cela introduit donc l'homme dans le domaine du langage. Et comme le langage est créateur, en désignant les animaux par des noms, l'homme effectue un acte de création au second degré. Par sa connaissance de chaque espèce animale et par la définition qu'il leur donne, il effectue un acte d'organisation. Et selon la conception du nom dans l'ancien Orient, en donnant à l'homme le pouvoir de nommer[243] toutes les bêtes sauvages et tous les oiseaux du ciel (Gn 2, 19-20), Dieu confirme encore la vocation de l'homme comme seigneur et gouverneur des créatures. Ce pouvoir de donner leur nom aux animaux exprime aussi la familiarité entre l'homme et l'animal car celui qui nomme connaît le nommé[244]. Cela nous conduira à éclaircir le sens de la charge pastorale d'un berger qui doit connaître le nom de ses brebis (cf. Jn 10).

Nous continuons notre investigation sur le lien existant entre le monde animal et le monde humain en restant dans le contexte du nom. En fait, l'homme ne se contente pas seulement de nommer les animaux pour manifester son droit de souveraineté, mais il accepte

---

242 *Catholicisme, hier aujourd'hui demain*, T. 9, p. 134.

243 Cf. DE PURY A., *Homme et animal, Dieu les créa. Les animaux et l'Ancien Testament,* Genève, Labor et Fides, 1993, p. 49.

244 BONDOLFI A., *L'homme et l'animal. Dimensions éthiques de leur relation*, Fribourg, Éd. Universitaires, 1995, p. 12.

de porter les noms des animaux pour manifester d'une manière profonde son lien avec eux. Si le nom fait partie de l'identité d'une personne, le port de noms d'animaux par des êtres humains signifie que les animaux nous permettent d'identifier les êtres humains. Le monde animal fait partie de la définition du monde humain.

Dans son étude, Ingrid Glatz[245] enregistre 74 noms d'animaux utilisés comme noms de personnes dans la Bible, dont 14 mammifères domestiques, 25 mammifères sauvages, 17 oiseaux, 18 petites bêtes qui grouillent sur la terre, les rampantes, celles à quatre pattes ou davantage. Nous en citons quelques-uns de chaque catégorie à titre d'exemple. Dans la catégorie des mammifères domestiques, nous pouvons relever le nom de *Kaleb* qui signifie chien, *Rachel* qui signifie brebis, *Rebecca* qui veut dire vache. Parmi les noms issus des mammifères sauvages, on peut citer *Kashir* (sanglier), *Layish* (lion), *Shim'on* (lycaon), *Shu'al* (renard). Dans la catégorie des oiseaux, on peut mentionner *Nashri* (vautour), *'Oreb* (corbeau), *'Ayyah* (faucon), *Yonah* (colombe), *Yeminah* (tourterelle), *çophar* (oiseau). Quant aux petites bêtes et aux animaux qui rampent, on peut trouver *Nashôn* (petit serpent), *Débora* (abeille), *Pildash* (araignée), *Nun* (poisson), *Peninah* (corail).

Quant au choix des noms, d'habitude, les filles reçoivent des noms d'animaux liés à la fécondité, à l'élégance et à la bénédiction. On peut citer l'exemple de Léa et Rébecca dont les noms signifient vache et génisse, en tenant compte que « la vache constituait un symbole fort de la bénédiction divine et de la fécondité qui lui est liée »[246]. Les garçons obtiennent des noms d'animaux dont la force, la rapidité et l'habilité sont admirables. En effet, « les parents constataient chez leurs enfants des qualités qu'ils admiraient chez certains animaux, ou bien ils désiraient que leurs enfants possèdent de telles aptitudes. Il semble ainsi que l'intelligence, l'agilité, la force,

---

245 KEEL O., STAUBLI Th., *Les animaux du 6ème jour*, p. 27.

246 *Ibidem*.

l'intégration sociale aient été des qualités souhaitées. En outre, c'est la puissance de Dieu que l'on voyait à l'œuvre dans telle qualité de l'animal »[247].

Nous pouvons distinguer deux catégories d'animaux terrestres, à savoir les animaux sauvages et les animaux apprivoisés. La Bible enregistre ces deux types d'animaux. Comme animaux sauvages, nous pouvons citer quelques exemples. Ce sont le lion, l'ours, la panthère, le loup, les sangliers (Ps 79), les gazelles, le vautour (Ex 19, 4 ; Dt 32, 10-11). D'un côté, ces animaux sauvages sont admirés pour leur agilité et leur vitalité. Mais d'un autre côté, ils sont nuisibles, voire une menace pour la vie des êtres humains[248]. Dans les écrits de l'Ancien Testament, on évoque des images métaphoriques de certains animaux nuisibles à l'homme comme une manifestation de la puissance démoniaque. Il en est de même dans le Nouveau Testament. Dans le passage de Mc 1, 13b, « les animaux sauvages sont un moyen pour exprimer la présence de forces sataniques, opposées aux anges qui servent Jésus »[249].

Quant aux animaux domestiques, ils rendent de nombreux services aux êtres humains. Avoir beaucoup de bovins ou d'ovins est signe de bénédiction divine. *« [...] Nos brebis, des milliers, des myriades [...] Heureux le peuple où c'est ainsi ! »* (Ps 143, 13b.15a) Mais soulignons que les animaux ne restent pas une simple richesse ou un avoir qui fait la fierté de l'homme. Ils valent beaucoup plus. En effet, ils sont considérés comme partie intégrante du monde des humains et de la société. Dans cette perspective, la manière de présenter la société de l'époque a mis en exergue cette place des animaux dans la vie sociale. Prenons l'exemple de la vie familiale d'Abram. Lorsque Abram s'apprêtait à se déplacer, on mentionne dans la liste de

---

[247] *Ibidem*, p. 25.

[248] Actuellement, la protection du lynx et du loup crée des débats acharnés en Suisse.

[249] BONDOLFI A., *L'homme et l'animal*, p. 15.

ce qui l'entoure : *« Il eut du petit et du gros bétail, des ânes, des esclaves, des servantes, des ânesses, des chameaux. »* (Gn 12, 16) Lors de la sortie d'Égypte, l'auteur du livre de l'Exode cite dans la liste de la communauté d'Israël les troupeaux de petit et de gros bétail (Ex 12, 37-38). Ce qui signifie que les animaux font partie de la communauté humaine.

Comme il est fortement attaché aux animaux, l'homme prend leur défense. David, par exemple, risque sa vie contre les lions et les ours pour protéger son troupeau (1 S 17, 34-36). Des lois sont adoptées pour protéger les animaux domestiques. Les bovins, par exemple, doivent avoir part au repos le jour du sabbat (Dt 25, 4). La castration des jeunes taureaux est interdite (Lv 22, 24). Des lois[250] de l'Ancien Testament interdisent toute une série d'atteintes brutales à la vie des animaux.

Cet amour des animaux se manifeste à travers les arts. En fait, pour exprimer et admirer la beauté de cette créature, l'homme a façonné des œuvres d'art comme des statuettes d'animaux, des sceaux qui représentent des scènes pastorales ou des animaux. Des recherches archéologiques[251] en témoignent.

Ce lien entre les mondes animal et humain se confirme par leur relation avec Dieu. En effet, l'homme, pour communiquer avec Dieu, a besoin de l'intermédiaire des animaux. C'est ce que nous allons voir au point suivant.

### 1.1.3 Les animaux et leur Créateur

Depuis leur création, les animaux, comme les autres créatures, sont toujours en relation avec leur Créateur. Rappelons que Dieu était toujours le premier admirateur de ses œuvres comme en témoigne

---

[250] Actuellement, dans chaque pays, il existe des lois pour la protection des animaux.

[251] Cf. KEEL O., STAUBLI Th., *Les animaux du 6ème jour*, p. 30s.

ce refrain repris après l'achèvement de chaque création : *« Dieu vit que cela était bon. »* (Gn 1, 21) Cette attitude divine, son admiration vis-à-vis de ses œuvres, exprime en quelque sorte son attachement à ces animaux. Le don de bénédiction aux animaux confirme cette estime et cette attention particulière que Dieu prête à l'égard des animaux. Tout au long de la Bible, nous rencontrons de nombreuses citations qui attestent ce lien très étroit existant entre Dieu et les animaux.

Lors du déluge, Dieu a sauvé non pas seulement l'homme mais aussi les animaux en les faisant entrer dans l'arche comme le fait remarquer le livre de la Genèse : *« Alors Dieu se souvint de Noé et de toutes les bêtes sauvages et de tous les bestiaux qui étaient avec lui dans l'arche. »* (Gn 8, 1) Ce désir divin de sauver l'homme et les animaux ensemble est repris encore dans la mission de Jonas pour Ninive. *« Toi, tu as de la peine pour ce ricin, qui ne t'a coûté aucun travail et que tu n'as pas fait grandir. Qui a poussé en une nuit et en une nuit a péri. Et moi, je ne serais pas en peine pour Ninive, la grande ville, où il y a plus de cent vingt mille êtres humains qui ne distinguent pas leur droite de leur gauche, ainsi qu'une foule d'animaux ! »* (Jon 4, 10-11)

Dieu prend soin et nourrit les animaux, comme le rappelle le Ps 104, 21 : *« Les lionceaux rugissent après la proie et réclament à Dieu leur nourriture »*, ou encore le Ps 147, 9 : *« Qui dispense au bétail sa pâture, aux petits du corbeau qui crient. »* Jésus évoque aussi cette même option dans son enseignement : *« Regardez les oiseaux du ciel : ils ne sèment ni ne moissonnent, ils ne recueillent pas en des greniers, et votre Père céleste les nourrit ! »* (Mt 6, 26)

Dans cette relation entre Dieu et les animaux, certains textes bibliques rapportent une attitude religieuse des animaux. En Isaïe, nous voyons la participation des animaux à la louange de Dieu : *« Les bêtes sauvages m'honoreront, les chacals et les autruches, car j'ai mis dans le désert de l'eau et des fleuves dans la steppe, pour abreuver mon peuple, mon élu. »* (Is 43, 20) Le Ps 148, qui est une louange cosmique, cite également cette louange des animaux envers leur Créateur.

Les animaux adressent aussi à Dieu des supplications comme l'attestent ces quelques versets bibliques : *« Qui prépare au corbeau sa provende, lorsque ses petits crient vers Dieu et qu'ils se dressent sans nourriture ? »* (Jb 38, 41) Commentant ces versets bibliques Albert du Pury conclut : « L'animal donc est, à l'instar de l'homme, créature de Dieu, aimée de Dieu, vivant comme l'homme de la miséricorde de Dieu. Simplement, leur relation avec le Créateur n'est pas celle des hommes : elle passe par d'autres voies, par d'autres langages, impénétrables à l'homme. »[252]

Nous trouvons aussi quelques textes bibliques évoquant l'existence de punitions envers les animaux pour la transgression de leurs obligations morales. C'est le cas du serpent dans le récit de la chute : *« Parce que tu as fait cela, maudit sois-tu entre les bestiaux et toutes les bêtes sauvages. Tu marcheras sur ton ventre et tu mangeras de la terre tous les jours de ta vie. »* (Gn 3, 14) Dans le livre de l'Exode, Dieu prévoit aussi des sanctions pour le taureau qui se comporte mal : *« Si un bœuf encorne un homme ou une femme et cause sa mort, le bœuf sera lapidé et l'on n'en mangera pas la viande, mais le propriétaire du bœuf sera quitte. »* (Ex 21, 28)

Cette relation entre Dieu et les animaux trouve son point culminant dans le sacrifice. En fait, pour entrer en relation avec Dieu, pour rétablir sa relation avec Dieu ou encore pour renforcer sa relation avec Dieu, l'homme a besoin de la médiation des animaux ou des végétaux. Il offre à Dieu des animaux ou des nourritures pour entretenir sa relation avec Dieu. Le sacrifice évoque donc un don. D'ailleurs, le terme hébreu *minhah*[253] qui signifie « le don » désigne l'offrande

---

[252] De Pury A., Römer T., Schmid K., *L'Ancien Testament commenté. La Genèse*, p. 74.

[253] Monloubou L., Du Buit F.M., *Dictionnaire biblique*, Paris, Desclée, 1984, p. 660.

végétale et sert à désigner aussi toute sorte de sacrifices (1 S 1, 11 ; 26, 19). Il est impressionnant de voir le nombre d'animaux offerts en sacrifice dans certains récits bibliques. Pour célébrer sa victoire, le roi de Juda a sacrifié sept cents têtes de gros bétail et sept mille têtes de petit bétail (2 Ch 15, 11). Lors de la consécration du temple de Jérusalem, Salomon a sacrifié vingt-deux mille bœufs et cent vingt mille moutons (1 R 8, 63). Certes, la quantité des offrandes a son importance dans le sacrifice, mais sa qualité est aussi exigée. Le premier sacrifice dans la Bible nous témoigne cette valeur de la qualité des offrandes (Gn 4, 4). Ainsi, lors de la sortie d'Égypte, Dieu demande à toute la communauté d'Israël de sacrifier du petit bétail (mâle, âgé d'un an et sans défaut) par famille (Ex 12, 5).

Afin de réaliser son projet de salut, Dieu n'hésite pas pour sa part à se servir des animaux pour sauver les humains. Le cas de Jonas en est l'exemple le plus concret. Refusant d'aller à Ninive pour accomplir la mission que Dieu lui confie afin de sauver les Ninivites, il est jeté en mer, récupéré et déposé par le monstre marin à sa destination. Autrement dit, Dieu a utilisé ce gros poisson comme moyen de transport pour son prophète Jonas. Il en est de même pour l'entrée messianique de Jésus à Jérusalem. *« Il [Jésus] envoya deux des disciples, en disant : "Allez au village qui est en face et, en y pénétrant, vous trouverez, à l'attache, un ânon que personne au monde n'a jamais monté ; détachez-le et amenez-le. Et si quelqu'un vous demande : 'Pourquoi le détachez-vous ?' vous direz ceci : "le Seigneur en a besoin." »* (Lc 19, 29b-31)

Des textes bibliques représentent Dieu sous une forme animale. Lors de la sortie d'Égypte, le peuple d'Israël considère la protection divine sous la forme de Dieu qui porte son peuple à l'ombre des ailes de vautour (Ex 19, 4 ; Dt 32, 10-1 ; Ps 36, 7b-9). Dans l'évangile de Jean, la première présentation de Jésus à ses disciples se fait avec une image animale. En fait, Jean le précurseur de Jésus l'a présenté comme l'*« agneau de Dieu »* (Jn 1, 29). Quant à la troisième personne de la Trinité, elle est représentée par l'image d'une colombe (Mt 2, 16).

Cet aperçu rapide du monde des animaux dans la Bible nous donne une idée de la valeur et de la place qu'ils occupent dans l'ensemble de l'Écriture. Il nous aidera à mieux comprendre la vie pastorale.

## 1.2 Vie pastorale dans la Bible

Pour cette présentation de la vie pastorale dans la Bible, nous partirons du récit inaugural de la vie pastorale qui situe l'homme à la place de seigneur des animaux. C'est la vocation de berger. Nous allons aborder la vie pastorale qui n'est pas un simple décor, mais comme un ensemble d'acteurs qui participent à la Révélation de l'image de Dieu. Avec les expériences vécues dans cette culture pastorale, il existe une manière de penser et de réfléchir sur Dieu. Nous évoquerons cette réflexion théologique dans ce contexte pastoral, à travers des expériences pastorales des patriarches. Nous partirons d'Abraham, un pasteur croyant avec ses riches expériences de Dieu. Puis, nous continuerons avec la figure de Jacob, le berger par excellence. Et pour terminer ce point, nous évoquerons le personnage de Joseph le berger, en le suivant de Canaan en Égypte.

### 1.2.1 Récit inaugural de la vie pastorale : le seigneur des animaux

Pour le récit inaugural de la vie pastorale dans la Bible, nous évoquerons cinq points, à savoir la création comme point de départ de la Révélation, la présence divine chez les humains, puis la création de l'homme et de la femme, ensuite l'homme à l'image de Dieu comme seigneur et gouverneur des créatures, et enfin l'homme au paradis ou le second récit de la création.

#### 1.2.1.1 La création comme point de départ de la Révélation

Soulignons d'avance que nous n'avons pas l'intention de faire un développement ou un commentaire de l'ensemble du récit de la création. Bien que la création forme un ensemble, nous centrons notre recherche sur la création de l'homme, ainsi que sur celle des animaux comme référence à l'expérience pastorale.

Les récits de la création se présentent comme le texte inaugural de la Révélation de Dieu. C'est ce que rappelle le Pape François dans son encyclique *Laudato si'*, en prenant l'exemple de son saint patron, François d'Assise, comme modèle à suivre pour l'amour et le respect de la nature :

« Saint François, fidèle à l'Écriture, nous propose de reconnaître la nature comme un splendide livre dans lequel Dieu nous parle et nous révèle quelque chose de sa beauté et de sa bonté : *"La grandeur et la beauté des créatures font contempler, par analogie, leur Auteur"* (Sg 13, 5), et *"ce que Dieu a d'invisible depuis la création du monde, se laisse voir à l'intelligence à travers ses œuvres, son éternelle puissance et sa divinité"* (Rm 1, 20). C'est pourquoi il demandait qu'au couvent on laisse toujours une partie du jardin sans la cultiver, pour qu'y croissent les herbes sauvages, de sorte que ceux qui les admirent puissent élever leur pensée vers Dieu, auteur de tant de beauté. »[254]

Ce propos du pape François nous laisse à penser que les animaux (comme les autres créatures), peuvent nous aider à réfléchir sur Dieu. Le constat d'Othmar Keel va dans cette même perspective : « L'observation des animaux offre aux hommes la possibilité de devenir sages, de s'approcher de l'ordonnance divine de la nature et,

---

[254] PAPE FRANÇOIS, *Loué sois-tu, Laudato si'*, Lettre encyclique sur l'écologie, préface de Mgr Félix Gmür, St-Maurice, Saint-Augustin, 2015, p. 19-20.

par là, de Dieu lui-même. »[255] Autrement dit, le monde pastoral est un lieu théologique qui nous aide à réfléchir sur Dieu.

### 1.2.1.2 L'homme à l'image et à la ressemblance de Dieu. Une présence divine chez les humains

D'emblée, il faut reconnaître que le mot « *image* », צלם (*tsélem*) en hébreu, a un sens plutôt négatif. Il désigne une statue, une contrefaçon, ou une idole faite de main d'homme (Nb 33, 52 ; 1 S 6, 5-11 ; 2 R 11,18 ; Ez 7, 20 ; Am 5, 26 ; Ps 39, 7 ; Ps 73, 20) Ainsi, le mot « ressemblance » en hébreu דמות (*démout*) est-il abstrait[256]. Ce qui donne sens et rend à ces mots (image et ressemblance) leurs lettres de noblesse dans notre contexte, c'est le mot Dieu אֱלֹהִים (*Elohim*). Dans le commentaire de ce verset biblique proposé par Barnabé Assohoto et Samuel Ngewa, nous pouvons retenir que « chaque être humain ressemble d'une façon ou d'une autre à son Créateur et qu'il est donc unique et important. Nous devrions être capables de reconnaître le Créateur dans les hommes et les femmes que nous côtoyons »[257].

### 1.2.1.3 Mâle et femelle, il les créa

Le premier récit de la création rapporte que *« Dieu créa l'homme à son image, à l'image de Dieu il le créa, mâle et femelle il les créa. »* (Gn 1, 27) Notons d'abord que ce texte est précédé par un changement de verbe du singulier au pluriel : « *Dieu dit* », puis « *faisons l'homme* ». Ce changement n'est ni le fruit du hasard, ni un accident

---

[255] KEEL O., STAUBLI Th., *Les animaux du 6ème jour*, p. 12, col. 1.

[256] CASTEL F., *Commencements. Les onze premiers chapitres de la Genèse*, coll. « Dossiers pour l'animation biblique », Paris, Centurion, 1985, p. 41.

[257] ASSOHOTO B., NGEWA S., « Le livre de la Genèse. Dieu et l'humanité », in ADEYEMO Tokunboh (dir.), *Commentaire biblique contemporain. Un commentaire en un seul volume écrit par 70 théologiens africains*, Pontault-Combault, Farel, 2008, p. 11.

mais il fait partie du déroulement du texte et a une place révélatrice de Dieu. C'est la raison pour laquelle il suscite beaucoup de commentaires dans les deux traditions, juive et chrétienne. Selon ces commentaires[258], ce pluriel peut indiquer la délibération de Dieu avec sa cour céleste (les anges, sa Sagesse) au moment de créer l'homme pour montrer son éminence par rapport aux autres créatures. Une supériorité expliquée par le fait qu'il couronne l'œuvre de la création. Une éminence confirmée par l'unique créature qui soit faite à l'image de Dieu.

Ce pluriel peut exprimer aussi la majesté et la richesse intérieure de Dieu, dont le nom commun en hébreu est au pluriel, אֱלֹהִים (*Elohim*)[259]. De là, la tradition chrétienne, d'après l'interprétation des Pères, explique la présence du Fils ou même de la Trinité dans l'œuvre de la création. Dire Trinité signifie une vie commune, une relation. *« Faisons l'homme à notre image »*, met l'homme dans la vocation d'une vie commune et relationnelle. Les deux récits de la création évoquent cet aspect relationnel de la nature humaine comme reflet ou, selon le terme biblique, comme image de cette vie divine.

Le premier récit, comme nous l'avons déjà évoqué précédemment, présente l'homme אָדָם (*adam*)[260], un nom commun qui désigne à la fois le sexe masculin (homme) et féminin (femme). Cela marque l'unité et la complémentarité du genre humain dans sa différence. Et le deuxième récit souligne : *« Il n'est pas bon que l'homme soit seul. Il faut que je lui fasse une aide. »* (Gn 2, 18) Ceci confirme la vocation du genre humain à la vie sociale. Comme nous venons de le mentionner au point précédent, les animaux sont les premiers à être

---

[258] Cf. note in *La Bible d'Alexandrie LXX*, 1, *Genèse*, Paris, Cerf, 1986, p. 95.

[259] Cf. ODELAIN O., SEGUINEAU R., *Dictionnaire des noms propres de la Bible*, Paris, Cerf / Desclée de Brouwer, 1978, p. 124.

[260] *Ibidem*, p. 11.

en relation avec le mâle (Gn 2, 19), puis la femelle (Gn 1, 22-23). Être solidaires, être en communion, être en communication avec le monde animal et humain, telle est la véritable image que Dieu a imprimée dans la nature humaine.

Depuis le début jusqu'à la fin, les messages bibliques nous invitent à garder cette image pure de l'être humain créé à la ressemblance de Dieu, en communion et en harmonie avec lui. Méconnaître ce principe fondamental défigure l'image de Dieu chez les humains.

#### 1.2.1.4 L'homme à l'image de Dieu : seigneur et gouverneur des créatures

Le projet de créer l'homme à l'image et à la ressemblance de Dieu est suivi par le projet de le faire régner sur les créatures, de les gérer, les gouverner : *« Qu'ils dominent les poissons de la mer, les oiseaux du ciel, les bestiaux, toutes les bêtes sauvages et toutes les bestioles qui rampent sur la terre. »* (Gn 1, 26b) Le verbe רָדָה (*radah*) qu'on traduit « *dominer* », utilisé au *qal* prend le sens de « gouverner ». Ce verbe définit donc le premier devoir de l'homme envers les êtres vivants, le met dans une position noble comme un être intelligent qui est capable de diriger les autres et de réaliser la première bénédiction de la Bible destinée aux animaux : *« Soyez féconds, multipliez, emplissez l'eau des mers, et que les oiseaux multiplient sur la terre. »* (Gn 1, 22) D'ailleurs cette bénédiction est reprise au v. 28 qui est cette fois-ci adressée aux humains. Puis, elle est suivie par le devoir de soumettre la terre et de dominer tous les animaux (poissons, oiseaux, animaux qui rampent). Le devoir de dominer sur tous les animaux est donc lié à la bénédiction de les faire se multiplier mais non pas de les anéantir. Cette puissance offerte aux humains est dans la ligne de la promotion de la vie[261]. Les humains sont donc appelés à dominer les animaux comme Dieu lui-même domine : par sa parole, il fait tout venir à l'être. Abel le premier pasteur de l'histoire biblique a suivi l'ordre de Dieu de dominer les animaux. Certes, c'était un

[261] Cf. VON RAD G., *La Genèse*, p. 56-57.

bon pasteur car son troupeau s'est multiplié. C'est pourquoi il a pu offrir à Dieu les premiers-nés de son troupeau et même leur graisse. Si son troupeau était gras, c'est qu'il en a pris soin, l'a bien nourri, l'a protégé. Et si son offrande fut accueillie, c'est parce qu'il a été fait à l'image de Dieu. De même que Dieu a trouvé bon ce qu'il a créé, il trouve bonne l'œuvre d'Abel. Dès lors, le métier de pasteur devient la fierté de sa descendance. Telle est la réponse des frères de Joseph à Pharaon quand ce dernier les interroge sur leur métier : *« Tes serviteurs se sont occupés de troupeaux depuis leur plus jeune âge jusqu'à maintenant, nous-mêmes comme déjà nos pères. »* (Gn 46, 34) Cette image de bon pasteur occupe une place centrale dans la révélation biblique car c'est l'image de Dieu.

Il en est de même pour la terre. *« Soumettez-la »*, c'est-à-dire faites-la produire et exploitez-la en vue de la faire fructifier, de la rendre meilleure. À l'image de Dieu qui crée le monde végétal, les herbes, les arbres fruitiers, l'homme est appelé à parfaire ce que Dieu a créé. La Bible a présenté Caïn comme un cultivateur. En lui, nous voyons comment l'homme a compris l'ordre donné de soumettre la terre. Contrairement à son frère Abel qui a bien exécuté la recommandation de Dieu pour dominer les animaux, Caïn n'a pas su remplir son devoir et assumer sa responsabilité de cultivateur. Le résultat permet de juger le travail effectué. L'offrande de Caïn, comme résultat de son labeur, n'a pas plu à Dieu. *« Pourquoi es-tu irrité et pourquoi ton visage est-il abattu ? Si tu es bien disposé, ne relèveras-tu pas la tête ? Mais si tu n'es pas bien disposé, le péché n'est-il pas à la porte, une bête tapie qui te convoite et que tu dois dominer ? »* (Gn 4, 6-7) La traduction de ce texte connaît une certaine difficulté et a suscité beaucoup de commentaires parmi lesquels on peut citer : « Philon qui pense que Caïn a gardé pour lui-même la meilleure part des offrandes : *Agric*. 127-130 ; Irénée dit que Caïn n'a pas partagé correctement avec son frère, qu'il a au cœur la "division" contre son frère : IV, 18,3 ; on peut voir aussi Didyme, *ad. loc* : Caïn a mal usé de la *diairesis*, de la « division » ; il n'a pas offert ce qui avait du prix. »[262] En tout cas, Caïn montre une certaine désobéissance à l'ordre de Dieu, et ce n'est pas sans raison que Dieu n'a pas agréé son offrande[263]. Des gestes peuvent témoigner de la désobéissance de Caïn envers l'ordre de Dieu ou à l'adresse de sa parole. D'abord, il n'a pas répondu aux questions que Dieu lui pose. Son silence devant ces questions est signe de sa résistance, de sa révolte, de son indifférence. Il n'écoute pas la parole de Dieu mais il a sa propre parole : *« Allons dehors »*. Il impose sa parole à son frère Abel. Et le résultat de cette parole de Caïn qui n'est pas ajustée à la parole de Dieu est la mort. Il a tué son frère. Caïn a pris donc l'ordre de « dominer » ou de « soumettre » non pas pour faire fructifier la vie, la multiplier mais pour la supprimer[264]. C'est une défiguration totale de l'image de Dieu en l'homme.

### 1.2.1.5 L'homme au paradis ou le second récit de la création

Deux points seront abordés en parlant du second récit de la création. D'abord, nous allons voir l'homme comme seigneur du jardin d'Éden, puis le pouvoir de l'homme de nommer les animaux.

#### Le seigneur du jardin d'Éden

Si le premier récit de la création rapporte la vocation de l'homme pour dominer les animaux et soumettre la terre, le second récit montre à sa manière cette vocation de l'homme. D'abord, après avoir fait pousser toutes sortes de plantes, Dieu établit l'homme dans le jardin d'Éden pour le cultiver et le garder. Pour se nourrir, l'homme peut manger les fruits de tous les arbres du jardin, mais

---

[262] Cf. note in *La Bible d'Alexandrie LXX*, 1, *Genèse*, p. 114.

[263] Cf. DE LA SOURCE I., *Lire la Bible avec les Pères. La Genèse*, Paris, Médiaspaul, 1988, p. 35.

[264] Cf. LÉONARD-ROQUES V., *Caïn et Abel. Rivalité et responsabilité*, Perpignan, Éd. du Rocher, 2007, p. 51.

non ceux de l'arbre de la connaissance du bien et du mal qui causeraient sa mort. Autrement dit, Dieu a instauré l'homme comme seigneur, maître de son jardin, mais il n'est pas au-dessus de son Seigneur (Dieu). Il doit se soumettre à l'ordre de Dieu pour vivre. Le chapitre suivant (Gn 3) montre que l'homme n'a pas respecté l'ordre offert par Dieu, d'où sa chute.

### Le seigneur des animaux : chacun devait porter le nom que l'homme lui donnerait

Outre la vocation de cultivateur ou d'agriculteur, le second récit de la création contient également la vocation de l'homme comme seigneur des animaux. En donnant à l'homme le pouvoir de nommer[265] toutes les bêtes sauvages et tous les oiseaux du ciel (Gn 2, 19-20), Dieu confirme encore la vocation de l'homme comme seigneur et gouverneur des créatures. Pour nous permettre de comprendre le sens et l'impact de cette vocation de l'homme à nommer les bêtes sauvages et tous les oiseaux du ciel, un survol rapide sur la conception du nom dans la Bible semble nécessaire.

Rappelons que dans la Bible, les noms ont des significations. Ils ont une valeur noétique. Ils sont l'expression de la nature profonde de la personne ou de la chose nommées[266]. Les noms ne sont pas offerts par hasard ni par une sélection dans une liste des noms courants de l'époque, ni encore pour la bonne sonorité du mot mais ils sont porteurs de sens. En effet, les noms fournissent des indices pour connaître les lieux, les objets et les personnes qui les portent. Le nom est un champ d'exploration de sens. Chaque nom a une signification. Il est le témoin vivant de l'histoire de chaque personne, de son caractère, de sa vocation. Mais le nom n'est pas seulement un champ

---

[265] Cf. DE PURY A., RÖMER T., SCHMID K., *L'Ancien Testament commenté. La Genèse*, p. 49.

[266] ALFEYEV H., *Le Nom grand et glorieux. La vénération du Nom de Dieu et la prière de Jésus dans la tradition orthodoxe*, Paris, Cerf, 2007, p. 11.

d'exploration de sens, il est aussi un lieu de communion. Certes, le fait qu'une personne porte un nom de Dieu, d'un animal, d'un végétal, ou d'un minéral a un sens métaphorique. Mais, au-delà de la métaphore, nous voyons une remise en chantier du monde divin, humain, animal, végétal et minéral pour se définir. On ne se définit pas les uns sans les autres[267]. Il y a une complémentarité.

En donnant leur nom à ses animaux, l'homme a le premier devoir de donner sens à ces créatures. Le nom que porte chacun donne sens à son existence. Donner sens signifie valoriser. Le fait que l'homme donne un nom aux animaux est une mise en exergue de ces créatures et de leur existence.

Ce sont les parents, les proches parents ou les voisins qui ont le pouvoir de donner un nom à une personne. Donc, par ce devoir de nommer les animaux, l'homme confirme sa relation, sa communion, sa solidarité, sa familiarité avec ces créatures[268]. De ce fait, il a le devoir de les respecter, de protéger leur vie.

Si on se réfère aux valeurs dynamiques d'un nom, avoir un nom, c'est exister, être en vie. Si Dieu donne à l'homme ce pouvoir de nommer les animaux, c'est pour coopérer à l'œuvre de la création. Comme disait A. Marchadour : « Dieu façonne, l'homme distingue par un nom : la création des animaux apparaît alors comme une collaboration créatrice entre Dieu et l'homme, s'il est vrai, selon l'expression de von Rad, que c'est « un acte de création au second degré »[269]. Dieu a donné la vie aux animaux, l'homme entretient cette vie en leur donnant un nom pour la perpétuité de leur vie et de sa

---

[267] LEFEBVRE Ph., *Cours de théologie biblique, Le corps dans tous ses états*, Fribourg, Automne 2007.

[268] Cf. DE PURY A., RÖMER T., SCHMID K., *L'Ancien Testament commenté. La Genèse*, p. 49.

[269] MARCHADOUR A., *Genèse.* coll. « Commentaires », Paris, Bayard / Centurion, 1999, p. 68.

vie. Donner un nom, c'est le contraire des expressions telles que « effacer le nom » ou « abolir le nom ». Il est plutôt du côté de « perpétuer le nom » ou encore « écrire le nom », « graver le nom ». En un mot, l'homme a la noble vocation d'entretenir la vie de ces créatures qui est aussi un gage de vie pour lui.

Il n'est donc pas étonnant que le texte mette l'accent sur la curiosité de Dieu sur la manière dont l'homme va user de ce pouvoir et de ce devoir. *« Le Seigneur Dieu modela encore du sol toutes les bêtes sauvages et tous les oiseaux du ciel, et il les amena à l'homme pour voir comment celui-ci les appellerait : chacun devait porter le nom que l'homme lui aurait donné. »* (Gn 2, 19). Cette curiosité divine montre l'importance de cette vocation de l'homme comme seigneur des animaux, un maître, un gardien qui protège, un pâtre qui nourrit, un vétérinaire qui soigne. Dieu a instauré l'homme comme un pasteur des animaux, un berger à part entière.

Mais comment la Bible elle-même définit-elle le berger ? Nous citons trois termes hébreux qui désignent le mot berger :

- Le terme technique désignant l'activité pastorale est רָעָה (*ra`ah*). La première apparition du mot remonte à la Genèse (Gn 4, 2), puis il est repris plusieurs fois tout au long de la Bible. Ce verbe, qui est souvent employé au *qal*, possède un double sens, transitif et intransitif, du verbe « paître ». Car appliqué aux animaux, il signifie « brouter », appliqué au berger il veut dire « garder les bêtes ». Dans quelques cas, ce verbe peut prendre le sens de « se nourrir » (cf. Os 9, 2 ; 12, 2 ; Pr 10, 21).
- Puis le mot שָׁמַר (*shamar*) exprime également l'activité du berger. Il donne une nuance au verbe « garder » dans le sens de « veiller sur » (Gn 30, 31 ; 1 S 17, 20). Un berger est donc celui qui garde, observe et veille sur son troupeau.
- Quant au terme נֹקֵד (*noqed*), il peut désigner l'éleveur de brebis ou le vendeur de brebis, ou encore le berger (cf. 2 R 3, 4 ; Am 1, 1).

Chez les Hébreux, les fonctions du berger sont exprimées par trois verbes différents. D'abord le verbe נָהַג *(nahag)* qui est mentionné 31 fois dans la Bible. Il signifie pousser par derrière. Puis le verbe נָהַל (*nahal*) cité 10 fois dans la Bible, désigne la conduite en tête du troupeau. Enfin le verbe נָצַר (*natsar*) qu'on trouve 62 fois dans la Bible, est un emploi plus général. Utilisé au *qal* il signifie garder, veiller, surveiller. Mais ce qui est fréquent chez le peuple d'Israël, c'est de considérer comme berger celui qui guide, conduit son troupeau. Quel que soit l'emplacement du berger par rapport à son troupeau, le but de ses déplacements n'est autre que de trouver ce qui lui est nécessaire, c'est-à-dire de lui procurer l'eau et la nourriture. Selon le Talmud, les bêtes doivent en effet être nourries en priorité (*Berakot* 40a) : « Nul ne doit prendre son repas avant d'avoir donné au bétail sa nourriture. »[270]

La tâche d'un berger ne s'arrête pas seulement au niveau de la nourriture, mais s'étend également au soin des bêtes malades, blessées, des femelles qui mettent bas ou qui allaitent, des agneaux nouveau-nés (cf. Is 40, 11). Il veille sur tous les membres du troupeau pour qu'aucun ne s'égare (cf. Lc 15, 14). Il fait entrer et sortir le troupeau tout en le comptant (cf. Nb 27, 17). Il donne à chaque bête un nom selon son aspect général ou sa caractéristique physique (cf. Jn 10, 3s). Il se soucie aussi de l'unité de son troupeau (cf. Jn 10, 16).

On peut retenir brièvement qu'un berger ou un pasteur a le devoir de s'occuper de son troupeau, d'assurer sa nourriture, sa santé, sa protection, son affection. En un mot, un berger s'occupe de la vie de son troupeau. Telle est la vocation de l'homme quand Dieu lui a confié les animaux. En s'occupant de la vie des animaux selon cette prescription du Seigneur, l'homme voit en sa vie, à travers son métier, l'image de Dieu son créateur. L'homme s'occupe des animaux ainsi que de toutes les plantes, et Dieu s'occupe de l'homme.

---

[270] Cité par DE ROBERT Ph., *Le berger d'Israël. Essai sur le thème pastoral dans l'Ancien Testament*, Neuchâtel, Delachaux et Niestlé, 1968, p. 27.

Comme l'homme qui s'occupe de son troupeau (ou de son jardin pour le monde agricole), Dieu s'occupe de l'homme. On peut dire, que même si dans ce récit inaugural, Dieu ne se déclare pas verbalement comme le pasteur de l'homme, sa bénédiction et sa recommandation envers l'homme expliquent qu'il en est le pasteur. Dans sa bénédiction, Dieu révèle son projet pour l'humanité : *« Soyez féconds, multipliez, emplissez la terre. »* (Gn 1, 28) Faire multiplier le genre humain, tel est le projet de Dieu comme le projet d'un pasteur qui a la volonté d'agrandir son troupeau. Comme un pasteur qui donne la nourriture à son troupeau, la première chose que Dieu a faite après avoir béni l'homme, ce fut de lui donner la nourriture (cf. Gn 1, 29). Comme un pasteur qui protège son troupeau contre un danger mortel, Dieu recommande à l'homme de ne pas manger l'arbre de la connaissance du bien et du mal qui entraîne la mort (cf. Gn 2, 17). En bref, Dieu s'occupe du genre humain, comme un pasteur qui prend soin de son troupeau.

Ce premier livre de la Bible nous montre que Dieu se révèle à travers la culture (élevage, agriculture, etc.) d'une personne ou d'un peuple et l'homme essaie de comprendre ce Dieu à travers sa culture. Nous poursuivons notre travail en nous appuyant sur ce principe.

### 1.2.2 Les patriarches et leurs riches expériences pastorales

Nous allons voir l'application de ce principe fondamental dans l'expérience que font les patriarches pasteurs avec Dieu. Notons que dans notre contexte, nous désignons par patriarches[271], les trois pères fondateurs, à savoir Abraham, Isaac et Jacob, auquel nous joindrons son fils Joseph tant leurs destins sont profondément liés.

[271] MARCHADOUR A., *Genèse*, p. 137.

#### 1.2.2.1 Abraham, un pasteur croyant et ses riches expériences de Dieu

Le cycle d'Abraham annonce un nouveau début. Nous passons des temps mythologiques à l'histoire avec des personnages concrets dans un milieu géographique précis et au cours d'un temps chronologique défini. Ce nouveau commencement va marquer la suite de l'histoire biblique et l'ensemble de l'histoire du salut.

Soulignons qu'en abordant l'histoire d'Abraham, nous n'avons pas la prétention de commenter verset par verset ces longs chapitres (Gn 12, 1-25, 18). Pour rester fidèle à notre thème pastoral, nous axons notre travail sur les trois mots clés qui déterminent l'histoire d'Abraham avec Dieu. Ces trois mots « pays », « descendance » et « bénédiction », se trouvent dans la parole que Dieu adresse à Abraham au début de son histoire.

#### Abraham et les pays

L'histoire d'Abram commence par la parole de Dieu : Dieu dit à Abram… Cette première parole que Dieu adresse à Abram est sous une forme impérative. En fait, Dieu donne ordre à Abram de quitter son pays pour aller vers un autre pays[272]. Ce mouvement rappelle que c'est dans le cadre du déplacement d'un peuple de pasteurs que se situe l'appel d'Abram. Le chapitre précédant mentionne le déplacement effectué par les parents d'Abram (Gn 11, 31) qui avaient comme destination le pays de Canaan mais qui étaient restés à mi-chemin (à Harân). Dieu entre dans le mouvement de ce peuple qui, en tant que peuple de pasteurs, est probablement en quête de nouveaux pâturages. L'appel de Dieu à Abram est de quitter son pays pour aller vers un autre pays (appel et déplacement non précisés dans le temps). Le texte souligne que Dieu va l'indiquer à Abram. Cet

[272] Cela explique pourquoi nous mettons au pluriel le mot pays dans notre titre : Abraham et les pays.

appel est une concrétisation du projet de son parent (Térah). La mention de Térah nous rappelle qu'Abram se met en position de fils. Et comme dit Philippe Lefebvre : « Dieu se coule en quelque manière dans la figure paternelle que Térah a assumée pour conduire Abram et les siens à destination »[273]. On peut imaginer que l'intention de Térah exprime le dessein de Dieu pour Abram. Dieu est donc ce père qui a appelé et conduit Abram pour le faire vivre.

Face à cet appel, la réponse silencieuse[274] (car aucun mot ne sort de la bouche d'Abram pour répondre à cet ordre de Dieu) d'Abram (il partit, comme lui avait dit le Seigneur) montre que ce pays n'est autre que le pays de Canaan comme le souligne bien le texte : *« Ils se mirent en route pour le pays de Canaan et ils y arrivèrent »* (Gn 12, 5). Et dans les versets suivants, c'est Dieu lui-même qui confirme que ce pays n'est autre que le pays de Canaan : *« Les Cananéens étaient alors dans le pays. Le Seigneuré apparut à Abram et dit : "C'est à ta postérité que je donnerai ce pays." »* (Gn 12, 6b-7)

Posséder un pays ou un territoire, c'est éventuellement dans le but d'avoir au moins une autosuffisance alimentaire. Et si Dieu a promis à Abram de devenir un grand peuple ou une grande nation, c'est que ce pays qu'il lui donne répond aux besoins de ce grand peuple : avoir un espace suffisant, produire des aliments suffisants pour la nourriture de cette grande nation. Pourtant, le récit nous montre un contraste. La péricope qui suit le récit de la vocation d'Abram pour le pays que Dieu lui donne raconte une famine qui pesait lourdement sur le pays, d'où la descente en Égypte. Des questions peuvent se poser face à une telle situation : Comment sera-t-il possible de devenir un grand peuple dans un pays où sévit la famine ? Dieu permet-il son peuple quémande en Égypte pour assurer sa survie ?

---

[273] LEFEBVRE Ph., *Brèves rencontres. Vies minuscules de la Bible*, Paris, Cerf, 2015, p. 26.

[274] Cf. VON RAD G., *La Genèse*, p. 160-161.

Ces questions nous invitent à méditer le texte et l'intervention de Dieu pour son peuple. Retenons que Dieu n'a pas promis à Abram un monde hors de l'ordinaire. Dieu n'a pas promis une vie sans problèmes. Justement, c'est dans la vie ordinaire de chaque personne qu'il manifeste sa présence et montre son attention envers chacun. Devant le problème de chacun ou de son peuple, Dieu intervient et indique le chemin qui conduit à une solution efficace. Dans le cas d'Abram, c'est certainement Dieu qui lui a inspiré d'aller en Égypte et qui l'a conduit vers ce pays où il y avait le nécessaire pour se nourrir. Et face au comportement de Pharaon vis-à-vis de Saraï, femme d'Abram, Dieu intervient directement. Il frappe Pharaon de grandes plaies, ainsi que sa maison (Gn 12, 17). Dieu protège son peuple. Le geste de Dieu lors du déplacement d'Abram et de sa femme en Égypte annonce le geste d'un pasteur qui conduit son troupeau vers un endroit où on peut lui procurer une nourriture et le protéger contre ses prédateurs. La fin du séjour d'Abram en Égypte est très positive car il est devenu riche en troupeaux ainsi qu'en argent et en or (Gn 13, 1-2). Comme nous le verrons tout au long de la Bible, cette opulence acquise par Abraham est le signe de l'abondance des bénédictions dont il bénéficie[275] et de la générosité de Dieu envers lui.

Nous pouvons retenir, par cette promesse d'un pays et le parcours d'Abram d'un pays à l'autre, que le Dieu qui a appelé Abram est un Dieu qui bouge, suit le mouvement de la personne ou d'un peuple, contrairement à la divinité de la culture ambiante qui est statique, clouée dans un lieu ou dans un objet. Dieu ressemble à un pasteur qui conduit son troupeau dans un bon pâturage (Canaan) et lui donne le maximum de sécurité. « Comme bouclier d'Abram, Dieu s'oppo-

---

[275] DE PURY A., RÖMER T., SCHMID K., *L'Ancien Testament commenté. La Genèse*, p. 78.

sera à tous ceux qui auront des projets malveillants contre le patriarche. »[276] Même si le mot n'apparaît pas directement dans notre texte, le récit manifeste le portrait d'un Dieu pasteur.

## Abraham et sa descendance

*« Je ferai de toi un grand peuple »* (Gn 12, 2) : c'est ainsi que Dieu continue sa parole d'invitation à Abram de quitter son pays pour aller vers un pays qu'il lui indiquera. La promesse de la terre est étroitement liée à la promesse de la descendance[277]. Mais, dès le début, le texte met en scène la difficulté de la réalisation de cette promesse. En effet, le texte précédent a signalé la stérilité de sa femme Saraï (Gn 11, 30). Du côté d'Abram, le texte souligne aussi son âge avancé. Il avait soixante-quinze (75) ans quand Dieu lui est apparu et lui fit cette promesse.

Face à la condition humaine (âge avancé, stérilité) qui rend impossible la réalisation de cette promesse, Dieu veut ancrer cette promesse dans la pensée et dans la vie d'Abram. Depuis son contact avec Abram et à chaque étape de sa vie, le Seigneur ne cesse de lui rappeler la promesse de postérité. Tout commence par son appel : *« Je ferai de toi un grand peuple »* (Gn 12, 2). Puis, quand le patriarche arrive au pays de Canaan, Dieu lui précise : *« C'est à ta postérité que je donnerai ce pays »* (Gn 12, 7). Au retour d'Égypte et après sa séparation avec son neveu Lot, Dieu lui rappelle encore cette promesse : *« Tout le pays que tu vois, je le donnerai à toi et à ta postérité. Je rendrai ta postérité comme la poussière de la terre : quand on pourra compter les grains de poussière de la terre, alors on comptera tes descendants ! »* (Gn 13, 15-16) Ainsi après sa victoire dans la guerre contre les rois orientaux et sa rencontre avec Melchisédech, le roi de Salem, Abram a reçu de nouveau l'assurance de Dieu (*« Ne crains pas »*) comme un appel à la confiance et il lui

---

[276] ASSOHOTO B., NGEWA S., « Genèse », p. 35.

[277] Cf. VON RAD G., *La Genèse*, p. 157.

révèle par une métaphore militaire sa présence et son intervention durant cette guerre (*« Je suis ton bouclier »*). Dieu lui promet une grande récompense. Pour la première fois, Abram fait une objection. Il répond avec résistance à cette parole de Dieu : *« Mon Seigneur Yahvé, que me donnerais-tu ? Je m'en vais sans enfant... »* (Gn 15, 2). À quoi sert cette promesse de biens matériels si on n'a pas d'enfant pour en hériter : *« Voici que tu ne m'as pas donné de descendance et qu'un des gens de ma maison héritera de moi »* (Gn 15,3). Selon Marchadour : « Abraham fait une demande qui est de l'ordre de la vie : il demande une descendance »[278]. La réponse de Dieu est constituée par une double promesse, à savoir la descendance issue de son sang et une postérité innombrable comme les étoiles dans le ciel. Cette réponse de Dieu est accueillie par Abram dans une foi admirable qui est appréciée par le Seigneur.

Entre temps, l'histoire de la naissance d'Ismaël, fils d'Abram avec sa servante Agar, coupe un peu l'épisode de cette postérité innombrable, mais elle nous maintient toujours dans l'ambiance d'une descendance. Elle nous révèle un point caractéristique de l'histoire patriarcale sur le problème de postérité. Les femmes préférées sont stériles (Sara pour Abraham, Rebecca pour Isaac, Rachel pour Jacob), tandis que les autres femmes (servantes ou secondes) sont fécondes. Et cela crée un conflit sérieux entre elles. Dans le contexte patriarcal, les rivalités féminines sont centrées sur la fécondité car pour une femme sémite, la stérilité était l'échec de toute une vie, la honte suprême[279].

Après ce court épisode de l'histoire de la naissance d'Ismaël, le récit remet sur le tapis la promesse de descendance innombrable. Le narrateur commence par la mention de l'âge d'Abram (99 ans). C'est à cet homme à la veille du centenaire que Dieu s'adresse et donne une promesse de postérité.

---

278 MARCHADOUR A., *Genèse*, p. 151.

279 *Ibidem*, p. 155.

C'est par une alliance que Dieu va confirmer à Abram sa promesse de descendance. La fréquence de ce mot dans ce même chapitre[280] montre son poids dans le contexte de la promesse. D'abord Dieu donne le sens de cette alliance en s'adressant à Abram : *« Moi, voici mon alliance avec toi : tu deviendras père d'une multitude de peuples »* (Gn 17, 4). Cette alliance se fait par étapes. Dieu commence en établissant son alliance avec Abram (*« entre moi et toi »*). Puis il élargit cette alliance avec la descendance d'Abram (*« entre moi et toi, et ta race après toi »*). Par cette alliance, un privilège est donné à Abram et à sa race : *« Je serai votre Dieu »*. Le Dieu personnel d'Abram est devenu le Dieu collectif d'un peuple.

Comme il s'agit d'une alliance perpétuelle, Dieu a laissé deux traces indélébiles dans l'être même d'Abram. D'abord, Dieu a changé le nom d'Abram en Abraham. Le nom d'Abraham témoigne de cette promesse de Dieu. Il signifie « père d'une multitude de peuples ». Ce changement de nom explique la nouvelle destination de la vie d'Abraham. Ce changement de nom signifie une nouvelle naissance. Il s'agit de la naissance du nouveau peuple en Abraham. Avec cette expansion de nom (d'Abram à Abraham), Dieu a réalisé littéralement ce qu'il avait promis le jour de son premier entretien avec Abram : *« Je rendrai grand ton nom »* (Gn 12, 2). Les deux verbes accroître ou multiplier extrêmement (Gn 17, 2) et rendre extrêmement fécond, appliqués à Abram, reprennent les deux verbes adressés à l'humanité au début de la création (Gn 1, 28), également à Noé après le déluge (Gn 9, 1.7). Cela signifie que « le changement du nom d'Abraham confirme qu'avec lui, se produit un nouveau commencement pour l'humanité »[281].

---

[280] Dans l'Ancien Testament, le mot « alliance » est utilisé 85 fois dont 8 se trouvent dans le chapitre 17 de la Genèse. Ce qui donne à peu près 10%.

[281] VOGELS W., *Abraham et sa légende*, Paris, Médiaspaul / Cerf, 1996, p. 204.

La deuxième trace qui marque cette alliance est la circoncision. Elle est recommandée par Dieu comme signe de l'observation de son alliance. Appliquée à Abraham, aux propres fils d'Abraham ainsi qu'aux fils des esclaves qui font partie de la famille, la circoncision sera le signe visible de la réponse collective du peuple[282]. Dieu veut marquer dans la chair de l'homme son alliance perpétuelle, comme l'opération du prépuce qui est sans retour.

Après cette recommandation d'observer l'alliance, Dieu décide de changer aussi le nom de Saraï en Sara. Les deux noms ont la même racine qui signifie « princesse ». Marchadour note : « Rachi a joué sur la terminaison "ï" pour lire un pronom féminin à la première personne et donc une prise de possession : "*ma* princesse". Saraï princesse pour moi, devient princesse pour tous. »[283] Comme Abraham, le nouveau nom Sara annonce une ouverture. En tant que princesse pour tous, d'elle viendront des rois de nations. Elle reçoit de Dieu la bénédiction pour donner un fils à Abraham. Par elle, Dieu réalisera la promesse de descendance à Abraham : *« Elle deviendra des peuples »* (Gn 17, 16).

Face à l'annonce de la naissance d'une descendance à partir d'une femme de quatre-vingt-dix ans (90), Abraham rit. Cette réaction, dont le sens n'est pas décrit par le texte, est une annonce et une confirmation de la naissance d'un fils de la promesse car il s'appellera Isaac, du verbe hébreu *yitshaq* qui signifie « il rit ». Dans le chapitre suivant (Gn 18), ce sera Sara qui va rire à l'annonce de la naissance de ce fils. Peut-être, cette réaction d'Abraham est un signe de doute, mais la fin de ce chapitre ratifie sa foi en Dieu. Abraham exécute la recommandation de Dieu et observe son alliance. Lui et tous les mâles dans sa maison sont circoncis.

---

282 MARCHADOUR A., *Genèse*, p. 160.

283 *Ibidem*, p. 161.

L'annonce de la naissance d'un fils s'intensifie avec la visite de Dieu à Abraham au chêne de Mambré. Dieu apparaît à Abraham par la visite surprise de trois hommes. Il les invite chez lui et leur prépare un repas festif, comme le décrit Vogels : « Le texte souligne la qualité du repas. Abraham prend "la fleur de farine", qui est la farine exigée pour les offrandes cultuelles (Lv 24, 5), et il cherche "un veau tendre et bon". La quantité de nourriture est elle aussi remarquable. "Trois boisseaux" (un boisseau correspond à huit litres) et un veau entier pour trois personnes font de ce repas une vraie fête. »[284] Après ce repas, les trois hommes annoncent la naissance d'un fils à Sara. Le texte souligne encore l'impossibilité de la réalisation de cette promesse : *« Abraham et Sara étaient vieux et avancés en âge, et Sara avait cessé d'avoir ce qu'ont les femmes. »* (Gn 18, 11) Ce n'est pas étonnant alors si en entendant cette parole, Sara rit. Un rire qui montre son doute à la réalisation de cette parole. Inconsciemment, ce geste de Sara est une confirmation de la naissance de ce fils qu'elle enfantera, car il s'appellera Isaac (« elle rit »). Ce repas festif, partagé avec les trois hôtes, est une préfiguration de la fête de la naissance de cet enfant qui viendra bientôt (« l'an prochain »), non pas dans l'ordre biologique ou de la volonté humaine, mais un enfant venant de Dieu.

Après ces longs épisodes (Gn 12, 1-20, 18), le texte nous rapporte la naissance du fils de la promesse. Chose curieuse, le récit de la naissance d'Isaac est très bref (Gn 21, 1-3). Bref parce qu'il résume tous les événements passés, et présente la réalisation de la promesse[285] : *« Le Seigneur visita Sara comme il avait dit et il fit pour elle comme il avait promis. »* (Gn 21, 1) L'intervention de Dieu dans cette naissance d'Isaac est exprimée par le verbe « visiter ». Une visite bénéfique pour Sara et Abraham, ainsi que pour toutes les générations à

[284] VOGELS W., *Abraham et sa légende*, p. 217.

[285] DE PURY A., RÖMER T., SCHMID K., *L'Ancien Testament commenté. La Genèse*, p. 117.

venir. Le nom Isaac qui témoigne de la réaction de ses parents (Abram : Gn 17, 17 ; Sara : Gn 18, 12) est confirmé. Mais cette fois-ci, le rire éclate en joie. C'est la joie de la victoire contre la stérilité et une joie qui fête la vie par cette naissance. Pour Abraham, ce long parcours n'est pas du temps perdu, car pour devenir le vrai père d'une multitude de peuples, il faut avoir une certaine formation. Dieu, à travers les différentes épreuves et ses dialogues avec Abraham, lui montre l'attitude qu'il doit avoir pour mener ce peuple et lui indiquer le chemin qu'il devra prendre. Être le père d'une multitude de peuples renvoie à l'image d'un pasteur à la tête d'une multitude de troupeaux. Il va conduire ce peuple comme Dieu l'a conduit et comme lui a conduit son troupeau.

### Abraham et la bénédiction

Le thème de la bénédiction est l'un des points marquants du cycle d'Abraham. Après la promesse d'un pays et d'une descendance, Dieu accorde à Abraham sa bénédiction, une bénédiction qui est liée à la promesse d'un pays et d'une descendance. D'ailleurs le mot bénédiction, בְּרָכָה (*berakah*), signifie le don de la fécondité et de la réussite. Elle vient de Dieu et elle est transmissible par le père à son fils. La bénédiction de Dieu est une force agissante en la personne qui la reçoit. Elle fait toujours jaillir la vie. La bénédiction de Dieu à Abraham fait jaillir la vie en lui. C'est pourquoi il deviendra un grand peuple.

Le nom d'Abraham servira aussi de bénédiction. L'intercession d'Abraham pour les justes de Sodome (Gn 18, 23-32) et ainsi que pour Abimélek et sa famille (Gn 20, 17) illustre cette bénédiction en son nom. Par son intercession, par son nom, Abraham sauve la vie de Lot et sa famille, ainsi qu'Abimélek et toute sa maison.

*« Je bénirai ceux qui te béniront, je réprouverai ceux qui te maudiront. »* (Gn 12, 3a) Dieu se porte garant du comportement des autres par rapport à Abram. Nous pouvons relire dans le parcours d'Abraham cette garantie que Dieu lui accorde.

*« Par toi se béniront toutes les nations de la terre. »* (Gn 12, 3b) Par cette phrase, la bénédiction d'Abraham deviendra une bénédiction des nations[286]. Et quand Dieu change son nom d'Abram en Abraham, il confirme encore que des rois sortiront de lui (Gn 17, 6). Ceci montre la dimension universelle et inconditionnelle de cette bénédiction. Abraham deviendra une source où Dieu partage la vie à toutes les nations.

### 1.2.2.2 Isaac, « fils de taureau », « agneau », « bélier » et « berger »

L'histoire d'Isaac est courte. Elle est beaucoup plus rattachée à celle de son père Abraham et de son fils Jacob. Certes, son histoire propre est brève, mais avouons qu'elle occupe presque l'ensemble de l'histoire de son père à travers la promesse d'une descendance et le début de l'histoire de son fils Jacob qui reçoit sa bénédiction. Pour aborder ce point consacré à Isaac, nous ne voulons plus redire le long parcours de sa naissance, nous nous contentons simplement de parler de sa vie dans un contexte pastoral comme lieu de son expérience avec Dieu.

#### Isaac, le fils de taureau dans l'annonce de sa naissance

Comme nous l'avons déjà évoqué précédemment, l'annonce de la naissance d'Isaac par l'un de trois visiteurs après le repas offert par Abraham révèle l'identité de ce fils de la promesse (cf. Gn 18). En fait, les mets qu'Abraham a préparés pour ces hôtes sont très symboliques. La qualité et la quantité du repas offert sont au rendez-vous. « Trois *séah* de farine pétrie en galettes, c'est une quantité importante : le terme courant pour la farine קמח (*qèmaẖ*) est en effet

---

[286] Cf. VON RAD G., *La Genèse*, p. 158.

précisé par un mot, סֹלֶת *solèt*, "fleur de farine", qui désigne un produit raffiné pouvant être offert à Dieu dans le culte. »[287] Il en est de même pour le veau. Sa viande est qualifiée « tendre » et « bonne ». Vu le nombre des convives, la quantité de cette viande est excessive. À cela s'ajoute deux produits laitiers, à savoir du caillé et du lait pour étancher la soif de ses hôtes. Tout cela nous laisse penser qu'Abraham donne ce qu'il a de meilleur sans compter. Même sans avoir pensé à des offrandes à Dieu, les qualités de ces offrandes correspondent à celles qu'on destine à une divinité. Et Abraham a bien raison car ses hôtes sont bien des personnes divines.

Mais que nous révèle l'offrande d'Abraham ? En nous référant au décalogue sur le sens du sacrifice, nous pouvons lire : *« En tout endroit où je donnerai lieu de commémorer mon nom, je viendrai à toi te bénir »* (Ex 20, 24). Cela veut dire que « l'offrande d'un sacrifice…, a pour effet la venue de Dieu auprès du sacrifiant : et cette venue de Dieu débouche sur une bénédiction »[288]. Autrement dit, dans l'offrande des sacrifices, Dieu vient à la rencontre de l'homme et lui offre sa bénédiction. L'offrande elle-même représente celui qui l'offre. À travers cette offrande, il existe un échange de vie, un don réciproque de vie entre celui qui offre et le destinataire de l'offrande par l'intermédiaire de l'offrande. Plus le don offert est important, plus le donateur espère recevoir en retour une abondance de grâce.

Lire le geste d'Abraham dans cette perspective nous permet de mieux saisir le sens de l'annonce de la naissance d'Isaac. En effet, quand on traduit littéralement l'offrande d'Abraham, il s'agit d'un fils de taureau בֶּן-בָּקָר רַךְ. Abraham, qui est toujours dans l'attente d'un *fils* de la promesse, offre un *fils* de taureau à ses hôtes. À leur tour, les hôtes, après avoir mangé, lui annoncent un *fils*. Le mot

---

287 WÉNIN A., *Abraham ou l'apprentissage du dépouillement. Gn 11, 27-25, 18*, Paris, Cerf, 2016, p. 179.

288 GRAPPE C., MARX A., *Le sacrifice. Vocation et subversion du sacrifice dans les deux Testaments*, Genève, Labor et Fides, 1998, p. 23.

« fils » nous met donc dans le registre de la réalisation de la promesse de descendance. Quant au « taureau », il est chargé de tous les symbolismes tels que la fertilité, la force. Il assure la pérennisation du troupeau. Cette annonce d'un fils, après avoir consommé le fils de taureau, confirme que l'offrande d'Abraham est acceptée et que sa prière est exaucée. L'offrande révèle l'identité et la place d'Isaac dans l'histoire du salut. Si le peuple d'Israël est appelé par Dieu « son troupeau », Isaac, avec l'image du « fils de taureau », c'est-à-dire le taureau en puissance, renferme toute l'espérance de la multiplication du troupeau. Il sera à la tête du troupeau[289].

## Isaac, agneau, bélier, dans son sacrifice

Si l'annonce de la naissance d'Isaac a eu lieu dans un contexte d'offrande, son enfance[290] est marquée par le récit de son sacrifice qui, d'un côté, montre la figure d'Abraham obéissant à la parole de Dieu et, de l'autre côté, le personnage d'Isaac silencieux et obéissant à l'ordre de son père biologique et de son Père spirituel. Fixons notre regard sur la personne d'Isaac. Dans sa parole adressée à Abraham, Dieu décrit un peu la personne d'Isaac. Aux yeux de Dieu, Isaac est un fils d'Abraham, un fils unique, un fils bien-aimé (cf. Gn 22, 2). Même si Abraham a deux fils qui sont des enfants uniques de leur mère (Ismaël pour Agar, Isaac pour Sara), et sont aimés d'Abraham en tant que fils, Dieu confirme que cette description est celle d'Isaac, le fils de la promesse. Ce fils bien-aimé, ce fils de la promesse[291],

---

[289] Nous verrons plus tard que chez les *Bara* le taureau est symbole du patriarche.

[290] Cf. VON RAD G., *La Genèse*, p. 241s.

[291] Le début du récit nous laisse penser d'emblée à un autre fils de la promesse qui est aussi fils unique de son Père, qui sera offert en holocauste sur une montagne. Il s'appelle Jésus. Ce fils est aussi fils d'Abraham (Mt 1, 1). De même, pour rejoindre l'endroit de l'holocauste, ils ont fait le voyage sur un âne. Ceci rappelle également l'âne que Jésus a monté avant sa Passion pour son entrée triomphale à Jérusalem (Jn 12, 14). Le voyage qui semble

Dieu demande de l'offrir en holocauste sur une montagne. Isaac sera offert en holocauste.

Cette péricope débute par la déclaration de la mise à l'épreuve d'Abraham par Dieu. L'ensemble de l'histoire nous révèle qu'il faut un temps à Abraham pour comprendre que Dieu est « un Père qui conduit son fils vers une terre où les fils ne meurent pas »[292]. « Abraham n'est pas seulement, pas essentiellement, un père qui emmène son fils pour le sacrifier : c'est un fils qui fait vivre à Isaac ce qu'il a lui-même vécu : Dieu met en route les fils vers un pays où les fils ne meurent pas. »[293] Le sacrifice d'Isaac s'inscrit donc dans ce contexte d'épreuve d'Abraham pour confirmer son obéissance à Dieu et l'identité de celui-ci comme Père. Pour Abraham, il est une occasion de plus pour confirmer sa place en tant que fils devant un Père en qui il doit mettre toute sa confiance. Il se présente comme le point culminant de l'itinéraire d'Abraham[294] symbolisé par la montagne où doit se dérouler le double sacrifice, à savoir celui d'Isaac qui est interrompu et celui du bélier qui a lieu.

Fixons maintenant notre regard sur ce sacrifice demandé par Dieu. Le texte nous présente un fils qui est chargé de porter le bois de l'holocauste pour rejoindre le lieu du sacrifice[295]. A la place de l'agneau, c'est Isaac qui est lié par-dessus le bois et mis sur l'autel.

---

accompli sur le chemin de la mort a duré trois jours. Et c'est en ce troisième jour qu'Isaac retrouve la liberté et la vie. Le Christ aussi est sorti vainqueur de la mort le troisième jour.

[292] LEFEBVRE Ph., *Brèves rencontres. Vies minuscules de la Bible*, p. 27.

[293] *Ibidem*.

[294] WÉNIN A., *Abraham ou l'apprentissage du dépouillement*, p. 306.

[295] Jésus aussi sera chargé de porter le bois de sa croix, comme le bois de l'holocauste pour rejoindre le lieu de son sacrifice.

Il est donc l'agneau que Dieu pourvoira pour l'holocauste[296]. Écoutons ce qu'a dit Romanos le Mélode en commentant ce récit du sacrifice d'Isaac : « Comme ton Isaac a porté le bois sur ses épaules, ainsi mon Fils, sur ses épaules, portera la croix. Ton grand amour t'a révélé l'avenir. Tiens, regarde le bélier pris dans le bois ; c'est par les cornes qu'il est entravé ; ces cornes figurent les mains de mon Fils. Immole-moi ce bélier et je te garde ton fils, car je donne tout bien, moi, le Sauveur de vos âmes »[297].

Mais au moment où s'opère le sacrifice, Dieu intervient. Au moment où la mort tranche la vie de cet agneau, Dieu intervient pour vaincre la mort et donner une vie en abondance. Car l'obéissance d'un fils à la parole du Père (obéissance d'Abraham, obéissance d'Isaac) ne peut aboutir à la mort. Elle a comme fruit la vie et une vie abondante. Elle est source de bénédiction et de postérité nombreuse comme les étoiles du ciel et le sable de la mer (Gn 22, 16-18). Par son obéissance à la volonté de son Père, Jésus est sorti vainqueur de la mort et il apporte la plénitude de vie à toute l'humanité (Ph 2, 8-9 ; Col 1, 19). Le récit nous montre la supériorité de l'obéissance à la parole de Dieu par rapport au sacrifice des animaux comme dira plus tard le roi Samuel : *« Le Seigneur se plaît-il aux holocaustes et aux sacrifices comme dans l'obéissance à la parole du Seigneur ? Oui, l'obéissance est autre chose que le meilleur sacrifice, la docilité, autre chose que la graisse des béliers. »* (1 S 15, 22)

Le récit nous montre aussi qu'à la place de l'agneau, selon la question d'Isaac, Dieu donne un bélier. Le sacrifice n'est pas le sacrifice de l'agneau (l'animal fils) mais d'un bélier (animal père). Ce qui signifie que le sacrifice est plutôt du côté d'Abraham qui a donné le

---

[296] Il en est ainsi pour Jésus, cloué par-dessus le bois de la croix à la place de l'agneau. Il est présenté par Jean son précurseur comme l'agneau qui enlève les péchés du monde (Jn 1, 29), un agneau destiné au sacrifice de purification de l'humanité. Et c'est Dieu qui pourvoit à cet agneau.

[297] De la Source I., *Lire la Bible avec les Pères. La Genèse*, p. 77.

meilleur de lui-même, son fils unique, son bien-aimé pour Dieu. Il en est de même pour Dieu qui se sacrifie en donnant au monde son Fils unique pour le salut du genre humain (Jn 3, 16 ; Rm 8, 32).

## Isaac, le berger

Cet agneau devient aussi un berger. Un berger qui se laisse guider par un Berger qui le conduit dans un pays où il peut trouver la nourriture pour survivre face à la famine sévissant dans son pays. Comme un berger qui conduit son troupeau dans un beau pâturage, Dieu conduit Isaac à Gérar chez Abimélek. Il lui révèle sa présence active : *« Je serai avec toi et je te bénirai »* (Gn 26, 3). Il lui rappelle ses promesses (pays et postérité) faites à son père Abraham. Il protège sa « sœur-épouse » contre la mainmise d'Abimélek et des Philistins, comme il l'avait fait pour son père Abraham en Égypte et chez des Philistins. Béni de Dieu, il devient extrêmement riche. *« Il avait des troupeaux de gros et de petit bétail et de nombreux serviteurs. »* (Gn 26, 14) Pour donner à boire à ses troupeaux, Isaac et ses bergers ont creusé des puits qui ont créé des querelles entre ses bergers et les bergers de Gérar. Mais le dernier puits construit n'est pas concerné. C'est la raison pour laquelle il donne à ce puits le nom *Rehobot*, car il dit : *« Maintenant le Seigneur nous a donné le champ libre pour que nous prospérions dans le pays »* (Gn 26, 22). Le nom du puits « *Rehobot* », qui signifie « espaces libres », témoigne de la foi d'Isaac en Dieu : ce Dieu qui a promis un pays à son père Abraham, à lui et à sa postérité, lui donne cet espace libre. Dans la région où le fleuve se fait rare, un puits est indispensable pour les éleveurs de gros ou de petit bétail. Ce don du puits est pour Isaac un gage de vie : « *pour que nous prospérions dans le pays* » (Gn 26, 22). Grâce à ce puits, les troupeaux vont se multiplier, ce qui signifie aussi l'agrandissement de la descendance. Comme nous le remarquons depuis le début de ce chapitre, le troupeau et la postérité vont de pair. Isaac est extrêmement riche en troupeaux, il sera énormément riche en postérité.

Après cette confession de foi d'Isaac, Dieu lui confirme ce qu'il croit : « *Je suis le Dieu de ton père Abraham. Ne crains rien, car je suis avec toi. Je te bénirai, je multiplierai ta postérité, en considération de mon serviteur Abraham.* » (Gn 26, 25) Dieu se présente à Isaac comme le Dieu de son père Abraham. Ce Dieu est celui qui est avec lui. Ceci montre sa présence active dans la vie d'Isaac, en l'occurrence par la multiplication de sa postérité. Une postérité issue d'une femme stérile qui s'avère impossible pour les humains mais possible pour Dieu. Tous les patriarches à qui Dieu promet une postérité innombrable avaient chacun une femme stérile. C'est avec ces femmes stériles que Dieu assure une immense postérité. L'impossible devient possible quand Dieu est présent. La stérilité se change en fécondité quand Dieu intervient. Et dans son expérience personnelle, Isaac qui est à la fois agneau et berger[298], sent cette présence active de Dieu, qui le guide vers le bon chemin, le nourrit, le protège contre ses adversaires comme lui-même l'a fait avec ses troupeaux.

### 1.2.2.3 Jacob, le berger par excellence

Pour aborder la figure de Jacob, le berger par excellence, nous évoquerons cinq points, à savoir Jacob et ses conflits avec son frère Ésaü, puis Jacob en stage pastoral chez son oncle Laban, ensuite Jacob et sa réconciliation avec son frère Ésaü ; puis nous présenterons Jacob le berger par excellence ; finalement, nous parlerons du Berger d'Israël.

#### Jacob et ses conflits avec son frère Ésaü

L'histoire de Jacob s'ouvre par la description de sa naissance. À sa naissance, Jacob tenait le talon de son frère jumeau. D'ailleurs, le

[298] C'est une préfiguration de Jésus qui est à la fois Agneau et Berger.

nom « Jacob » lui a été donné pour mémoriser cette circonstance[299]. En effet, « Jacob » signifie « celui qui usurpe »[300]. Ce geste se réfère au langage de la lutte. Car frapper quelqu'un avec le talon, ou prendre quelqu'un par le talon, a comme but de le faire tomber pour devenir vainqueur. En saisissant le talon de son frère, Jacob va poursuivre son frère. Interprété d'une manière positive, « Jacob est celui qui ne lâche pas son rival »[301]. Ceci a marqué l'histoire de ces deux frères depuis leur conception : *« Les enfants se heurtaient en elle »* (Gn 25, 22). Le Seigneur l'a confirmé quand il a expliqué à Rébecca ce qui lui est arrivé : *« Il y a deux nations en ton sein, deux peuples, issus de toi, se sépareront, un peuple dominera un peuple, l'aîné servira le cadet »* (Gn 25, 23). Cette rivalité[302] entre ces deux frères s'amplifie avec l'épisode du plat de lentilles (Gn 26, 27-34) et l'histoire de la bénédiction volée par ruse (Gn 27, 1-45).

Ainsi, la présentation de Jacob comme un homme tranquille, demeurant sous les tentes opposées à son frère Ésaü, un habile chasseur courant la steppe (Gn 25, 27), veut montrer la supériorité du berger-paysan hébreu sur le chasseur et l'homme de guerre édomite[303]. La rivalité entre frères (aîné et cadet) et la considération du métier du

---

[299] Comme c'est encore le cas chez les *Bara* de Madagascar : beaucoup d'enfants reçoivent des noms qui rappellent les circonstances de leur venue au monde, nous l'avons vu plus haut.

[300] Cf. ASSOHOTO B., NGEWA S., « Genèse », p. 50.

[301] DE PURY A., RÖMER T., SCHMID K., *L'Ancien Testament commenté. La Genèse*, p. 147.

[302] Le cycle de Jacob est marqué et encadré par l'histoire de la relation entre Jacob et son frère Esaü. Cela commence par le conflit entre les deux frères (Gn 25, 19-34 ; 27, 1-28, 22) et se termine par la résolution de ce conflit (Gn 32, 2-38, 43). Au milieu, on présente l'histoire de Jacob et Laban (Gn 29, 1-32, 1).

[303] Cité par DE ROBERT Ph., *Le berger d'Israël. Essai sur le thème pastoral dans l'Ancien Testament*, p. 28.

berger renvoie à l'histoire de Caïn et Abel dans le récit de la création[304]. D'ailleurs, la bénédiction d'Isaac à ses fils confirme cette domination de Jacob à Ésaü. Par ruse, Jacob a obtenu d'Isaac cette bénédiction : *« ... Sois un maître pour tes frères, que se prosternent devant toi les fils de ta mère ! ... »* (Gn 27, 29b) Dans sa bénédiction à Ésaü nous pouvons lire : *« [...] tu serviras ton frère »* (Gn 27, 40). Cette bénédiction recherchée par tous les moyens va dominer le cycle de Jacob.

À cause de cette bénédiction volée par ruse, Jacob est obligé de fuir son frère Ésaü. Il s'enfuit chez son oncle Laban.

## Jacob en stage pastoral[305] chez son oncle Laban

C'est chez son oncle que Jacob devient un berger par excellence. Le récit commence devant un puits[306]. Des bergers avec leurs troupeaux sont réunis autour du puits. Selon le règlement du puits, il faut que tout le monde soit présent avant de rouler la pierre qui couvre le puits pour que les derniers arrivés ne soient pas lésés. Mais l'arrivée de sa cousine Rachel avec le bétail de son père a poussé Jacob à faire un geste provocateur. Il a roulé la pierre et abreuvé le bétail de son oncle Laban. Le texte présente Rachel comme une bergère. Mais retenons que le nom Rachel, de l'hébreu רָחֵל (*raḥel*), signifie aussi « brebis ». Jacob est tombé amoureux de sa cousine Rachel, la bergère et la brebis. C'est à cause d'elle qu'il deviendra berger au service de son oncle Laban. Mais son oncle Laban a donné sa fille Léa à Jacob par

[304] On a trouvé cette même situation chez les *Bara* de Madagascar ou encore dans plusieurs régions où on a une culture pastorale dominante.

[305] Le titre de « stage pastoral » explique à la fois le sens premier du terme qui s'applique à la formation des pasteurs des animaux et le second sens utilisé pour la formation des pasteurs destinés aux êtres humains.

[306] Un récit similaire ouvre le stage pastoral de Moïse chez son futur beau-père, le prêtre de Madian (cf. Ex 2, 16s).

ruse. Notons aussi que le nom Léa, de l'hébreu לֵאָה (*lé'ah*)[307], signifie vache. Jacob baigne complètement dans un monde pastoral. Il est beaucoup plus attaché au petit bétail (allusion à travers son amour pour Rachel), mais il s'occupe également du gros bétail (Léa). Il a servi son oncle pendant sept ans pour son amour de Rachel. Mais à cause de la ruse de son oncle qui lui donne sa fille aînée le soir des noces, il a dû rester encore sept ans à son service.

Durant ce temps-là, Jacob s'occupa du grand troupeau de son oncle. Après ces longues années chez son oncle, Jacob lui demanda de retourner dans son pays avec ses femmes et ses enfants et fixa avec lui son salaire (les bêtes tachetées). Avec ce nouveau contrat, Jacob a utilisé toute sa capacité pour obtenir des animaux rayés et tachetés. Il est devenu riche. Et il retourna au pays de ses pères selon la parole de Dieu (Gn 31, 3).

Certes, cette réponse de Jacob à son oncle Laban, témoigne de son habilité et de son professionnalisme en matière de berger, mais comme nous l'avons déjà évoqué, elle fait allusion à sa capacité de veiller sur sa famille. L'attachement de Jacob aux animaux (petit et gros bétails) sert de leçon pour son attachement à sa famille. L'accroissement en nombre du troupeau de son beau-père, ainsi que de son propre troupeau annonce aussi la multiplication de ses descendants. Joseph, son fils conçu avec Rachel, celle qui était stérile, témoigne de cet agrandissement de la famille. En effet, le nom Joseph signifie « ajouté » et il ouvre la perspective pour la réalisation de la promesse de descendance faite à Abraham.

## Jacob et sa réconciliation avec son frère Ésaü

Après un stage réussi chez son oncle Laban, Jacob estime qu'il est temps de rentrer chez lui. Sur les pas de son grand-père Abraham, Jacob quitte la Haute-Mésopotamie pour aller vers la Terre promise,

---

[307] ODELAIN O., SEGUINEAU R., *Dictionnaire des noms propres de la Bible*, p. 230.

le pays de Canaan. Mais ce retour à la Terre promise est pour Jacob une tâche très difficile. La difficulté commence par le fait de quitter la maison de son oncle Laban. Le mécontentement de Laban et de ses fils envers Jacob en est la raison. Pour ce faire, Jacob cherche un appui auprès de ses femmes. En effet, il a besoin de l'accord de ses femmes pour ce départ. Mais ce qui est très important pour Jacob, c'est la promesse de Dieu : *« Je suis avec toi »*. Cette parole rassure Jacob et le pousse à prendre la décision de quitter la maison de son oncle et beau-père Laban.

Jacob a profité de l'absence de son oncle pour retourner chez lui. Poursuivi par Laban, Jacob a montré à son oncle ses mérites pour ces vingt ans de service. Dans sa réponse à Laban, Jacob résume ses obligations en tant que berger :

> « *Voici vingt ans que je suis chez toi, tes brebis et tes chèvres n'ont pas avorté et je n'ai pas mangé les béliers de ton troupeau. Les animaux déchirés par les fauves, je ne te les apportais pas, c'était moi qui compensais leur perte, tu me les réclamais, que j'aie été volé de jour ou que j'aie été volé de nuit. J'ai été dévoré par la chaleur pendant le jour, par le froid pendant la nuit, et le sommeil a fui mes yeux.* » (Gn 31, 38-40)

Cette réponse de Jacob à Laban « donne un bon aperçu des droits et des devoirs propres à un berger de l'Orient ancien. Elle atteste aussi que Jacob, en allant au-delà des obligations qui lui incombaient, avait servi son beau-père avec loyauté »[308]. Cela montre le professionnalisme de Jacob comme berger. Il a une maîtrise pratique de l'élevage du bétail confirmée par l'augmentation en nombre du troupeau et une meilleure connaissance théorique du monde de l'élevage démontrée par la défense de ses droits et de ses avantages. À cela s'ajoute la pleine conviction qu'a Jacob de la présence active de Dieu qui agit en sa faveur durant son séjour chez son beau-père. Si

---

[308] ODELAIN O., SEGUINEAU R., *Dictionnaire des noms propres de la Bible*, p. 181.

on arrive à ce résultat satisfaisant, c'est grâce à la présence et à l'aide du Dieu d'Abraham et du Parent d'Isaac (cf. Gn 31, 42).

Ces raisonnements ont pu convaincre Laban, d'autant plus que ce dernier a mis en valeur son attachement à ses filles et à ses petits-fils. Laban et Jacob sont prêts à conclure un traité. Les deux ont fait un tas de pierres comme témoin de ce traité. Le traité comprend deux clauses à savoir, d'une part, la garantie du statut des filles de Laban ; d'autre part, la délimitation de la frontière entre Jacob et Laban. Et pour confirmer leur accord, les deux partenaires jurent devant leur dieu tribal, le dieu d'Abraham pour Jacob et le dieu de Nahor pour Laban. Cette cérémonie d'alliance se conclut par un sacrifice offert par Jacob, suivi par un partage de repas avec Laban. Qui dit sacrifice, dit animal. Dans cette démarche de réconciliation, il y a certainement la volonté de deux partenaires ainsi que la présence divine ; mais le monde animal a aussi sa place. L'animal sacrifié a donné sa vie pour redonner vie à cette relation qui a failli s'éteindre à cause de cette dispute. Sa chair partagée en nourriture sacrificielle invite le gendre et son beau-fils à s'asseoir à la même table et à partager la même nourriture pour faire la paix.

Après avoir réglé son problème avec Laban, Jacob doit faire face à son frère Ésaü. Jacob va utiliser un stratagème digne de son intelligence et de sa sagesse. D'abord, il envoie des messagers pour préparer sa rencontre avec son frère Ésaü. Mais ceux-ci reviennent vers Jacob avec une information ambiguë. Sans aucun mot sur la réaction d'Ésaü, ils racontent seulement que ce dernier vient à sa rencontre avec quatre cents hommes. Jacob déduit de ce geste d'Ésaü qu'il a l'intention de se venger. Jacob divise alors son escorte en deux, l'une part à la rencontre de l'ennemi en mission diplomatique et chargée de présents pour amadouer son frère, l'autre reste en retrait comme défense dissuasive.

Après l'intervention de Dieu pour libérer Jacob des mains de Laban, Jacob compte de nouveau sur le Seigneur pour le sauver de la violence de son frère Ésaü. Jacob se tourne vers Dieu dans une prière de lamentation[309]. Dans cette prière, Jacob reconnaît humblement son péché et ses manquements. Il se souvient des bienfaits de Dieu (Gn 32, 11b). Puis il supplie Dieu de le protéger. C'est une supplication basée sur la promesse que Dieu lui a faite. À noter que cette prière de Jacob, qui contient à la fois une adoration, une confession, une reconnaissance et une supplication, est l'unique prière détaillée du livre de la Genèse. En somme, Jacob, compte sur Dieu pour le sauver de la main de son frère.

Ainsi donc, dans le but d'apaiser la colère de son frère, Jacob lui a préparé des présents considérables (deux cents chèvres et vingt boucs, deux cents brebis et vingt béliers, trente chamelles, avec les petits qu'elles allaitaient, quarante vaches et dix taureaux, vingt ânesses et dix ânes (Gn 32, 15). Tout cela montre la réussite de Jacob chez Laban. La description des différentes espèces d'animaux (Gn 32,15-16) fait penser à la richesse d'Abraham (Gn 12, 16) et, plus encore, à celle de Job (Jb 1,3) : seuls ces trois passages mentionnent la présence de chameaux aux côtés des troupeaux de bétail[310]. Que peut-on dire de la démarche de la réconciliation ? Le monde animal occupe une place importante, signifiée ici par ces nombreux animaux, pour rétablir l'harmonie entre les humains.

Le don de ce présent est accompagné par un changement d'attitude de la part de Jacob. Il se présente à son frère Ésaü comme son serviteur, voire comme son vassal. D'ailleurs, le terme qui a été traduit ici par « présent » désigne, en son origine, le versement d'un tribut. Et au moment de sa rencontre avec Ésaü, Jacob se prosterne sept fois devant son frère Ésaü (Gn 33, 3). C'est un geste d'un serviteur qui s'approche de son roi. Jacob reconnaît Ésaü comme son maître.

---

[309] Inviter la divinité à se souvenir de ses bienfaits ou de ses promesses est un élément central des prières de lamentation dans l'Orient ancien (cf. DE PURY A., RÖMER T., SCHIMD K., *L'Ancien Testament commenté. La Genèse*, p. 184.

[310] Cf. *ibidem*.

C'est un changement radical de comportement de la part de Jacob vis-à-vis de son frère Ésaü. Ici, il n'est plus question que *« l'aîné servira le cadet »* (Gn 25, 23b) comme au jour de leur naissance, ou encore *« sois maître de tes frères »* (Gn 27, 29c) selon la bénédiction de leur père Isaac. L'humilité, voire l'abaissement est une attitude qui améliore la relation humaine, la relation fraternelle. Tandis que l'esprit de domination ou d'orgueil ne fait que détériorer la relation humaine. En effet, c'est l'aboutissement de l'histoire du salut[311].

Dans sa rencontre avec Ésaü, Jacob compte sur trois entités, d'abord sur l'intermédiaire des êtres humains représentés ici par les messagers, puis sur la puissance divine et enfin sur la valeur de ses troupeaux. Chaque entité concourt donc au rétablissement de la communion fraternelle entre Jacob et son frère Ésaü.

### Le berger par excellence

Ce souci pastoral de Jacob est de nouveau confirmé après sa réconciliation avec son frère Ésaü. Il refuse de presser son troupeau. Il demande à son frère de passer devant lui : *« Monseigneur sait que les enfants sont délicats et que je dois penser aux brebis et aux vaches qui allaitent : si on les surmène un seul jour, tout le bétail va mourir. »* (Gn 33, 13) La phrase de Jacob fait allusion à sa famille. Il doit faire attention à ses enfants car ils sont délicats. Mais il doit penser aussi aux brebis (allusion à Rachel) et aux vaches (allusion à Léa) qui allaitent. Jacob s'occupe de sa famille comme il s'occupe de ses troupeaux. On peut dire que les expériences de Jacob avec le monde animal servent de leçon pour son rapport avec le monde humain. Jacob attire l'attention de son frère Ésaü sur la nécessité de se soucier de sa famille et de son bétail.

---

[311] L'hymne aux Philippiens est une belle illustration de l'abaissement du Fils de l'homme pour le salut de l'humanité (cf. Ph 2, 6-11).

### Le Berger d'Israël

Avant de terminer ce cycle de Jacob, nous voulons parler de son changement de nom qui témoigne de son identité et de sa nouvelle vie. C'est à la fin de sa lutte avec Dieu[312] que Jacob reçoit son nouveau nom (Gn 32, 29). Il lui demande sa bénédiction, il obtient ce nouveau nom comme signe de cette bénédiction. Après la bénédiction obtenue par ruse, Jacob reçoit la bénédiction par force. Un autre récit parle aussi de ce changement de Jacob en Israël, où il obtient aussi la bénédiction de Dieu (cf. Gn 35, 9-10). Ce nouveau nom « Israël » signifie « que Dieu soit fort », mais il est interprété dans le sens de la force de Jacob « fort contre Dieu ». Désormais, avec ce nouveau nom « Israël », il commence une nouvelle vie. Il porte dans son nouveau nom un élément du nom divin « El ». Par son nouveau nom, il devient une référence pour sa descendance qui sera « fils d'Israël ». De son expérience avec Dieu (voir Dieu face à face) dans ce lieu, Jacob donne à cet endroit le nom de Pénuel, qui signifie « Face de Dieu ».

Après sa longue expérience pastorale chez son oncle Laban, Jacob reçoit un nouveau nom qui, désormais, lui trace une nouvelle vie. Il sera berger pour sa famille à l'exemple de son Dieu qui est le vrai pasteur pour lui et sa famille, le Berger d'Israël (cf. Gn 48, 15 ; Ps 80, 1).

### 1.2.2.4 Joseph le berger : de Canaan à l'Égypte

Le cycle de Joseph occupe une place importante dans le premier livre de la Bible (Gn 37-50). Son histoire prolonge l'histoire des patriarches et introduit celle de l'Exode. Notons que l'un des points marquants du cycle de Joseph est le problème de la fratrie. Nous allons voir l'immersion de Dieu dans l'histoire des fils de Jacob, à travers le problème de fratrie, tout en restant dans notre contexte pastoral. Pour faire un parcours rapide de l'histoire de Joseph en tant

---

[312] Cf. VON RAD G., *La Genèse*, p. 325s.

que berger à travers les querelles entre ses frères, nous divisons notre exposé en trois points, à savoir son début en Canaan, puis sa vie en Égypte et la bénédiction de Jacob à Joseph.

### Son début en Canaan : Joseph l'envoyé de son père, la proie des bêtes féroces ou le problème de fratrie

Le texte commence par la présentation de Joseph en tant que jeune berger (Gn 37, 2). Étant fils de la vieillesse, Joseph est beaucoup plus aimé par son père que ses frères. Envoyé par son père pour rendre visite à ses frères qui font paître son petit bétail, Joseph s'expose à la violence meurtrière de ses frères. La démarche de Joseph, qui erre dans la campagne en cherchant ses frères, peut être déjà un mauvais présage du danger qui l'attend. Joseph s'éloigne de son père, son protecteur et s'approche de ses frères meurtriers qui complotent de le faire mourir :

> *« Voilà l'homme aux songes qui arrive ! Maintenant, venez, tuons-le et jetons-le dans n'importe quelle citerne ; nous dirons qu'une bête féroce l'a dévoré. Nous allons voir ce qu'il adviendra de ses songes ! »* (Gn 37, 20)

Mais la tentation d'assassinat comploté par ses frères est évitée de justesse par l'intervention de Ruben et celle de Juda. Finalement, Joseph est vendu à des commerçants ismaélites qui étaient de passage en cet endroit lors de cet événement cruel (Gn 37, 27). Un autre récit raconte que des marchands madianites retirent Joseph de la citerne et le vendent aux Ismaélites (Gn 37, 28). Mais la fin du récit rapporte que Joseph est vendu par les Madianites en Égypte à Potiphar (Gn 37, 38).

Certes, Joseph n'est pas mort, mais le fait de le livrer entre les mains d'étrangers pour un destin d'esclave révèle la cruauté de cette fratrie. La tunique de Joseph rougie du sang d'un bouc témoigne encore de cette violence sans limite de ses frères[313]. Voyant la tunique de son

---

313 VON RAD G., *La Genèse*, p. 361.

fils Joseph, rougie de sang, Jacob dit : *« Une bête féroce l'a dévoré, Joseph a été dépecé comme une proie ! »* (Gn 37, 33) Cette bête féroce n'est autre que ses frères qui sont capables d'éliminer leur frère et de tromper leur père à cause de la jalousie et de la haine. Tandis qu'ils veulent éliminer les songes (sagesse), c'est la bêtise qui se concrétise. En souillant de sang la tunique d'honneur, c'est l'humiliation qui s'installe.

Au point de vue pastoral, cet acte monstrueux des frères de Joseph montre des fautes professionnelles qui donnent une mauvaise image du berger. Joseph, qui est envoyé pour voir comment se portent ses frères et le bétail, a accepté volontiers de venir à eux pour montrer sa solidarité envers ses frères bergers et son souci du bétail. Ce geste de Joseph, qui montre à la fois l'amour de ses frères et son attachement au bétail[314], rappelle la bonne attitude de son père Jacob, le berger par excellence, qui ne sépare pas l'amour des siens et celui de ses troupeaux. Pour un vrai berger, l'amour des êtres humains et des animaux vont de pair. Au contraire, les frères de Joseph l'ont agressé. Puis ils ont tué encore un bouc pour cacher leur mensonge. Ce double meurtre, un coéquipier et frère par jalousie (car Joseph est aussi berger) et un bouc pour cacher un mensonge, défigurent l'image du berger qui trouve son apothéose en leur père Jacob. Celui qui a de la haine envers son frère se laisse facilement aller à tuer des animaux. Si telle est l'image du berger, n'est-elle pas obstacle à l'image de la métaphore de Dieu Berger ? Où Dieu est-il dans cette histoire de fratrie meurtrière ? Le point suivant nous donnera une réponse à ces questions.

[314] Plus tard, Saint François d'Assise nous donne une meilleure expression encore de la relation entre les êtres humains et la créature. Il était en harmonie avec Dieu, les êtres humains et les créatures.

## Joseph en Égypte : l'envoyé de Dieu, le maître des vaches

Vendu en Égypte à Potiphar, un eunuque de Pharaon et commandant des gardes, un Égyptien, Joseph l'a servi comme esclave. Mais Dieu l'assista, d'où la réussite de tout ce qu'il entreprenait. Cela va vite changer le destin de Joseph. D'abord, l'Égyptien l'a instauré comme attaché au service du maître, il l'a institué comme majordome et lui a confié tout ce qui lui appartenait. Le récit montre par la suite qu'en considération de Joseph, Dieu a béni la maison de l'Égyptien, d'où l'augmentation considérable de sa fortune aussi bien dans sa maison que dans ses champs. De ce fait, l'Égyptien abandonna entre les mains de Joseph tout ce qu'il avait. Cette assistance de Dieu a marqué les débuts de Joseph en Égypte. Certes, Joseph s'est éloigné de son père biologique à cause de la jalousie de ses frères, mais il s'est approché d'un autre Père qui l'a assisté tout au long de cette histoire. Cela répond déjà à la question que nous avons posée ci-dessus.

Suite à la réussite de Joseph, grâce à l'assistance bienveillante de Dieu, vient l'épisode de la femme de son maître qui le séduit pour qu'il couche avec elle. Refusant à plusieurs reprises, par respect de son maître et par crainte de Dieu, Joseph est devenu victime du mensonge de la femme de son maître. Ceci le conduisit en prison. Mais Dieu assista Joseph en prison. Il trouva grâce aux yeux du chef de la prison. Son gardien lui confia les autres détenus. Sa réussite fut brillante grâce à l'assistance de Dieu.

Toujours en prison, il interpréta les songes des officiers de Pharaon et ceux de Pharaon. Restons un moment sur les rêves de Pharaon et l'interprétation donnée par Joseph sous la conduite de l'Esprit de Dieu. Les deux rêves de Pharaon qui ont une même signification rappellent le monde de l'Égypte ancienne, sa civilisation agricole (épis) et l'élevage des bovins (vaches) dans leur culture. Les Égyptiens ont un attachement spécifique pour les bovins, plus particuliérement pour les vaches. À cela s'ajoute l'existence d'une divinité sous l'image d'une vache, la déesse *Hathor*, symbole de la fécondité. Pour Pharaon et les Égyptiens, les vaches et les épis font partie de leur quotidien. Ceci dit que Dieu parle à Pharaon à partir de son univers. Dieu se sert donc de ces images bien connues du monde égyptien pour transmettre son message à Pharaon. Les vaches grasses[315] rappellent la floraison de la vie ou l'abondance de vie. Étant symbole de la fécondité, les sept vaches grasses annoncent la pérennité de la vie. L'interprétation offerte par Joseph évoque cette abondance de vie et l'abondance de récolte durant sept années. En psychologie des profondeurs, la vache symbolise essentiellement la mère. D'ailleurs, dans le monde hébreu, monde de Joseph, le veau est aussi appelé « fils de la vache ». Cela met en exergue le symbole maternel de la vache. La vache est celle qui a mis au monde une vie. Mais le veau gras est aussi une nourriture préférée et festive (cf. Gn 18, 7 ; 1 S 28, 24 ; 2 S 6, 13 ; Lc 15, 23.27). La vache donne la vie mais elle donne aussi la nourriture (lait, viande de veau). « En histoire des religions… avec une portée, évidemment, plus cosmique : la vache, c'est la fertilité, la vie, la richesse, le principe féminin, la mère céleste du soleil, la nourrice du souverain, l'essence même du renouveau et de l'espoir en une survie, la Terre nourricière »[316]. Lire le songe de Pharaon avec ce symbole de la vache nous mène à comprendre que les vaches grasses signifient l'abondance de vie et de nourriture. Le chiffre sept renvoie à l'idée de temps. Il correspond à une période chronologique complète de septénaire de jours et de septennat. « Les vaches, elles, symbolisent plutôt la terre-mère :

---

[315] Chez les *Bara* de Madagascar, les zébus bien gras sont appelés *foloay*. L'expression *foloay* est composée de deux mots, à savoir *folo* qui signifie « dix » et *ay* ou *aina* qui, en malgache officiel, veut dire « vie » ou « flux vital ». Littéralement *foloay* signifie « avoir dix fois de la vie ou du flux vital », pour dire une abondance de vie.

[316] GIRARD M., *Les symboles dans la Bible. Essai de théologie biblique enracinée dans l'expérience humaine universelle*, Montréal / Paris, Bellarmin / Cerf, 1991, p. 817.

grasses, elles indiquent une grande productivité agricole et, partant, l'abondance. »[317]

Par contre, l'image des sept vaches maigres est très alarmante, comme explique Cair-Hélion dans la phrase suivante : « Les vaches maigres comme la cinquième plaie d'Égypte sont un fléau terrifiant car il détruit l'image de maternité, d'abondance et de douceur que représente la vache, cheville ouvrière et alimentaire de nos civilisations. »[318] Les vaches maigres rappellent donc ici l'épuisement complet du terrain agricole. Et cela va engendrer une famine très sévère et sans précédent. Les sept vaches maigres annoncent donc les sept années de famine, de manque de lait et de veaux rachitiques. Sept années qui ressemblent à une éternité de souffrance pour l'humanité. La mauvaise apparence de sept vaches maigres (*« laides d'apparence et maigres de chairs »*, cf. Gn 41, 19), ainsi que leur agressivité (*« elles dévorèrent les sept vaches grasses [...] Et lorsqu'elles les eurent avalées, on ne s'aperçut pas qu'elles les avaient avalées, car leur apparence était aussi laide qu'au début »*, cf. Gn 41, 20-21) révèlent la sévérité de cette famine.

Le fait de répéter le même songe sous deux images différentes (vaches et épis)[319] confirme que la décision vient de Dieu et que sa réalisation est imminente. D'où la nécessité de trouver un homme intelligent et sage pour gérer la situation. Qui sera donc cet homme sage et intelligent qui veillera sur les vaches maigres pour qu'elles ne risquent de dévorer les vaches grasses ?

---

317 *Ibidem.*

318 CAIR-HELION O., *Les animaux de la Bible, allégories et symboles*, Barcelone, Gerfaut, 2004, p. 46.

319 Nous verrons un peu plus tard (cf. Lc 2) que la présence de ces deux mondes (élevage et agriculture) dans une mangeoire annoncera celui qui va nourrir l'humanité tout entière.

Séduit par le discours de Joseph, Pharaon avoue que c'est l'esprit de Dieu qui habite en Joseph (Gn 41, 38). D'ailleurs, Joseph reconnaît et fait connaître aux officiers et à Pharaon que c'est Dieu qui interprète les songes (Gn 40, 8 ; 41, 16). Cela souligne la présence active de Dieu en la personne de Joseph, ainsi que le chemin choisi par Dieu pour réaliser son projet. Pharaon le qualifie comme une personne intelligente et sage (Gn 41, 39), car son intelligence et sa sagesse triomphent de celles de tous les sages égyptiens. « La sagesse de Joseph est très concrète, il s'agit de savoir ce qu'il y a à faire pour que les gens ne meurent pas de faim.... Il veille à ce que les autres aient de la nourriture en temps voulu »[320]. C'est pourquoi il l'a établi vizir sur tout le pays. Il n'a qu'un seul supérieur, c'est Pharaon. Pour Pharaon, Joseph est donc l'homme idéal, un vrai pasteur qui peut maîtriser la situation.

Joseph a géré les biens de Pharaon. Il prévoit de faire un stockage considérable de nourriture pour les sept années de famine, selon la prophétie. Comme prévu dans le songe, la famine est arrivée. Elle frappa le pays d'Égypte et sévit par toute la terre. Joseph est chargé de gérer la distribution de la nourriture à tout le peuple. Pharaon souligne ce rôle médiateur de Joseph : *« Allez à Joseph et faites ce qu'il vous dira »* (Gn 41, 55)[321]. Par sa médiation lors de cette famine, Joseph va retrouver ses frères, *« car de toute la terre on vint en Égypte pour acheter du grain à Joseph »* (Gn 41, 57). C'était en pleine activité pastorale que les frères de Joseph ont comploté sur le sort de Joseph. Par jalousie, ils ont tout fait pour écarter leur frère. Ici, c'est en pleine activité pastorale que Joseph reçoit ses frères en guise de rétablissement de leur relation.

---

[320] LEFEBVRE Ph., DORSAZ M., FRANCEY B., AMHERDT F.-X. (dir.), *Joseph : la vie, mode d'emploi (Genèse 37-50)*, coll. « Les cahiers de l'ABC », nº 2, St-Maurice, Saint-Augustin, 2014, p. 99.

[321] La formule sera reprise par Marie en Jn 2, 5 en tant que médiatrice entre Jésus et les servants de noce à Cana.

Après les séries d'épreuves, Joseph est résolu de se présenter : *« Je suis Joseph, votre frère, que vous avez vendu en Égypte. Mais maintenant ne soyez pas chagrins et ne vous fâchez pas de m'avoir vendu ici, car c'est pour préserver vos vies que Dieu m'a envoyé en avant de vous. »* (Gn 45, 4-5) Cette parole de Joseph résume ce long récit de fraternité. Joseph est envoyé par Dieu pour préserver la vie de ses frères, pour assurer la permanence de leur race (Gn 44, 7). En mentionnant trois fois la phrase : *« Dieu m'a envoyé en avant de vous »* (Gn 44, 5.7.8), Joseph veut ancrer dans l'esprit de ses frères cette présence active de Dieu dans leur histoire. Cette phrase de Joseph a une résonance pastorale. Celui qui est envoyé en avant pour préserver la vie, pour assurer la permanence d'une race, c'est un berger. Joseph, qui est envoyé par son père pour rendre visite à ses frères et au bétail (Gn 37, 12), est ici envoyé par Dieu pour une mission pastorale beaucoup plus noble (sauver la vie de ses frères). L'image du berger, souillée par ses frères par le double crime (envers Joseph et le bouc), est purifiée par Joseph par cet acte salutaire (*« sauver la vie de beaucoup d'entre vous »*, Gn 45, 7). Joseph veut rétablir l'image du berger qui fait la fierté de ses ancêtres. Il présente ses frères et la famille de son père à Pharaon comme des bergers (Gn 46, 32) et il recommande même à ses frères de se présenter à Pharaon comme des bergers : *« Tes serviteurs se sont occupés de troupeaux depuis leur plus jeune âge jusqu'à maintenant, nous-mêmes comme déjà nos pères »* (Gn 46, 34).

### La bénédiction de Jacob aux deux fils de Joseph et à Joseph « le fils de la vache »

La famille est rassemblée en Égypte. Quand Jacob fut arrivé au bout de sa vie, il appela son fils Joseph et lui demanda de l'enterrer dans le tombeau de ses pères. Puis il donna la bénédiction aux deux fils de Joseph, Éphraïm et Manassé. Chose curieuse, en bénissant ses petits-enfants, Jacob a croisé ses mains. Il a posé sa main droite sur la tête d'Éphraïm, le cadet et sa main gauche sur la tête de Manassé, l'aîné. Un geste qui rappelle aussi le thème de préférence du cadet par rapport à l'aîné (Ismaël et Isaac, Jacob et Ésaü, Joseph – Benjamin et ses frères, Éphraïm et Manassé). Ici, Jacob explique le sens de ce geste en disant que *« son cadet sera plus grand que lui, sa descendance deviendra une multitude de peuples »* (Gn 48, 19). En effet, Éphraïm deviendra la tribu la plus importante du groupe du Nord, le noyau du futur royaume d'Israël.

Quant à la parole de bénédiction, nous y voyons le résumé de l'expérience de Dieu qu'avait Jacob. Il bénit les enfants de Joseph en disant :

> *« Que le Dieu devant qui ont marché mes pères Abraham et Isaac, que le Dieu qui fut mon pasteur depuis que je vis jusqu'à maintenant, que l'Ange qui m'a sauvé de tout mal bénisse ces enfants, que survivent en eux mon nom et le nom de mes ancêtres, Abraham et Isaac, qu'ils croissent et multiplient sur la terre ! »* (Gn 48, 15-16)

Ici, nous voyons Jacob qui parle de Dieu à partir de ses propres expériences et de celles de ses pères. Qui est-il pour lui ? Jacob commence par la présentation du rapport de ses pères, Abraham et Isaac, avec Dieu. Ses pères ont eu aussi une expérience avec Dieu qu'ils ont transmise à leurs enfants. Durant leur vie, ils ont fait l'expérience de marcher devant Dieu. Marcher devant Dieu signifie une sécurité totale. Cela peut évoquer une image pastorale en reconnaissant qu'un pasteur peut se placer soit à la tête du troupeau, soit derrière son troupeau. Un pasteur est à la fois un conducteur et un accompagnateur. D'ailleurs, cette image est prise par Jacob pour parler de son expérience de Dieu : *« le Dieu qui fut mon pasteur depuis que je vis jusqu'à maintenant »* (Gn 48, 15). Cela renvoie à toutes les qualités que peut exprimer cette métaphore. La mention de « l'Ange » ne fait que renforcer cette conception de Dieu. En parlant de « l'Ange », Jacob ne pense pas à un être subordonné à Dieu, mais à l'expression suprême de Dieu pour parler de sa conduite. L'Ange du Seigneur est Dieu lui-même. Jacob a fait l'expérience d'être conduit par Dieu vers le chemin du salut (*« sauvé de tout mal »*, Gn 48,16).

Après avoir présenté Dieu, source de bénédictions, Jacob accorde aux enfants de Joseph la bénédiction en disant : *« Que survivent en eux mon nom et le nom de mes ancêtres, Abraham et Isaac »* (Gn 48,16). Von Rad dit que « le fait que le nom de Jacob et celui de ses pères sera prononcé "en eux" signifie que ces enfants, nés en Égypte et d'une mère étrangère, doivent être considérés comme des descendants de plein droit du patriarche »[322]. D'ailleurs, avant de prononcer cette bénédiction, Jacob dit à Joseph que les deux fils de Joseph, nés avant son arrivée en Égypte, seront siens. Éphraïm et Manassé seront à lui au même titre que Ruben et Siméon (Gn 48, 5). Ceci signifie qu'ils jouissent du même droit que les fils de Jacob. Et la parole conclusive de cette bénédiction, sous forme de testament, confirme encore ce droit d'héritage d'Éphraïm et de Manassé :

> *« Voici que je vais mourir, mais Dieu sera avec vous et vous ramènera au pays de vos pères. Pour moi, je te donne un Sichem de plus qu'à tes frères, ce que j'ai conquis sur les Amorites par mon épée et par mon arc. »* (Gn 48, 21)

Jacob partage la Terre Sainte entre ses enfants et les deux fils de Joseph ont leur part avec un surplus.

Mais à part ce droit d'héritage de la Terre Sainte, nous voyons également dans cette bénédiction de Jacob envers Éphraïm et Manassé, la réalisation de la promesse de descendance faite aux patriarches. La bénédiction : *« Que survivent en eux mon nom et le nom de mes ancêtres, Abraham et Isaac »* (Gn 48, 16), peut signifier la perpétuation du nom des patriarches. Et perpétuer un nom veut dire perpétuer la vie. Cela est confirmé par la suite de cette bénédiction : *« Qu'ils croissent et se multiplient sur la terre »*. Cette phrase nous renvoie à la bénédiction dans le récit inaugural de la création (Gn 1, 28), reprise envers Noé (Gn 9, 1), Abraham (Gn 12, 2 ; 15, 5 ; 17, 5 ; 21, 12), Isaac (Gn 26, 24) et Jacob (Gn 35, 11-12). Jacob récapitule dans cette bénédiction les thèmes principaux de la Genèse, à savoir les

---

[322] VON RAD G., *La Genèse*, p. 386.

promesses de pays et de postérité, tout en exprimant son expérience de Dieu qui conduit et accompagne les patriarches comme un pasteur pour réaliser ces promesses.

Après avoir béni les fils de Joseph, Jacob prononce les bénédictions pour ses fils et il y dévoile le destin de chacun. Nous ne voulons pas faire un commentaire de la bénédiction adressée à chacun, qui est sans doute porteuse de sens et résume le parcours de chacun. Nous allons parler seulement de la bénédiction sur Joseph, qui résume à la fois le parcours de Joseph et l'intervention divine dans son parcours. Elle exprime également l'expérience de Jacob avec Dieu.

Le texte de la bénédiction de Joseph présente une certaine difficulté, soulevée par les différentes traductions. Mais elles sont complémentaires et nous permettent de saisir les idées principales cachées dans ce texte. La parole de Jacob s'ouvre par la description de Joseph. Qui Joseph est-il ? Dans la traduction de la *Septante*, Joseph est présenté comme un fils. Un fils, le plus jeune, qui a grandi et est objet de jalousie. Dans la note *d* de Gn 49, 22 de la *TOB*, nous pouvons lire : « Autre traduction : *"Joseph est un jeune taureau près d'une source ; au pâturage, il franchit le mur"* »[323]. En citant ce verset 22 Jean-Daniel Macchi présente la version hébraïque : בֵּן פֹּרָת יוֹסֵף, בֵּן פֹּרָת עֲלֵי-עָיִן; בָּנוֹת, צָעֲדָה עֲלֵי-שׁוּר qu'il traduit comme ceci : *« Joseph est un fils de vaches, un fils de vaches près d'une source. Les filles marchent vers le taureau »*[324]. Nous pensons que cette note se réfère à Dt 33, 17 où Joseph est présenté comme le taureau premier-né. Bref, Joseph est en position de fils. C'est un fils à l'image d'un jeune taureau que l'on appelle autrement fils de vaches[325]. Derrière cette

---

[323] Cf. note « d » de Gn 49, 22, *TOB*, Paris, Cerf, 2004.

[324] Cf. traduction de MACCHI J.-D., *Israël et ses tribus selon Genèse 49*, coll. « Orbis Biblicus et Orientalis », nº 171, Fribourg / Göttingen, Éditions Universitaires / Vandenhoeck et Ruprecht, 1999, p. 224.

[325] Joseph vient d'être appelé maître des vaches, ou pasteur. Ici, il reçoit un autre symbole, celui de fils de vache (et il l'est vraiment car il a une tante

image se cache le vrai visage de Joseph, au milieu de ses frères : il est parmi eux le plus jeune (jeune taureau), mais en lui reposent l'espoir de toute la famille, l'assurance de la descendance (symbole de la fécondité). Ce jeune taureau est celui qui dit :

> *« C'est pour préserver vos vies que Dieu m'a envoyé en avant de vous [...] Dieu m'a envoyé en avant de vous pour assurer la permanence de votre race dans le pays et sauver la vie à beaucoup d'entre vous. »* (Gn 45, 5b.7)

Le nom de Joseph, qui signifie « qu'il ajoute » ou « le fils qui en amène un autre », présente ici ses lettres de noblesse. Le fils de la stérile devient ici la réalisation de la promesse de descendance faite à Abraham. « Le fils improbable devient la prophétie d'autres fils, il dit qui est Dieu »[326].

Dans la Bible hébraïque, Joseph est comparé à un plant fécond près d'une source dont les tiges franchissent le mur. L'auteur choisit une image végétale pour décrire la vie de Joseph. L'auteur évoque l'image de la fécondité et de la prospérité. D'ailleurs, l'expression *« les branches »* de ce plant fécond est traduite littéralement comme *« les filles »*. Cela confirme encore le rôle fécondateur de Joseph pour les siens.

Jacob bénit Joseph par El-Shaddaï. En effet, les bénédictions adressées à Joseph, venant d'El-Shaddaï, concernent le domaine de la fertilité, de la procréation, de la postérité. Les bénédictions des cieux en haut sont la source de la fécondité. Les bénédictions de l'abîme couché en bas désignent la masse des eaux inférieures, source de

---

dont le nom signifie vache, Léa). Nous verrons plus tard que Jésus possède cette double image, en étant à la fois Berger et Agneau.

[326] Lefebvre Ph., *Joseph. L'éloquence d'un taciturne*, Paris, Salvator, 2012, p. 129.

fertilité (cf. Dt 8, 7). Bénédictions des mamelles et du sein qui symbolisent la postérité, la fertilité. Dans la *LXX*[327], on note « bénédiction de ton père et de ta mère », ce qui est le signe de la procréation. À cela s'ajoute l'image des épis et des fleurs qui correspond aux montagnes antiques (cf. Dt 33, 15), et confirme l'idée de la multiplication de la descendance.

Après avoir béni et instruit ses fils, Jacob rend l'âme et est réuni aux siens. D'ailleurs avant sa mort, il ordonne à ses fils de l'enterrer près de ses pères (cf. Gn 49, 29-30). Il va donc quitter la terre d'Égypte pour rejoindre ses pères en Terre promise. Il en est de même pour Joseph : avant sa mort, il fait prêter serment aux fils d'Israël d'emporter ses ossements au pays de ses pères (cf. Gn 50, 24-25). Mais ce n'est pas seulement Jacob et Joseph qui vont monter de l'Égypte pour rejoindre la Terre promise, mais tous les fils d'Israël, comme le rappelle Joseph : *« Je vais mourir, mais Dieu vous visitera et vous fera remonter de ce pays dans le pays qu'il a promis par serment à Abraham, Isaac et Jacob. »* (Gn 50, 24) Cela annonce déjà le thème du livre de l'Exode, le retour vers la Terre promise où Dieu va jouer son rôle de pasteur en la personne de Moïse.

## Conclusion

En guise de conclusion, nous pouvons retenir que le monde pastoral est vraiment une réalité biblique. En effet, la Bible accorde une grande importance au monde animal. Cette forte présence des animaux dans ce livre contenant la parole de Dieu nous rappelle que les animaux ont leur place et leur part dans l'annonce et l'accueil du message de Dieu aux hommes. Etant créés comme compagnons de l'homme (Gn 2, 18), les animaux font partie intégrante de la société humaine. Et le monde pastoral, objet de notre travail, est la rencontre

[327] Le *TM* ne mentionne que le père seulement mais non pas les deux (père et mère).

de ces deux mondes (monde animal et humain). Depuis le récit inaugural de la création, en passant par l'histoire des patriarches, jusqu'à l'histoire de Joseph qui clôt ce premier livre, Dieu se révèle aux humains dans un monde qui leur est familier[328].

Dans le récit inaugural, Dieu a créé l'homme à son image et l'a béni pour qu'il soit fécond : *« se multiplier et remplir la terre »*. Puis, Dieu l'a appelé à s'occuper des animaux. Même si ce n'est pas mentionné textuellement, la logique nous laisse imaginer que si Dieu appelle l'homme à être pasteur, c'est qu'il l'est déjà, car il l'a créé à son image. Il doit dominer les animaux comme Dieu les domine. Ce récit mythique devient une histoire réelle en la personne des patriarches et de Joseph. Ils étaient pasteurs de pères en fils (cf. Gn 46, 34). Les riches expériences pastorales des patriarches permettent de lire et de mieux comprendre la relation humaine à travers leur relation avec les animaux[329]. L'immersion de Dieu, dans leur vie pastorale qui tend vers la réalisation de ses promesses (postérité et terre), leur révèle qu'il est un Pasteur pour eux (Gn 48, 15-16). Tel est le nom qu'ils attribuent à Dieu. C'est lui qui a orienté les événements dramatiques de l'histoire de Joseph et de ses frères et les a transmués en histoire de salut pour réaliser ses promesses de postérité (Gn 50, 20) et de retour en Terre promise (Gn 50, 24). Et c'est dans ce contexte que s'ouvre le livre de l'Exode où Dieu appelle Moïse pour libérer son peuple de l'esclavage des Égyptiens afin de le conduire en Terre promise. C'est ce que nous allons voir par la suite.

---

[328] Dans notre parcours, nous n'avons abordé que le monde pastoral bien qu'il existe d'autres mondes (agricole, minier, etc.) dont Dieu se sert pour se révéler. Nous avons procédé ainsi pour délimiter notre sujet et pour nous aider à rejoindre le peuple *bara*, un peuple de pasteurs en vue d'un travail d'inculturation.

[329] Cf. la parole de Jacob à Laban quand celui-ci le poursuit (Gn 31, 38) ou sa phrase lors de sa rencontre avec son frère Ésaü (Gn 33, 13-14).

CHAPITRE 2

# LA VOCATION PASTORALE DE MOÏSE : DE L'ÉGYPTE À LA TERRE PROMISE

## Introduction

*« Je vais mourir, mais Dieu vous visitera et vous fera remonter de ce pays dans le pays qu'il a promis par serment à Abraham, Isaac et Jacob. »* (Gn 50, 24) Cette parole de Joseph à ses frères, qui achève le premier livre de la Bible, nous introduit au thème du livre de l'Exode, *exodos* qui signifie « chemin de sortie »[330]. C'est dans la perspective de la sortie de l'Égypte et de la marche vers la Terre promise que nous essayons de révéler la vocation pastorale de Moïse, l'acteur principal à qui Dieu confie cette noble mission. Après les riches expériences pastorales des patriarches (Abraham, Isaac, Jacob et Joseph) qui évoquent Dieu à leur manière, nous continuons notre réflexion sur Dieu avec la figure de Moïse, un pasteur choisi par Dieu pour une mission bien précise. Comment Dieu se fait-il connaître à Moïse à travers ses charges pastorales ? Qui Dieu est-il pour Moïse et qui Moïse est-il pour Dieu à travers cette relation nouée dans un monde pastoral ? Pour répondre à ces questions, nous commençons par la présentation de la vocation pastorale de Moïse

---

[330] BOISMARD M.E., *Vocabulaire de théologie biblique*, Paris, Cerf, 1970, p. 423.

et la libération des fils d'Israël. Puis nous continuons par les charges pastorales de Moïse et la marche vers la Terre promise.

## 2.1 La vocation pastorale de Moïse

C'est à travers son parcours que nous essaierons de cerner la vocation pastorale de Moïse. Nous partirons donc de sa naissance. Puis nous parlerons de sa jeunesse, avec son éducation à la cour royale et l'échec de sa tentative de la libération de ses frères. Finalement, sa fuite en Madian et sa formation pastorale.

### 2.1.1 Sa naissance

Nous sommes devant l'une des grandes figures qui marquent l'histoire de l'Exode. Moïse a un parcours exceptionnel, qui dessine aussi le parcours du peuple d'Israël en présence de Dieu. Le récit de la naissance de Moïse est plein de contrastes. D'abord, sa naissance est précédée par un décret qui condamne à mort tout garçon nouveau-né. *« Tous les fils qui naîtront aux Hébreux, jetez-les au Fleuve, mais laissez vivre toutes les filles. »* (Ex 1, 22) Tel est l'ordre du Pharaon. Mais le récit nous rapporte que Moïse a survécu à cette condamnation : mis à l'eau, il est sauvé de l'eau. Ainsi, si c'est aux sages-femmes que le roi a donné l'ordre de faire mourir tout garçon nouveau-né, c'est par la main d'une femme (fille de Pharaon) que Moïse a trouvé le salut, la vie. De même, si c'est Pharaon-père qui a donné l'ordre d'éliminer les fils des Hébreux, c'est sa fille qui transgresse cette loi en sauvant Moïse, le « petit Hébreu ». Moïse, comme tous les enfants d'Israël, est ôté brutalement de la main de sa mère, par la haine du roi ; il est redonné tendrement à sa mère par la pitié de la fille du roi. Ce récit de la naissance de Moïse s'ouvre par la présentation des parents de Moïse de la tribu de Lévi (Ex 2, 1), qui confirme son appartenance au peuple d'Israël. Il s'achève par l'adoption et le don du nom à Moïse (Ex 2, 10), ouverture à un autre peuple. Notons que le nom de Moïse est ici porteur de sens. « La princesse dit qu'elle choisit ce nom *"car, je l'ai tiré des eaux"*. Le texte explique le nom *Mosheh* par le verbe *mashah*, "tirer". Le nom est un rappel du passé, mais aussi une annonce de l'avenir : celui qui est maintenant tiré des eaux sauvera plus tard son peuple des eaux de la mer (Is 63, 11) »[331].

En poussant beaucoup plus loin notre réflexion, nous pouvons dire que le nom de Moïse annonce déjà la future mission pastorale que Dieu va lui confier plus tard. Rappelons que dans le monde égyptien, le pasteur ne se préoccupe pas seulement de l'abreuvage de son bétail, mais avec la présence du Nil, il a parfois la périlleuse tâche de traverser le fleuve avec ses animaux. Durant ce passage dangereux à cause des prédateurs qui peuplent le grand fleuve ou la vaste largeur de ce fleuve, il doit protéger ses bêtes en récitant des formules magiques. Il encourage les animaux fatigués par ses appels, il porte le jeune veau sur ses épaules. Tendresse et courage arment le pasteur pour faire traverser ses animaux. La force magique ici est la force divine. Moïse est protégé par la présence active de Dieu, qui se révèle dans la tendresse de la fille de Pharaon. Celle-ci va le sauver, puis le confier à une nourrice qui, providentiellement, se révèle être sa propre mère. Ici, c'est Dieu qui joue le rôle de pasteur pour Moïse, mais plus tard, c'est Moïse qui prendra la place de pasteur, mais sous la conduite de Dieu.

### 2.1.2 Sa jeunesse : L'éducation à la cour royale et l'échec de sa tentative de libération

Notre texte garde le silence face à l'éducation et à la vie de Moïse à la cour royale. C'est seulement à travers d'autres textes que nous avons quelques indices de cette période de sa vie. Le livre des Actes des Apôtres nous rapporte, par exemple, son éducation : « *Moïse fut*

[331] VOGELS W., *Moïse aux multiples visages, De l'Exode au Deutéronome,* coll. « Lire la Bible », Paris, Cerf, 1997, p. 74.

*instruit dans toute la sagesse des Égyptiens* » (Ac 7, 22). Puis, quelques chapitres plus loin que le chapitre sur sa naissance, le livre de l'Exode souligne que Moïse était « *un très grand personnage au pays d'Égypte* » (Ex 11, 3).

Si la première péricope du début de Moïse nous rapporte la naissance du héros, après le silence du texte sur l'éducation et la vie de Moïse à la cour royale, la deuxième péricope des débuts de sa vie nous présente sa jeunesse, typique d'un héros populaire[332]. Moïse ne supporte pas l'injustice. Il se montre comme le défenseur des faibles, des opprimés, des victimes de l'injustice. Ces victimes de l'injustice sont *ses frères*. Cernons de près cet épisode.

*« Or, en ces jours-là, Moïse, qui avait grandi, sortit vers ses frères et vit ce qu'étaient leurs corvées. »* (Ex 2, 11a) Le style utilisé nous montre le début d'une nouvelle histoire[333]. Dans cette phrase introductive, trois verbes sont présents pour qualifier l'attitude de Moïse, à savoir « grandir », « sortir » et « voir ». Ces trois verbes placent Moïse sur un nouveau tournant de son parcours.

D'abord le verbe « grandir » nous montre Moïse qui passe de l'enfance à l'âge adulte. Il devient un homme responsable. Nous verrons à partir de ce moment sa prise de décision face aux différentes circonstances. Cette étape de maturité est confirmée par le verbe « sortir ». Il sort du lieu où il avait grandi (enfance) pour s'ouvrir à un autre monde (adulte). Il sort de son établissement scolaire (maison de Pharaon) pour aller vers le monde professionnel (chez ses frères qui travaillent). Il sort du confort royal pour communier avec les souffrances de ses frères. Il sort de sa famille adoptive pour rejoindre son peuple.

Ce mouvement de déplacement de Moïse est une préfiguration du grand thème de la première partie du livre de l'Exode, car comme

---

332 *Ibidem,* p. 75.

333 Cf. *ibidem.*

Moïse « sort » maintenant de la maison de Pharaon, ce peuple sortira un jour de la maison de servitude[334]. C'est aussi une préfiguration de sa prochaine mission pastorale, tel un berger qui fait sortir son troupeau de l'enclos pour le conduire vers une prairie. Cela s'inscrit toujours dans la réalisation de la promesse de la Terre promise faite aux patriarches.

Le désir de libérer son peuple est né de cette visite fraternelle de Moïse durant laquelle il « voit » la servitude de ses frères. Moïse passe à l'action pour protéger la vie de ses frères. Dans la première péricope, les femmes ont joué le rôle important pour protéger la vie des enfants d'Israël, y compris celle de Moïse. Dans cette deuxième péricope, par contre, les hommes recourent à la violence ; d'abord un Égyptien frappe un Hébreu, puis Moïse, à son tour, frappe l'Égyptien pour venger le meurtre de son frère hébreu. Enfin, le lendemain, un Hébreu frappe un autre Hébreu. Il faut retenir que le verbe « frapper » en hébreu est souvent équivalent à « tuer »[335]. Nous assistons donc à une scène de violence répétée. La violence appelle à la violence. Ce qui met la vie de Moïse lui-même en danger. Ses frères ne le reconnaissent pas : *« Qui t'a constitué notre chef et notre juge ? »* (Ex 2, 14), demande l'un de ses frères. Pharaon aussi cherche à le faire périr à cause du meurtre d'un Égyptien. D'où sa fuite au pays de Madian.

Mais comment cet échec de Moïse s'explique-t-il ? Dieu est-il absent dans cette initiative de Moïse ? N'est-elle pas une annonce de l'initiative divine de vouloir libérer son peuple ?

Cet échec s'explique par l'initiative personnelle de Moïse qui prétend pouvoir résoudre le problème par sa propre force, comme le dit Frank Michaeli dans son sous-titre sur cet épisode : « Échec du héros

---

[334] Cf. *ibidem.*

[335] MICHAELI F., *Le livre de l'Exode. Commentaire de l'Ancien Testament II*, Neuchâtel / Paris, Delachaux et Niestlé, 1974, p. 39.

sans Dieu »[336]. Mais c'est sur ce même chemin que Dieu va reconduire Moïse pour réaliser son désir de libérer ses frères qui est, avant tout, un projet de Dieu. Dieu va manifester plus tard à Moïse que son projet devance le sien. À chaque circonstance, Dieu ne cesse de dévoiler à Moïse qui Il est. Sa fuite peut être signe d'un échec, mais nous verrons par la suite qu'elle sera salutaire. Elle sera un temps de formation et un lieu par excellence de la révélation divine.

### 2.1.3 Moïse en fuite et sa formation pastorale

Même si Moïse a grandi au palais royal, dans une culture citadine, royale et égyptienne[337], nous avons l'impression que la vocation de berger est innée en lui. La première destination de Moïse en pays étranger, loin du rythme de la vie citadine et de la culture royale, est le pays de Madian. Ce pays où habitent les Madianites, peuplade nomade, est un endroit désert. C'est dans ce territoire de nomades que Moïse cherche refuge. Est-ce un choix ou un destin ? Quelle que soit la réponse, sa fuite loin de Pharaon l'a conduit au pays de Madian qui, désormais, est devenu pour lui, un lieu de refuge, un terrain de repos[338]. Madian est pour Moïse un lieu de paix, d'accueil bienveillant et de vie de famille[339]. Au contraire, l'Égypte est pour lui un lieu de conflits depuis sa naissance, pendant sa jeunesse où il fut obligé de partir pour sauver sa vie, ainsi que plus tard dans sa prochaine mission, comme nous le verrons.

---

[336] *Ibidem,* p. 37.

[337] Pour les filles de Jéthro, Moïse est un Égyptien (cf. Ex 2, 19).

[338] L'endroit désert est souvent présenté dans la Bible comme un lieu paisible, calme qui est favorable à la prière. Souvent, Jésus se retire au désert, après des activités chargées, mouvementées, pour se recueillir, pour prier, pour rencontrer son Père ou pour se reposer (Mc 1, 35 ; 6, 31 ; Lc 4, 1 ; 4, 42 ; 5, 16).

[339] WIÉNER C., *Le livre de l'Exode*, « Cahier Évangile », n° 54, Paris, Cerf, 1986, p. 15.

#### 2.1.3.1 Test d'intégration : protection des bergères

Une fois arrivé au pays de Madian, il s'assied auprès d'un puits. L'espoir de rencontrer quelqu'un n'est pas exclu, étant donné la fréquence de la scène de la rencontre au puits dans la Bible (cf. Gn 24, 15-27 ; 29, 1-12 ; Jn 4, 6). La première rencontre est donc une rencontre avec des bergères et des bergers. En défendant les filles du prêtre de Madian contre des bergers agressifs et en s'occupant de leur troupeau (puiser de l'eau et abreuver leurs moutons), Moïse obtient la nourriture, l'hébergement, une épouse et une progéniture. Être nourri, avoir un hébergement et une épouse et un enfant sont les éléments fondamentaux pour promouvoir et perpétuer la vie. Lui qui a failli perdre sa vie en Égypte, il la retrouve chez Jéthro en Madian, grâce à son habilité de berger. Sans doute, pour Moïse, c'est une première pratique du métier de berger, mais c'est une grande première, car il s'est montré déjà professionnel en la matière. Ces gestes[340], « protéger » et « nourrir » le troupeau (donner à boire), sont les deux principaux devoirs d'un berger. Ce geste spontané, effectué par Moïse en faveur des filles de Jéthro et de leur troupeau, lui vaut un certificat d'admission au stage pratique d'un vrai berger.

#### 2.1.3.2 Stage pastoral : quarante ans de stage pour Moïse

Une fois installé dans le pays de Madian, Moïse pratique le métier de berger. Il reçoit une nouvelle formation complémentaire à celle qu'il a reçue en Égypte chez le Pharaon. Dire formation, signifie donner une forme à quelque chose ou à quelqu'un. Avoir une formation de berger, c'est prendre la forme du berger. Rappelons qu'un berger est celui qui fait paître son troupeau, (*ra`ah*, cf. Os 9,2 ; 12, 2 ; Pr 10, 21) ; celui qui garde son troupeau, l'observe et veille sur lui (*shamar*, Gn 30, 31 ; 1 S 17, 20) ; celui qui conduit ou accompagne le troupeau vers un pâturage. Toutefois, la tâche d'un berger

[340] Nous pouvons nous référer au chapitre précédent sur Jacob, le berger par excellence.

ne se limite pas seulement à la question de nourriture mais s'étend également au soin des bêtes malades, blessées, des femelles qui mettent bas ou qui allaitent, des agneaux nouveau-nés (cf. Is 40, 11).

Alors, ainsi que le récit le dit, quand Moïse se met au service de son beau-père Jéthro comme berger, il doit tenir compte de toutes ces fonctions que nous venons d'énumérer. Pour pouvoir bien maîtriser les activités de berger et devenir un bon berger, il faut du temps et de la patience. D'où les quarante années de stage que Dieu a accordé à Moïse avant de lui confier son troupeau (son peuple). À ce propos, nous pouvons écouter John H. Alexander :

> « Ah ! Moïse aura beaucoup à apprendre avant de devenir le vrai libérateur d'Israël ! Peut-être pensait-il que les nombreuses années passées dans les hautes facultés de l'Égypte l'avaient pleinement qualifié pour organiser la délivrance de son peuple. Mais il lui faudra un stage tout aussi long – quarante années – à l'institut de la patience divine, c'est-à-dire à l'université du désert, pour que ses forces propres capitulent et qu'il apprenne à enfin compter uniquement sur Dieu. Et cette École-là a délivré à Moïse un diplôme de capacité d'une plus haute valeur que toutes les distinctions honorables qu'avaient pu lui décerner les universités érigées sur les rives du Nil. Un diplôme – qui tient en quelques mots – et que la Parole divine évoque en ces termes plus de cent pages plus loin dans le texte sacré : *Moïse était un homme fort patient, plus qu'aucun homme sur la face de la terre* »[341].

On peut donc retenir que ce séjour au pays de Madian est pour Moïse un temps de stage pour la future mission que Dieu va lui confier : un stage de quarante ans[342] chez son beau-père Jéthro, pour pouvoir conduire le troupeau de Dieu, le peuple d'Israël pendant quarante ans dans le désert.

---

[341] ALEXANDER J.H., *Moïse, prince, berger et prophète*, Genève / Paris, La Maison de la Bible, 1999, p. 21.

[342] Notre texte ne mentionne pas la durée de séjour de Moïse au pays de Madian, mais nous pouvons nous référer au discours d'Étienne (Ac 7, 30).

Le chiffre quarante qui n'est pas mentionné directement dans notre texte (Ex 3, 1-4, 17) mais qui se répercute dans d'autres livres bibliques, n'est pas neutre. Il tient une place importante et symbolique dans la Bible. Le chiffre quarante exprime un temps d'apprentissage, d'éducation, de préparation en vue d'une mission. La première apparition du mot quarante dans la Bible est dans le contexte du déluge (Gn 7, 4 ; 7, 12.17 ; 8, 6), une punition qui fait partie de la pédagogie corrective et éducative de Dieu. Puis, Moïse demeura quarante jours et quarante nuits avec Dieu pour écrire les paroles de l'Alliance – les dix Paroles (Ex 34, 28 ; Dt 9, 9-11). C'est aussi un stage de formation en droit pour Moïse. La marche du peuple d'Israël dans le désert pendant quarante ans constitue un temps de formation et d'éducation de la part de Dieu par l'intermédiaire de Moïse (Nb 14, 33-34 ; 32, 13). Et dans le Nouveau Testament, nous pouvons citer les quarante jours de Jésus au désert comme un temps de préparation à son ministère (Mt 4, 2 ; Mc 1, 13 ; Lc 4, 2). Tout cela nous amène à dire que les quarante ans de Moïse au pays de Madian n'est pas un temps perdu, mais c'est un temps de formation, d'apprentissage, de préparation à sa future mission. Le métier de berger que Moïse a exercé pendant ce long séjour à Madian, fait désormais partie déjà de sa nature, de sa culture.

Pour attester son expérience après ce long stage, Dieu va recruter Moïse comme cadre, pour lui confier une mission beaucoup plus sérieuse, un troupeau plus important, c'est le peuple d'Israël.

#### 2.1.3.3 Fin de stage : vision et mission comme attestation de stage

Après qu'il a servi quarante ans son beau-père, en tant que berger, Moïse reçoit une apparition de la part de Dieu. En pleine activité, Moïse bénéficie d'une vision étrange et d'un caractère surnaturel : *« Le buisson était en feu ; mais le buisson n'était pas consumé »* (Ex 3, 2). Il qualifie cette vision comme un grand spectacle. Ce spectacle extraordinaire réveille sa curiosité et suscite en lui une question fondamentale : « *pourquoi* le buisson ne se consume pas ? » (Ex 3, 3)

La réponse à cette question qui exprime la soif de la vérité ne va pas tarder. Dieu va révéler à Moïse dans cette vision la vérité qu'il cherche à travers cette vision[343].

Comme il s'agit d'une vision, le verbe « voir »[344] est au rendez-vous. Il devient le centre de la scène. Qui voit quoi ? Ou qui voit qui ? Dieu attire d'abord l'attention de Moïse par cette vision qui est pour lui un étrange spectacle. Moïse répond à l'invitation de Dieu. Mais que voit Moïse ? D'abord il regarde. C'est un autre verbe qui montre l'action de voir. Moïse voit d'abord un buisson qui est embrasé mais ne se consume pas. Est-ce vraiment la réalité ? Moïse lui-même doute de ce qu'il voit. Il s'approche de ce buisson pour *« mieux voir »*, souligne notre texte. Le doute de Moïse est fondé car au milieu de ce buisson, il y a une réalité cachée qui échappe à sa vision. La voix qui est émise du milieu du buisson lui dévoile que ce qu'il voit est différent de ce qu'il entend. L'ouïe éclaircit le sens de la vision. Moïse passe donc d'un spectacle étrange à une révélation beaucoup plus sérieuse. Il apprend de cette vision que ce lieu où il mène son troupeau est une terre sainte. Il entend une voix qui le connaît et l'appelle directement par son nom : *« Moïse, Moïse ! »* Comme cela se passe dans les appels bibliques, le fait de répéter le nom signifie l'importance de la décision que Dieu va prendre avec les personnes concernées (cf. Abraham, Gn 22, 11 ; Samuel, 1 S 3, 10 ; Simon, Lc 22, 31 ; Saul, Ac 9, 4). Cette voix connaît son histoire : « *C'est moi le Dieu de ton père, le Dieu d'Abraham, le Dieu d'Isaac et le Dieu de Jacob* ». Après ces paroles révélatrices de ce qui le concerne, Moïse comprend qu'il est en face de Dieu. Alors, il se voile la face. Dans cette vision, deux gestes, l'un demandé par Dieu (les sandales) et l'autre spontané (face voilée) expriment que des pieds à la tête, Moïse se met en présence de Dieu. Désormais, le

---

[343] Nous tenons compte du fait que les visions dans l'Écriture ont un caractère révélateur (cf. Jr 1, 11).

[344] Cf. VOGELS W., *Moïse aux multiples visages,* p. 87.

regard de Moïse et son attention ne sont plus limités à son troupeau mais s'ouvrent également vers une réalité qui le dépasse.

Quant à Dieu, son regard est d'abord fixé sur les enfants d'Israël (son troupeau). Il prête l'oreille à leurs gémissements et jette sur eux un regard bienveillant (Ex 2, 24-25). Il a vu la misère de son peuple qui réside en Égypte (Ex 3, 7). Puis il a vu aussi Moïse qui gardait le troupeau de son beau-père au désert, dans son territoire (terre sainte). Il a attiré le regard de Moïse par le buisson ardent. Et il a vu Moïse attiré par cette vision. Et dans cette vision, Dieu s'entretient avec Moïse. Il va dévoiler à Moïse son intention de le recruter pour une nouvelle mission.

De la part du Seigneur, cette mission est une attestation de stage pour Moïse : C'est un signe de confiance de Dieu en la personne de Moïse et en ses capacités. Alors, puisque le Seigneur est résolu à délivrer son peuple de la main des Égyptiens et à le faire monter de ce pays vers une contrée plantureuse et vaste…, il confie cette mission à Moïse : *« Maintenant va, je t'envoie auprès de Pharaon pour faire sortir d'Égypte mon peuple, les enfants d'Israël »* (Ex 3, 10). Car il voit en Moïse quelqu'un de bien capable de faire sortir son troupeau chaque jour vers un bon pâturage. C'est la personne idéale pour faire monter son peuple vers une contrée plantureuse et vaste. Il sait que Moïse avait déjà l'intention de délivrer ses frères sous la pression des Égyptiens et de les protéger (Ex 2, 11-12), ce qui lui a valu une fuite vers le pays de Madian. Dieu connaît les angoisses de son peuple à cause du mauvais traitement que ses surveillants lui font subir, il trouve en Moïse un bon surveillant qui peut comprendre son peuple et saisir ses besoins. Si Dieu veut qu'en sortant de l'Égypte, son peuple lui rende un culte sur cette montagne (Ex 3, 12), il n'a qu'à compter sur Moïse qui connaît déjà l'endroit et qui est de la tribu de Lévi (Cf. Ex 2, 1). À cela s'ajoute son séjour pendant quarante ans chez le prêtre de Madian qui lui a certainement fourni une formation sacerdotale.

Tout cela est un atout pour la mission que Dieu va confier à Moïse. Son choix n'est donc pas le fruit du hasard mais s'inscrit dans l'histoire personnelle de Moïse depuis sa naissance jusqu'au moment où Dieu l'appelle. Car en relisant l'histoire de Moïse, nous constatons qu'elle a une ressemblance avec l'histoire du peuple d'Israël. Dans le contexte de la libération, on peut dire que son existence est le reflet de la vie de ce peuple, ainsi que nous le voyons dans le tableau ci-après :

**Tableau 3 :**
**Tableau comparatif de la vie de Moïse et des fils d'Israël**

| Moïse | Les fils d'Israël |
|---|---|
| Oppression à la naissance par les Égyptiens (Ex 1, 8-22). | Oppression du peuple par les Égyptiens (Ex 2, 23). |
| Libération : Tiré de l'eau (Moïse), traité comme fils (Ex 2, 10). | Libération : passage par la mer (l'eau) (Ex 14, 15-31), appellation « les enfants d'Israël » (Ex 4, 22, Israël = fils). |
| Fuite au désert, stage de formation pendant 40 ans (Ex 2, 11-3, 1). | Marche dans le désert pendant 40 ans, suivie d'une formation (la loi, etc.) et d'un temps d'éducation. |

On peut donc retenir que la nouvelle mission de Moïse est de la part de Dieu comme une validation de son stage pendant 40 ans chez son beau-père. Mais pour que cette attestation de stage soit reconnue par les autres (les enfants d'Israël et Pharaon), Moïse exige que celle-ci soit signée par celui qui l'atteste. Cette signature n'est autre que le Nom de Dieu.

## 2.2 La Révélation du Nom de Dieu dans le contexte pastoral

Avant d'étudier le Nom révélé à Moïse, nous allons aborder le contexte dans lequel ce Nom est révélé. Cela pourra nous aider à mieux comprendre le sens de cette Révélation.

### 2.2.1 Buisson ardent : lieu pastoral, lieu de rencontre et de Révélation

Le récit nous rapporte que la Révélation se déroule au moment où Moïse fait paître les moutons de son beau-père Jéthro, par-delà le désert, à la montagne de l'Horeb[345]. Ce qui signifie que Moïse se trouve dans un lieu pastoral. Il est en pleine activité. Étant berger, Moïse est dans son fief.

Mais le texte souligne que la montagne où Moïse fait paître les moutons de Jéthro, c'est une montagne de Dieu[346] (Ex 3, 1). Moïse a donc pénétré dans le lieu de Dieu, comme le dit l'Ange : *« N'approche pas d'ici. Ote tes sandales de tes pieds, car le lieu que tu foules est une terre sainte »* (Ex 3, 5). Moïse est donc dans le fief de Dieu.

Ces deux hypothèses nous montrent un franchissement réciproque des domaines de la part des deux parties. Pour Moïse, Dieu lui rend visite dans son milieu de travail ; pour Dieu, Moïse travaille dans le milieu divin. En tout cas, nous sommes devant un lieu de rencontre. Dans ce lieu de rencontre, Dieu sanctifie le lieu de travail de Moïse par sa présence et Moïse vénère Dieu qui est présent dans son milieu de travail par deux gestes de respect (les sandales enlevées[347] et la

---

[345] Cf. VOGELS W., *Moïse aux multiples visages,* p. 90.

[346] Cf. *ibidem.*

[347] Un ample commentaire sur ce geste est offert dans le livre d'AIGLE D., BRIQUEL-CHATONNET F., *Figures de Moïse,* coll. « Orient & Méditerranée », n° 18, Paris, De Boccard, 2015, p. 103s.

face voilée). Dieu se révèle dans le quotidien d'une personne, à travers son métier. Et c'est dans sa vie quotidienne, son travail professionnel que l'homme sent, reconnaît la présence divine. La profession est un lieu de révélation, comme c'est le cas de Moïse dans notre péricope pour le monde pastoral, ou le cas de Gédéon pour le monde de l'agriculture (Jg 6, 11).

En poussant plus loin notre analyse, nous constatons que ce lieu de rencontre trouve son point culminant dans l'épisode du buisson ardent. C'est là que se déroule un spectacle étrange, ainsi que le dit Moïse. Comme il est berger, le buisson est une plante familière à Moïse qui ne fait plus l'objet d'une attention particulière. Mais c'est le lieu que Dieu choisit pour se révéler à lui. Pourquoi ? Des Rabbis fournissent des réponses à cette question. Pour Rabbi Eliéser, Dieu se révèle dans un buisson « parce que le buisson d'épines est le plus humble des arbres, et Israël le plus humble des peuples ». Rabbi Jochanan répond : « Parce que le buisson d'épines est la haie des jardins, et Israël la haie du monde ». Quant à Rabbi José, il pense que Dieu se révèle dans le buisson « parce que le buisson d'épines est l'arbre douloureux, et Dieu souffre quand souffrent les Hébreux »[348].

Certes, le buisson a un sens symbolique comme l'expriment les Rabbis ; mais d'emblée il est une plante que Moïse connaît et fréquente en tant que berger. En se révélant dans le buisson ardent, Dieu montre sa volonté de s'approcher de Moïse dans son milieu. Il attire l'attention de ce berger par la présence d'un feu au milieu de ce buisson. Ce feu qui embrase le buisson, mais qui ne le consume pas, est un spectacle hors du commun. D'où la démarche de Moïse pour l'approcher. Nous sommes devant deux mouvements qui s'attirent l'un l'autre. D'abord le mouvement de Dieu qui s'approche de Moïse, puis le mouvement de Moïse qui se laisse attirer par cette présence

---

[348] FLEG E., *Moïse raconté par les Sages*, coll. « Espaces libres », Paris, Albin Michel, 1997, p. 40.

divine. Le feu est riche de tout un symbolisme[349] : il est lumineux, nécessaire à la vie, insaisissable, purificateur, destructeur mais justement ici, il ne détruit pas. Comme autrefois, avec Abraham, Dieu était aussi apparu sous forme de flamme (Gn 15, 17), la présence du feu dans le buisson nous met devant la théophanie. Que pouvons-nous retenir de tout cela ?

D'abord, Dieu se fait proche de l'homme. Il rejoint l'homme sur son terrain, dans sa vie de tous les jours, dans son milieu professionnel et familial. Dieu donne une expérience concrète à l'homme comme chemin et lieu de Révélation avant de passer à un enseignement en paroles.

La deuxième chose que nous pouvons garder de l'événement du buisson ardent, c'est le côté mystérieux de Dieu, comme ce feu qui embrase le buisson, mais qui ne le consume pas[350]. Bien qu'il franchisse le milieu de Moïse, Dieu reste toujours insaisissable, comme ce feu qui est insaisissable. Il s'approche de l'homme, mais il ne se laisse pas saisir par l'homme.

### 2.2.2 Troupeau de Moïse et troupeau de Dieu

Toujours dans le monde pastoral où se déroule la Révélation du Nom de Dieu à Moïse, le contexte du troupeau peut nous fournir une piste pour la compréhension de cette Révélation. Le texte nous dit que Moïse faisait paître les moutons de son beau-père Jéthro. C'est au milieu de ce troupeau de moutons qu'il reçoit la Révélation du Nom de Dieu. Plus tard, il sera envoyé au milieu d'un autre troupeau que Dieu va lui confier : « *Je t'envoie auprès de Pharaon pour faire sortir d'Égypte mon peuple, les enfants d'Israël* » (Ex 3, 10). Comme il a l'habitude de faire sortir le troupeau de son beau-père de son enclos pour aller chercher un beau pâturage, Dieu lui confie son

---

[349] WIÉNER C., *Le livre de l'Exode*, p. 16.

[350] MICHAELI F., *Le livre de l'Exode,* p. 48.

troupeau. Le déplacement qu'a fait Moïse, avec son troupeau jusqu'à cet endroit pour lui procurer de la nourriture, annonce le prochain déplacement qu'il va effectuer avec le troupeau de Dieu. Un jour, Moïse reviendra à cet endroit, non plus cependant avec son propre troupeau, mais avec le troupeau de Dieu, ainsi que le dit notre texte : *« Lorsque tu auras mené le peuple hors d'Égypte, vous rendrez un culte à Dieu sur cette montagne. »* (Ex 3, 12) Le verbe « mener », qui est l'équivalent du verbe « conduire », exprime la fonction de pasteur.

Retenons qu'avant de confier cette mission à Moïse, c'est Dieu lui-même qui s'engage à libérer son peuple de la mainmise des Égyptiens. Il a pris la décision de descendre pour délivrer son peuple : *« Je suis descendu pour le délivrer de la main des Égyptiens et le faire monter de ce pays vers une contrée plantureuse et vaste »* (Ex 3, 8). Cela révèle aussi l'identité de Dieu. C'est un Dieu qui descend parmi les hommes pour agir en leur faveur[351]. Et l'action de Dieu est en faveur de la libération de son peuple. Le verbe « délivrer » prend ici le sens d'« arracher » ou de « dépouiller »[352]. Cela nous montre à quel point la mission de libération du peuple hébreu est une tâche difficile, comme le constate Michaeli : « Le salut du peuple est un véritable arrachement comparable à ce que fait le berger qui arrache de la gueule du lion une bête du troupeau (Am 3, 12 ; 1 S 17, 35-37. Cela ne se fait pas sans souffrances, ni sans blessures qui laisseront

---

[351] Le prophète Isaïe implore la descente de Dieu parmi son peuple pour qu'il lui vienne en aide au sujet de la reconstruction de la Ville et du Temple. *« Ah ! si tu déchirais les cieux et descendais – devant ta face les montagnes seraient ébranlées [...] »* (Is 63, 19). Le mystère de l'Incarnation est la pleine révélation de ce Dieu qui descend au milieu de son peuple pour le sauver (Ph 2, 6-11).

[352] Voir au verset 22.

des traces douloureuses, aussi bien chez ceux qui sont délivrés que chez ceux qui les retenaient captifs »[353].

Devant l'ampleur de cette nouvelle tâche, Moïse remet en question son identité : *« Qui suis-je, pour aller trouver Pharaon et pour faire sortir d'Égypte les enfants d'Israël ? »* (Ex 3, 11) Cette remise en question de l'identité de Moïse fait appel à la découverte d'une autre identité qui sera ajoutée à celle de Moïse pour l'accomplissement de sa mission. L'identité de Dieu rejoint celle de Moïse : *« Je serai/ou je suis avec toi »* (Ex 3, 12). Cette parole de Dieu ne rassure pas seulement Moïse pour sa mission, mais elle dévoile également l'identité de Dieu. Si Moïse va libérer le peuple d'Israël de l'Égypte pour aller dans une contrée plantureuse, il est averti qu'il n'est pas seul à la tête de ce nouveau troupeau. Il est avec un autre Berger. Ils libèrent ensemble les enfants d'Israël de la mainmise de Pharaon. Puis ils le conduisent ensemble vers la Terre promise. Certes, aux yeux de Pharaon et de ceux des enfants d'Israël, c'est Moïse qui accomplit cet acte libérateur. Ils comprendront après que c'est Dieu qui agit en la personne de Moïse. Moïse agit au Nom de Dieu pour s'occuper de ce troupeau commun. Étant pasteur, Moïse possède l'instrument nécessaire pour mener à bien sa fonction. Cet instrument n'est autre que le bâton.

### 2.2.3 Bâton pastoral de Moïse, d'Aaron et de Dieu

Dans le monde pastoral de Moïse, le bâton garde toujours une place non négligeable. Il est utilisé comme une arme blanche pour se protéger contre les animaux sauvages ou contre les ennemis. Il est nécessaire aussi pour la protection du troupeau contre les prédateurs, ainsi que pour son encadrement et sa conduite.

Dans la Bible, le mot « bâton » apparaît environ 63 fois, dont 25 dans le livre de l'Exode. Cela exprime son importance dans le contexte de la libération du peuple d'Israël lié au contexte pastoral.

---

[353] MICHAELI F., *Le livre de l'Exode,* p. 49.

Étant berger en pleine activité, Moïse avait son bâton dans la main lors de l'événement du buisson ardent. Durant son dialogue avec Dieu, Moïse lui a demandé une assurance totale de sa présence, de son soutien, de son assistance. Dieu a pris la matière avec laquelle Moïse a placé sa confiance pour sa propre protection et pour la protection de son troupeau, et y a mis sa présence et son soutien. Pour démontrer que la force de Moïse est contenue dans le bâton, Dieu ordonna de le jeter par terre. Alors le bâton devint serpent. Puis il lui ordonna de le reprendre par sa queue, et il redevint bâton. Désormais, par ce bâton, Moïse va opérer des signes pour convaincre Pharaon de libérer le peuple de Dieu, comme le dit notre texte : *« Quant à ce bâton, prends-le dans ta main, c'est par lui que tu accompliras les signes »* (Ex 4, 17).

Après cet évènement du buisson ardent, Moïse retourne en Égypte avec son épouse et son fils qu'il mit sur un âne[354]. Ils sont partis avec la bénédiction et l'accord de son beau-père Jéthro[355]. Pour ce voyage, le texte souligne que Moïse prend avec lui le bâton de Dieu. S'agit-il d'un autre bâton ou de celui que Moïse avait en main lors de l'événement du buisson ardent ? Le verset d'Ex 4, 17 susmentionné semble indiquer un changement quant à la nature de ce bâton. La *LXX* précise : *« Ce bâton qui s'est transformé en serpent, tu le prendras dans ta main et par lui tu feras les signes »* (Ex 3, 17). Dans cette traduction, il s'agit du bâton de Moïse, mais avec l'intervention de Dieu, il est chargé d'une puissance divine avec laquelle Moïse pourra opérer des prodiges. Et dans le v. 20, la *LXX* précise : *« Moïse prit dans sa main le bâton reçu de Dieu »*. Cela confirme encore que pour la *LXX*, il s'agit du même bâton, mais qui est devenu don de Dieu au moment où il est devenu l'instrument de libération

---

354 Le voyage avec un âne pour un libérateur ne reste pas inaperçu (cf. Lc 19, 35).

355 Contrairement à Jacob qui a pris la fuite avec ses femmes, ses enfants et ses biens pour quitter la maison de son beau-père Laban.

du peuple d'Israël. Il en est de même pour le *TM.* À partir du v. 17, le bâton n'appartient plus à Moïse, mais il est devenu don de Dieu à Moïse. Il n'est pas étonnant alors qu'il soit qualifié comme bâton de Dieu au v. 20, car désormais il est habité par la force de Dieu. Autrement dit, le bâton a changé de statut. Il est destiné à une nouvelle mission pastorale, celle de la libération du troupeau de Dieu.

La même question se pose au sujet du bâton d'Aaron par lequel il a opéré des signes devant Pharaon et sa suite (Ex 7, 9-10.12). S'agit-il d'un autre bâton que celui que Dieu a donné à Moïse ou est-ce le même ? Retenons que le peuple hébreu est un peuple de pasteurs. Il est fort probable que chaque homme ait son propre bâton[356]. C'est pourquoi, lorsqu'Israël a quitté l'Égypte, Dieu a fait la prescription suivante à son peuple : *« C'est ainsi que vous la mangerez : vos reins ceints, vos sandales aux pieds et votre bâton en main. Vous la mangerez en toute hâte, c'est une pâque pour le Seigneur. »* (Ex 12, 11) Aaron a aussi son propre bâton. Mais au moment où Dieu l'a proposé comme interprète de Moïse, ainsi que le rapporte le texte : *« Il [Aaron] adressera la parole au peuple en ton Nom et il en sera comme s'il était ta bouche et que tu fusses le Dieu qui l'inspire »* (Ex 4, 16) ; son bâton est ainsi chargé de la présence divine. Il possède également la force du Seigneur. Il pourra également opérer des prodiges sur l'ordre de Moïse. Tout au long de l'histoire de la sortie du peuple d'Israël hors de l'Égypte jusqu'à la guerre contre Amaleq (Ex 17, 9), les deux (Moïse et Aaron) utilisent leur bâton pour manifester la puissance de Dieu, signe de sa présence. La version synagogale le souligne : « Le bâton de Moïse est plus saint que celui d'Aaron car il a été gravé du saint Nom dans le jardin d'en haut. »[357]

---

[356] Comme chez les *Bara*, chaque homme a son propre bâton, d'où le proverbe : « *Kobay an-tañan-drahalahy tsy azo amofoha aomby* » qui signifie : « On ne peut pas frapper un bœuf avec le bâton qui est dans la main de son frère ». Cela dit que chacun doit avoir son propre bâton pour pouvoir garder son troupeau.

[357] Cf. http://www.interbible.org/interBible/ecritures/symboles/2005/.

## 2.3 L'agneau pascal et la libération du peuple hébreu

Partant pour exécuter l'ordre de Dieu, Moïse se trouve dans une violente confrontation avec Pharaon qui refuse de laisser partir les Hébreux. Malgré les menaces divines transmises par la voix de Moïse et d'Aaron, Pharaon s'obstine et il faudra les dix plaies d'Égypte, qui firent des dégâts considérables, pour qu'enfin Pharaon libère les Hébreux.

Restons un moment sur l'élément central de la commémoration de la libération par son Dieu du peuple hébreu hors de la mainmise de Pharaon. Ce moment central, c'est la Pâque. Dieu ordonne à Moïse et à Aaron de s'adresser à la communauté d'Israël pour leur transmettre les prescriptions détaillées du rituel de la Pâque. D'abord, il y a le choix du petit bétail sans défaut par famille. Le choix de cet animal est primordial et a un sens particulier. En effet, certains commentateurs, pour justifier les deux différentes dates indiquées au verset 3 et au verset 6 ainsi que l'intervalle de quatre jours, expliquent que ces quatre jours d'intervalle entre ces deux soirs (cf. v. 6) auraient été destinés à un examen, à un temps d'observation pour s'assurer que cet animal était bien sans défaut[358]. Cela évoque l'importance de la substitution dans la symbolique du sacrifice et du rachat. L'animal immolé aura donc la noble mission de purifier le peuple hébreu de ses fautes. Le peuple doit être à la fois libéré de la servitude des Égyptiens et de la mainmise des dieux égyptiens. Rappelons que la bataille n'est pas celle de Moïse contre Pharaon, mais celle du Dieu des Hébreux contre les dieux des Égyptiens.

Un autre critère consiste en ce qu'on exige aussi que cet animal soit âgé d'un an. Littéralement, il s'agit d'un animal *« fils d'un an »*. Cela rappelle la mission confiée à cet animal. Il représente les enfants de la famille ou du clan des Hébreux. Il doit sacrifier sa vie

---

[358] MICHAELI F., *Le livre de l'Exode,* p. 105.

pour sauver la vie des enfants des Hébreux, ainsi que les étrangers ou les immigrés qui veulent se joindre au peuple hébreu par la circoncision. Le texte souligne que ce sacrifice protège aussi les premiers-nés des animaux contre le dixième fléau. En retour, une fois arrivés en Terre promise, les premiers-nés (hommes et bêtes) doivent être consacrés à Dieu. « Cette requête de consécration souligne l'idée selon laquelle tout appartient au Seigneur »[359]. Cela confirme aussi la valeur du monde animal aux yeux de Dieu.

Il sera immolé au premier mois de l'année, ce qui signifie que « les Israélites inaugurent ainsi une nouvelle histoire, et marquent un nouveau départ »[360]. Le sang sera mis sur les portes et les linteaux où l'on mangera. Étant donné que le sang est le siège de la vie, le sang de l'agneau rachète donc la vie des êtres vivants qui se trouvent dans cette maison. Dans le sacrifice, le sang joue un rôle purificateur. Le sang de l'agneau sans défaut purifiera les péchés de ceux qui se trouvent dans la maison cette nuit-là. Le Seigneur va passer cette nuit-là. Il épargnera ceux qui se trouvent dans la maison (Ex 12, 13). L'expression : *« Je passerai au-dessus de vous »* donne l'explication étymologique du mot pâque. En effet, le mot hébreu פֶּסַח (*pèsah*), désignant la fête de Pâque, vient du verbe « *passer* ». La Pâque désigne à la fois donc l'animal et le passage[361].

La viande de l'agneau pascal sera mangée rôtie en feu et bien cuite. On doit la manger à la hâte, ceinture aux reins, sandales aux pieds, et bâton à la main (cf. Ex 12, 11). Il faut que la viande soit bien cuite,

---

[359] ASSOHOTO B., NGEWA S., in *Commentaire biblique contemporain*, p. 102.

[360] *Ibidem.*

[361] Nous verrons plus tard, que cette idée sera reprise par Jean pour parler de la Pâque de Jésus. *« Avant la fête de la Pâque, sachant que l'heure était venue pour lui de passer de ce monde au Père, Jésus [...] »* (Jn 13,1). Par ailleurs, toujours dans l'évangile de Jean, la première présentation de Jésus par Jean le Baptiste est celui de l'agneau sans défaut (cf. Jn 1, 29).

pour se différencier des rites et des sacrifices des autres peuplades qui mangeaient la chair crue[362]. En effet, Dieu veut mettre un accent sur cette différenciation entre son peuple et celui de ses oppresseurs. Et que son peuple sache faire aussi cette différence entre son Dieu et les dieux étrangers, soit à travers les concepts soit à travers les rites.

Le repas pascal des Hébreux comprend aussi des pains sans levain et des herbes amères. L'usage des pains sans levain peut s'expliquer par la précipitation annoncée pour le départ. De ce fait, les Hébreux n'avaient pas eu le temps de faire lever la pâte pour le pain. Mais étant donné que cette fête nouvelle dure plusieurs jours durant lesquels on mange le pain sans levain, cela veut dire qu'on a quand même le temps de faire lever la pâte. Ceci dit, il existe une autre explication que celle de la précipitation. En effet, « le levain qui permet la fermentation de la pâte (et permet donc la levée) est fait de la pâte non cuite du pain précédent. Cette pâte fermentée produit une espèce d'enzyme proche de la levure. Dans chaque nouveau pain, il y a donc la trace du pain précédent. »[363] Si le Seigneur exige donc du pain sans levain, c'est pour demander un pain totalement nouveau. Dieu veut renouveler son peuple[364]. Si le pain sans levain marque donc la nouvelle naissance, les herbes amères rappelle l'expérience douloureuse de l'esclavage.

Il est bien de noter que les deux éléments constitutifs (animal et végétal) du repas pascal de la fête de la Pâque juive viennent d'une

---

[362] ASSOHOTO B., NGEWA S., in *Commentaire biblique contemporain*, p. 102.

[363] *Ibidem.*

[364] Dans la Bible, le levain est souvent mis en relation avec le péché. De ce fait, il représente le vieil homme et l'image de l'arrogance et de l'orgueil. Le pain sans levain rejoint donc ici le symbolisme du sang purificateur (cf. 1 Co 5, 6-8).

« combinaison de deux fêtes, à savoir, le *pesah*, qui était la plus ancienne et au cours de laquelle un chevreau était sacrifié en souvenir de la sortie, et la plus récente, *massôt*, qui était d'abord une fête agricole, puis une fête de pèlerinage menant à Jérusalem, pèlerinage durant lequel des pains sans levain étaient mangés »[365]. Célébrées à la même période, ces deux fêtes n'ont aucun lien entre elles. Pour l'une, il s'agit d'un rituel sacrificiel pratiqué par des bergers avant de changer de pâturages. Quant à l'autre, c'est un rituel de reconnaissance fait par des agriculteurs sédentaires au moment de la récolte. Le fait de les mettre ensemble pour célébrer et mémoriser la sortie de l'Égypte donne plus de sens à cette fête. En effet, les deux mondes (éleveurs et agriculteurs) se sentent tous deux concernés et réconciliés[366].

Toutes ces prescriptions concernant la Pâque doivent être mémorisées, transmises de générations en générations, afin que personne n'oublie qui est Dieu et ce qu'il a fait. En effet, la célébration pascale a une portée pédagogique et catéchétique, pour que les enfants connaissent la signification de cette fête.

## 2.4 Le veau d'or

Si l'on évoque la vocation pastorale de Moïse dans le thème de la libération du peuple hébreu hors de l'esclavage en Égypte pour le conduire vers la Terre promise[367], il est intéressant de parler de ce veau d'or où un jeune taureau d'or apparaît dans la vie des Hébreux

---

[365] RÖMER Th., *L'Ancien Testament commenté. L'Exode*, Paris / Genève, Bayard / Labor et Fides, 2017, p. 72.

[366] Souvent éleveurs et agriculteurs sont en rivalité mutuelle (cf. Gn 4). Plus tard, la Pâque de Jésus Christ récupère ces deux éléments pour confirmer que sa mission est de réconcilier les frères rivaux.

[367] La prairie idéale (avec abondance de nourriture) vers laquelle Moïse conduit son troupeau.

en cours de route. Il faut tenir compte que Moïse doit lutter pour libérer son peuple de l'esclavage des Égyptiens et de leurs dieux.

Certes, le peuple est déjà libéré de l'esclavage de l'Égypte. Il vient de sortir du territoire de l'Égypte. Mais en route vers la Terre promise, voilà l'épisode du « veau d'or », qui rappelle que la bataille n'est pas tout à fait gagnée. Le peuple a fortement besoin de la présence de son berger pour le conduire vers le bon chemin, pour le combler d'une nourriture saine et vivifiante, pour le protéger des prédateurs affamés. L'absence de Moïse pour un moment sur la montagne, est devenue insupportable pour son peuple. Certes, comme tout bon berger[368], Moïse confie son troupeau à son frère Aaron, durant son absence. C'est pourquoi, voyant l'absence de Moïse, le peuple vient à Aaron pour lui demander : *« Allons, fais-nous un dieu qui aille devant nous. Car ce Moïse, l'homme qui nous fait monter du pays d'Égypte, nous ne savons pas ce qui lui est arrivé. »* (Ex 32, 1)

Pressés par les Hébreux qui, après quatre cents ans de séjour en Égypte, manifestent de temps en temps leur nostalgie[369] de cette contrée, Aaron ordonne qu'on lui apporte les objets d'or des femmes, des fils et des filles des Hébreux. Avec l'or, il façonne un veau ou un taurillon d'or, à l'imitation du taureau Apis, dieu adoré en Égypte. Aaron fait construire un autel en l'honneur de ce taurillon d'or et proclame une fête d'offrandes et de sacrifices pour le Seigneur. Cela explique qu'il ne s'agit pas d'un autre dieu, mais de représenter le Seigneur avec l'image de ce taurillon d'or. Thomas Römer dit dans son commentaire de ce chapitre 32 de l'Exode : « Dans l'Orient ancien, de nombreuses divinités étaient représentées sous la

[368] Nous verrons plus tard la figure de David, le bon berger qui cherche un remplaçant pendant son absence (1 S 17, 20), à l'exemple de Jésus qui, avant de quitter ce monde, confie ses brebis à Simon Pierre (cf. Jn 21, 15-17).

[369] Nostalgie des marmites de viande et du pain (cf. Ex 16, 3), ou regret de quitter l'Égypte à cause du manque d'eau (cf. Ex 17, 3).

forme de taureaux et le Dieu d'Israël lui-même a également été honoré sous cette forme dans le Royaume du Nord »[370]. D'ailleurs l'expression : *« Voici ton dieu, Israël, celui qui t'a fait monter du pays d'Égypte »* (Ex 32, 4), est une citation de 1 R 12, 28 qui rapporte l'action du roi Jéroboam consacrant deux veaux d'or pour représenter le Seigneur.

Dieu dévoile à Moïse le péché de son peuple. En effet, le péché de ce peuple est le fait de remplacer son Dieu par cette statuette de veau d'or[371]. À cela s'ajoute les sacrifices et les offrandes faites à l'autel de ce veau d'or. Puis, ils se livrent à des activités sexuelles, ce que veut relater l'expression *« se lever pour s'amuser »* (v. 6). Dieu demande donc à Moïse de descendre vers son peuple et lui révèle son intention de les exterminer. Mais Moïse intercède en faveur de son peuple, en valorisant la réputation du Seigneur et en rappelant ses promesses faites aux patriarches. Ce geste de Moïse montre à quel point son peuple lui tient à cœur. Envers et contre tout, il cherche à protéger les siens contre le projet d'extermination de la part de Dieu. Voilà un vrai berger qui lutte pour son troupeau. Moïse réussit à convaincre Dieu de renoncer à son projet d'extermination. Dans la révélation vétérotestamentaire, il peut arriver que Dieu renonce à l'exécution de son jugement grâce à la prière et à la pénitence des fidèles.

---

[370] RÖMER Th., *L'Ancien Testament commenté. L'Exode*, p. 155.

[371] Le psalmiste (Ps 115) se moque des dieux des païens, or et argent, une œuvre de mains d'hommes, qui ont une bouche et ne parlent pas, ont de yeux et ne voient pas, ont des oreilles et n'entendent pas, ont un nez et ne sentent pas. Il invite les fils d'Israël à mettre leur confiance dans le Seigneur, le seul vrai Dieu.

Après cette intercession, Moïse descend avec les deux tablettes[372] dans la main. En voyant le veau d'or et le peuple en fête, Moïse se fâche. Il casse les tablettes en les jetant à terre. Par la suite, il détruit le veau d'or en le brûlant et en le piétinant. Ensuite, Moïse oblige les infidèles à boire l'eau à laquelle est mélangée la poussière du veau d'or. Cela rappelle l'eau amère porteuse de malédiction[373]. En Nb 4, 11-28, cette eau amère sert à établir la culpabilité d'une femme accusée d'adultère. Ici, elle dénonce le comportement d'Israël qui s'est rendu coupable d'une rupture d'alliance.

Le travail de purification continue alors par l'entrée en scène des lévites qui ne sont pas associés au culte du veau d'or. « Pour effacer l'erreur, empêcher les ennemis de se moquer de lui et éviter aux Hébreux d'oublier la leçon, Moïse ordonne aux lévites de frapper dans le camp, sans épargner les frères, les amis et les parents. »[374] Certes, ce châtiment semble sévère avec la mort de trois mille hommes, mais cela est sans proportions par rapport au projet d'extermination que Dieu avait prévu de mettre en œuvre.

Après cette action punitive et corrective menée par des lévites, Moïse prie de nouveau Dieu pour lui demander pardon du fait de l'offense commise par son peuple. Dans le cas où Dieu refuse sa demande, il préfère mourir (*« être effacé du livre de Dieu »*). Voilà un vrai berger, celui qui est prêt à mourir pour son troupeau[375]. Dans

---

[372] Écrites par Dieu tel un contrat. C'est une pratique de l'époque dans l'Orient ancien et à l'époque moderne où chaque partie conserve une copie du contrat.

[373] Cf. RÖMER Th., *L'Ancien Testament commenté. L'Exode*, p. 156.

[374] ASSOHOTO B., NGEWA S., in *Commentaire biblique contemporain*, p. 118.

[375] On peut en citer à titre d'exemple le cas de David (1 S 17) ou encore Jésus (Jn 10, 11.15)

sa réponse à Moïse, Dieu déclare que chaque être humain est responsable[376] de ses actes. Moïse est réintroduit dans sa fonction de chef et de guide de son peuple vers la Terre promise. Dieu confirme aussi sa présence en disant : *« Voici que mon ange ira devant toi »* (Ex 32, 34). L'expression *« aller devant »* ou *« marcher devant »* rappelle que c'est Dieu qui est le premier guide ou berger d'Israël.

L'épisode du « veau d'or » met en exergue la vocation pastorale de Moïse. L'intercession de Moïse auprès de Dieu pour son peuple dès l'annonce de la présence de cette idole rappelle son amour et son attention particulière pour son troupeau. Sa descente auprès de son peuple pour constater les faits confirme sa proximité[377] et son attachement à son troupeau. Sa colère devant la folie des siens, la punition, la correction et son effort pour purifier son peuple de ses péchés montre son engagement afin d'avoir un meilleur troupeau. Sa montée vers Dieu pour intercéder de nouveau en faveur de son peuple et sa volonté de risquer sa vie pour son peuple sont une grande preuve d'amour.

## 2.5 Moïse « le cornu »

Pour terminer ce point sur la vocation pastorale de Moïse, il serait intéressant de parler de la figure de « Moïse à cornes ». En effet, plusieurs représentations de Moïse le montrent avec des cornes. Certainement, voir Moïse avec des cornes suscite notre curiosité quand il s'agit de parler de lui dans un contexte pastoral. D'où vient cette image ? Et quelle peut en être la signification ?

---

[376] Ce thème de la responsabilité personnelle de chaque personne devant ses actes sera développé plus tard par Ézéchiel (Ez 18, 4).

[377] Tel est le sens d'« être pasteur avec l'odeur des brebis », selon l'expression du pape François.

Le passage qui montre Moïse avec des cornes se trouve au chapitre 34 du livre de l'Exode, dans la traduction latine de la Bible (*Vulgate*). Ainsi que nous venons de le dire, après l'épisode du veau d'or (Ex 32), Moïse remonte vers Dieu pour intercéder en faveur de son peuple, et surtout pour renouveler l'alliance avec Dieu. Après avoir renouvelé l'alliance avec Dieu, reçu les deux nouvelles tables de la loi, il redescend de la montagne du Sinaï pour rejoindre Israël. Cette fois-ci, Moïse n'a plus trouvé un taurillon en or mais c'est lui qui est devenu cornu sans s'être rendu compte de ce changement, comme dit le texte : *« Moïse ne savait pas que la peau de son visage était* קָרַן *qaran »* (Ex 34, 29). Presque toutes les traductions rendent la forme verbale קָרַן *qaran* par « rayonnant » ou « resplendissant », à part la traduction de saint Jérôme. Thomas Römer explique que « cette racine, qui n'est attestée, dans la Bible, sous forme verbale que dans le récit du livre de l'Exode, est apparemment liée à un substantif plus largement attesté, קֶרֶן (*qèrèn*), qui en hébreu biblique signifie en effet « corne »[378]. Que peut donc signifier cette traduction « Moïse à cornes » ?

Pour répondre à cette question, nous sommes invités à examiner l'usage de ce mot « cornes » dans l'époque ancienne. En fait, dans l'Antiquité, les cornes faisaient parties des attributs[379] importants de la divinité. Ainsi, dans l'iconographie du Proche-Orient ancien, les cornes sont signes de la force d'un dieu ou d'un roi qui le représente[380]. Dans ce cas, les cornes de Moïse expriment la proximité entre le Seigneur et Moïse. D'ailleurs, cette proximité est confirmée par le récit de la mort de Moïse : *« Il ne s'est plus levé en Israël de prophète pareil à Moïse, lui que le Seigneur connaît face à face »* (Dt 34, 10).

---

378 RÖMER Th., *Les cornes de Moïse. Faire entrer la Bible dans l'histoire*, Paris, Fayard, 2009, p. 17-18.

379 RÖMER Th., *L'ancien Testament commenté. L'Exode*, p. 164.

380 RÖMER TH., *Les cornes de Moïse*, p. 19.

Dans la Bible, les cornes sont associées souvent à des animaux puissants, tel le רְאֵם *ré'em*, traduit par « buffle » ou « taureau sauvage » pour manifester l'idée d'une grande puissance ou d'une force. À retenir que ce רְאֵם *ré'em*, à part son image d'animal puissant, libre et sauvage, est souvent pris comme terme de comparaison[381]. Il existe donc des versets qui parlent de Dieu avec l'image de cornes. Entre autres, nous pouvons citer la prophétie de Balaam sur Israël : *« Dieu le fait sortir d'Égypte, il [Dieu] est pour lui comme des cornes de buffles »* (Nb 23, 22)[382]. Il en est de même à la fin de la bénédiction de Moïse sur la tribu de Joseph :

> « *Premier-né du taureau, à lui la gloire. Ses cornes sont cornes de buffle dont il frappe les peuples jusqu'aux extrémités de la terre. Telles sont les myriades d'Éphraïm, tels sont les milliers de Manassé.* » (Dt 33, 17)

Dans tous ces cas, les cornes évoquent la puissance, la force. Dire donc que Moïse a des cornes signifie qu'il possède une force extraordinaire par laquelle il peut vaincre ses ennemis. On peut imaginer qu'après qu'il a anéanti le veau d'or, ces cornes apparaissent sur sa tête en signe de sa force.

## Conclusion

Tout au long de ce chapitre, nous avons vu qu'après les riches expériences pastorales des patriarches, Moïse témoigne d'une vocation pastorale exceptionnelle. En effet, la vocation pastorale de Moïse s'inscrit dans la réalisation de la promesse de Dieu par le don de la Terre promise aux fils d'Israël. La mission de Moïse est de *libérer* le peuple hébreu de l'esclavage des Égyptiens, puis de le *conduire* en Terre promise. Le parcours de vie de Moïse semble orienté vers

---

[381] Cf. Cours de Philippe LEFEBVRE, *Licornes théologiques*, Université de Fribourg, 7 mai 2007.

[382] Voir la même citation en Nb 24, 8.

cette vocation pastorale. La présence active de Dieu dans les différentes étapes de la vie de Moïse lui offre une formation à cette vocation pastorale. À sa naissance, il est libéré de l'eau par l'intervention divine. Plus tard, il est envoyé pour délivrer le peuple hébreu en passant par la mer grâce à l'intervention divine. Sa formation au palais royal de l'Égypte et son long stage chez son beau-père à Madian pendant sa fuite font de Moïse un homme instruit et capable de guider le peuple hébreu, comme un pasteur conduit son troupeau, depuis l'Égypte jusque à l'entrée en Terre promise. La Révélation du Nom de Dieu à Moïse lors de l'événement du buisson ardent fait de ce milieu pastoral un lieu de rencontre privilégié avec Dieu. En effet, c'est en pleine activité pastorale que Moïse reçoit de Dieu la mission de libérer et de conduire le troupeau de Dieu vers le bon pâturage qu'est la Terre promise ruisselante de lait et de miel. De ce fait, Moïse a le privilège de recevoir la Révélation du Nom de Dieu, texte capital pour l'explication étymologique du nom *YHWH*. Bien que cette explication reste énigmatique, elle nous apprend qu'avant d'être formulée par cette expression mystérieuse *« Je suis qui je suis »*, ce Nom résume l'expérience de l'homme avec Dieu. Pour Moïse, ce Nom décrit et explicite son expérience de Dieu dans son parcours personnel et avec les enfants d'Israël. La personne de Moïse participe même à cette définition du Nom de Dieu : *« Je SUIS avec toi »* (Ex 3,12). Ce *« Je SUIS »* qui agit en la personne de Moïse pour la libération des enfants d'Israël et qui les conduit vers la Terre promise, assume l'identité de Moïse en tant que berger : c'est un Nom qui exprime la proximité de Dieu, une proximité à l'image d'un berger qui sent l'odeur de ses brebis, une proximité qui marque même le corps de Moïse devenu cornu. La vocation pastorale de Moïse confirme de nouveau que le monde pastoral est un monde comme tant d'autres qui nous permet de penser à Dieu. La fin du récit sur Moïse nous rapporte que le patriarche prophète a bien rempli la mission que Dieu lui a confiée. *« Le Seigneur lui dit : "Voici le pays que j'ai promis par serment à Abraham, Isaac et Jacob, en ces termes : Je le donnerai à ta postérité. Je te l'ai fait voir de tes yeux, mais tu n'y passeras pas."* » (Dt 34, 4) C'est ce qui fait de lui un homme sans pareil en Israël. Dès lors, c'est maintenant à Josué, fils de Nûn, à qui Moïse a imposé les mains, de prendre le relais pour faire entrer les Israélites en Terre promise.

CHAPITRE 3

# LE MESSIE, ROI ET BERGER

## Introduction

Une fois le peuple installé en Terre promise, Dieu continue à s'en occuper à travers des personnes aptes à le guider. D'où l'onction des rois messies qui sont des bergers. Ils sont choisis et oints pour diriger ce peuple à l'exemple de Dieu qui est le bon pasteur. Nous allons voir dans ce chapitre la présence de Dieu dans le personnage du messie roi et berger. Pour ce faire, nous commençons notre exposé par l'annonce du messie à venir dans la bouche d'Anne dans un contexte pastoral. Puis, nous continuerons par les figures de Saül et de David, le messie berger. Enfin, nous aborderons le messie berger annoncé par les prophètes

## 3.1 L'annonce du messie à venir dans la bouche d'Anne en contexte pastoral (1 S 1-2, 10)

Pour aborder l'annonce du messie à venir dans la bouche d'Anne en contexte pastoral, nous allons d'abord étudier la naissance de Samuel à travers l'offrande du taureau en guise d'action de grâce et nous terminerons par le cantique d'Anne et l'annonce du messie.

### 3.1.1 La naissance de Samuel : un fils donné et un taureau offert

L'épisode de la naissance de Samuel commence par l'exaucement de la prière d'Anne. De retour chez eux, *« Elqana s'unit à sa femme et le Seigneur se souvint d'elle »* (1 S 1, 19). Dieu entre en action. Ce qui était impossible depuis longtemps est désormais devenu possible sous l'action de Dieu. Dieu répond à la prière d'Anne en lui donnant un fils. Anne est bien consciente de cette intervention divine dans sa vie, et elle le consigne dans le nom de son fils « Samuel » qui signifie « demandé à Dieu »[383]. Ce nom de Samuel, qui est rattaché au verbe *sha al* (fréquent dans ce récit), nous fait penser que l'enfant aurait pu être appelé « Saül » qui signifie « le demandé », mais on l'a appelé Samuel qui contient aussi cette racine « Saül ». Le nom de Samuel englobe et annonce donc le nom de Saül qui est lui aussi un roi demandé à Dieu (cf. 1 S 8, 10). Mais ce nom *She m ou el* est marqué aussi par le nom de Dieu *El*. Ce qui confirme la présence de Dieu en la personne de Samuel.

Lors d'une nouvelle montée de sa famille d'Elqana à Silo pour offrir le sacrifice annuel, Elqana veut saisir l'occasion pour accomplir son vœu. Mais quel vœu ? « Ce pourrait être une allusion à la validation du vœu de la femme par le mari, pratique qui sera codifiée en Nb 30 »[384]. À ce propos, P. Lefebvre ajoute :

> « On peut aussi comprendre qu'Elqana avait fait un vœu. Mais quel vœu, et concernant qui ? Notre texte laisse entendre qu'une part de la vie d'Anne et d'Elqana avec Dieu ne nous est pas rapportée. Ce

[383] « L'explication du nom de Samuel est rattachée au verbe *sha al* "demander", ce qui est sûrement secondaire au plan étymologique, et conviendrait par contre parfaitement au nom de Saül, le "demandé". » (CAQUOT A., DE ROBERT P., *Les livres de Samuel, Commentaire de l'Ancien Testament*, p. 41).

[384] *Ibidem*.

> silence n'occasionne pas des incertitudes, mais la certitude que l'expérience du couple est plus riche que ce que nous pouvons en connaître. Il y a un surplus de réalité divine. »[385]

Quant à Anne, elle veut garder son fils jusqu'au sevrage avant d'aller le présenter et l'offrir pour toujours au Seigneur. Anne rappelle ici son vœu prononcé au v. 11. Le fils demandé sera donné au Seigneur pour toute sa vie.

Après le sevrage, Anne monte à Silo pour réaliser ce qu'elle a dit à son mari : *« Il sera présenté devant le Seigneur et il restera pour toujours »* (1 S 1, 22). L'expression utilisée par Anne fait allusion aux pèlerinages qui ont lieu lors de trois grandes fêtes (Ex 34, 23-24) durant lesquelles chacun se présente devant le Seigneur pour lui offrir un don proportionné à la bénédiction reçue (cf. Dt 16, 16-17). Cela nous invite à prendre en considération le don qu'Anne offre à Dieu pour la bénédiction qu'elle a reçue de Dieu. Le premier don proportionné à ce qu'elle demande et qu'elle va offrir à Dieu, c'est son fils. Quand Anne vient à Silo, elle y vient pour offrir son fils à Dieu. Samuel est une offrande pour sa mère. De ce fait, Samuel est devenu une personne sacrée. Elle va le céder à Dieu pour tous les jours de son existence.

Mais l'offrande de son fils est accompagnée par d'autres offrandes. Il s'agit d'un taureau[386], d'une mesure de farine et d'une outre de

---

[385] LEFEBVRE Ph., *Livres de Samuel et récit de résurrection*, p. 130-131.

[386] Reconnaissons que le texte nous pose des problèmes par rapport au taureau. Certaines traductions parlent plutôt de trois taureaux (cf. *TOB*), tandis que d'autres (comme la *Bible de Jérusalem*) parlent d'un taureau de trois ans. Alfred Marx apporte une explication en disant : « Le texte est controversé du fait qu'au v. 25 il n'est question de l'immolation que d'un seul taureau. Aussi la plupart des commentateurs ont-ils corrigé *bepàrîm selosah* au v. 24, en *bepar mesullas*, "avec un taurillon de trois ans", une lecture appuyée par la *LXX* ainsi que par 4 Q Sam. On peut d'ailleurs se demander si le texte actuel ne résulte pas de correction par simple déplacement du *mem*, rattaché au mot qui précède, ceci en vue de rendre le sacrifice

vin. L'offrande d'un taureau, un bovin, montre la grandeur de la bénédiction qu'Anne a reçue de Dieu et la grandeur de sa reconnaissance envers Dieu. Cette offrande peut faire allusion à Samuel. Un jeune taureau de trois ans, illustrant la montée en vigueur d'un animal réputé pour sa force, symbolise la puissance de Dieu qui réside en Samuel depuis son jeune âge. À l'exemple de ce taureau qui est destiné pour le sacrifice, Samuel donnera sa vie pour Dieu pour toujours.

Quant à la mesure de farine et à l'outre de vin qui accompagnent l'offrande du taureau selon la codification de Nb 15, 8-10, elles représentent le monde végétal qui rejoint le monde animal (taureau) pour affirmer la plénitude de l'offrande d'Anne. Rappelons que depuis le début, l'homme rend à Dieu, en signe de reconnaissance, ce qu'il reçoit de lui. Comme nous le rappelle le récit de la création, Dieu donne le monde végétal et animal à l'homme comme nourriture pour entretenir sa vie (cf. Gn 1-2), et l'homme le rend à Dieu en guise de reconnaissance (cf. Gn 4). Nous voyons donc dans l'offrande d'Anne la relation solidaire entre les êtres vivants (homme, animal, végétal) et leur Créateur afin de promouvoir la vie[387]. Cet épisode confirme que la « vie » vient de Dieu et elle revient à Dieu. Une vie demandée à Dieu (la prière d'Anne), une vie donnée par Dieu en la personne de Samuel (prière exaucée), et une vie offerte à Dieu par l'offrande de Samuel (réalisation du vœu) : c'est de là que découle l'abondance d'une vie (cf. 1 S 2, 20-21). Ici, la semence d'homme qu'Anne a demandée et qu'elle a consacrée à Dieu apporte beaucoup de fruits, car elle mit encore au monde trois fils et deux filles (cf. 1 S 2, 21).

---

ainsi offert conforme aux règles édictées par P. » (MARX A., *Les offrandes végétales dans l'Ancien Testament. Du tribut d'hommage au repas eschatologique*, Leiden / New York / Köln, E.J. Brill, 1994, p. 30)

387 L'offrande d'Anne (taureau, farine, vin) est une préfiguration de l'offrande eucharistique qui présente Jésus comme l'Agneau de Dieu (animal), sous forme de pain (farine) et de vin en tant que gage de la vie éternelle.

### 3.1.2 Le cantique d'Anne et l'annonce du messie à venir : un messie à cornes

L'offrande d'Anne se termine par une prière d'allégresse reconnaissante de l'action divine dans sa vie. Cela exprime la gratuité de son don[388]. Cette prière sous forme d'hymne[389] explore son expérience de Dieu et annonce une réalité en germe qui va se déployer[390].

Le cantique d'Anne s'ouvre par sa joie suscitée par l'action de Dieu dans sa vie : *« Mon cœur exulte dans le Seigneur »* (1 S 2, 1). Cette joie se transforme en cri de triomphe symbolisé par la « corne élevée » et la « bouche grande ouverte ». Retenons que « la "corne élevée", en d'autres termes le "front haut", exprime à la fois la puissance et la fierté de la victoire »[391]. Nous pouvons constater cela dans le cantique de David à l'autre bout des livres de Samuel (2 S 22, 51) où le Seigneur est exalté comme « une corne de salut »[392]. D'ailleurs, Anne reprend ce terme au bout de son cantique en parlant de la « corne de son oint » (1 S 2, 10). À cela s'ajoute le terme « bouche grande ouverte » qui exprime aussi la victoire dans le sens qu'avec une bouche grande ouverte on peut engloutir les ennemis (cf. Ps 81, 11) ou les railler (cf. Ps 35, 21). Ici, dans notre contexte, la victoire d'Anne est une victoire de la postérité face à la stérilité. Elle obtient cette victoire incomparable de Dieu. Nous comprenons

---

[388] Il n'est pas évident d'offrir à quelqu'un (ici à Dieu) un fils unique issu de la stérilité.

[389] Avec sa forme hymnique, cette prière d'Anne trouve son point culminant selon l'affirmation de saint Augustin : « Chanter c'est prier deux fois ».

[390] Cf. LEFEBVRE Ph., *Livres de Samuel et récit de résurrection*, p. 106.

[391] CAQUOT A., DE ROBERT P., *Les livres de Samuel. Commentaire de l'Ancien Testament,* p. 58.

[392] Cf. LEFEBVRE Ph., *Livres de Samuel et récit de résurrection*, p. 106.

donc que si Anne est extrêmement joyeuse et entonne un chant d'allégresse, c'est que Dieu lui a donné la victoire.

Par la suite, Anne nous décrit l'identité de ce Dieu qui lui a procuré cette victoire. Qui est le Seigneur pour Anne ? D'abord, il est « Saint », un titre qu'elle dédie exclusivement à Dieu car *« point de Saint comme le Seigneur »* (1 S 2, 2). Mais quel est le rapport entre l'action de Dieu dans la vie d'Anne et la sainteté de Dieu ? Certes, la sainteté de Dieu est inaccessible à l'homme mais elle est reconnue par l'homme à travers la manifestation de la gloire divine. L'homme peut reconnaître la sainteté de Dieu par le biais de sa protection miraculeuse et des délivrances inespérées (cf. Ez 28, 25s). En effet, la sainteté de Dieu est liée à sa grandeur, à sa puissance. Et c'est dans ce sens qu'Anne voit en Dieu le « Saint » sans pareil. C'est par la puissance divine qu'elle a obtenu sa victoire.

À cela s'ajoute une métaphore qui est comme l'écho du titre « Saint » que nous avons évoqué ci-dessus. Pour Anne, Dieu est un « Rocher ». En effet, dans l'Ancien Testament, le « Rocher » évoque une protection inébranlable (cf. Dt 32, 4.31 ; Ps 18 ; 2 S 22, 32). C'est par cette protection inébranlable qu'Anne reçoit la victoire. Cet attribut est réservé uniquement à Dieu : *« Point de Rocher comme notre Dieu »* (1 S 2, 2). L'insistance sur l'exclusivité du titre « Saint » pour le Seigneur et l'attribut « Rocher » pour Dieu entre en résonance avec l'idée de l'unicité divine[393].

Une autre qualité du Seigneur est le savoir : *« Un Dieu plein de savoir, voilà le Seigneur »* (1 S 2, 3). Certes, le savoir de Dieu se manifeste par sa création du monde mais il embrasse également la gestion de la vie de l'humanité et de tout ce qui existe. Alors, si la stérilité dépasse la maîtrise humaine, il revient à Dieu qui est le Maître de la vie de résoudre ce problème.

---

[393] CAQUOT A., DE ROBERT P., *Les livres de Samuel. Commentaire de l'Ancien Testament,* p. 58.

Retenons que le savoir de Dieu n'est pas seulement une question de connaissance mais il touche aussi la sagesse. C'est pourquoi, après la présentation du Seigneur comme un Dieu plein de savoir, arrivent une série d'enseignements sapientiaux. D'abord, le Seigneur pèse les actions. Il entre en action. Il renverse les situations injustes de ce monde. Il écrase la force des puissants, il donne à manger aux affamés, il rend fertiles les femmes stériles, il enrichit les pauvres, il abaisse et élève, etc. Ce renversement n'est pas pour Anne une doctrine abstraite. Il est une réalité vécue par son expérience de stérilité. C'est à partir de cette expérience vécue qu'elle entonne cet hymne d'allégresse où elle chante le maître de la vie. En effet, selon l'expression du professeur P. Lefebvre, son chant est un « chant de la vie »[394].

L'aboutissement du cantique d'Anne est l'action de Dieu en la personne du roi et de son oint. Dans ce dernier verset du cantique, Anne annonce un message prophétique d'un roi-messie. Dieu assiste son roi en lui donnant sa force. Cette force est exprimée également par la métaphore de la « corne » attribuée à son oint. D'ailleurs, quand on consacre un roi, c'est par une corne pleine d'huile qu'on verse sur la tête de celui qui va être consacré (cf. 1 S 16, 13). Autrement dit, ce roi-messie est littéralement « cornu », comme un animal plein de force. C'est par l'huile[395] contenue dans la corne, que se transmet symboliquement à son oint la force de Dieu. Cette image pastorale collée au roi-messie annonce déjà la charge pastorale qu'il va exercer au milieu de son peuple. Il sera le pasteur de son peuple. À la base de cette image, il y a toujours la relation entre les êtres vivants (animaux et humains) et Dieu.

Certes, la joie d'Anne éclate par l'exaucement de sa prière en la personne de son fils Samuel. Mais elle déborde sur toute la génération

---

[394] Cf. LEFEBVRE Ph., *Livres de Samuel et récit de résurrection*, p. 106.

[395] Plus tard, l'image sera reprise par la communauté chrétienne pour symboliser la force de l'Esprit.

à venir qui va bénéficier de cette grâce (comme son nom l'indique) par les autres fils annoncés, par la naissance de son fils Samuel. *« La femme stérile enfante sept fois. »* (1 S 2, 5) La naissance de Samuel annonce d'autres naissances car Anne donnera encore naissance à cinq autres enfants mais elle représente également les mères des messies à venir qui restent inconnus ou cachés dans le silence du texte.

L'élévation de Samuel est une préfiguration de l'élévation de Saül, de David et du peuple d'Israël. « La naissance de Samuel est déjà l'aurore d'un jour nouveau, celui du oint de Yahvé dont parle la fin du poème. »[396] L'oint de Dieu sera le futur pasteur qui va s'occuper de son peuple comme Dieu lui-même s'occupe de son peuple. Nous allons voir par la suite quelques figures des oints de Dieu (Saül et David), annoncés par la naissance de Samuel.

## 3.2 Les messies-bergers : les figures de Saül et de David

Deux figures de messies s'enchaînent suite à l'histoire de Samuel. Il s'agit de Saül et de David qui étaient tous les deux des bergers et avaient reçu l'onction de Samuel. Mais les deux ont une expérience pastorale différente. Nous allons voir ces deux expériences pastorales et l'action de Dieu dans leur expérience pastorale.

### 3.2.1 Saül et le troupeau introuvable : Une parabole de Saül comme mauvais berger ?

Nous sommes devant un personnage peu recommandable[397] de l'histoire biblique pour parler d'un roi messie dans la Bible. Mais il faut

---

[396] WÉNIN A., *Samuel et l'instauration de la monarchie (1 S 1-12). Une recherche littéraire sur le personnage*, Frankfurt-am-Main, Peter Lang, 1988, p. 60.

[397] LEFEBVRE Ph., *Saül, le fils envoyé par son père. Lecture de 1 Samuel 9*, coll. « Connaître la Bible », nº 13, Bruxelles, Lumen Vitae, 1999, p. 3.

reconnaître que l'histoire de Saül traverse vingt-cinq chapitres de l'Ancien Testament (1 S 9 à 2 S 1 et 2 S 21), ce qui n'est pas insignifiant. Cette place dominante de l'histoire de Saül dans le premier livre de Samuel stimule notre curiosité à aborder la révélation divine à travers son parcours. Mais vu la longueur du texte et l'ampleur de son histoire, nous n'avons pas la prétention de commenter tous les textes qui parlent de Saül. Cela dépasserait notre recherche et mériterait une thèse particulière. Nous aimerions aborder seulement l'image de Saül en tant que roi-messie et berger et l'intervention de Dieu dans ce contexte.

L'histoire de Saül commence par la présentation de son origine (cf. 1 S 9). Il est Benjaminite. Dans cette présentation, nous remarquons la place dominante du « fils ». Tous les personnages liés à Saül sont présentés comme « fils ». Parmi ces nombreux fils, Saül prend aussi sa place, un fils qui a une apparence séduisante (beau et robuste). Le silence du texte sur le récit de la naissance de Saül laisse au lecteur un moment de méditation sur un autre fils. Rappelons que le nom de Saül signifie le « demandé ». Un fils qui est nommé le « demandé » précède même l'histoire de Saül, c'est Samuel. Il était le fils « demandé » à Dieu mais « consacré » à Dieu. Nous verrons que ces deux fils « demandés » se rejoignent et laissent un message révélateur de Dieu qui a manifesté son intervention particulière dans leur existence.

Après cette présentation de Saül, le texte nous décrit sa première activité. Il est un envoyé. Saül est envoyé par son père Qish[398] pour

[398] Notons qu'un père qui envoie son fils n'est pas un fait nouveau dans le récit biblique et annonce un geste prophétique. Nous pouvons nous référer à l'histoire de Jacob qui a envoyé son fils Joseph vers ses frères (cf. Gn 37, 13). Certes, Saül est envoyé pour chercher les ânesses perdues de son père, mais cela le conduit vers un homme de Dieu. À partir de cette rencontre, il sera envoyé plus tard vers ses frères, le peuple de Dieu.

chercher ses ânesses perdues. C'est une activité pastorale. Cette recherche des ânesses perdues est un défi pastoral pour Saül[399]. Soulignons qu'« à l'époque ancienne, l'âne était en Israël une monture réservée à des personnages de marque (Jg 5, 10 ; 10, 4 ; 12, 14) et nécessaire à leur équipement (1 S 8, 16 ; 16, 20). La perte de ces animaux est donc une affaire sérieuse, même si l'expression utilisée n'implique pas que la totalité du cheptel soit perdue. La famille était donc en difficulté »[400]. Cette phrase nous montre à quel point la mission de Saül est très importante. Il est envoyé pour retrouver la vraie richesse de son père. C'est un test d'intégration, pour voir s'il sera capable de pratiquer ce métier de pasteur.

Avant d'aller jusqu'à l'aboutissement de cette mission, restons d'abord sur la mission elle-même. Le fait d'envoyer Saül pour chercher les ânesses de son père, manifeste le fait qu'il fréquente le monde animal et qu'il a au moins une certaine notion de la manière de s'en occuper[401]. Son obéissance à son père signale sa solidarité avec le souci de retrouver ces ânesses perdues. Un des devoirs d'un pasteur est de chercher les animaux perdus[402].

---

399 Rappelons que chez les *Bara* de Madagascar, apprendre à retrouver les traces d'un animal perdu fait partie des connaissances requises chez les pasteurs.

400 CAQUOT A., DE ROBERT P., *Les livres de Samuel. Commentaire de l'Ancien Testament,* p. 124.

401 En effet, dans plusieurs cultures pastorales, la recherche d'un animal perdu (bovin ou ovin) requiert une capacité particulière ou un flair spécial. Chez les *Bara* et dans beaucoup de peuples malgaches, par exemple, on cherche les animaux perdus par leur trace. Les *Bara* savent distinguer la trace de leurs animaux de celle des autres. À partir de cette trace, ils peuvent deviner le moment où les animaux sont passés dans un tel endroit.

402 Dans le Nouveau Testament, Jésus nous apprend que la raison de sa venue sur terre est de chercher ce qui était perdu (cf. Mt 15, 24 ; Mt 18, 11 ; Lc 15 ; Lc 19,10).

La durée de cette recherche (trois jours) et l'itinéraire qu'il emprunte (cf. 1 S 9, 4-5), montrent la patience et l'engagement dont Saül fait preuve durant cette recherche. Après trois jours de quête, Saül pense revenir pour ne pas susciter l'inquiétude de son père. Ceci signifie que Saül a échoué dans sa recherche. C'est un échec de son test pastoral.

Si l'effort personnel mené par Saül et son serviteur connaît un échec, il faut l'intervention d'une autre force, d'où la proposition de son serviteur d'aller voir l'homme de Dieu dans le but d'obtenir un éclaircissement sur leur voyage. En allant chez le « voyant », il accepte de se laisser guider par Dieu pour retrouver le troupeau perdu de son père. Son souci d'accomplir son devoir envers l'homme de Dieu à travers les offrandes manifeste la volonté de Saül d'impliquer Dieu dans cette mission de quête des ânesses perdues. Et cela tombe bien car, comme disent les filles du village, Samuel le voyant se prépare à faire un sacrifice. L'offrande de Saül ne rejoint- elle pas le sacrifice de Samuel ?

En arrivant chez le voyant, Saül obtient la réponse qu'il cherche. Samuel lui déclare que les ânesses sont retrouvées. Mais qui a retrouvé les ânesses ? En tout cas, ce n'est pas Saül. Le texte ne le dit pas. Cela permet à Saül de reconnaître à la fois son échec et la place indispensable de Dieu dans cette recherche. Les ânesses de son père ne sont pas retrouvées sans l'intervention divine.

Cette déclaration de Samuel semble mettre fin à la mission de Saül. Pourtant elle annonce une nouvelle mission qui est liée à ce qu'il vient d'effectuer. Cela confirme ce dont nous avons parlé précédemment avec quelques figures bibliques de pasteurs. Dieu manifeste sa présence dans le parcours de chaque personne et c'est à partir de cela qu'il lui confie une mission. C'est à partir de l'itinéraire pastoral de Saül que Dieu va lui confier plus tard la charge pastorale de son peuple. Le texte souligne que c'est Dieu qui envoie Saül vers Samuel (1 S 9, 16).

Rappelons que le chapitre qui précède l'histoire de la recherche des ânesses perdues évoque le récit de la réclamation par le peuple d'un roi pour le gouverner. Cela nous situe dans l'institution de la royauté en Israël. En effet, cette institution de la royauté occupe les chapitres 8 à 12 du premier livre de Samuel.

Notons que cette réclamation suscite des réactions. D'abord, Samuel voit d'un mauvais œil cette requête des anciens de changer le système de gouvernement. En fait, Samuel constituait le gouvernement du peuple en tant que juge. C'était son ministère. Et il se montrait très efficace pendant qu'il était juge en Israël (1 S 7, 15-17). Pourquoi donc les Israélites ont-ils exigé un roi ? Samuel, lui qui a reçu de Dieu ce ministère, demande à Dieu dans la prière le sens de cette requête (1 S 8, 6). La réponse de Dieu rassure Samuel. En fait, cette demande d'un roi n'était pas un vote de défiance, ni un jugement sur la façon dont Samuel menait son ministère, mais c'était un rejet de son Roi divin (cf. 1 S 8, 7-8)[403]. Après avoir reçu cette réponse, Samuel part à la recherche de son remplaçant. Nous allons voir par la suite, l'immersion de Dieu dans l'instauration de la royauté en Israël, dans l'itinéraire de ce premier roi messie d'Israël.

En effet, la désignation de Saül comme roi se fait en trois étapes[404], à savoir l'onction secrète à Rama (1 S 9, 1-10.16), puis la désignation publique à Mispa (1 S 10, 17-27), et enfin la proclamation à Gilgal après la victoire contre les Ammonites (1 S 11, 1-15).

Arrêtons-nous sur le mot « messie », le maître mot qui occupe une place importante dans ce point évoquant la figure de Saül « roi-messie ». La fréquence de ce mot dans le livre de Samuel (18 fois sur 39 occurrences dans l'Ancien Testament) montre son importance dans notre contexte. À noter aussi que c'est dans le livre de Samuel que

---

403 ASSOHOTO B., NGEWA S., in *Commentaire biblique contemporain*, p. 348.

404 Cf. CAQUOT A., DE ROBERT P., *Les livres de Samuel. Commentaire de l'Ancien Testament,* p. 112.

ce mot est prononcé pour la première fois par un humain (cf. 1 S 2, 10).

Le mot « messie » ou *mashia'h* (משיח)[405] en hébreu, provient de la racine *משח* signifiant « onction d'un homme dans de l'huile d'olive », selon la coutume. De ce fait, nous constatons que le mot « messie » est une adaptation du mot hébraïque *mashiah.* Dans la traduction de la *LXX*, ce mot est traduit par *christos*. Quant à la *Vulgate*, saint Jérôme[406] adapte en latin la traduction grecque *christos* en *christus*. Le messie est donc celui qui reçoit l'onction d'huile versée par une autre personne sur sa tête (cf. 1 S 9, 16 ; 16, 13).

Le parcours de Saül démontre la présence active de Dieu à son peuple en sa personne. Celui qui était à la recherche du troupeau perdu (les ânesses de son père) est devenu le sauveur du peuple d'Israël. Depuis ce moment-là, jusqu'à son onction comme roi d'Israël, Dieu est avec lui, car il a suivi sa prescription. Par cette obéissance à la parole de Dieu, Saül a trouvé le succès dans son royaume (cf. 1 S 14, 47-48). Mais malheureusement, cette obéissance de Saül à Dieu n'a pas duré. Et cela le conduit à la chute et au rejet.

Saül s'est détourné du but de sa position à la tête du peuple de Dieu. Autrement dit, il n'a pas bien joué son rôle de berger du peuple de Dieu. Nous soulevons ici quelques mauvaises actions de Saül contraires à celles d'un bon berger. D'abord, on a remarqué la suffisance de Saül. Saül n'a pas consulté le Seigneur pour le choix de ses compagnons de guerre lors de la bataille de Yabésh en Galaad. En fait, Saül avait rassemblé trois cent trente mille hommes pour cette bataille. Puis, il choisit trois mille hommes et le reste, il les renvoya

[405] Cf. http://fr.wikipedia.org/wiki/Oint_de_Dieu. Cf. aussi LEFEBVRE Ph., *Saül, le fils envoyé par son père. Lecture de 1 Samuel 9*, p. 10.

[406] *Ibidem* (wikipedia).

chez eux. On ne connaît pas les critères de son choix. Mais ce qui est certain, c'est qu'il n'a pas impliqué Dieu dans sa sélection[407].

Saül s'est mis lui-même sur le devant de la scène. Quand son fils Jonathan mena une action contre les Philistins (1 S 13, 3a), Saül s'en attribua tout le mérite en sonnant de la trompette dans tout le pays disant : *« Que les Hébreux l'apprennent ! »* (1 S 13, 3b). Il est bien loin du comportement de Moïse, le vrai berger qui avait conduit le peuple hébreu depuis l'Égypte jusqu'à l'entrée de la Terre promise. Moïse a encouragé le peuple à l'action par des : *« Lève-toi, Seigneur, que tes ennemis se dispersent, qu'ils fuient devant toi »* (Nb 10, 35). Mais avec Saül l'on dit : *« Saül a frappé le préfet des Philistins »* (1 S 13, 4). En un mot, Saül se croit trop fort et il prend la place de Dieu lui-même. Il se met au centre de toute action et veut attirer l'attention sur ses exploits. Pourtant, ce geste irréfléchi de Saül a provoqué les Philistins à se mobiliser en masse contre Israël. Là encore, Saül le berger a mis son peuple dans une position inconfortable, voire en danger. Les Israélites ont eu peur de la mort et se sont mis en fuite là où ils pouvaient se cacher, dans des endroits sûrs.

Outre la suffisance, l'une des faiblesses de Saül est l'usurpation de fonction. En tentant de rassembler ses troupes qui se dispersaient un peu partout à cause de la fuite et de la peur devant les Philistins, Saül usurpe la fonction sacrificielle de Samuel. Il offre l'holocauste en disant : *« Amenez-moi l'holocauste et les sacrifices de communion »* (1 S 13, 9). Ce comportement irréfléchi de Saül met Samuel en colère. À cause de cela, Samuel prédit ouvertement à Saül la chute de sa royauté : *« Tu as agi en insensé ! Tu n'as pas gardé le commandement que le Seigneur ton Dieu t'avait prescrit. Autrement le Seigneur aurait affermi pour toujours ta royauté sur Israël, mais maintenant, ta royauté ne tiendra pas »* (1 S 13, 13). Son royaume sera

---

[407] Au contraire du comportement de Gédéon en Jg 7, 1-8.

donné à un autre homme[408] selon le cœur de Dieu, comme l'affirme Samuel : *« Le Seigneur s'est cherché un homme selon son cœur et il l'a institué chef de son peuple, parce que tu n'as pas gardé ce que le Seigneur t'avait prescrit »* (1 S 13, 13-14).

Comme il est rejeté par le Seigneur, abandonné par Samuel, la bataille de Saül contre les Philistins s'avère très difficile, la victoire impossible. Il est seul face à l'ennemi. Avec un nombre réduit de soldats peu armés, apeurés et démoralisés, Saül est affaibli. En perdant la communion avec Dieu, Saül ne pouvait plus protéger son peuple contre l'agression de l'ennemi. Il avait laissé Israël vulnérable telle une ville sans murailles.

Tout cela aurait dû pousser Saül à reconnaître ses fautes et demander le pardon du Seigneur. Mais « Saül ne cria pas vers le Seigneur comme Ézéchias (2 R 20, 1-5) et ne plaida pas avec lui comme Moïse (Ex 33, 3). Moïse avait prié pour le pardon pour le peuple, et Dieu le lui avait accordé »[409]. Au contraire, Saül poursuivit ses préparatifs pour le combat. Mais à quoi bon se livrer au combat si la personne la plus forte, le pilier de l'armée, n'est plus avec vous dans les rangs ?

Malgré les différentes erreurs de Saül, Dieu a tenté de nouveau d'être avec lui, de l'aider lors de la bataille contre les Amalécites. Il avait donné l'ordre à Saül de vouer à l'anathème Amaleq et tout ce qu'il possédait pour le punir de ce qu'il avait fait à Israël. Mais *« Saül et le peuple épargnèrent Agag et le meilleur du petit et du gros bétail, les bêtes de seconde portée et les agneaux, bref tout ce qu'il y avait de bon ; ils ne voulurent pas les vouer à l'anathème »* (1 S 15, 9). Cela montre la désobéissance de Saül à la parole de Dieu. Le point de non-retour est atteint par cette désobéissance : *« Je ne*

---

[408] Même si on ne le nomme pas directement, cet homme selon le cœur de Dieu fait référence à David.

[409] ASSOHOTO B., NGEWA S., in *Commentaire biblique contemporain*, p. 353.

*reviendrai pas avec toi puisque tu as rejeté la parole du Seigneur, le Seigneur t'a rejeté : tu n'es plus roi sur Israël »* (1 S 15, 26). À partir du moment où il a désobéi à la parole de Dieu pour obéir au peuple, Saül a perdu son pouvoir (1 S 15,11.24). Dieu l'a rejeté : il s'était repenti de l'avoir fait régner sur Israël (1 S 15, 11.35), son esprit s'était retiré de lui (1 S 16, 14). Cette décision du Seigneur envers Saül montre que c'est lui qui veille en premier sur son peuple. Il est le vrai pasteur qui n'abandonne pas son troupeau désobéissant. Mais pour le bien de son troupeau, Dieu ne laisse pas ce poste vacant. À sa place, il donne la royauté à un autre : *« Aujourd'hui, le Seigneur t'a arraché la royauté sur Israël et l'a donnée à ton voisin, qui est meilleur que toi »* (1 S 15, 28). Ce voisin qui est annoncé par Samuel fait allusion à David (même si son nom n'est pas mentionné directement ici). C'est sur ce fond d'échec de Saül que débute l'histoire du jeune David, une grande figure de messie-berger. Nous verrons donc par la suite comment Dieu manifeste sa présence dans le nouveau roi qui va s'occuper de son peuple et comment ce roi exprime sa soumission à ce Dieu.

### 3.2.2 David : une grande figure de « messie-berger »

Pour parler du thème du « messie-berger », la figure de David reste une référence dans l'histoire du salut. Comme l'histoire de David occupe plusieurs chapitres dans les deux livres de Samuel et qu'elle se répercute aussi dans d'autres livres bibliques, nous avons choisi d'aborder ce thème du « messie- berger » seulement dans le récit de son début (1 S 16-17-18) et dans un des Psaumes qui en parlent (Ps 23). Pour mieux cerner l'image de Dieu berger à travers la figure de « messie-berger », nous aborderons les trois points suivants : d'abord, l'onction de David, puis le berger professionnel et le libérateur du peuple, et enfin le Psaume (Ps 23) de David, champ d'exploration de ses expériences avec Dieu.

### 3.2.2.1 L'onction de David

Comme nous venons de le développer au point précédent, le récit de l'onction de David débute par un rappel de la destitution et du rejet de Saül par Dieu. Cela introduit l'entrée en scène de David son successeur, un nouveau roi pour Israël. Dieu donne des ordres à Samuel pour oindre un nouveau roi pour Israël. D'abord, Dieu lui ordonne de préparer une corne d'huile, nécessaire pour l'onction de ce nouveau roi. Le récipient où l'on met l'huile est différent de celui qui a été utilisé pour l'onction de Saül. Pour l'onction de Saül, le mot utilisé est la « fiole » (1 S 10, 1), tandis que pour David, on emploie le mot « corne »[410] (1 S 16, 1). L'objet est l'onction d'un nouveau roi.

Samuel est donc prié de partir chez Jessé le Bethléemite avec cette corne remplie d'huile pour oindre le roi choisi par Dieu parmi ses fils. Face à cette mission, Samuel fait une objection qui présente Saül comme un homme dangereux et semble préfigurer ses violences futures contre David[411]. La réponse de Dieu à cette objection de Samuel est la célébration d'un sacrifice qui rappelle le cadre de la désignation de Saül (1 S 9).

Arrivant chez Jessé, Samuel accomplit les ordres de Dieu. Il commence par inviter les anciens de Bethléem au sacrifice pour les rassurer sur le but de sa mission. Remarquons en passant que la crainte des anciens de Bethléem souligne le caractère extraordinaire de la mission de Samuel (cf. 1 S 21, 2).

En lisant le récit de l'onction de David, nous constatons qu'il a beaucoup de similitudes avec celui de Saül. Mais c'est une référence qui montre la supériorité de David par rapport à Saül. Même le matériel utilisé pour oindre ces deux rois est différent. Pour Saül c'est une

---

[410] Ce qu'utilise aussi le prêtre Sadoq en 1 R 1, 39 pour le sacre de Salomon.

[411] Cf. ASSOHOTO B., NGEWA S., in *Commentaire biblique contemporain*, p. 188.

fiole tandis que pour David c'est une corne, nous l'avons dit. En 1 S 2, on évoque ce mot « corne » lié avec le verbe « élever » dans le contexte messianique. Et quand on oint un roi, c'est vraiment une application à la lettre de cette élévation de la corne sur sa tête. Bref, en David a lieu la réalisation de la prière d'Anne au sujet du messie.

Ainsi, le choix du nouveau roi par éliminations successives rappelle celui de Saül par tirage au sort (1 S 10, 17-27). *« Les jeunes gens sont-ils au complet ? »* (1 S 16, 11a). Cette question de Samuel relance le récit qui va aboutir au succès de sa mission. Cette question rappelle la question posée au sujet de Saül : *« Est-il encore venu ici quelqu'un ? »* lors de sa désignation comme roi d'Israël. On est en quête du messie. Autrefois, on cherchait Saül dans les bagages. Ici, on va chercher le plus jeune fils de Jessé au pâturage[412]. Après la « corne », le mot « pâturage » met de nouveau David dans le contexte pastoral. Première présentation de David (jusqu'ici son nom n'est pas encore mentionné) : c'est un berger. Il est en train de faire paître le troupeau. Ce plus jeune fils de Jessé n'est pas remarquable par sa taille, contrairement à Saül, mais brille par sa beauté (roux, beau regard, une belle tournure).

Le choix de Dieu est fixé sur le plus jeune mais non pas sur l'aîné. Cette décision divine est communiquée à Samuel qui la met à exécution. Samuel prend donc la corne d'huile et oint David au milieu de ses frères. C'est alors que l'esprit de Dieu fond sur David. Justement, le nom de David apparaît pour la première fois ici avec la mention du *« souffle de Dieu »* (1 S 16, 13). Lors de l'onction de Saül, l'esprit de Dieu fondit également sur lui mais passagèrement et visiblement avec l'influence prophétique. Au contraire, en David, le don de l'esprit demeure invisible et permanent. Cette action de l'esprit de Dieu en David est liée à la dignité royale et implique probablement une perspective dynastique[413] (cf. Is 11, 2).

---

[412] Cf. CAQUOT A., DE ROBERT P., *Les livres de Samuel,* p. 189.

[413] *Ibidem.*

Nous pouvons donc retenir que le nom de David, le petit berger de Jessé, apparaît pour la première fois lors de son onction. L'esprit de Dieu fondit sur lui. Il va marquer la suite de l'histoire du messie. Désormais, les mots « berger », « David » et « messie » se connectent. Nous allons voir par la suite l'impact de cette onction de David dans sa vie et dans la vie du peuple.

#### 3.2.2.2 David, le berger professionnel et le libérateur d'Israël

Comme nous l'avons déjà dit, la première référence de David est d'être un berger. C'est au pâturage qu'on l'a trouvé avant son onction. Dieu l'a appelé en plein service car il était en train de faire paître le troupeau quand Samuel l'a convoqué (1 S 16, 11). Plus tard, quand Saül envoya des messagers chez Jessé pour chercher David, il savait déjà son métier de berger puisqu'il disait : *« Envoie-moi ton fils David, celui qui s'occupe du troupeau »* (1 S 16, 19). En un mot, David est connu comme berger.

Appelé au service de Saül en tant que musicien en raison des vertus thérapeutiques attribuées à la musique, David, le joueur de cithare et le futur patron des psalmistes, est présent à la cour pour calmer et écarter l'esprit mauvais qui explique les crises du roi déchu. Certes « le soulagement » de Saül est comme un effet du « souffle » qui anime désormais David[414].

Mais cet acte libérateur de David ne s'arrête pas à ce roi déchu. Il s'ouvre à tout le peuple d'Israël, ce que relate le récit de David et de Goliath en 1 S 17. Ce récit, on l'entend plusieurs fois dans le livre. En le lisant et en le relisant, nous nous posons la question quant à la logique et la continuité de l'histoire de David dans les livres de Samuel. Au chapitre précédent (1 S 16), par exemple, David a été appelé au service de Saül dans sa cour. Quand il l'a fait chercher chez Jessé il dit : *« Envoie-moi ton fils David »* (1 S 16, 19). Cela signifie que Saül connaît David. Pourtant, en 1 S 17, la question de Saül au

[414] *Ibidem*, p. 190.

sujet de David montre le contraire. David est inconnu de Saül. Il demande à Abner : *« De qui ce jeune homme est-il le fils, Abner ? »* (1 S 17, 22). Et à David il pose la question : *« De qui es-tu le fils, jeune homme ? »* (1 S 17, 58).

Que dire de tout cela ? Ce n'est pas par erreur ou en vain que l'auteur compose ainsi ce récit. Le texte de 1 S 17 présente une structure et une dynamique des contes qui sont connus dans différentes cultures comme « l'ogre et le Petit Poucet, le jeune homme inconnu qui épouse la fille de roi, le moins qualifié qui remporte finalement le succès que les plus avertis n'arrivaient pas à obtenir »[415]. Notre intérêt n'est pas de donner des repères chronologiques sur l'histoire de David, mais de soulever la réalité que l'auteur veut nous transmettre dans le contexte pastoral.

Rappelons que la première raison de l'institution du roi en Israël réside dans le fait de sauver le peuple de Dieu de la main des Philistins (1 S 9, 16). Les Philistins sont des ennemis de toujours d'Israël. Il faut donc un homme pour sauver Israël des Philistins. Justement, le géant Goliath veut défier l'armée d'Israël, il demande un homme pour combattre avec lui : *« Choisissez-vous un homme et qu'il descende vers moi »* (1 S 17, 8) ; *« Donnez-moi un homme pour que nous combattions ensemble »* (1 S 17, 10). Goliath prononce cette parole deux fois par jour pendant quarante jours. Les quarante jours passent, mais aucun homme du camp d'Israël n'ose se porter volontaire pour affronter Goliath. Pire encore, *« Quand Saül et tout Israël entendirent ces paroles du Philistin, ils furent consternés et ils eurent très peur »* (1 S 17, 11).

Un homme apparaît parmi les rangs d'Israël dans ce contexte d'effroi. Il n'est pas géant comme le Philistin, mais c'est un homme de petite taille (1 S 16, 12 ; 17, 14). C'est un jeune berger, que son père a envoyé sur le front pour prendre des nouvelles de ses grands frères et rapporter leurs gages à la maison. Face à ce Philistin armé

[415] Cf. cours de Ph. LEFEBVRE, Université de Fribourg, 16 février 2009.

jusqu'aux dents, équipé de toute la technologie de l'époque et qui fait peur à tous les hommes d'Israël, David apparaît. Il va accomplir sa mission : « demander l'état de santé de ses frères », autrement dit, il se soucie du salut de ses frères.

Certes, David est souvent absent du camp d'Israël et n'a pas eu l'occasion d'écouter le discours journalier de Goliath. Mais arrivé au camp, David entend le défi lancé par le Philistin. Alors, après avoir eu l'information nécessaire sur le prix attribué à celui qui va se battre contre Goliath, David déclare son intention de relever le défi. *« Qu'est-ce que ce Philistin incirconcis pour qu'il ait lancé un défi aux troupes du Dieu vivant ? »* (1 S 17, 26) Puis, il encourage ses compatriotes en disant : *« Que personne ne perde courage à cause de lui »*. David montre ainsi ses qualités de chef en insufflant le courage dans les cœurs de ses compagnons[416].

La réaction de son frère Eliab, accusant son jeune frère de « mauvais cœur » ou de mauvaises intentions, rappelle l'histoire de Joseph calomnié par ses frères ainés avant de s'élever au-dessus d'eux (cf. Gn 37)[417]. Ici, la question d'Eliab : *« À qui as-tu laissé ton petit troupeau dans le désert ? »*, a déjà sa réponse au v. 20. Il a laissé le troupeau à un gardien avant de partir au campement[418]. Ce qui souligne la vigilance et l'attachement de David à son troupeau.

C'est dans ce contexte pastoral que David s'avance et se présente pour défier le Philistin. Il explique bien à Saül que sa tactique de guerre est semblable à ce qu'il faisait lors de ses combats contre les prédateurs de son troupeau.

---

[416] ASSOHOTO B., NGEWA S., in *Commentaire biblique contemporain*, p. 362.

[417] CAQUOT A., DE ROBERT P., *Les livres de Samuel,* p. 206.

[418] Nous verrons un peu plus tard que le dernier messie, un fils de David, le Bon berger, avant de passer de ce monde à son Père, confie ses brebis à un autre pasteur (Simon fils de Jean, cf. Jn 21, 15-17).

« *Quand ton serviteur faisait paître les brebis de son père et que venait un lion ou un ours qui enlevait une brebis du troupeau, je le poursuivais, je le frappais et j'arrachais celle-ci de sa gueule. Et s'il se dressait contre moi, je le saisissais par les poils du menton et je le frappais à mort. Ton serviteur a battu le lion et l'ours, il en sera de ce Philistin incirconcis comme de l'un d'eux, puisqu'il a défié les troupes du Dieu vivant.* » (1 S 17, 34-36)

Certes, l'entraînement de David pendant son métier de berger peut servir pour combattre ce géant philistin. Mais jusqu'où peut-il résister devant la tactique de combat de ce géant philistin, un homme de guerre depuis sa jeunesse ? David est bien conscient de la différence de technique qui existe entre lui et Goliath, mais il souligne bien que son combat n'est pas de lui seul mais celui du Seigneur qu'il appelle le *« Dieu vivant »*[419]. *« Le Seigneur qui m'a sauvé de la griffe du lion et de l'ours me sauvera des mains de ce Philistin. »* (1 S 17, 37) Lors de sa charge de berger, David trouve son salut en Dieu qui n'est autre que son berger. Pour David, le « Dieu vivant » en qui il a mis toute sa confiance est son Berger qui le libère de ses prédateurs. Alors, devant ce Philistin, David est sûr qu'il va triompher avec la protection de son Berger.

Voyant la conviction de David qui s'appuie sur sa foi en Dieu, Saül ne fait que le bénir : *« Va et que le Seigneur soit avec toi ! »* (1 S 17, 37) Cette bénédiction de Saül est suivie par le don de ses habits et de ses armes de guerre. Ce geste de Saül peut exprimer une signification symbolique de la remise figurée de la royauté. Car il est clair que l'habit de Saül, un homme de haute taille, ne peut que gêner le petit David dans son combat.

Malgré la bonne volonté de Saül d'équiper David de ses armes, ce dernier les a refusées car il ne s'est pas entraîné avec elles. Il préfère

[419] Cela montre déjà la différence entre Saül qui aime se mettre devant la scène, chercher sa propre gloire dans ses exploits par rapport à David qui compte sur la force et la présence active du Dieu vivant dans son combat.

combattre à sa façon de berger. C'est alors que *« David prit son bâton en main, il se choisit dans le torrent cinq pierres bien lisses et les mit dans son sac de berger, sa giberne, puis, la fronde à la main, il marcha vers le Philistin »* (1 S 17, 40). Avec ses armes de berger (bâton, fronde, pierre), David s'avance avec confiance vers le Philistin. Certes, il a confiance en ses armes qu'il sait très bien manipuler pour protéger son troupeau contre les prédateurs ou le chien, ainsi que le disait le Philistin. Mais sa vraie confiance s'appuie sur *« le nom du Seigneur Sabaot, le Dieu des troupes d'Israël »* (1 S 17, 45) et il ajoute : *« Et toute l'assemblée saura que ce n'est pas par l'épée ni par la lance que le Seigneur donne la victoire, car le Seigneur est maître du combat [...] »* (1 S 17, 47). Certes, le combat entre David et Goliath est un combat entre deux hommes, mais il s'inscrit dans un cadre de guerre sacrale[420] qui dépasse un fait personnel. David vient combattre Goliath au nom de Yahvé Sabaot (1 S 17, 45). Le Philistin ne manque pas non plus de maudire David par ses dieux (1 S 17, 43).

La suite de l'histoire prouve que David abat Goliath, armé jusqu'aux dents, d'un coup de sa fronde. Le géant philistin a été abattu par le jeune homme de Jessé le Bethléemite. La disproportion qui existe entre les deux combattants et l'inégalité de leurs armes démontrent que la victoire de David, comme lui-même le dit, se trouve dans le Nom de Dieu. Le Nom de Dieu prend donc ici sa valeur dynamique. Il ne sert pas simplement à appeler ou à désigner l'identité de Dieu par rapport aux autres mais il agit et est actif dans le parcours de chaque individu. Nous pouvons retenir également dans l'épisode de la victoire de David contre Goliath la confirmation de la figure messianique de David, car est messie celui qui délivrera le peuple d'Israël de la main des Philistins (cf. 1 S 9, 16). Dans cet épisode,

---

[420] Cf. ABADIE Ph., *Le berger devenu roi. La montée au trône de David, 1 Samuel 16 à 2 Samuel 5*, Lyon, Olivétan, 2013, p. 33.

l'expérience de David sur Dieu est exprimée dans un langage qu'il connaît. Étant berger, David utilise à plusieurs reprises des vocabulaires pastoraux pour expliquer la réalité divine. En un mot, pour David, Dieu est aussi son Berger qui le protège. Cette expérience personnelle de David est mentionnée dans un Psaume qui lui est attribué. C'est ce que nous allons aborder par la suite.

#### 3.2.2.3 Le Psaume 23(22) de David, champ d'exploration de ses expériences de Dieu

Nous sommes sans doute devant le texte le plus célèbre qui met en œuvre le thème pastoral. Beaucoup y voient « la perle du psautier » et Julien Green le définit comme « l'Évangile en petit »[421]. Pour Vesco, « ce psaume est beau, merveilleusement beau, de poésie, de spiritualité, d'évocations, d'images, quoi qu'il en soit des traductions, des interprétations ou de la mélodie »[422]. Ce Psaume, comme nous le voyons présenté dans notre Bible, est attribué à David. S'appuyant sur les expériences du peuple de Dieu dans le passé, en particulier durant l'exode après la sortie d'Égypte et leur errance dans le désert, ainsi que sur son vécu personnel, le psalmiste exprime sa foi et son espérance en Dieu[423]. C'est un Psaume de confiance[424]. Même s'il retient l'expérience de David, la date de sa composition est située beaucoup plus tard que l'époque davidique. On le situe dans l'époque du retour de l'exil. Pour l'étude de ce texte, nous devons donc tenir compte de ces deux contextes : l'expérience de David s'inspirant de l'exode de jadis et le retour de l'exil.

---

[421] Cf. VESCO J.-L., *Psaumes : cris d'hommes et voix de Dieu*, Marseille, La Thune, 2002, p. 83.

[422] *Ibidem.*

[423] Cf. ASSOHOTO B., NGEWA S., in *Commentaire biblique contemporain*, p. 657.

[424] Cf. VESCO J.-L., *Psaumes : cris d'hommes et voix de Dieu*, p. 241.

Par un regard rapide sur le texte, nous constatons qu'il se divise en deux parties dont la première présente Dieu comme le bon pasteur (Ps 23, 1b-4). On y trouve les termes du vocabulaire du monde pastoral tels « berger, herbe, eaux, bâton, houlette ». À cela s'ajoutent les verbes « mener » et « guider » qui décrivent la fonction des bergers. La seconde partie parle d'un hôte généreux (Ps 23, 5-6). Cela est confirmé par des mots tels que « table, coupe, demeure et maison ». Y a-t-il connexion entre ces deux parties ou sont-elles indépendantes l'une par rapport à l'autre ? Certes, nous sommes devant deux images différentes « pasteur » et « hôte » mais nous verrons plus tard que cela n'enlève pas la connexion qui existe entre ces deux parties. Étudions maintenant la première partie du Psaume.

### *« Le Seigneur est mon berger »* (Ps 23, 1-4)

Avant d'aborder la première partie de ce Psaume où on parle plutôt de l'image du bon pasteur, identifions d'abord celui qui parle, autrement dit : que représente le « Je » de ce Psaume ? Dès le premier verset, nous sentons que l'image du berger implique celle du troupeau. Ce qui nous pousse à reconnaître dans ce « Je » une personnification du peuple d'Israël[425]. En effet, le pronom possessif appliqué au berger divin (« mon » berger) explique que le psalmiste fait sienne l'expérience qu'Israël a vécue autrefois. Le psalmiste qui s'identifie au peuple d'Israël se considère comme le troupeau de Dieu, le bon pasteur. Rappelons que, dans tout le Proche-Orient ancien, le titre de berger est un titre royal. Il en est de même dans la Bible. Comme nous l'avons déjà remarqué à maintes reprises, l'image de Dieu comme bon pasteur est assez fréquente dans l'Ancien Testament et nous mentionnons ici à titre d'exemple les Psaumes d'Asaph (Ps 74, 1 ; 77, 21 ; 78, 52. 70sqq ; 79, 13 ; 80, 1) et les prophètes Isaïe (40, 11) et Ézéchiel (34) que nous allons étudier par la suite. Toutefois, il faut tenir compte aussi du fait que le

---

[425] DE ROBERT Ph., *Le berger d'Israël. Essai sur le thème pastoral dans l'Ancien Testament*, p. 91.

Seigneur n'est pas simplement le berger de tout un troupeau, mais il est aussi berger de chaque brebis du troupeau. Il connaît chacune d'entre elles par son nom[426]. Et chaque brebis peut confesser : « le Seigneur est mon berger ».

Un berger pourvoit à tout pour son troupeau. Si Dieu est donc un berger, le psalmiste sait que grâce à son pasteur il ne manquera de rien. En effet, durant les quarante années dans le désert, le peuple hébreu a fait l'expérience de cette bienveillance de Dieu. Le livre du Deutéronome offre un résumé de cette attention de Dieu envers son peuple[427] : *« Car le Seigneur ton Dieu t'a béni en toutes tes actions ; il a veillé sur ta marche à travers le grand désert. Voici quarante ans que le Seigneur ton Dieu est avec toi sans que tu ne manques de rien* » (Dt 2, 7).

Par la suite, le psalmiste continue de décrire de quelles façons Dieu s'est comporté comme un berger. La connaissance du monde pastoral peut éclairer les détails de l'allégorie. Rappelons qu'un pasteur est celui qui guide ou conduit son troupeau vers des prairies verdoyantes pour le faire paître et ensuite il lui donne à boire dans l'abreuvoir, puis il le fait reposer à l'ombre jusqu'à ce que la forte chaleur soit tombée. Il est aussi important d'avoir une idée du paysage palestinien particulièrement aride et désertique pour pouvoir apprécier l'image des prés d'herbe fraîche à sa juste valeur[428].

L'idée de repos évoqué par le psalmiste est liée au thème de l'exode. « *Vous n'êtes pas encore entrés dans le lieu de repos, dans le patrimoine que le Seigneur ton Dieu te donne.* » (Dt 12, 9)[429] Le repos

---

[426] Un vrai berger connaît le nom de ses brebis. Il les appelle par leur nom (cf. Jn 10, 3).

[427] Cette même affirmation se trouve également en Ne 9, 21, Dt 8, 9 ; Ex 16, 18 ; Is 51, 14.

[428] Cf. VESCO J.-L., *Psaumes : cris d'hommes et voix de Dieu*, p. 88.

[429] Nous suivons ici la *Traduction œcuménique de la Bible*.

évoque surtout la longue marche dans le désert et les luttes pour la conquête. On peut y voir aussi l'idée du retour de l'exil selon le second Isaïe : *« Ils n'auront plus faim ni soif, ils ne souffriront pas du vent brûlant ni du soleil, car celui qui les prend en pitié les conduira, il les mènera vers les eaux jaillissantes »* (Is 49, 10). En poussant beaucoup plus loin notre réflexion, avec les symboles des eaux (Ps 36, 9-10) et du repos (Ps 132, 8, 14), nous pouvons même y voir une allusion au Temple[430]. D'ailleurs, A. Lelièvre et A. Maillot voient en ce psalmiste « un pèlerin qui après un séjour au Temple lors d'une grande fête, va repartir regagner son village »[431]. Au-delà des images, la symbolique a une portée plus large.

Il le conduit sur les chemins sécurisés et plus courts pour qu'il ne s'égare ni ne se fatigue et pour éviter les passages dangereux, repaires de fauves et de voleurs. Tels sont les sentiers de la justice dont parle le psalmiste. Le bâton et la houlette sont le matériel qui sert à diriger ou à compter les brebis. Il est utilisé aussi pour s'appuyer dans un passage difficile et pour défendre le troupeau[432].

Pour le monde pastoral, l'usage de ces images est très significatif. Il n'est pas étonnant qu'on les emploie fréquemment dans la Bible pour expliquer la réalité divine, vu la place occupée par le monde pastoral chez les Hébreux. Explorant les expériences de David sur Dieu, ce Psaume exprime sous une forme lyrique et poétique l'intervention divine dans son parcours personnel. En effet, le psalmiste décrit son expérience personnelle en s'inspirant de celle de l'Exode où Dieu nourrit et guide son peuple en traversant le désert, en route vers la Terre promise.

---

[430] Cf. VESCO J.-L., *Psaumes : cris d'hommes et voix de Dieu*, p. 88.

[431] LELIÈVRE A., MAILLOT A., *Les Psaumes, chants d'amour (1 à 75)*, Lyon, Olivétan, 2007, p. 191.

[432] Cf. CALÈS J., *Le livre des Psaumes*, I : *Introduction. Psaumes I-LXXII*, Paris, Beauchesne, 1936, p. 279.

Comme nous l'avons déjà signalé, ce Psaume est composé au moment du retour de l'exil. Cette image de Dieu pasteur est liée au thème de l'Exode. En effet, ce Psaume contient de nombreuses allusions à cette thématique. Dès le premier verset nous avons l'expression « ne manquer de rien » qui se réfère à la manne au désert (cf. Ex 16, 18 ; Dt 2, 7 ; Ne 9, 21). Ainsi, « le terme "ramener" désigne le retour d'exil dans Ez 39, 27 et Jr 50, 19 où il est associé au rôle pastoral d'YHWH »[433]. Dans la *TOB*, on retient l'expression « je reviendrai »[434] qui s'applique parfaitement au retour d'exil (Jr 29, 14). Dans un contexte différent nous pouvons rapprocher ce thème du vœu de Jacob à Béthel qui demande au Dieu-Berger de le ramener vers la « maison de son père », repris dans Os 12, 7 en ces termes : « *Tu reviendras chez ton Dieu* ». Ces quelques éléments nous poussent à dire que dans la perspective du retour d'exil, l'image pastorale détermine la tonalité générale de ce Psaume 23, comme le démontre Philippe De Robert : « YHWH ramène son peuple vers la Terre sainte, il ne le laisse manquer de rien au cours du voyage, en lui procurant nourriture et repos, en lui assurant une route droite et aplanie, en écartant les menaces qui le guettent et en le réconfortant à l'étape »[435]. Cela nous rappelle le retour de Jacob qui a pris le même chemin vers la maison de son Père. Il s'est montré berger professionnel en conduisant son troupeau et sa famille avec beaucoup de soin (Gn 33, 13-14).

---

433 DE ROBERT Ph., *Le berger d'Israël. Essai sur le thème pastoral dans l'Ancien Testament*, p. 93.

434 La *Bible de Jérusalem* ne mentionne pas ce verbe de mouvement « revenir ». Elle utilise plutôt un verbe statique « demeurer ».

435 DE ROBERT Ph., *Le berger d'Israël. Essai sur le thème pastoral dans l'Ancien Testament*, p. 93.

## Dieu hôte (Ps 23, 5-6)

Venons-en maintenant à la deuxième partie de ce Psaume marquée par le changement d'images (vv. 5-6). On passe de la métaphore du bon pasteur à celle d'un hôte généreux. Nous avons déjà posé la question au début, en nous demandant s'il y avait connexion entre ces deux images. Retenons que chez l'Oriental, le changement d'image dans un même contexte ne pose aucun problème[436]. Suivant la logique du texte et tenant compte de la facilité orientale de passer d'une image à une autre, nous voyons une relation entre ces deux images. En effet, nous y trouvons quelques termes-clés qui nous permettent de voir ce lien entre les deux parties. La mention des adversaires mis hors d'état de nuire, par exemple, nous rappelle le thème de la protection divine dans la partie précédente.

Cette relation entre l'image du berger et celle de l'hôte est confirmée par la présence du tétragramme divin (vv. 1a.6c), renforcée par la mention du Nom (v. 3c). Cela rappelle que les deux images, berger et hôte, désignent une même personne. Il s'agit de celui qui a révélé son Nom à Moïse au buisson ardent. Un Nom qui rappelle la présence active de Dieu dans la vie de chaque personne, dans son parcours personnel. C'est le Nom en qui Moïse a mis toute sa confiance et qui lui a permis de conduire le peuple de Dieu durant son Exode depuis l'Égypte jusqu'à la Terre promise.

L'image d'un hôte aimable et généreux est donc appliquée au bon pasteur. Nous trouvons ce même style dans le Psaume 78 qui évoque le berger divin : *« Il poussa comme des brebis son peuple, les mena comme un troupeau dans le désert ; il les guida sûrement, ils furent sans crainte, leurs ennemis, la mer les recouvrit »* (vv. 52-53). Puis il parle aussi de la table dressée au désert : *« Or ils parlèrent contre Dieu ; ils dirent : "Est-il capable, Dieu, de dresser une table au désert ? Voici qu'il frappe le rocher, les eaux coulent, les torrents s'échappent : mais du pain, est-il capable d'en donner, ou de fournir*

[436] Cf. CALÈS J., *Le livre des Psaumes,* p. 279.

*de la viande à son peuple ?" »* (vv. 19-20) Le psalmiste utilise cette image pour confirmer sa foi en Dieu qui pourvoira à tout avec sollicitude, assurera une sécurité maximum. Il se compare tout simplement à un visiteur accueilli par un hôte puissant et généreux. L'hôte lui procure nourriture et confort. Il lui garantit sa sécurité face aux ennemis envieux conformément à la loi du désert[437]. Joie et bonheur le comblent. Il a la certitude d'habiter dans la maison de Dieu pour une durée sans limite.

Selon la coutume de l'hospitalité orientale, l'onction d'huile honore l'invité reçu (cf. Ps 45, 7 ; Ps 92, 11 ; Ps 104, 15 ; Am 6, 6 ; Lc 7, 46). La coupe débordante symbolise la bénédiction reçue et la surabondance du repas offert par Dieu[438] (cf. Is 55, 1-2 ; Jr 31, 10-14). Tout cela nous met dans une ambiance festive, celle d'un banquet d'action de grâce.

Le Psaume se termine par l'accompagnement bienveillant que le Seigneur assure au psalmiste : *« Grâce et bonheur me pressent tous les jours de ma vie »* (v. 6a). Au lieu que les ennemis et les malédictions poursuivent avec hostilité le psalmiste, il souhaite le bonheur et l'amour divin. À cela s'ajoute le désir d'habiter la maison du Seigneur dans la durée des jours. On peut entendre par la maison du Seigneur le Temple de Jérusalem ou la Terre promise (Os 8, 1 ; 9, 3-4). La maison du Seigneur, qu'elle soit Temple ou Terre promise, évoque la demeure céleste, aboutissement de notre parcours (cf. Ps 21, 5).

Nous pouvons retenir que ce Psaume, avec ses deux images qui se complètent, nous enseigne la confiance paisible dans la Providence, récapitule l'expérience de David sur Dieu, un Messie-Berger exemplaire et une référence unique pour tous les rois d'Israël. Ce Psaume est une louange à Dieu pour son intervention dans la vie d'Israël,

---

[437] À noter que l'hospitalité orientale inclut la protection.

[438] Cf. VESCO J.-L., *Le psautier de David traduit et commenté*, vol. I, coll. « Lectio divina », n° 210, Paris, Cerf, 2008, p. 246.

comme il le fut autrefois dans l'existence de David. Même si sa composition est située au moment du retour de l'exil proche du second Isaïe[439], l'attribution de ce Psaume à David est digne de ses expériences pastorales qui laissent une empreinte indélébile dans l'histoire du salut et du messianisme.

Pour terminer, nous aimerions présenter ces quelques interprétations du Psaume 23 évoquées par Vesco :

> « Dans son interprétation du Ps 23, le *Targum* comprend que Dieu fait paître son peuple dans le désert, où il n'a manqué de rien et que, même s'il part en captivité, il ne craint aucun mal. Le Verbe de Dieu vient à son secours et la Loi le console. Le *Midrash* sur le Ps 23 y voit une allusion à Exode (23, 3-4). Il reconnaît que Dieu restaure l'âme d'Israël avec la *Tôrâh* qui peut être bâton quand elle entraîne le châtiment. Dans le v. 5, il voit une référence à la manne et aux cailles (23, 5). Il fait aussi une lecture davidique du Psaume. D'autres lectures midrashiques donnent au Ps 23 et au séjour des Israélites dans le désert une couleur paradisiaque. »[440]

Après David, le roi-messie-berger du peuple d'Israël, Dieu continue de donner des pasteurs pour veiller sur son troupeau selon son désir. Mais l'histoire nous rapporte que ces rois ne sont pas tous fidèles à la Parole de Dieu. Ceci a entraîné la division de la royauté en deux, a conduit à la chute du royaume de Juda et a mis fin à l'époque royale. Dans la détresse du royaume et même en exil, Dieu ne laisse pas son peuple en proie de ses prédateurs. Il annonce par la bouche des prophètes la venue du messie qui va s'occuper de son peuple selon son désir.

---

[439] Cf. DE ROBERT Ph., *Le berger d'Israël. Essai sur le thème pastoral dans l'Ancien Testament*, p. 93.

[440] VESCO J.-L., *Le psautier de David,* p. 248.

## 3.3 Le messie berger annoncé par le prophète Ézéchiel

Certes, beaucoup de prophètes ont prêché sur le thème pastoral. On peut citer entre autres les prophètes Osée, Michée, Isaïe, Jérémie et Ézéchiel. On peut imaginer aussi le zèle des prophètes durant le temps de l'exil à aborder le thème pastoral en vue de l'annonce ou de l'exigence d'un vrai pasteur qui puisse libérer et diriger le troupeau du Seigneur. Dans cette perspective, Ézéchiel consacre un chapitre entier à déployer ce thème qui est déjà amorcé chez Jérémie. C'est le développement le plus long que nous ayons de cette métaphore dans l'Ancien Testament. C'est la raison pour laquelle nous choisissons Ézéchiel 34 pour approfondir ce thème pastoral chez les prophètes. Pour ce faire nous suivrons la division que propose le texte. Nous allons aborder dans un premier point l'oracle de condamnation contre les mauvais bergers (vv. 1-10), puis nous continuerons par l'annonce du rassemblement du troupeau par YHMH lui-même (vv. 11-16). Dans le troisième point nous étudierons le jugement à l'intérieur du troupeau (vv. 17-22), et nous terminerons par l'oracle messianique en référence à David (vv. 23-31).

### 3.3.1 L'oracle de condamnation contre les mauvais bergers (Ez 34, 1-10)

Ce chapitre 34 d'Ézéchiel s'ouvre par la condamnation des mauvais bergers. Mais qui sont ces mauvais bergers ? Dans la tradition orientale, y compris la tradition biblique, les « bergers » désignent les rois[441]. À titre d'exemple nous n'avons qu'à citer le roi David, un vrai berger, appelé aussi berger d'Israël (Ps 78, 70). C'est aussi le cas du roi Perse Cyrus qui a reçu de Dieu le titre de « mon berger » (Is 44, 28). Un proverbe babylonien le dit clairement : « Un peuple

---

441 FOURNIER-BIDOZ A., *Les livres des Prophètes*, II, Paris, Bayard / Centurion, 1999, p. 64.

sans roi est comme un troupeau sans berger »[442]. Cette appellation de « bergers » ne se limite pas aux rois ; elle s'ouvre aussi à toutes les personnes qui ont du pouvoir, une charge, tels les prophètes ou les prêtres. Alors, si Ézéchiel dénonce les bergers, il ne vise pas seulement les rois, mais il condamne tous ceux qui ont pouvoir sur le peuple mais qui n'assument pas vraiment leur responsabilité.

Que dénonce donc Dieu en ces pasteurs ? D'abord, Dieu condamne la déviation de la tâche des pasteurs : *« Malheur aux pasteurs qui se paissent eux-mêmes »*. Par définition, la charge d'un pasteur se tourne vers autrui mais ne s'oriente pas vers soi. Ici, le verbe « paître » constitue l'axe de cette partie. Dieu rappelle donc le devoir des pasteurs qui est de faire paître le troupeau. Pourtant, ce n'est pas le cas au temps d'Ézéchiel. Les pasteurs visaient plutôt leur profit personnel. Ils se servaient au lieu de servir. Ils profitaient du troupeau pour subvenir à leurs besoins sans s'occuper de lui. Ils se nourrissaient du lait, se vêtaient de leur laine et sacrifiaient les bêtes grasses pour se nourrir. Ils ne prenaient pas soin des brebis chétives, malades et blessées. Ils n'étaient pas inquiets et ne montraient aucun empressement pour celles qui étaient perdues[443]. En conséquence, le troupeau a été laissé à l'abandon, a été dispersé et a été la proie des bêtes sauvages. Sans vrai pasteur qui puisse le guider, le troupeau était à la merci de ceux qui voulaient s'en emparer[444].

Ézéchiel avec ce message pastoral vise les autorités qui sont responsables de l'exil à Babylone. « Le peuple de Jérusalem, Juda, et d'une façon plus large Israël tout entier a été abandonné par ses "bergers"

---

[442] Cf. ASSOHOTO B., NGEWA S., in *Commentaire biblique contemporain*, p. 1040.

[443] Nous verrons plus tard que Jésus donne une image exemplaire de ce qu'est un vrai berger. Il se met à la recherche des brebis perdues (cf. Mt 18, 12-14 ; Lc 15, 5-7).

[444] Ce qui établit, en contraste, à quel point Jésus, le vrai berger, a pitié des foules, lasses et prostrées, comme des brebis sans berger (cf. Mt 9, 36).

et laissé à la disposition du premier venu. »[445] Telle est vraiment la situation après 587 (av. J.-C.) où se fait sentir le besoin urgent de pasteurs selon le cœur de Dieu[446]. De ce fait, Dieu est résolu à reprendre son troupeau, à retirer aux bergers indignes la charge qu'il leur avait confiée et à le faire paître par lui-même. Dieu va s'occuper de son troupeau. C'est ce que nous allons voir au point suivant.

### 3.3.2 Dieu va rassembler son troupeau (vv. 11-16)

Dieu annonce le rassemblement de son troupeau par lui-même. Il prend la place des bergers infidèles. Dieu s'engage à s'occuper de son troupeau et chacun de ses membres par une série de dix-sept actions. Dans les versets 12 à 15, Dieu montre comment il va prendre soin de son troupeau : rassembler les brebis éparpillées ; les retirer de tous les lieux où elles furent dispersées ; les faire paître sur les montagnes, dans le ravin et dans tous les lieux d'Israël ; les faire paître dans un bon pâturage ; les faire reposer dans un bon pacage, etc. Dieu sera donc le berger véritable et compatissant qui montrera de la sollicitude pour ses brebis et les arrachera de *« tous les lieux où elles furent dispersées, au jour de nuées et de ténèbres »* (Ez 34, 12).

Après s'être occupé de l'ensemble du troupeau, Dieu apporte ses soins à chaque membre du troupeau. Faisant référence au retour du peuple de l'alliance de la captivité babylonienne, Dieu promet de le rassembler des divers pays et de le ramener sur son territoire. Il va à la recherche de la brebis perdue et ramène celle qui est égarée. Il pansera la brebis blessée et fortifiera celle qui est malade. Le soin ne se limite pas à la brebis en difficulté, mais s'ouvre aussi à celle qui est grasse et bien portante. Il lui promet de veiller sur elle et de la

---

445 ASURMENDI J.-M., *Le prophète Ézéchiel*, « Cahier Évangile », n° 38, Paris, Cerf, 1981, p. 50.

446 FOURNIER-BIDOZ A., *Les livres des Prophètes*, II, p. 64.

faire paître avec justice. Le bon berger fera justement ce que les bergers négligents n'ont pas fait[447]. Tel est donc l'agir adéquat du vrai pasteur qui veille sur l'ensemble du troupeau et chacun de ses membres.

Retenons toujours que ce message d'Ézéchiel a été transmis pendant l'exil. Le jour de nuées et de ténèbres dont parle le texte fait allusion à celui de la destruction de Jérusalem et de la dispersion du peuple en pays étranger. Israël est privé de guides. La première tâche est donc de rassembler ce peuple, de le ramener au pays qui est une véritable Terre promise, de le nourrir et de lui donner un repos. Nous venons de savourer la louange du psalmiste reconnaissant d'être *« conduit sur des prés d'herbe fraîche [...] vers les eaux du repos »* (cf. Ps 23, 1-2). À cela s'ajoute le souci de la communion du peuple rassemblé. À la place du désintérêt et de la négligence quant à la situation de chaque membre de la communauté, Dieu portera attention à chaque membre souffrant, le rejoindra et lui permettra de prendre sa place active, selon ses possibilités, dans le peuple qui renaît[448].

### 3.3.3 Le jugement à l'intérieur du troupeau (vv. 17-22)

Après la décision divine de rassembler son troupeau et de s'occuper de lui, le prophète passe au jugement à l'intérieur du troupeau. C'est un thème familier à Ézéchiel qu'il développe ailleurs en liaison avec le nouvel Exode (Ez 20, 34-38). Le jugement condamnant la cause du malheur d'Israël ne s'adresse pas seulement aux bergers mais il concerne aussi le peuple qui en est responsable. Certes, les autorités avec leur comportement indifférent et profiteur plongent le peuple dans une situation critique, mais le malheur du peuple vient aussi de ses membres qui sont injustes envers leurs frères.

---

[447] Cf. Ez 34, 4.16a.

[448] FOURNIER-BIDOZ A., *Les livres des Prophètes*, II, p. 66.

Le jugement de Dieu porte sur les brebis, les béliers et les boucs, la brebis grasse comme la brebis maigre. Les critères du jugement sont le non-respect des autres, autrement dit le non-respect de la vie communautaire, l'acte d'oppression ou d'agressivité envers les plus petits[449]. Tout acte d'injustice sera donc condamné. Derrière ces efforts considérables, Dieu veut fonder une communauté digne et responsable. Il veut rétablir des conditions sociales correctes à l'intérieur de son peuple.

*« Parce que vous avez frappé des reins et de l'épaule et donné des coups de cornes à toutes les brebis souffreteuses jusqu'à les disperser au dehors [...] »* (Ez 34, 21). Cette phrase nous met encore dans une situation relative à l'exil. Mais le but du prophète est d'annoncer la prospérité et la sécurité qui suivront le retour du peuple sur son territoire. Cela nous renvoie à l'idéologie royale, car les fonctions importantes du roi sont d'assurer la paix et la prospérité du peuple. Pour réaliser cela, Dieu a besoin d'un intermédiaire, d'où la référence à David. C'est ce que nous allons aborder en ce dernier point.

### 3.3.4 L'oracle messianique en référence avec David (vv. 23-31)

Pour réaliser la restauration de la nation unique, suivant les vœux de prospérité et de sécurité qui accompagnent le peuple au retour dans son pays, le prophète annonce l'attribution de la charge pastorale de son troupeau à un berger unique. La mention de l'expression « berger unique » souligne l'urgence de la réunion des deux royaumes, préoccupation du messianisme qui va s'amplifier avec Ez 37. Comme Israël a un seul Dieu, il aura un seul berger (cf. Jr 23, 4-5 ; Jn 10, 16) et il redeviendra un seul peuple (cf. 1 R 12, 20-33 ; Ez 37, 15-28). La mention de David qui symbolise la monarchie confirme la préoccupation des prophètes pour la restauration de l'union des deux royaumes.

[449] Ce thème sera développé chez Mt 25, 31s.

Ézéchiel décrit alors l'ère messianique qui suivra l'avènement du nouveau David. Elle sera basée sur une alliance avec le peuple tout entier. C'est Dieu lui-même qui prendra l'initiative de conclure cette alliance avec son peuple. Elle se présente comme une extension de l'alliance davidique. D'une manière métaphorique, le dernier verset de ce chapitre résume l'aboutissement de cette alliance : *« Et vous, mes brebis, vous êtes le troupeau humain que je fais paître, et moi, je suis votre Dieu, oracle du Seigneur Yahvé »* (Ez 34, 31). La mention du terme « troupeau humain » souligne ici l'élection d'Israël par rapport aux autres nations qui sont représentées par des bêtes sauvages (cf. Ez 34, 25.28). Elle confirme aussi la présentation de Dieu comme « Berger » de son peuple. Le texte se termine avec l'affirmation de Dieu appartenant à son peuple : *« Je suis votre Dieu. »*

Nous venons d'étudier le texte le plus long présentant le thème pastoral dans l'Ancien Testament. Ézéchiel a su introduire dans son texte les diverses traditions qui avaient jusqu'alors véhiculé cette image pastorale. À travers cette image, il unifie les deux traditions (Nord –Sud) en une seule, avec une unique perspective qui embrasse l'alliance davidique restaurée par la venue du Messie et l'alliance nouvelle conclue avec l'ensemble du peuple. Ézéchiel, par cette image pastorale, a fait une bonne récapitulation des leçons du passé et des promesses d'avenir.

## Conclusion

Tout au long de ce chapitre, nous avons découvert à travers l'histoire des rois-messies et bergers un Dieu qui est proche de chaque individu et de son peuple comme un berger qui connaît ses brebis et veille sur son troupeau. Depuis le récit du début de Samuel, nous avons senti, à travers la prière d'Anne, l'attention que Dieu lui a accordée. Il a exaucé sa prière. Le chant de la vie qu'elle récite en guise de reconnaissance envers Dieu témoigne de l'immersion de Dieu dans son histoire personnelle qui s'ouvre sur l'histoire de toute l'humanité. Ainsi, c'est par son fils Samuel que le premier roi-messie de la Bible obtient l'onction. L'histoire de Saül qui débute par un fait ordinaire (quête des ânesses perdues) nous fait accéder à l'extraordinaire[450]. Si la quête des brebis perdues est l'une des principales tâches d'un berger, le récit de ce troupeau introuvable semble une parabole de Saül comme mauvais berger. En effet, Saül n'a pas bien joué son rôle de berger du peuple de Dieu. Il a ignoré la place de Dieu dans sa fonction et il a désobéi à la parole de Dieu, d'où sa chute et son rejet. C'est sur ce fond d'échec de Saül que David entre en scène pour s'occuper du troupeau de Dieu. Ainsi, David devant Saül confesse sa foi en Dieu Berger (1 S 17, 37) qui va le délivrer et libérer Israël de la main du géant philistin Goliath. Cette confession de foi en Dieu Berger éclate en hymne de louanges et de reconnaissance dans le Psaume 23. La figure de David berger reste une référence dans l'histoire du salut. Dieu Berger se rend présent en la personne des rois messies qui sont appelés aussi bergers du peuple. Une période de l'histoire d'Israël a montré qu'il y avait des rois qui n'étaient pas fidèles à la charge pastorale qu'on leur avait confiée. Dieu, par la voix d'Ézéchiel, dénonce les mauvais bergers qui sont des bergers pour eux-mêmes et non pour le troupeau. Le Seigneur annonce alors qu'il va s'occuper de son troupeau par l'intermédiaire de la personne d'un vrai messie berger. Il unifiera son troupeau dispersé par des bêtes sauvages. Cette annonce prophétique trouve sa réalisation en celui qui se dit « le Bon Pasteur », un fils de David que nous allons découvrir dans le chapitre suivant.

---

450 Un père qui envoie son fils pour chercher des ânesses perdues est une allusion à un Père qui envoie son Fils pour chercher l'humanité perdue.

CHAPITRE 4

# LA PLEINE RÉVÉLATION DE DIEU EN JÉSUS, MESSIE « AGNEAU » ET « BERGER »

## Introduction

Jusqu'à présent, nous avons présenté la Révélation biblique de Dieu dans l'Ancien Testament selon le contexte pastoral, à travers quelques grandes figures de pasteurs qui tiennent une place fondamentale dans l'histoire du salut : une révélation qui exprime la présence active de Dieu dans le parcours de chaque individu et dans l'histoire d'un peuple ; une révélation qui témoigne de la proximité de Dieu dans la vie et dans la culture d'un peuple. Même si Dieu s'est déjà révélé dans l'Ancien Testament, les attitudes et les comportements du peuple d'Israël témoignent de son incompréhension vis-à-vis de son Seigneur, d'où la nécessité d'une nouvelle interprétation des Écritures saintes. Pour ce faire, Dieu envoie son Verbe prendre chair. *« Le Verbe était une lumière véritable, qui éclaire tout homme […]. »* (Jn 1, 9) *« Après avoir, à maintes reprises et sous maintes formes, parlé jadis aux Pères par les prophètes, Dieu, en ces jours qui sont les derniers, nous a parlé par le Fils […]. »* (He 1, 1-2a) Ce Fils qui est le resplendissement de la gloire de Dieu et l'effigie de sa substance, selon saint Paul (He 1, 3), se déclare comme l'image parfaite de Dieu le Père : *« Qui m'a vu a vu le Père »* (Jn 14, 9). Dans ce chapitre, nous allons aborder donc l'image de Dieu le Père à travers son Fils, le Messie qui est à la fois « Agneau » et « Berger ». D'abord, nous évoquerons la naissance de Jésus dans la lignée des pasteurs et au milieu des bergers. Puis, nous étudierons la vie pastorale de Jésus comme lieu de Révélation de Dieu le Père. Et finalement, nous parlerons de la place de cet « Agneau – Berger » pour l'avenir de son Église.

## 4.1 La naissance de Jésus dans la lignée des pasteurs et au milieu des bergers

Deux points principaux constituent ce paragraphe sur la naissance de Jésus, à savoir son appartenance à la lignée des pasteurs et sa naissance au milieu d'un monde pastoral.

### 4.1.1 Appartenance à la lignée des pasteurs

La première ligne du premier livre du Nouveau Testament commence par la présentation de Jésus comme fils de David, fils d'Abraham (Mt 1, 1). L'ouverture de l'évangile par une généalogie rappelle la valeur des généalogies chez les anciens Orientaux[451]. Elles étaient très importantes pour situer une personne dans la société juive[452]. La généalogie présentée par Matthieu montre la place de Jésus dans l'histoire d'Israël. Matthieu veut établir que l'histoire d'Israël, ainsi que la vie de personnages tels qu'Abraham et David, n'ont de sens qu'à la lumière de la vie de Jésus[453]. Rappelons que ces deux personnages principaux dépositaires des promesses messianiques, comme nous venons de l'étudier dans les chapitres précédents, sont

---

[451] Cf. TASSIN Cl., *L'évangile de Matthieu. Commentaire pastoral*, Paris, Bayard / Centurion, 1991, p. 22.

[452] On peut citer, à titre d'exemple, le cas d'Elquana, père de Samuel (1 S 1, 1). Les généalogies servent à justifier le droit d'exercer certaines fonctions au sein du peuple (cf. Esd 2, 61-62).

[453] Cf. ASSOHOTO B., NGEWA S., in *Commentaire biblique contemporain*, p. 1192.

des pasteurs. La liste donnée dans cette généalogie de Jésus se rapporte à des pasteurs excellents tels que les patriarches (Abraham, Isaac, Jacob). Cette présentation de Jésus comme fils de David et fils d'Abraham montre à la fois son appartenance à la lignée des pasteurs et la continuité de l'immersion de Dieu dans l'histoire de l'humanité.

La généalogie de Jésus présentée par Luc (Lc 3, 23-38) expose certains noms différents de ceux qui sont donnés par Matthieu (Mt 1, 1-16), et établit une liste remontant jusqu'à Adam, le premier homme ayant reçu la première vocation de dominer sur les animaux à l'image de Dieu (Gn 1, 28). Cette généalogie confirme encore l'appartenance de Jésus à ce peuple de pasteurs. Il s'identifie plus tard à un bon berger, car ses pères ont pratiqué également ce même métier. Et Luc termine la liste de l'ascendance de Jésus en présentant Jésus comme Fils de Dieu. Dieu est connu par ce peuple comme son pasteur. Son Fils est l'envoyé du Père pour chercher la brebis perdue (Lc 15, 4-7). Ceci confirme qu'il est aussi pasteur. Tel Père, tel Fils !

Certes, l'évangile de Jean ne propose pas une généalogie bien détaillée comme celles de Matthieu ou de Luc, mais le 4ème évangile exprime à sa manière l'appartenance de Jésus à la lignée des pasteurs. En fait, en nous référant au dernier chapitre de l'évangile de Jean, le dialogue entre Jésus et Simon Pierre au bord du lac de Tibériade est révélateur de l'appartenance de Jésus à la lignée de David. Qu'est-ce à dire ? En effet, ce dialogue qui se déroule juste avant le retour de Jésus vers son Père, est une sorte de passation de service entre Jésus et Pierre à qui il confie cette responsabilité pastorale. Un vrai berger est celui qui continue de se soucier de son troupeau durant son absence. Dans ce dialogue, Jésus appelle Pierre avec le nom « Simon fils de Jean » (Jn 21, 15.16.17). Cette appellation remonte déjà à Jn 1, 42 lors de sa première rencontre avec Jésus où celui-ci lui attribue le nom de « Céphas » qui signifie Pierre. Cette appellation « fils de » nous met dans le registre de la filiation. Ceci dit que Jésus met Pierre en position de fils, comme lui-même est un « Fils ». Comptant sur l'amour de Pierre, Jésus lui demande de veiller sur ses brebis et ses agneaux. Ce récit nous renvoie donc à l'histoire de David. Envoyé par son père Jessé pour apporter des provisions à ses frères et se renseigner sur leur santé, David a le réflexe de confier le troupeau à un gardien (cf. 1 S 17, 20). Il en est de même pour Jésus, un « Fils » envoyé par son Père pour prendre soin[454] et nourrir[455] ses frères humains. Lui qui se dit le bon Berger (Jn 10), sa filiation à David, le messie berger professionnel, peut se lire derrière ce geste de passation pastorale avec « Simon fils de Jean ».

### 4.1.2 Naissance dans un monde pastoral

Deux points seront évoqués pour présenter la naissance de Jésus dans le monde pastoral, à savoir le lieu de sa naissance et ses visiteurs.

#### 4.1.2.1 Lieu de naissance

Le récit de la naissance de Jésus nous rapporte qu'il est né à Bethléem (Mt 2, 5 ; Lc 2, 1-7). Que dit la Bible sur Bethléem, ce lieu de naissance de Jésus ?

Le mot Bethléem est mentionné environ 52 fois dans la Bible. Ceci montre son importance dans le message du salut. Dans l'Écriture, la première apparition de ce lieu remonte à Genèse 35, 19 dans le contexte du récit de la naissance de Benjamin et de la mort de Rachel. Restons un moment sur le texte de la Genèse (Gn 35, 16-20), pour essayer d'en dégager la richesse. D'abord, ce lieu fait mémoire d'un accouchement difficile qui finit par la mort de Rachel. Certes, le récit de la naissance de Jésus ne mentionne pas de difficulté au niveau biologique, mais le fait de ne pas trouver une place à l'hôtellerie et de devoir accoucher dans une crèche n'est pas du tout commode et recèle une certaine difficulté.

---

[454] Cf. Jn 6, 38-39 : Jésus venu pour faire la volonté de son Père et la volonté du Père est que son Fils ne perde aucune des brebis qu'il lui a données.

[455] *« Moi, je suis le pain de vie. »* (Jn 6, 35)

De même Benjamin, le premier fils de Jacob, est né en Terre promise. La parole de la sage-femme dit : « Rassure-toi, c'est *encore un fils* que tu as ! », ne peut pas être neutre dans le contexte de la naissance. « La ville est aussi connue pour une autre naissance improbable : le fils de Ruth et de Booz qui relance la famille décimée de Noémi »[456], puis celle de Jésus, car c'est *encore un Fils* qui vient de naître dans ce lieu où elle est enterrée. Et c'est par ce Fils, que beaucoup sont devenus enfants de Dieu (Jn 1, 12).

Quant à Rachel, enterrée en cet endroit, et dont on garde souvenir jusqu'aujourd'hui (Gn 35, 20), elle est une bergère (Gn 29, 9) et son nom signifie brebis, nous l'avons déjà mentionné[457]. Dans ce lieu de la mort d'une bergère et d'une brebis surgit la vie du futur berger et agneau.

La référence à David à cet endroit (ville de David, Lc 2, 4) nous renvoie à l'histoire de David[458] qui garde le troupeau de son père (1 S 17, 12). Nous avons longuement développé dans le chapitre précédent la figure de David berger. Cela témoigne que la ville de David, Bethléem, est une ville de bergers. Ce n'est pas par coïncidence que le Fils de Dieu a choisi cette ville comme lieu de naissance. Elle lui rappelle la plongée de Dieu dans l'histoire de son peuple et lui annonce sa future mission au sein de ce peuple. La naissance de Jésus à Bethléem figure dans la visée de l'histoire du salut comme la réalisation de la prophétie : *« Et toi Bethléem, terre de Juda, tu n'es nullement le moindre des clans de Juda ; car de toi sortira un chef qui sera pasteur de mon peuple Israël »* (Mt 2, 6 ; Mi 5, 1).

Outre la ville de Bethléem riche en souvenirs pastoraux, le lieu même où Jésus est né renforce encore cette volonté de Dieu de s'incarner dans la vie de son peuple. Né dans une crèche ou dans une

---

[456] LEFEBVRE Ph., *Livres de Samuel et récits de la résurrection*, p. 211.

[457] LEFEBVRE Ph., *Un homme, une femme et Dieu*, Paris, Cerf, 2007, p. 215.

[458] COUSIN H., *L'évangile de Luc*, Paris, Centurion, 1993, p. 38.

mangeoire au milieu des animaux, le Fils de Dieu témoigne de sa volonté de collaborer avec ce peuple dans son métier pour faire vivre sa famille. Écoutons Henry de Villefranche à ce sujet :

> « *La mangeoire*, mentionnée trois fois, est prise pour une étable. Dans une maison de Judée, c'est plutôt un garde-manger, une pièce à peu près isotherme où l'on tient en réserve la nourriture : Jésus nouveau-né est déposé comme un aliment, le blé en particulier, qui oriente vers le pain multiplié en Lc 9 et offert en Lc 22. Il est déjà le *pain de vie.* »[459]

Bref, c'est au milieu de ces bergers qui servent pour gagner leur pain quotidien que Jésus, le pain descendu du ciel, prend chair. Le fait de prendre chair dans la culture de son peuple prouve encore que Dieu ne cesse de s'inculturer, c'est-à-dire de considérer la culture de son peuple et de la rendre encore meilleure, de la renouveler.

Restons encore sur cette crèche qui est le lieu de rencontre le plus symbolique. Dieu y vient à la rencontre de l'homme au milieu de ses créatures (monde animal, végétal, angélique). Ne nous rappelle-t-il pas le récit de la création où règne l'harmonie ? Ici se réalise la prophétie d'Isaïe sur l'ère messianique où devient possible la cohabitation entre les créatures (Is 11, 1-9). La crèche est le lieu de cette nouvelle naissance, d'une nouvelle création, d'une communion parfaite entre terre et ciel, de vie en harmonie entre toutes les créatures.

#### 4.1.2.2 Les visiteurs

Les bergers ont appris les premiers la bonne nouvelle de la naissance du Fils de Dieu parmi les hommes. Ce privilège[460] accordé aux bergers de Bethléem, la ville de David, montre à quel point Dieu considère son peuple, son métier et sa culture. Cela développe aussi la

---

[459] DE VILLEFRANCHE H., *Voir et servir. Des clés pour lire saint Luc*, Paris, Parole et Silence, 2017, p. 38.

[460] Cf. L'EPLATTENIER Ch., *Lecture de l'évangile de Luc*, Paris, Desclée, 1982, p. 38.

théologie lucanienne sur la place qu'elle réserve aux pécheurs et aux marginaux. En effet, « on considérait volontiers ces gens (les bergers) comme malhonnêtes et voleurs »[461]. D'ailleurs, le contenu du message angélique à ces bergers révèle l'attachement et l'amour de Dieu pour son peuple : *« Rassurez-vous, car voici que je vous annonce une grande joie, qui sera celle de tout le peuple : aujourd'hui, dans la cité de David, un Sauveur vous est né, qui est le Christ Seigneur [...] »* (Lc 2, 10-11). Ce message met en exergue tout ce que nous avons appris sur David dans le chapitre précédent, en l'occurrence la figure de David messie (sauveur, berger) et sa présence active dans l'histoire de son peuple[462]. Cette annonce de la bonne nouvelle aux bergers valorise ce métier principal du peuple élu, autrement dit, c'est une considération de la vie même de ce peuple. « Ils (bergers) prennent au sérieux l'annonce pourtant peu crédible des anges… Ils décryptent le message et se rendent au lieu de la naissance comme Marie s'est rendue auprès d'Élisabeth : en hâte. Ils voient (en témoins oculaires) et font connaître le message (en serviteurs de la parole), permettant la véridiction du message évangélique. Leur rôle est parfaitement exécuté. »[463]

Outre les bergers, les grands visiteurs de ce Nouveau-né sont les mages venus de l'Orient. Cela montre la portée cosmique de l'événement. « C'est l'étoile du matin, identifiée par des mages d'Orient comme "l'astre du roi des juifs", qui met en route ces savants païens, et les conduit jusqu'à Jérusalem. »[464] Ils se rendent d'abord à Jérusalem pour se renseigner sur la naissance du roi des juifs. Après avoir reçu l'information nécessaire quant à l'endroit où se trouve

[461] *Ibidem*.

[462] Cf. RIGAUX B., *Témoignage de l'évangile de Luc*, Bruges / Paris, Desclée de Brouwer, 1970, p. 128.

[463] DE VILLEFRANCHE H., *Voir et servir. Des clés pour lire saint Luc*, p. 38.

[464] FLICHY O., *L'évangile de Matthieu*, coll. « Mon ABC de la Bible », Paris, Cerf, 2016, p. 21.

l'enfant, ils partent pour Bethléem afin de rendre hommage au nouveau roi. Les présents qu'ils offrent témoignent de leur estime pour ce roi d'Israël. Les Pères voient les symboles de la Royauté avec l'or, de la Divinité avec l'encens et de la Passion de Jésus avec la myrrhe. Ce geste des mages indique la reconnaissance et l'adoration des nations envers le Dieu d'Israël. Cela annonce aussi l'ouverture du Nouveau-né pour toutes les nations. Les autres nations voient en cet Enfant un roi à respecter et auquel obéir, un Dieu à vénérer et à adorer, un Sauveur à honorer. Ce nouveau pasteur n'est pas seulement le pasteur du peuple d'Israël, mais celui de tout le genre humain.

En plus des bergers et des mages, le récit de la naissance de Jésus présente des personnages qui jouent un rôle révélateur de cet événement. D'abord, il s'agit de Syméon, un homme juste et pieux, qui attendait la consolation d'Israël. Dans sa prière d'action de grâce à Dieu, il dévoile l'identité ainsi que la mission de cet enfant, par le vocabulaire « maintenant » comme « aujourd'hui ». Ces mots tiennent une place importante dans l'évangile de Luc, et sont témoins du moment crucial de l'histoire du salut. Syméon est persuadé de vivre les derniers temps et voit en cet Enfant une espérance apocalyptique. Il trouve en cet Enfant l'accomplissement de la Parole de Dieu et il peut s'en aller en paix. Désormais, la mort reçoit un sens nouveau grâce à celui qui porte le salut : un salut destiné non pas seulement à Israël mais à tous les peuples. « Le salut eschatologique est décrit ici comme "lumière". Nous ne sommes pas arrachés à l'histoire, à la souffrance et à la mort, mais, par la révélation divine, nous pouvons comprendre notre situation et notre avenir. »[465] La gloire pour Israël rappelle la splendeur de Dieu sur le visage de Moïse qui, après son entretien avec le Seigneur, reçoit les deux tables de la Loi contenant les paroles de l'alliance. Syméon présente Jésus comme la nouvelle

---

[465] BOVON Fr., *L'évangile selon saint Luc 1-9*, coll. « Commentaire du Nouveau Testament – Deuxième série », n° IIIa, Genève, Labor et Fides, 1991, p. 142.

alliance qui devra être la fierté d'Israël. Bref, Syméon voit en Jésus un Messie, Roi, Sauveur pour tout le genre humain. Ce nouveau berger est un Berger pour l'humanité tout entière.

Ensuite, vient le personnage de la prophétesse Anne[466], dont le nom en hébreu signifie la « grâce », qui explique le sens de l'événement de la naissance de Jésus. Cette grâce qu'elle porte par son nom est annoncée par sa bouche en louant Dieu et en parlant de cet Enfant comme de celui qui va délivrer Jérusalem. Retenons que pour Luc, Jérusalem est le centre prédestiné de l'œuvre du salut. La délivrance messianique du peuple élu est représentée par la délivrance de Jérusalem. Cela nous renvoie à l'image d'un pasteur qui délivre son troupeau de la mainmise de son prédateur. Cette prophétesse rappelle le souvenir de la mère de Samuel. Toutes les deux ont un attachement au temple. Elles ont loué Dieu pour sa présence active dans leur vie et dans la vie du peuple, une louange à Dieu qui monte dans une ambiance de naissance. Dire naissance signifie une nouvelle vie : c'est le chant de la vie. Mais la vie dont on parle ici ne s'arrête pas seulement aux nouveaux-nés (à Samuel ou à Jésus) mais elle est l'annonce d'une autre naissance, d'une autre vie, même en abondance. Car pour Jésus, c'est par lui (ce Fils) que nous devenons tous fils de Dieu. N'est-ce pas la mission du Messie, que ces deux femmes du même nom annoncent ?

## 4.2 La vie pastorale de Jésus

Après avoir présenté la naissance de Jésus dans le monde pastoral, nous parlerons par la suite de sa vie publique, en tant que pasteur. Comment donc les évangélistes présentent-ils Jésus comme pasteur

[466] Pour un approfondissement de ce personnage ainsi que de sa relation avec les autres femmes et Anne la mère de Samuel, on peut se référer au livre de Ph. LEFEBVRE, *Brèves rencontres. Vies minuscules de la Bible*, p. 151-200.

durant sa vie publique ? Pour répondre à cette question, nous proposons deux points de vue, à savoir celui des évangiles synoptiques et celui du quatrième évangile.

### 4.2.1 Jésus pasteur, dans les évangiles synoptiques

Certes, les trois évangiles synoptiques ne consacrent pas un chapitre spécial pour présenter Jésus comme pasteur ou berger, comme c'est le cas dans le quatrième évangile. Pourtant ils fournissent des enseignements fragmentaires qui présentent Jésus comme un pasteur.

#### 4.2.1.1 Savoir distinguer le vrai et le faux berger

*« Méfiez-vous des faux prophètes, qui viennent à vous déguisés en brebis, mais au-dedans sont des loups rapaces. »* (Mt 7, 15)

Dans son enseignement Jésus recommande à ses disciples de prendre garde aux faux prophètes qui viennent en habits de brebis, mais au-dedans sont des loups rapaces (Mt 7, 15). Dans cet enseignement, Jésus ne mentionne pas directement le devoir d'un pasteur, mais l'image prise renvoie à celle d'un pasteur qui doit savoir distinguer une brebis d'un loup[467]. Un pasteur doit être vigilant pour pouvoir protéger ses brebis dociles et sans défense contre la ruse et l'agressivité d'un loup qui n'est autre que son prédateur. L'objectif est la protection de la vie des brebis. Jésus prend la place d'un pasteur soucieux de la vie de ses brebis qui ne sont autres que ses disciples.

Comme il s'agit ici d'une recommandation à se méfier des faux prophètes, l'image du loup, déguisé en brebis, peut concerner les faux bergers ou les voleurs qui ne se soucient pas de la vie des brebis, mais cherchent à les tuer, à les dévorer[468]. Le changement de l'image

---

[467] Cette image est déjà utilisée par le prophète Ézéchiel pour dénoncer les faux prophètes et les mauvais responsables (cf. Ez 22, 27-28).

[468] Combien de responsables politiques ou religieux jouent encore ce même scénario pour profiter de leurs peuples ou de leurs fidèles ? On entend assez souvent chez les gens l'affirmation suivante : « Si vous voulez devenir

d'élevage (brebis – loup) à celle de l'agriculture (fruits – arbre), utilisée par Jésus dans la suite de son enseignement, confirme le but de son message : savoir distinguer les vrais des faux prophètes. *« C'est à leurs fruits que vous les reconnaîtrez. »* (Mt 7, 16) Le fruit dont on parle ici, c'est la vie. Un vrai prophète qui parle à la place de Dieu devrait annoncer une parole qui donne vie. C'est comme le berger qui conduit ses brebis par sa parole : *« Quand il a mis dehors ses bêtes, il marche devant elles et les brebis le suivent, parce qu'elles connaissent sa voix »* (Jn 10, 4), et *« Sur des prés d'herbe fraîche il me parque. Vers les eaux du repos il me mène »* (Ps 23, 2).

#### 4.2.1.2 Le berger qui eut pitié et nourrit ses brebis (Mt 9, 36s ; Mc 6, 34)

Après cette recommandation de savoir distinguer les vrais des faux prophètes, ou les vrais des faux pasteurs, Jésus poursuit son enseignement avec la nécessité d'un pasteur dans la vie. *« À la vue des foules il en eut pitié, car ces gens étaient las et prostrés comme des brebis qui n'ont pas de berger. »* (Mt 9, 36) D'emblée, reconnaissons que le thème de la foule considérée comme des brebis sans berger est un thème traditionnel, comme on le voit en Nb 27, 7. Si Dieu le Père est le berger de son peuple dans l'Ancien Testament, Jésus prend cette place dans le Nouveau Testament. Sans berger, les brebis sont exposées aux dangers, comme les loups ou les bêtes sauvages, mais aussi au problème alimentaire et sanitaire. Jésus montre à la fois l'image d'un vrai berger et la nécessité de ce berger. Les foules qui vivent dans toutes sortes de misères sont considérées comme des brebis sans berger. Le berger est donc chargé de libérer cette foule de la misère. Un verset avant cette déclaration de Jésus,

---

riches assez vite, soit vous faites tout pour avoir un poste politique assez important, soit vous fondez une secte religieuse pour pouvoir profiter de la dîme ». Cela explique la floraison des partis politiques et des sectes religieuses.

Matthieu nous montre qu'il parcourait toutes les villes et les bourgades pour enseigner et proclamer la Bonne Nouvelle du Royaume, ainsi que pour guérir toute maladie. Jésus donne donc l'exemple d'un vrai berger qui sait s'occuper de ses brebis (les foules). Puis, dans le verset suivant, Jésus confirme la nécessité de nouveaux bergers mais cette fois avec une image agricole : *« Priez donc le Maître de la moisson d'envoyer des ouvriers à sa moisson »* (Mt 9, 38). Et la péricope suivante nous montre le récit de l'appel et de l'envoi en mission des Douze, selon des instructions concernant la mission des disciples (discours apostolique). La méthode de Jésus est simple : d'abord il donne des exemples, puis il fait le constat (misère des foules – manque d'ouvriers). Il appelle des disciples. Il les forme et les envoie en mission. Bref, Jésus montre qu'il est à la fois le bon berger, le pasteur exemplaire, mais qu'il a besoin de collaborateurs pour coopérer avec lui et pour continuer ses œuvres. C'est ce qu'il nous a montré durant son ministère.

Marc situe cette parole de Jésus juste avant la première multiplication des pains. Face à ce peuple assoiffé qui le cherche partout, même dans l'endroit désert où il se retire seul avec ses disciples, Jésus manifeste sa pitié car ils étaient comme des brebis sans berger (Mc 6, 34). Que fait Jésus pour ces brebis sans berger ? D'abord, il se met à les instruire longuement. Considérer la foule comme des brebis sans berger et leur donner une longue instruction pour combler ce manque, signifie qu'un berger est celui qui instruit ses brebis, celui qui montre le chemin qu'elles doivent prendre. D'ailleurs, la place du berger à la tête de ses brebis, comme un conducteur, affirme ce rôle fondamental. En instruisant longuement cette foule qu'il considère comme des brebis sans berger, Jésus lui indique le chemin qui mène à la Vie. L'instruction qu'il donne à cette foule, c'est la Parole de Vie. Un berger est celui qui cherche à nourrir ses brebis, son troupeau.

Jésus instruit ses brebis en tant que Berger mais en même temps, il donne une formation à ses proches collaborateurs qui vont s'occuper de ces brebis, dès maintenant et plus tard. Cependant, le texte nous montre que les disciples n'ont pas bien compris la formation que leur Maître vient de leur donner. Cela se manifeste par le contraste entre l'attitude de Jésus et celle de ses disciples. D'un côté, Jésus a pitié de la foule à cause de l'absence de berger, de ce fait il la prend en charge. De l'autre côté, les disciples ont également le souci de la foule mais à cause de l'absence de nourriture, ils sont résolus à la renvoyer. Conscient de cette incompréhension de ses disciples, Jésus les remet dans le bon chemin en leur recommandant de s'occuper de cette foule : *« Donnez-leur vous-mêmes à manger »* (Mc 6, 37). Mais de nouveau, cette consigne de Jésus se heurte à la réaction logique des disciples. Ils n'ont pas d'argent pour acheter des pains qui suffiraient à combler cette immense foule. Alors Jésus leur demande : *« Combien de pains avez-vous ? »* Cette question de Jésus semble une question piège car quelques versets plus haut, Jésus recommande à ses disciples de ne rien prendre pour la route, ni pain, ni besace, ni menue monnaie pour la ceinture (Mc 6, 8). Il les autorise à prendre seulement un bâton[469] et des sandales : un matériel indispensable pour un berger. Quand Jésus a envoyé ses disciples en mission, deux par deux, il les envoie donc pour s'occuper de ses brebis.

Revenons à la réponse des disciples à la demande de Jésus. Même si on leur a interdit de prendre du pain et de l'argent, leur réaction : *« Faudra-t-il que nous allions acheter des pains pour deux cents deniers, afin de leur donner à manger ? »* et leur réponse : *« Cinq [pains] et deux poissons »*, témoignent qu'ils n'ont pas suivi l'instruction de leur maître depuis le début. Mais, comme dit É. Cuvillier :

---

[469] Nous avons longuement parlé de la fonction du bâton dans les chapitres précédents.

> « Cependant, la volonté de Jésus d'utiliser les pauvres moyens des disciples fait ressortir une compréhension particulière de leur mission que l'on peut résumer ainsi : c'est du manque de moyens et de l'infidélité des disciples que Jésus fait surgir l'abondance. »[470]

Jésus continue ses instructions à ses disciples pour qu'ils deviennent des bergers professionnels. Il leur ordonne de faire asseoir la foule sur « l'herbe verte » pour prendre le repas. Même si l'expression de la *LXX* (Gn 1, 30 ; Is 15, 6) est différente de celle de saint Marc, la thématique du berger (Mc 6, 34) favorise le rapprochement avec le Ps 23, 2[471]. Le fait de diviser la foule par groupe de cent et de cinquante montre aussi la volonté de Jésus de fonder un groupe organisé, une communauté constituée, mais non plus une masse informe[472]. En donnant des ordres à ses disciples, Jésus les prépare déjà à leur future responsabilité de fonder son Église, une Église qui vit de l'Eucharistie. Cette multiplication du pain est une préfiguration de l'institution de l'Eucharistie en Mc 14, 22, qui utilise les mêmes termes que ce texte (Mc 6, 41). Ainsi, le fait de demander aux disciples de distribuer les pains bénis à la foule qui était présente à cette scène a pour but de les initier à nourrir ses brebis, ce que confirme la parole de Jésus : *« Donnez-leur vous-même à manger »*. Le nombre des pains et des poissons qui sont distribués à cette grande foule, peut avoir un sens symbolique, ainsi que le dit C. Focant :

> « Les cinq pains peuvent-ils évoquer les cinq livres de la Torah ? Ce n'est pas impossible, notamment en tenant compte du fait que l'exégèse juive de Pr 9, 5 et 25, 21 suggère de se nourrir du pain de la Torah et de ce que le pain symbolise parfois la doctrine, l'enseignement dans la littérature juive. Dans la même ligne, ne pourrait-on

[470] CUVILLIER É., *L'évangile de Marc*, coll. « Bible en face », Genève / Paris, Labor et Fides / Bayard, 2002, p. 130.

[471] Cf. FOCANT C., *L'évangile selon Marc*, coll. « Commentaire biblique : Nouveau Testament », n° 2, Paris, Cerf, 2004, p. 253.

[472] CUVILLIER É., *L'évangile de Marc*, p. 130.

pas voir dans les deux poissons les deux tables de la Loi ? Cependant l'idée que Jésus distribuerait la Loi n'est pas compatible avec la ligne générale de l'évangile de Marc. Dès lors une telle interprétation symbolique paraît peu vraisemblable. »[473]

Quant au thème de la surabondance, soulevé par le rassasiement des foules avec un surplus, le récit fait allusion à l'histoire d'Élisée (2 R 4, 44 ; cf. aussi 1 R 17, 16 et 2 R 4, 7), l'homme de Dieu qui multiplie les pains pour nourrir son peuple. Dans l'Ancien Testament, Dieu nourrit son peuple au désert à travers les bergers de son peuple. C'est dans un endroit vide de tout, en particulier en ce qui concerne la nourriture, que Dieu manifeste sa volonté de faire vivre son troupeau. Dans le Nouveau Testament, Dieu continue à agir ainsi pour son peuple en son Fils Jésus-Christ. Dans notre péricope, Jésus le Berger, qui est venu pour accomplir la volonté de Dieu le Père, continue à nourrir son troupeau et forme des collaborateurs qui vont s'occuper du troupeau du Seigneur et le nourrir.

#### 4.2.1.3 Le berger à la recherche d'une brebis perdue (Mt 15, 24 ; 18, 12-14 ; Lc 15, 4-7)

Après avoir présenté Jésus Berger comme celui qui nourrit ses brebis, nos évangélistes le présentent comme un berger qui cherche la brebis perdue. En donnant les consignes de la mission, Jésus envoie ses disciples vers les brebis perdues de la maison d'Israël (Mt 10, 6). Un peu plus tard, face à la demande de guérison de la fille de la Cananéenne, Jésus dit clairement : *« Je n'ai été envoyé que pour les brebis perdues de la maison d'Israël »* (Mt 15, 24). Cela rappelle que le peuple d'Israël est l'héritier de l'élection et de la promesse divine ; de ce fait il a le privilège de recevoir le premier l'offre du salut messianique. D'ailleurs, c'est la méthode adoptée par Paul pendant sa mission. Il s'adresse d'abord aux juifs (Ac 13, 5.14 ; 14, 1 ; 16, 13 ; 17, 10.17 ; 18, 4.19 ; 19, 8 ; 28, 17.23 ; Rm 1, 16).

---

[473] FOCANT C., *L'évangile de Marc,* p. 252.

Mais la parabole de la brebis perdue, qui se trouve en Matthieu (Mt 18, 12-14) et en Luc (Lc 15, 4-7), développe l'enseignement sur le berger qui se met à la recherche de la brebis perdue. Matthieu place cette parabole au sein du discours communautaire, tandis que Luc la situe au début des trois paraboles de la miséricorde. Cette différence trace déjà la direction ou l'aboutissement de l'enseignement de chacun sur la parabole de la brebis perdue. Les deux textes parlent de la même parabole, mais l'un la présente avec une fin ecclésiale tandis que l'autre avec un but de conversion. Ce qui montre deux comportements de berger.

Nous remarquons aussi la différence dans le vocabulaire choisi pour désigner la situation de la brebis. Matthieu utilise le verbe « s'égarer », Luc emploie le verbe « se perdre ». Pour expliquer cette différence, W. Trilling affirme :

> « Cette différence n'apparaît pas dans les écrits de l'Ancien et du Nouveau Testament ; cette différence ne se manifeste pas lorsqu'il est question du troupeau. C'est la même chose qu'une brebis s'égare ou se perde. Il n'en est pas de même lorsqu'il s'agit des disciples de Jésus. Dans cette perspective, on peut établir une distinction entre un membre qui s'est égaré, mais qui peut être ramené, notamment avec l'aide de tous les frères, et un autre qui est en danger de se perdre, peut-être pour toujours. Dans le récit de la parabole il est question de "s'égarer" alors que l'application qui suit parle de "se perdre" (18, 14). Celui qui s'égare court le danger de se perdre. »[474]

Le choix de Luc quant au verbe « se perdre » peut s'expliquer par la volonté de rester dans le thème de l'objet perdu, commun aux trois paraboles.

Le cadre géographique présenté par les deux auteurs dévoile aussi une différence. Matthieu présente la scène dans les montagnes tandis que Luc la situe dans le désert. Les deux endroits ne se contredisent

[474] TRILLING W., *L'évangile selon Matthieu*, T. II, Paris, Desclée, 1974, p. 217.

pas. Un endroit désert peut être montagneux et la montagne peut être aussi déserte. Qu'il soit un endroit désert ou des montagnes, le but de l'image, c'est de montrer l'ampleur de la tâche qui attend ce berger, ainsi que son courage à escalader les montagnes ou de traverser le désert pour retrouver cette brebis perdue ou égarée.

Dans son récit, Matthieu dit l'essentiel avec des termes très simples. Il montre d'abord que l'absence d'une brebis parmi le troupeau de cent brebis ne laisse pas tranquille la conscience du berger. Il est profondément bouleversé par l'égarement de cette brebis, d'où son empressement à tout quitter pour la chercher. Il n'abandonne pas sa recherche tant qu'il ne l'a pas retrouvée et ramenée parmi les quatre-vingt-dix-neuf (99) autres. Nous ne pouvons pas imaginer à quel point le retour de cette brebis dans le troupeau lui procure une joie immense. Sa joie est débordante. Même petite, cette brebis trouve en ce berger un attachement particulier[475]. Cela ne signifie pas que les autres n'ont pas de prix à ses yeux. Comme nous l'avons déjà signalé, Matthieu situe son récit dans le discours ecclésial. Le but de son enseignement est de ramener le membre qui se distancie de la communauté. Matthieu montre l'image de Dieu comme celle du berger qui n'est pas indifférent à l'éloignement de l'un des membres de la communauté, y compris le plus petit, le plus insignifiant car il veut le salut de chacun et de tous. Dans sa conclusion sur cette parabole, Matthieu met l'accent particulier sur les « petits »[476]. Comme ils sont petits, ils courent des dangers plus grands que les autres. Souvent, les petits se trouvent à l'arrière-plan, d'où le risque de ne pas les voir, de les oublier. Pour Matthieu, le bon berger devrait avoir une attention particulière à ces petits.

Du fait que Jésus s'adresse à ses disciples, cette exhortation sur la brebis égarée est incluse dans la formation de ses futurs pasteurs à qui il souhaite d'avoir cette même attention aux plus petits. Dans la

---

[475] TASSIN Cl., *L'évangile de Matthieu,* p. 193.

[476] *Ibidem.*

parabole, Jésus parle de Dieu le Père qui veut le salut de tous, y compris des plus petits qui sont souvent négligés ou oubliés. Lui-même, le Berger que Dieu a envoyé parmi nous pour nous sauver, durant sa vie pastorale, manifeste son amour pour tous et son attachement pour les petits, les défavorisés à cause de leur statut social (les prostituées, les pécheurs, les étrangers, les malades…). Le message est donc adressé aux disciples à qui est confiée la communauté ; ils devront agir ainsi. Il en est de même pour tous les membres de la communauté.

Certes, l'essentiel de la parabole est exprimé par Matthieu, mais Luc rajoute à sa source le trait du bon pasteur qui porte la brebis trouvée sur ses épaules (cf. Is 40, 11 ; 49, 22 ; 60, 4 ; 66, 12) : un geste qui manifeste un sentiment d'amour envers celle qui est perdue. Et pour exprimer sa joie, il convoque les amis et les voisins afin de célébrer cet événement et de le fêter. Cette invitation signifie que ses amis et ses voisins étaient au courant[477] de ce qui s'est passé, car il est de coutume de partager aussi la douleur et les soucis avec amis et voisins. La perte d'une brebis parmi les cent a vraiment touché la vie de ce berger. Et quand il l'a retrouvée, sa joie est débordante, une joie que Luc décrit comme un reflet de la joie céleste[478]. La brebis perdue est l'image du pécheur. Le berger qui est allé à la recherche de cette brebis perdue, c'est Dieu qui agit en la personne de son Fils ou en d'autres personnes. Dès que le pécheur est converti, Dieu et tous les habitants du ciel se réjouissent parce qu'il est désormais dans la voie du salut. L'enseignement de Jésus vise les destinées individuelles de l'âme. Si chez Matthieu, Jésus recommande aux disciples une attention particulière aux « petits », chez Luc, il dévoile aux yeux des pharisiens qui méprisent les pécheurs l'amour de Dieu

---

[477] Chez les *Bara*, on fait le *hazolava*, qui est un cri d'alerte et d'appel au secours en cas de vol ou d'attaque des voleurs.

[478] DEVILLERS L., *L'évangile de Luc*, coll. « mon ABC de la Bible », Paris, Cerf, 2016, p. 77.

pour un pécheur qui se repent. Dieu le recherche, le poursuit et le ramène. Alors, une fois qu'il est revenu, c'est une explosion de joie pour tous les habitants du ciel. Par contre, il y a aussi ceux qui se croient justes et qui ne ressentent pas le besoin de faire appel à Dieu.

#### 4.2.1.4 Le Berger-juge : comment le berger sépare les brebis des boucs (Mt 25, 32s)

Nous avons déjà signalé la dimension eschatologique de l'image pastorale dans la recherche de la brebis perdue. Ce dernier paragraphe sur l'image pastorale de Jésus dans l'évangile synoptique nous informe davantage à ce propos. Dans les derniers temps, Jésus prend l'image d'un berger juge. Il se désigne ici comme le Fils de l'homme. Par cette expression « Fils de l'homme », le texte entend désigner le juge eschatologique.

La description du Fils de l'homme, qui viendra dans sa gloire au dernier jour et siégera sur son trône, rappelle donc son caractère royal et nous ramène à l'image d'un berger responsable qui a autorité sur les siens. Ici, ce berger plein de pouvoir fait le tri et met à part les moutons et les chèvres[479]. Que peuvent signifier pour nous ces images bibliques de brebis et de chèvres que Jésus utilise ? Nous transmettent-elles un message eschatologique ?

Dans l'Ancien Testament, le mouton ou la brebis sont les victimes les plus fréquentes pour les sacrifices (1 R 8, 63). À cela s'ajoute l'usage de sa laine (He 11, 37) et de sa viande et de son lait (Dt 32, 14) qui tient une place importante pour un peuple de pasteurs, et assure au mouton une considération particulière. Mais ce qui explique la préférence du Berger-juge dans notre contexte, c'est la docilité de la brebis devant les tondeurs[480]. Cela nous rappelle l'image du serviteur souffrant (Is 53, 7). Ainsi, son incapacité à se défendre dans

---

[479] TRESMONTANT Cl., *Évangile de Matthieu*, Paris, O.E.I.L, 1986, p. 472.

[480] Chez les Malgaches, on n'offre pas en sacrifice des animaux qui manifestent un geste de désobéissance ou de peur. C'est le cas des boucs et des

le danger (Mt 10, 16) et sa docilité envers son berger (Mt 26, 31) révèlent ce caractère exemplaire propre aux plus faibles.

Derrière cette image, nous retrouvons ce Jésus-berger qui se montre le défenseur des plus petits. Jésus se rend présent et s'identifie aux plus petits, comme il l'affirme : *« En vérité je vous le dis, dans la mesure où vous l'avez fait à l'un de ces plus petits de mes frères, c'est à moi que vous l'avez fait »* (Mt 25, 40). Autrement dit, Jésus est à la fois berger et agneau. Berger, car il veille toujours sur la vie de son troupeau ; et agneau, car il prend aussi la place de celui-ci. La relation familière qui existe entre le berger et l'agneau crée une connexion si solide qu'elle pousse le berger à s'identifier à l'agneau. Cela nous rappelle la complémentarité qui existe entre Dieu, les humains et les animaux.

Quant à l'image des chèvres[481] et des boucs, elle est souvent utilisée pour représenter le monde du mal, du péché. C'est le cas du bouc émissaire[482] qui est chargé symboliquement des péchés du peuple. Il n'est dès lors pas étonnant que Jésus prenne cette image pour désigner les injustes vis-à-vis des plus petits.

Le jugement de ce Berger-roi ne se limite pas au seul peuple d'Israël. Il s'ouvre aussi à toutes les nations. Ceci montre la dimension universelle de l'autorité du Fils de l'homme. Ce Fils de l'homme n'est pas seulement le berger d'Israël, mais aussi de l'humanité tout entière. Le critère du jugement qui définit l'homme juste par rapport à

---

chèvres. Même si un zébu mugit quand on le sacrifie, on le libère car on dirait qu'il a peur.

[481] En malgache, la chèvre ou le bouc est appelé *osy*. Dans le langage courant, ce mot *osy* est aussi utilisé quand on chasse les volailles. L'image est beaucoup plus significative dans le monde malgache pour dire la phrase de Jésus : *« Allez-vous-en loin de moi [...] »*. À cela s'ajoute que dans le monde *bara*, la chèvre ou le bouc est un animal tabou qui porte malheur.

[482] Cf. *Dictionnaire encyclopédique de la Bible*, Paris, Brepols, 1987, p. 218.

l'homme injuste, exprimé par l'image des brebis et des boucs, ce sont leurs actes de charité envers les autres, en particulier les misérables. Son amour de berger prétend se solidariser avec toute la misère humaine dans son immensité et sa profondeur[483], à l'exemple du Roi-berger qui n'a pas eu la prétention d'être servi lui-même, mais d'être au service de ses frères.

Telle est donc, d'une manière condensée, la présentation dans les évangiles synoptiques de l'image pastorale de Jésus. Certes, chaque évangéliste a sa démarche particulière pour aborder ce thème pastoral, mais le choix de traiter ce sujet d'une manière générale sous l'angle synoptique nous en laisse percevoir une vision communautaire. Si telle est la présentation de ce thème pastoral par les évangiles synoptiques, comment le quatrième évangile nous l'expose-t-il ?

### 4.2.2 Jésus Agneau de Dieu et bon Pasteur selon l'évangile de Jean

L'évangile de Jean nous semble divisé en trois parties traversées par le thème pastoral car au début, il présente Jésus comme *« l'agneau de Dieu »* (Jn 1, 29), au milieu, il identifie Jésus au *« bon Berger »* (Jn 10) et à la fin, il raconte l'envoi en mission des disciples comme des bergers pour faire paître *« les agneaux »* et *« les brebis »* (Jn 21). Nous suivons seulement ce plan proposé par l'auteur pour l'étude du thème pastoral dans le quatrième évangile.

#### 4.2.2.1 Au début : le témoignage de Jean *« Voici l'Agneau de Dieu »* (Jn 1, 29)

Après le prologue qui se présente sous la forme d'un hymne où l'évangéliste présente Jésus comme le Verbe divin et la Lumière (Jn 1, 9), vient le témoignage de Jean le Baptiste à propos de Jésus.

---

483 Cf. BONNARD P., *L'évangile selon saint Matthieu*, 2ème édition revue et augmentée, Genève, Labor et Fides, 1982, p. 366.

Après avoir témoigné de Jésus comme le Christ qui vient après lui, Jean le présente à ceux qui étaient autour de lui[484] comme *« l'agneau de Dieu »*. Signalons que la désignation de Jésus comme *« l'agneau de Dieu »* et le témoignage qu'il est *« le Fils de Dieu »* encadrent cette péricope. Ce qui nous fait comprendre que *« l'agneau de Dieu »* est *« le Fils de Dieu »* (Jn 1, 34).

Il est fort probable que l'évangéliste entende par cette expression « agneau de Dieu » un sens messianique. Car après avoir présenté Jésus comme « l'agneau de Dieu », André a eu un entretien avec lui. Et après cet entretien, il déclare à son frère Simon : *« Nous avons vu le Messie »* (Jn 1, 41). « L'agneau de Dieu » que Jean présente est donc le Messie qu'André croit avoir vu.

La désignation de Jésus comme « l'agneau de Dieu » est introduite par la phrase : *« Le lendemain, il voit Jésus venir vers lui »* (Jn 1, 29). Cette petite phrase d'introduction donne le ton sur le sens de la désignation qui suit. Remarquons que, selon la tradition synoptique[485], Jésus vient à Jean pour se faire baptiser, mais ici, dans le quatrième évangile, venant vers Jean, Jésus a déjà été investi par l'Esprit Saint (Jn 1, 32)[486]. L'acte de Jésus est ici un accomplissement de la prophétie d'Isaïe : *« Le Seigneur vient »* (Is 40, 10). « Si Jésus *vient* vers Jean – on ne sait d'où –, ce n'est pas pour se faire baptiser, c'est pour dire le Oui de Dieu à la promesse ; il vient vers Jean en qui se récapitulent l'expérience et l'attente d'Israël. »[487]

C'est dans cette idée que surgit la désignation de Jean : *« Voici l'agneau de Dieu qui enlève le péché du monde »*. Le mot *« Voici »*

---

[484] Ici, l'auditoire de Jean n'est pas précisé. Le texte se tait pour nous donner à penser que son auditoire s'ouvre au-delà des frontières.

[485] Cf. Mt 3, 13-15 ; Mc 1, 9 ; Lc 3, 21.

[486] Cf. LÉON-DUFOUR X., *Lecture de l'Évangile selon Jean*, T. 1, Paris, Seuil, 1983, p. 167.

[487] *Ibidem*, p. 168.

engage une invitation à regarder. Qu'est-ce qu'on a à regarder ? C'est l'agneau. Et que voit-on en cet agneau ? On voit en cet agneau la grande responsabilité d'enlever le péché du monde. Cela nous renvoie à la prophétie d'Isaïe qui annonçait à Israël la rémission de son péché (Is 40, 2). Le « oui » exprimé par la démarche volontaire de Jésus vers Jean, pour réaliser la promesse divine quant à la rémission du péché de son peuple, fait donc penser à l'image du Serviteur souffrant[488] dont parle Isaïe (Is 53, 7). Ce serviteur n'ouvre pas la bouche comme un agneau traîné à l'abattoir. C'est le « oui » inconditionnel. Cela confirme le propos de Simoens : « Dès le début de la vie publique, Jésus anticipe sa dernière Pâque qui sera à maints égards décrite grâce à des réminiscences de cet agneau tel qu'il est présenté dès le début de l'évangile. C'est la clé de toute la suite ! »[489]

Certes, dans la Bible, nous avons l'éminent « agneau pascal ». Le sang de l'agneau pascal était considéré comme un sang protecteur pour les fils d'Israël (Ex 12, 21-23). D'après l'évangéliste, la mort de Jésus coïncide avec le jour de la Pâque. Il n'est pas étonnant dès lors que la tradition chrétienne voie en Jésus le véritable agneau pascal. Mais A. Jaubert affirme que « seuls des chrétiens pouvaient donner une telle interprétation à la mort du Christ. Jean Baptiste, lui, ne pouvait pas la concevoir. Si donc l'image de l'Agneau remonte aux milieux baptistes, c'est avec un autre sens et à la faveur d'une interprétation symbolique différente »[490].

Même si Jean Baptiste ne peut penser à l'image de l'agneau pascal, il avait la conviction que cet agneau désignait le Messie comme le libérateur du peuple et le vainqueur du mal. Jean souligne ici la dimension universelle de la rémission du péché en mentionnant le mot

---

[488] JAUBERT A., *Approches de l'évangile de Jean*, coll. « Parole de Dieu », Paris, Seuil, 1976, p. 135.

[489] SIMOENS Y., *Évangile selon Jean*, Paris, Facultés Jésuites de Paris, 2016, p. 57.

[490] JAUBERT A., *Approches de l'évangile de Jean*, p. 137.

*« monde »*. Il souligne ici que l'agneau enlève le péché du monde. Il n'est donc pas question dans cette péricope de supprimer les péchés individuels, mais de mettre fin à l'empire du péché[491].

Nous pouvons donc retenir que cette première présentation de Jésus comme *« agneau de Dieu »*, avec un terme pastoral, véhicule un sens messianique très profond mais facile à comprendre. En désignant Jésus comme *« l'agneau de Dieu »* Jean confesse sa foi qu'il est le Fils de Dieu. Et l'un de ses deux disciples, André à qui il présente Jésus comme *« l'agneau de Dieu »* (Jn 1, 36) et qui l'a suivi, après avoir vu sa demeure, déclare à son frère qu'il a trouvé le Messie. Il a donc compris facilement que celui qui était appelé par Jean *« Agneau de Dieu »* était le Messie.

Le quatrième évangile continue alors sa pédagogie en expliquant l'identité du messie par un autre langage pastoral : *« le bon Berger »*.

#### 4.2.2.2 Jésus en pleine mission : « Je suis le bon Berger » (Jn 10, 1-21)

Nous poursuivons notre lecture du thème pastoral dans l'évangile de Jean. Sans doute, nous sommes devant le texte le plus long qui aborde ce thème pastoral dans le Nouveau Testament. Certainement, Jean emploie la métaphore pastorale en s'inspirant de l'humus biblique[492]. Mais il garde son originalité en parlant d'un berger unique qui donne sa vie pour ses brebis. Le texte se divise en deux parties qui sont séparées par un intermède soulignant l'incompréhension des auditeurs (Jn 10, 6). Pour aborder ce texte, nous suivrons le plan proposé par l'auteur.

La première partie (Jn 10, 1-5) est constituée par un tableau pastoral symbolique où nous remarquons l'emploi du style impersonnel en

---

[491] LÉON-DUFOUR X., *Lecture de l'évangile selon Jean*, T. 1, p. 169.

[492] LÉON-DUFOUR X., *Lecture de l'évangile selon Jean*, T. 2, Paris, Seuil, 1990, p. 358.

« il ». Ce « tableau symbolique »[493] est exprimé par le mot grec *παροιμία*, « *paroimia* », qui a le sens d'une palabre. Dans ce tableau symbolique, Jésus emploie la métaphore du Berger et des brebis. Pour parler du Berger et des brebis, Jésus commence son discours et le termine par un message adressé à ceux qui sont méchants envers les brebis, tels que le voleur, le brigand et l'étranger. Ce qui explicite les cibles de ce message, les pharisiens dont parle le texte depuis Jn 9, 39-41. Et cela est confirmé par le double *« Amen »* suivi par le *« je vous le dis »* par lesquels Jésus commence son discours.

Mais au centre de ces ennemis des brebis (brigands, voleurs, étrangers), Jésus fait apparaître l'image d'un berger qui est en relation intime avec les brebis. Les critères de ce vrai berger sont : – l'entrée par la porte contrairement aux voleurs et aux brigands qui escaladent ailleurs pour entrer dans le bercail ; – l'écoute de sa voix par les brebis et l'appellation de chaque brebis par son nom, ainsi que l'obéissance des brebis à le suivre en opposition à un étranger qui est inconnu d'elles. Elles ne connaissent pas sa voix et, en conséquence, elles fuient.

Pour nous aider à mieux saisir le message de ce tableau symbolique, il serait mieux de connaître la culture ambiante et la pratique pastorale de l'époque et du milieu de Jésus. Dans ce texte Jésus décrit les bercails de la Palestine[494]. Dans un bercail, plusieurs troupeaux passent la nuit sous la surveillance d'un seul gardien. De ce fait, les voleurs et les brigands de grand chemin, quand ils veulent y pénétrer, sont obligés de grimper par-dessus le mur. Mais le berger, quand il vient le matin pour chercher son troupeau afin de le mener paître, se présente au portier et celui-ci lui ouvre la porte. Dès que le portier lui a ouvert, il appelle les brebis de son troupeau par leur

---

[493] *Ibidem*, p. 358.

[494] BOUYER L., *Le quatrième évangile*, coll. « Bible et vie chrétienne », Paris, Casterman, 1963, p. 156.

nom. Celles-ci viennent et le suivent sans hésitation car elles reconnaissent sa voix. Mais les autres troupeaux, eux, ne réagissent pas, car ils savent que ce n'est pas leur berger. De même pour un étranger dont ils ignorent la voix, les troupeaux ne le suivent pas. Telle est la pratique pastorale de l'époque.

Comme nous l'avons déjà signalé, si le récit mentionne les ennemis des brebis (brigands, voleurs, étrangers), l'essentiel de la révélation concerne avant tout les brebis et le berger. Voyons de plus près les gestes de ce berger. Il entre par la porte et *« appelle les siennes chacune par son nom »* (v. 3). Cela nous renvoie au texte d'Isaïe : *« Ne crains pas, car je t'ai racheté, je t'ai appelé par ton nom : tu es à moi »* (Is 43, 1). Sachant que le nom équivaut à l'être[495], le fait de connaître le nom de chacune des brebis souligne l'existence du lien intime entre le berger et ses brebis. Cette affection profonde est réciproque car, d'une part, s'il revient à Jésus d'appeler individuellement le nom de ses brebis, signe de son attachement envers elles, l'écoute et la reconnaissance de la voix de leur berger par les brebis expriment leur pleine confiance en lui.

Par la suite, l'emploi du terme par lequel est désignée la bergerie dans ce contexte nous fait réfléchir. Au lieu de *« épaulis »* Jean emploie le terme *« aulé »* qui désigne une cour. Dans la *Septante*, sur 177 occurrences du mot, il s'agit 115 fois du parvis de la Tente de réunion ou du Temple[496]. Si nous nous appuyons sur le langage biblique traditionnel au sujet des brebis qui désignent Israël[497], il nous semble que Jean veut suggérer derrière l'emploi de *« aulé »* pour « bergerie », le parvis du temple où se rassemblaient les Israélites. Le devoir principal de Jésus, c'est de conduire vers le Père : comme

---

[495] Dans la culture malgache, le nom d'une personne signifie son être. Quand on demande le nom de quelqu'un, on dit : « Qui est ton nom ? » et non pas : « Quel est ton nom ? »

[496] Cf. LÉON-DUFOUR X., *Lecture de l'évangile selon Jean*, T. 2, p. 361.

[497] Cf. Ps 95, 7 ; Jr 23 ; Ez 34, 31.

le berger marchant devant ses brebis qui écoutent et connaissent sa voix, Jésus entre dans le Temple où il a enseigné Israël et ceux qui l'écoutent, il va les conduire vers le Père. Comprendre toute cette imagerie ne va pas de soi pour ses auditeurs, d'où la suite du discours de la révélation de Jésus.

Dans cette seconde partie du discours, pour mieux éclaircir l'imagerie et faire passer le message, Jésus donne une explication plus directe, toujours en employant l'imagerie pastorale, mais en passant de « il » en « je ». Jésus reprend son discours en utilisant le double *« amen »* qui exprime l'amplification de son explication. Jésus réutilise l'image de la porte qu'il s'applique : *« Je suis la porte des brebis »*. Certes, la lecture de cette parole de Jésus peut se faire de deux manières. Premièrement, on peut lire dans cette phrase de Jésus qu'il est la porte donnant accès aux brebis. Cette première lecture, adoptée par plusieurs commentateurs[498], ne correspond pas au contexte de notre verset, car elle suppose l'existence de plusieurs bergers. Pourtant, il n'est pas question dans notre passage de plusieurs bergers, mais d'un seul berger.

La seconde lecture de ce propos de Jésus est la désignation de Jésus comme la porte à travers laquelle passent les brebis. Saint Ignace d'Antioche nous donne une interprétation probante de cette parole de Jésus. Il dit : « Il est la porte qui conduit au Père et par laquelle passent Abraham, Isaac et Jacob, les prophètes, les apôtres et l'Église »[499]. Cela est confirmé par la reprise de Jésus de cette imagerie au v. 9 : *« Je suis la porte. Si quelqu'un entre par moi, il sera sauvé ; il entrera et sortira, et trouvera un pâturage »*. D'une manière brève, Jésus se déclare la porte qui conduit à la vie. Le salut qu'offre le Fils à travers la métaphore de la porte est offert librement.

---

[498] C'est une opinion quasi commune depuis Augustin et Chrysostome. Cf. LÉON-DUFOUR X., *Lecture de l'évangile selon Jean*, T. 2, p. 365, note 85.

[499] Cité par BOUYER L., *Le quatrième évangile,* p. 157.

Cela explique la pleine liberté du croyant. Quant à l'image d'un pâturage, elle symbolise la vie plantureuse[500], signe de l'abondance de la Vie dont parle le verset suivant.

En tenant compte du contexte, le terme *« voleur »* désigne ici le voleur des brebis de Jésus, car il les a appelées *« siennes »*. Comme le Père et le Fils ont tout en commun, les brebis de Jésus sont les brebis de Dieu. Le voleur est donc ici le voleur des brebis de Dieu. Jésus souligne dans ce cas la situation dramatique des brebis qui seraient volées. Le voleur va les sacrifier et les faire périr. Le terme *« faire périr »* désigne la perte définitive au sens spirituel.

Pour éviter cela, Jésus prend donc la place du bon Berger. L'image du berger, comme nous l'avons déjà signalé[501], est fréquente dans l'Ancien Testament. Les chefs du peuple sont habituellement appelés pasteurs ou bergers. L'exemple typique est le roi David qui a été pasteur avant d'être roi et qui a été aussi appelé berger du peuple. Plusieurs textes nous donnent des références sur cette conception biblique du berger, tels que Jr 23, 3-4 ; Is 40, 11 ; Ez 34, 11-16 et le Ps 23.

Jésus ne se contente pas de se dire un simple berger, mais il se définit comme le bon Berger ou le bon Pasteur. Jésus donne la définition de ce qu'est un bon berger : *« Je suis le bon pasteur ; le bon pasteur donne sa vie pour ses brebis »* (Jn 10, 11). Jean utilise le terme *tithémi* pour exprimer le don de sa vie. Les différentes traductions[502] de ce terme, telles que « donne » (Loisy, Mollat, *Pléiade*), « offre » (Lagrange), « livre » (*Osty*), « dépose » (Delebecque) sa vie ou encore « s'en dessaisit » (*TOB*) pour ses brebis, montrent que le terme a plusieurs facettes et a un sens précis selon le contexte.

---

[500] Cf. Ps 23.

[501] Cf. *supra*, 1.2 ; chap. 2 et 3 de la 2ème partie.

[502] Cf. LÉON-DUFOUR X., *Lecture de l'évangile selon Jean*, T. 2, p. 369.

Le bon Berger qui donne sa vie ne signifie pas qu'il se livre à la mort. Le bon Berger est plutôt celui qui risque sa vie lors d'un danger menaçant ses brebis. C'est le cas de David qui met sa vie en jeu pour défendre les brebis de son père Jessé (1 S 17, 34). Car s'il se livre à la mort, les brebis seraient la proie du lion ou du loup. L'objectif du bon Berger est donc de protéger la vie de ses brebis. Contrairement au bon Berger, le mercenaire abandonne les brebis devant un danger. Il n'a pas de relation personnelle avec les brebis.

Le critère d'un bon Berger est aussi la connaissance mutuelle entre lui et son troupeau. Cela exprime l'intimité et la ferveur de l'amour du berger pour ses brebis, comme la connaissance réciproque que le Père et le Fils ont l'un de l'autre et l'intelligence que le Fils entretient avec les siens[503]. Nous remarquons la mention du Père avant le Fils et du Fils avant les croyants. Cela exprime la théologie johannique qui montre l'initiative divine devançant l'effort de l'homme. Jésus reprend par la suite l'idée de dessaisissement de sa vie pour ses brebis après l'affirmation de sa connaissance du Père pour dire que l'attitude du Fils au cours de sa mission procède de cette connaissance même[504].

L'aboutissement de ce dessaisissement de la vie de Jésus est le rassemblement de toutes les brebis, celles qui sont dans son bercail et celles qui se trouvent dans d'autres bercails. Écoutons le commentaire de Jean sur la sentence de Caïphe dans un chapitre suivant :

> *« Or cela, il ne le dit pas de lui-même ; mais, étant grand prêtre cette année-là, il prophétisa que Jésus allait mourir pour la nation – et non pas pour la nation seulement, mais encore afin de rassembler dans l'unité les enfants de Dieu dispersés. »* (Jn 11, 51-52)

Les brebis d'un autre bercail représentent ici les croyants au Christ en dehors d'Israël, qui formeront avec les juifs convertis un seul

---

[503] Cf. BOUYER L., *Le quatrième évangile,* p. 159.

[504] Cf. LÉON-DUFOUR X., *Lecture de l'évangile selon Jean*, T. 2, p. 374.

troupeau. Le bon Pasteur a un caractère universel car c'est au monde et non seulement à Israël que Dieu a donné son Fils unique (cf. Jn 3, 16). Cela se place dans le sens de l'accomplissement de la prophétie d'Ézéchiel sur le Messie : *« Je susciterai pour le mettre à leur tête un pasteur qui les fera paître, mon serviteur David : c'est lui qui les fera paître et sera pour eux un pasteur. »* (Ez 34, 23)

Notre texte se termine par l'annonce de la mort de Jésus. Jésus se dessaisit de sa vie non plus pour sauver les brebis présentes et à venir, mais pour dire que le Fils de l'homme doit mourir et ressusciter afin de conduire aussi les autres brebis. La mort de Jésus démontre son amour pour ses brebis. L'amour du Père pour Jésus s'explique par son don en faveur des brebis où s'accomplira en plénitude le pouvoir de vie qu'il possède en lui-même (Jn 5, 26), l'ayant reçu du Père. Ce propos de Jésus sur le pouvoir de reprendre sa vie par lui-même fait surgir la christologie johannique « d'en haut » affirmant que Jésus « se ressuscite » lui-même, en quelque sorte, tandis que, selon Paul et la tradition synoptique, il est ressuscité par Dieu.

Nous pouvons retenir que le discours de Jésus sur le bon Pasteur est une révélation de son identité et de celle de son Père. Il révèle par l'imagerie d'un bon Pasteur qu'il est la réalisation de la prophétie sur le messianisme davidique. Sa mission est de rassembler ses brebis en un seul troupeau et de leur donner la vie éternelle par l'offrande de sa vie. En effet, Jésus le bon Berger est chargé de conduire vers le Père son troupeau, qui représente son Église. Mais le Père attire les brebis vers son Fils afin qu'il puisse les remettre dans la main de son Père. La mission de Jésus n'est donc pas de son seul apanage mais elle est aussi celle de Dieu le Père. Ses œuvres, Jésus les accomplit au nom de son Père (Jn 10, 25). Il confirme ainsi l'union qui existe entre lui et son Père[505] quand il dit : *« Moi et le Père, nous sommes un »* (Jn 10, 30).

[505] Cf. SIMOENS Y., *Évangile selon Jean*, p. 215.

Jésus évoque également dans son discours la liberté du croyant au sein de son troupeau. Les brebis sont libres d'aller et de venir sous la houlette de l'unique Berger. Mais ce qui détermine la fidélité du croyant, c'est la foi. Cette foi est exprimée par l'écoute de la voix de son Berger. C'est en écoutant la voix du Berger que la brebis peut le suivre vers le bon pâturage, la vie éternelle, comme le Christ le précise : *« Mes brebis écoutent ma voix, je les connais et elles me suivent ; je leur donne la vie éternelle ; elles ne périront jamais et nul ne les arrachera de ma main »* (Jn 10, 27-28). Uni au bon Berger et à son Père, le Peuple de Dieu est invité à exprimer la présence de Dieu sur terre. Autrement dit, l'Église, ce troupeau unique, est chargé d'exprimer Jésus-Christ, et à travers lui, Dieu Père qui est la source de tout. Il n'est pas étonnant alors que Jésus, après avoir terminé sa mission sur terre, ait confié son troupeau à d'autres bergers. C'est ce que nous allons voir par la suite.

#### 4.2.2.3 L'envoi en mission des disciples : *« Fais paître mes agneaux », « Fais paître mes brebis »*

Jésus vient d'accomplir sa mission. Il a donné sa vie pour le salut de son troupeau. Après sa résurrection, il retourne chez son Père. Mais en tant que bon Berger, comme son père David[506], pendant son absence, il va confier son troupeau à un autre berger de confiance, d'où son retour chez ses disciples. Entre temps, au moment de sa mort, la communion avec son troupeau a été brisée. Il revient au milieu de ses disciples au cours d'un repas fraternel. Il veut réaffirmer sa relation intime avec les siens. D'où la question à Pierre : *« M'aimes-tu ? »* Cette question est posée à trois reprises, ce qui souligne l'insistance de Jésus sur le rétablissement de ce lien intime qu'il avait

[506] Ansi que nous l'avons évoqué au début de ce chapitre, le geste de Jésus qui confie son troupeau lors de sa future absence rappelle le geste professionnel de David qui a confié son troupeau pendant son absence (cf. 1 S 17, 20).

avec ses disciples : un lien d'amour qui a été renié trois fois par Pierre.

Nous avons dit ci-dessus que la foi[507] en la Parole de Jésus est le signe de la fidélité au Berger unique et de la communion au troupeau. Elle est aussi gage de la vie éternelle. Le reniement par Pierre de son Berger est signe de son manque de foi. Jésus veut donc remettre Pierre dans la communion avec le troupeau et lui confie un rôle dont l'amour pour Jésus est l'unique condition.

*« Simon, fils de Jean, m'aimes-tu plus que ceux-ci ? »* (Jn 21, 16) Dans cette question de Jésus, nous remarquons d'abord l'appellation qu'il applique à Pierre. Comme il l'a fait lors de la première rencontre (Jn 1, 42), en cette dernière rencontre avec Pierre, Jésus l'appelle par son nom de naissance *« Simon »* « pour resserrer davantage le lien de filiation entre Simon et Jean »[508]. Ce qui indique que le dialogue va se dérouler sur un plan plus personnel. Ensuite, mentionnons une autre remarque : parmi les trois questions presque identiques que Jésus pose à Simon, nous constatons que dans cette première interrogation, il emploie le terme *« plus que ceux-ci »*.

Que peut signifier cette précision de Jésus *« plus que ceux-ci »* ? Plusieurs interprétations peuvent surgir. On peut la comprendre comme une préférence par rapport à la barque ou au filet (des matériaux si chers aux yeux de Pierre) ou encore par rapport à ses amis. Si l'on considère le refus de Jésus de toute compétition (cf. Lc 22, 24-27), cette interprétation ne correspond pas au contexte. Il s'agit d'une relation à des personnes. Le fait de poser presque la même question trois fois fait allusion au reniement par Pierre de son Maître à trois reprises. Cela fait penser à la parabole des deux débiteurs endettés auxquels le créancier avait remis leur dette respective de 500 et 50 deniers (Lc 7, 40-43). Par son reniement, Pierre est plus grand

---

507 SIMOENS Y., *Évangile selon Jean*, p. 216.

508 *Ibidem*, p. 455.

débiteur à l'égard de Jésus que les autres disciples. Pourtant, Jésus l'a invité à sa table. Il a donc reçu un grand amour de la part de Jésus. De ce fait, il est invité aussi à témoigner plus d'amour envers son Maître.

Quant à l'amour de Pierre pour Jésus, deux verbes sont utilisés : *agapaô* et *philéô*. Chez Jean, ces deux verbes sont « quasi synonymes ». Tout d'abord, ces deux verbes sont employés avec tous les sujets possibles : le Père qui aime le Fils, le Fils qui aime le Père, le Père ou le Fils qui aime les hommes, le disciple que Jésus aimait, et même, pour *agapaô*, les hommes qui aiment mieux les ténèbres que la lumière (Jn 3, 21). D'ailleurs, cela correspond à une tendance johannique de varier son vocabulaire en utilisant deux synoymes[509].

Et le Seigneur continue : *« Fais paître mes agneaux »* (Jn 21, 15). Tel est l'aboutissement de la question de Jésus et de la réponse de Pierre. La réponse affirmative de Pierre l'engage à une mission. Certes, l'énonciation à trois reprises de cette mission fait allusion au triple reniement de Pierre, mais elle souligne aussi la décision judicieuse de Jésus. Pour comprendre cette décision de Jésus, remontons un peu au début de ce chapitre 21 de l'évangile de Jean où se trouve notre texte. Pierre avait pris l'initiative d'aller pêcher et les autres disciples s'étaient joints à lui (v. 3). Un peu plus tard (v. 7), Pierre se jeta à la mer pour rejoindre Jésus. Et c'est aussi lui qui, sur l'ordre de Jésus, a tiré à terre le filet rempli de poissons[510]. Tout cela explique pourquoi Jésus a confié son troupeau à Pierre.

Jésus reprend sa demande avec les mêmes termes sans insister sur la comparaison avec les autres disciples. Pierre lui a répondu de la même manière en s'appuyant sur son amour pour Jésus. Se basant

---

[509] Par exemple, dans ces versets, il y a deux verbes pour dire « être pasteur, faire paître » (*boskô* et *poïmaïnô*), deux verbes pour dire « savoir, connaître » (*oïda* et *ginôskô*), deux mots pour désigner le petit bétail (*probata* = moutons et *arnia* = béliers).

[510] Cf. LÉON-DUFOUR X., *Lecture de l'évangile selon Jean*, T. 4, p. 291.

sur l'amour de Pierre, Jésus renouvelle sa confiance en son apôtre en lui confiant ses brebis : *« Fais paître mes brebis »* (Jn 21, 17).

Jésus réitère pour la troisième fois sa question sur l'amour de Pierre pour lui. Face à cette triple question, Pierre est attristé à cause de cette remise en question de son amour pour son Maître. Il n'est pas étonnant alors qu'en répondant à la question, Pierre insiste sur la pleine connaissance de Jésus : *« Toi, tu sais tout »* et sur l'expérience concrète que Jésus a faite de l'affection de son disciple[511]. Nous remarquons durant cette conversation que Pierre ne montre pas de réaction face à la mission que son Maître lui confie. Il se préoccupe plutôt de la confiance de Jésus en son attachement. C'est dans cette confiance en son amour pour Jésus qu'il reçoit la charge de veiller sur l'ensemble du troupeau. Selon Léon-Dufour, cette charge pastorale confiée à Pierre peut se lire de deux manières : « Honorer ainsi Pierre, c'était orienter la communauté johannique vers la grande Église qui se réclamait de lui comme fondateur. D'autre part, le pastorat unique inspiré par l'amour pour Jésus représentait aux yeux de l'auteur une garantie pour l'unité des communautés chrétiennes »[512].

L'agneau de Dieu, signe de l'amour du Seigneur pour l'humanité, se désigne aussi comme le bon Berger qui ne cherche pas son profit personnel mais les biens de son troupeau (nourriture et sécurité). Être berger, c'est être dévoré et non pas le contraire. Jacob a été dévoré par la chaleur pendant le jour et par le froid pendant la nuit pour le bien de son troupeau (Gn 31, 40). David avait aussi cette même expérience en disant : *« Le Seigneur qui m'a arraché aux griffes du lion et de l'ours m'arrachera de la main de ce Philistin »* (1 S 17, 37). Cette parole de David a été confirmée par Goliath lorsque ce dernier s'est exclamé : *« Viens vers moi, que je donne ta chair aux oiseaux du ciel et aux bêtes des champs »* (1 S 17, 44). Cette attitude du berger qui donne sa vie pour son troupeau a été reprise par Jésus

---

511 Cf. *ibidem*, p. 292.

512 *Ibidem*, p. 293.

en Jn 10, 11 : *« Je suis le bon pasteur, le bon pasteur dépose sa vie pour ses brebis ».* Ayant accompli sa mission de Pasteur, Jésus a confié son troupeau à Pierre (à l'exemple de David laissant son troupeau à un gardien, cf. 1 S 17, 20), après avoir mesuré jusqu'à quel point son disciple l'aime. Pour Jésus, *« nul n'a de plus grand amour que celui-ci : déposer sa vie pour ses amis »* (Jn 15, 13). Cet amour inconditionnel envers son troupeau conserve la communion de ce dernier et assure sa sécurité et sa nourriture. Comme son Maître, Pierre va se dessaisir de sa vie pour donner une vie en abondance pour son troupeau. Il est chargé de conduire son troupeau vers un bon pâturage où se trouve l'abondance de vie. Dans le dernier livre de la Bible, saint Jean nous révèle l'aboutissement de la vie du troupeau de Dieu. C'est ce que nous allons évoquer dans le dernier paragraphe.

## 4.3 Le nom de l'Agneau sur les fronts de ses serviteurs (Ap 22, 4)

Pour couronner la partie biblique de notre étude, nous allons aborder une des images pastorales du dernier livre de la Bible. Certes, l'Apocalypse contient une abondance d'images et de symboles, lesquelles révèlent le mystère du Christ Premier-né d'entre les morts, Principe de toute création, Verbe de Dieu, Lion de Juda, Agneau immolé et Cavalier blanc de la victoire, etc. Dans ce livre, nous découvrons également différentes catégories de métaphores, telles que les images minérales, astrales, végétales et animales. Chaque catégorie d'images est riche en significations. Mais demeurant fidèle à notre thème, nous tenons à développer l'interprétation du verset 4 du chapitre 22 de l'Apocalypse à propos du nom de l'Agneau inscrit sur les fronts de ses serviteurs.

Dans l'évangile de Jean, nous avons parlé de cet agneau[513] (Jn 1, 29.36) selon la présentation que Jean Baptiste fait de Jésus. Le mot

[513] Cf. aussi Ac 8, 32 ; 1 P 1, 19.

« agneau » est au début du 4ème évangile la traduction du mot grec *amnos* qui désigne le petit agneau. Le mot *amnos* est moins fréquent dans le Nouveau Testament. Mais dans l'Apocalypse, le terme « agneau » traduit du grec *arnion* est courant. Il désigne plutôt un bélier, un chef de troupeau. On y trouve 28 occurrences du mot. Ce terme désigne aussi le Christ. Dans l'ensemble du livre ultime de l'Écriture, l'agneau est présenté en vainqueur du mal. Que peut donc signifier pour nous ce nom de l'Agneau placé sur les fronts de ses serviteurs ?

Comme le nom équivaut à l'être, parler du nom de l'agneau signifie parler de l'être de l'agneau. Et en tenant compte du fait que l'agneau indique le Christ, avoir le nom de l'agneau sur le front signifie donc avoir l'être du Christ, la vie de Jésus sur son front.

Le front est la partie supérieure du corps et se trouve dans la face. En effet, le front est la partie qui attire le regard des autres. C'est ainsi un lieu intéressant pour faire de la publicité. Avoir le nom de l'agneau sur le front exprime le devoir de témoigner du nom de Jésus partout où l'on va. En fait, les disciples sont chargés de témoigner du nom de Jésus dans le monde. Il les prévient qu'ils seront haïs de tous à cause de son Nom (cf. Mt 10, 22 ; 24, 9 ; Mc 13, 13 ; Lc 21, 17 ; Jn 15, 18). Mais il souligne que ceux qui tiendront jusqu'au bout, malgré la persécution à cause de ce témoignage, seront sauvés. Par ailleurs, nous pouvons lire dans le prologue de saint Jean : *« Il a donné pouvoir de devenir enfants de Dieu, à ceux qui croient en son nom »* (Jn 1, 12) ; et aussi : *« Qui croit en lui n'est pas jugé ; qui ne croit pas est déjà jugé, parce qu'il n'a pas cru au Nom du Fils unique de Dieu »* (Jn 3, 18). La foi au Nom de Jésus est gage de la vie éternelle.

Notre texte se trouve dans la thématique de la Jérusalem nouvelle[514] qui descend du ciel. La Jérusalem nouvelle synthétise deux thèmes

[514] Cf. CORSINI É., *L'Apocalypse maintenant*, Paris, Seuil, 1984, p. 278s.

de l'Ancien Testament[515], à savoir l'idéalisation de la Jérusalem eschatologique (cf. Is 60 et 62 ; 65, 18-25) et l'existence d'un prototype céleste des signes de la présence de Dieu parmi son peuple (cf. Ex 25 ; Ap 11, 19). On entend donc par *« cité sainte »* l'Église dans sa réalité glorieuse et idéale de la parousie. Elle est le lieu de rassemblement du peuple consacré et elle forme une communauté nouvelle, fondée et animée par Dieu. Les serviteurs qui ont le nom de l'agneau sur leurs fronts sont donc ce peuple consacré par la foi en ce nom, comme nous pouvons le lire dans le même livre : *« Puis voici que l'Agneau apparut à mes yeux ; il se tenait sur le mont Sion, avec cent quarante-quatre milliers de gens portant inscrits sur le front son nom et le nom de son Père. »* (Ap 14, 1)

Certes, le mont Sion mentionné n'est pas la Jérusalem historique, mais il désigne « l'Église bâtie sur cent quarante-quatre mille justes : les douze tribus d'Israël, multipliées par douze – le nombre des apôtres – puis par mille, expression d'une grande multitude. C'est le nombre symbolique de la plénitude de ceux qui sont restés fidèles au Christ, l'Église de l'Ancien et du Nouveau Testament. Le signe satanique est gravé sur le front des gens qui ont donné leur cœur aux forces du mal, tandis que les justes portent, gravé sur le front, le nom du Père »[516].

Le nom du Père gravé sur le front des justes nous rappelle ici la mission de Jésus sur terre et au milieu de ses disciples : *« J'ai manifesté ton nom aux hommes, que tu as tirés du monde pour me les donner. Ils étaient à toi et tu me les as donnés et ils ont gardé ta parole. »* (Jn 17, 6) *« Je leur ai fait connaître ton nom et je le leur ferai connaître, pour que l'amour dont tu m'as aimé soit en eux et moi en*

---

[515] Cf. *TOB*, note z, Ap 21, 2.

[516] MEN A., *Au fil de l'Apocalypse*, Pully / Paris, Le sel de la terre / Cerf, 2003, p. 106-107. Cf. aussi MARTIN Fr., *L'Apocalypse. Lecture sémiotique*, Lyon, Profac / Cadir, 2004, p. 218-220.

*eux. »* (Jn 17, 26) Ce nom est donc signe de la présence de Dieu parmi son peuple (cf. Ap 21, 3).

Le nom sur le front est aussi signe d'une appartenance. C'est le cas du grand prêtre[517] qui portait sur le front une lamelle d'or sur laquelle était gravé : « Consacré à *YHWH* » (cf. Ex 28, 36 ; 29, 6 ; 39, 30 ; Lv 8, 9). Cette multitude, qui porte sur son front le nom de Dieu Père et de Jésus-Christ, appartient à cette communauté divine.

Dans ce contexte du rassemblement eschatologique des cent quarante-quatre mille qui représentent les élus, sont présentés Dieu et l'Agneau. Chacun de ces membres a sur son front le nom de l'Agneau et de Dieu. Cela explique la communion parfaite entre Dieu et Jésus, comme il le disait : *« Le Père et moi nous sommes un »* (Jn 10,30 ; cf. Jn 17, 22). Certes, l'Agneau fait figure de chef qui mène les hommes sur le terrain de combat, mais quand « il s'agit d'évoquer la réalité globale du salut, l'Agneau est inséparable de Dieu : les 144 000 "ont été rachetés d'entre les hommes" pour être offerts "en prémices à Dieu et à l'Agneau" »[518] (Jn 14, 4). En effet, la médiation du Christ accomplit l'œuvre de salut voulue par Dieu.

Nous pouvons retenir que lorsque nous parcourons le dernier livre de la Bible, le personnage de l'Agneau apparaît comme la principale figure christologique. Il est à la fois immolé à la façon de l'agneau pascal et vainqueur de la mort, capable de conduire le Peuple de Dieu. Vraiment, il est l'Agneau-Pasteur qui se révèle inséparable de Dieu dont il partage le trône céleste. Mais il se dévoile aussi auprès des hommes dont il dirige les combats et soutient la résistance face aux forces du mal. L'Agneau est une figure centrale de l'alliance entre Dieu et l'humanité. Par sa mort et sa résurrection, il a réconcilié le ciel et la terre en instaurant un monde nouveau. Ses serviteurs qui ont cru en lui portent la marque de son nom sur leur front. Ils

---

517 TRESMONTANT Cl., *Apocalypse de Jean*, Paris, O.E.I.L., 1984, p. 346.

518 BLANCHARD Y.-M., *L'Apocalypse*, coll. « La Bible tout simplement », Paris, Éd. de l'Atelier – Ouvrières, 2003, p. 49.

constituent la nouvelle communauté du monde nouveau. Ce nom sur le front est gage de la vie éternelle.

## Conclusion

Ce chapitre nous a montré que le monde animal en général, ou le monde pastoral en particulier, occupe aussi une place importante dans le Nouveau Testament. En effet, l'évangile de Matthieu s'ouvre par le récit de la généalogie de Jésus. Cette généalogie, tout en rappelant la continuité de l'histoire du salut, rapporte les grandes figures de berger et confirme qu'en Jésus se réalise la promesse de Dieu de donner un berger unique et digne pour son peuple. Le milieu pastoral, comme les autres milieux, est mis en exergue pour véhiculer le message divin. Après la présentation de Jésus dans la lignée du berger, vient sa naissance dans le monde pastoral. La crèche devient le lieu de rencontre entre Dieu et l'humanité, entre le ciel et la terre. À l'annonce de l'ange de ce divin enfant, les bergers, en voyant les signes et l'Enfant Jésus posé dans une mangeoire, un monde familier, ont compris tout de suite le sens du message. Durant son ministère, Jésus a illustré ses enseignements avec des images pastorales pour faire passer des messages, pour exprimer ses sentiments et pour révéler l'identité et le visage du Père. Avec ce langage pastoral, Jésus a aussi montré le vrai visage de l'humanité et sa place devant Dieu.

Si dans l'Ancien Testament, Dieu révèle son identité à travers ses relations avec des personnages bibliques, tout au long de l'histoire du peuple élu avec des images métaphoriques, dans le Nouveau Testament, Jésus est l'incarnation de ces images pour dévoiler le Père, lui l'image parfaite du Père. Jésus a formé ses disciples avec ce même langage et c'est dans ce même contexte qu'il leur confie la charge apostolique de son Église. Enfin, dans le dernier livre de la Bible, ce langage pastoral sert à montrer l'aboutissement de la vie du troupeau de Dieu. Avec l'usage d'images et de symboles pastoraux, Jésus touche le tréfonds du peuple de tradition pastorale et explique l'efficacité de sa révélation.

# CONCLUSION DE LA DEUXIÈME PARTIE

Les quatre chapitres qui constituent cette deuxième partie ont montré que la culture pastorale laisse une trace remarquable dans la culture biblique. En fait, le monde animal occupe une place importante dans l'ensemble de la Bible. Présenté depuis sa création comme compagnon de l'homme, l'animal est l'être vivant le plus proche de l'homme. Le fait que des êtres humains portent des noms d'animaux témoigne de cette proximité entre l'animal et l'homme. Les animaux domestiques font partie intégrante du monde des humains.

Cette relation très étroite et profonde entre ces deux mondes (animal et humain), en particulier les animaux domestiques, se dévoile à travers le monde pastoral. En effet, à travers sa fonction de berger ou pasteur, l'homme montre à quel point il tient à son troupeau. À leur tour, les animaux manifestent aussi leur attachement à leur pasteur. Vu l'ampleur de cette relation, les auteurs des livres bibliques se servent de cette image pour parler de la relation humaine (parents et fils ; roi et peuple) et de la relation entre Dieu et les êtres humains. Plusieurs récits bibliques évoquent le monde pastoral comme lieu de rencontre entre le monde animal, humain et divin.

Dans l'Ancien Testament, avec l'histoire des patriarches qui sont des pasteurs (et ils en sont fiers), le premier livre de la Bible évoque la proximité de Dieu à travers une métaphore pastorale. Dieu se fait connaître aux patriarches par sa présence active dans leur parcours personnel et communautaire. En effet, l'immersion de Dieu dans leur vie pastorale en vue de la réalisation de la promesse de la postérité et de la terre (fil rouge de l'histoire des patriarches), leur fait comprendre que Dieu est Pasteur.

Comme ses pères patriarches, Moïse, pendant sa fuite au pays de Madian, pratique aussi le métier de berger. Et c'est dans ce contexte pastoral que Dieu lui révèle son Nom, comme gage de la libération de son peuple. Dieu rejoint Moïse dans son milieu pastoral pour lui dévoiler son mystère et son projet de libérer son peuple. La mission que Dieu confie à Moïse ressemble à une tâche de berger qui libère son troupeau de son enclos (Égypte) pour le conduire vers un beau pâturage (Terre promise). D'ailleurs, le moyen que Dieu donne à Moïse pour la réalisation de cette mission n'est autre qu'un instrument pastoral (bâton). En parlant du bâton de Dieu, l'auteur du livre de l'Exode veut montrer que Dieu est pasteur et c'est lui qui agit en la personne de Moïse. Il est à noter aussi que dans l'histoire de la libération du Peuple d'Israël, l'animal grâce à la figure de l'agneau pascal joue un rôle fondamental et symbolique.

À travers l'histoire des rois-messies et bergers, Dieu continue de manifester sa présence et son attachement à son peuple par le biais d'un langage pastoral. Les deux premiers rois d'Israël ont été élus et oints comme bergers du peuple. Mais derrière cette attribution de charge, c'est Dieu qui est le premier Berger de son peuple. David a bien compris que c'est Dieu qui s'occupe de son peuple comme un vrai berger, d'où sa confession de foi au Dieu Berger. Saül a ignoré cette place primordiale de Dieu dans le gouvernement de son peuple, d'où son échec et sa destitution. Et comme il y avait aussi des rois qui n'étaient pas fidèles à la charge pastorale que Dieu leur avait confiée, par la voix des prophètes, Dieu dénonce leurs mauvaises pratiques et annonce la venue d'un vrai messie-berger qui va s'occuper de son peuple.

Ainsi, dans l'Ancien Testament, l'image pastorale occupe une place importante pour révéler le mystère de Dieu. Il en est de même dans le Nouveau Testament. Nous avons constaté que la vie de Jésus est imprégnée par ce vocabulaire pastoral. Depuis sa naissance, les récits des évangiles synoptiques nous rapportent qu'il appartient à la lignée des pasteurs et sa maternité, c'est une mangeoire. Il était bien entouré par des bergers et des animaux lors de sa naissance à Bethléem. Puis les évangélistes continuent à expliquer que durant sa vie pastorale, Jésus s'est conduit en vrai Berger et formateur de futurs bergers. Il utilise des termes pastoraux pour révéler son mystère. Dans le quatrième évangile, Jean trace le parcours pastoral de Jésus par trois points qui semblent diviser son évangile en trois parties. Au commencement de son récit, il présente Jésus au début de son ministère comme l'Agneau de Dieu ; puis en pleine mission, au milieu du texte, Jésus est présenté comme le bon Pasteur ; à la fin, après avoir achevé sa mission, Jésus envoie ses disciples pour qu'ils continuent son travail pastoral. Jean poursuit encore son enseignement sur Jésus dans le dernier livre de la Bible. La complexité de la personne du Christ trouve sa pleine expression dans la figure de l'Agneau : celle-ci constitue l'image centrale qui résume le mieux toute la richesse de la christologie de l'Apocalypse. Le Christ est à la fois l'Agneau pascal (immolé et vainqueur de la mort) et l'Agneau pasteur qui conduit le Peuple de Dieu vers les bons pâturages.

Après avoir présenté la vie pastorale chez les *Bara* de Madagascar dans la première partie et évoqué le monde pastoral comme lieu de révélation biblique dans la deuxième partie, nous pouvons constater qu'il existe un fond commun entre ces deux cultures (biblique et *bara*). La troisième partie va donc parler de ce monde pastoral comme lieu d'évangélisation chez les *Bara* et mettre les mondes biblique et *bara* en dialogue pour une perspective pastorale dans le diocèse d'Ihosy.

## PARTIE III

# LE MONDE PASTORAL, LIEU D'ÉVANGÉLISATION CHEZ LES *BARA* : LES MONDES BIBLIQUE ET *BARA* EN DIALOGUE

## INTRODUCTION DE LA TROISIÈME PARTIE

Après avoir présenté le monde pastoral dans les deux traditions (biblique et *bara*), nous sommes convaincu qu'il est un lieu de rencontre avec Dieu. De ce fait, il nous permet d'avoir accès à la connaissance de Dieu. Le but de notre ouvrage n'est pas de faire une étude parallèle de ces deux traditions, mais de trouver un point permettant un dialogue fructueux, pour une perspective d'évangélisation chez les *Bara*. D'où le titre de cette troisième partie : « Le monde pastoral, lieu d'évangélisation chez les *Bara* : Les mondes biblique et *bara* en dialogue ». Cette partie se composera de trois chapitres à savoir : l'évangélisation chez les *Bara*, le cas du diocèse d'Ihosy (chapitre 1). Avant de nous lancer dans ce dialogue et dans l'évangélisation du peuple *bara*, nous allons observer l'état de l'évangélisation dans le diocèse d'Ihosy, diocèse traditionnellement en territoire *bara*. Puis, le deuxième chapitre montrera comment parler de Dieu avec des langages pastoraux pour ouvrir une perspective d'évangélisation chez les *Bara*. C'est ici qu'entreront en dialogue les deux traditions. Pour ce faire, nous allons étudier la lecture *bara* de la Révélation biblique dans le contexte pastoral. Ensuite, nous verrons l'apport de l'Écriture pour l'évangélisation de la culture *bara*. Et pour terminer cette partie, nous consacrerons un troisième chapitre à la proposition de quelques pistes pour une liturgie inculturée et une orientation pastorale dans notre contexte.

## CHAPITRE 1

# L'ÉVANGÉLISATION CHEZ LES *BARA* : LE CAS DU DIOCÈSE D'*IHOSY*

## Introduction

Pour répondre à l'invitation du saint père, le pape François, « à la proclamation de l'Évangile *à ceux qui ne connaissent pas Jésus-Christ ou l'ont toujours refusé* »[519], ainsi que pour donner un nouvel élan à l'évangélisation dans le diocèse d'*Ihosy* après le jubilé du 50ème anniversaire de son existence, il est nécessaire, et c'est le moment favorable, de faire une évaluation de l'état de l'évangélisation dans ce diocèse. Pour ce premier chapitre, nous établissons donc un constat de l'évangélisation chez les *Bara* avec le cas du diocèse d'*Ihosy*. Pour cela, deux points seront évoqués, d'abord l'histoire du diocèse d'*Ihosy*, puis l'échec et les difficultés de l'évangélisation.

## 1.1 La mission d'évangélisation chez les *Bara*, le cas du diocèse d'*Ihosy*

Après avoir précédemment présenté l'histoire de la présence chrétienne à Madagascar, plus précisément, l'histoire de l'implantation de la foi chrétienne à Madagascar, nous poursuivons notre exposé

---

[519] PAPE FRANÇOIS, Exhortation apostolique *La joie de l'Évangile, Evangelii gaudium*, n° 14.

en évoquant l'implantation de la foi chrétienne chez les *Bara*, en particulier la foi catholique dans le diocèse d'*Ihosy*, territoire *bara*. Pour cela, nous commencerons par une brève présentation géographique du diocèse d'*Ihosy*. Puis, s'ensuivra un rappel historique, le diocèse d'*Ihosy* hier et aujourd'hui. Nous évoquerons par la suite les efforts pastoraux entrepris dans le diocèse, les défis, les problèmes et les solutions proposées.

### 1.1.1 Présentation géographique du diocèse d'*Ihosy*

Érigé le 13 avril 1967 à partir des territoires appartenant aux diocèses de *Farafangana* et de Fort-Dauphin, le diocèse d'*Ihosy* est l'un de 21 diocèses formant l'Église de Madagascar : il est aussi suffragant de l'archidiocèse de *Fianarantsoa*, au Centre Sud de Madagascar. Géographiquement, le diocèse d'*Ihosy* est entouré par cinq diocèses, à savoir les diocèses de *Fianarantsoa* au Nord, de *Farafangana* à l'Est, de *Tuléar* à l'Ouest, de *Morombe* au Nord-Ouest et de *Taolañaro* ou Ford-Dauphin au Sud.

**Figure 2 : Carte géographique du diocèse d'*Ihosy* (copiée du livret 50ème anniversaire du diocèse d'*Ihosy*)**

Le territoire du diocèse d'*Ihosy* s'étale sur une superficie[520] de 40 990 km² (presque la même que la Suisse qui est de 41 285 km²).

[520] La superficie de Madagascar est de 587 041 km².

### 1.1.2 Le diocèse hier et aujourd'hui

Le diocèse vient de célébrer le 50ème anniversaire de son érection. Mais, comme nous l'avons déjà mentionné, la présence chrétienne dans le diocèse d'*Ihosy* remonte vers la fin du 19ème siècle avec les missionnaires protestants. Les missionnaires catholiques ont commencé leur mission avec la création du vicariat de Fort-Dauphin dans le Sud Madagascar, confié à la congrégation de la mission, sous la conduite de Mgr Jacques-Jean Crouzet. Le territoire actuel du diocèse d'*Ihosy* faisait donc partie de ce nouveau vicariat. Le premier lazariste Français, qui passa dans l'actuel diocèse d'*Ihosy* en 1898, fut le père Castan, lors de son transfert de *Mananjary* à *Toliary*. La deuxième arrivée dans la partie Sud du diocèse d'*Ihosy*, plus précisément dans la ville de *Betroka*, eut lieu le 26 décembre 1909 avec le père Bertrand. En effet, cette visite du père Bertrand fut le fruit de la demande faite à Mg Crouzet par des immigrés *Betsileo*[521] originaires des hauts-plateaux, en quête de nouvelles terres cultivables et installés en territoire *bara* (à *Betroka* et dans les environs) à la fin du 19ème siècle. Écoutons le rapport de la visite du père Bertrand à Mgr Crouzet :

> « Ici, comme dans tous les villages de France, il y a toujours, sur le seuil des portes, quelques braves gens demandant ou apportant les nouvelles du jour, et l'apparition d'un blanc sur son *filanjana* n'est pas moins sensationnelle que celle d'une automobile chez nous. Aussi les braves commères me regardent, les enfants qui barbotent dans le ruisseau se réfugient chez leurs parents. De tous côtés, je n'entends que ces deux mots : *Vazaha ! Iza izy* ? (Un blanc ! Qui est-ce ?). Mais voilà qu'un brave homme, apercevant ma soutane blanche, se met à crier : "C'est un Père !"
>
> Et aussitôt ce mot, répété de bouche en bouche, rassemble tous les catholiques, et on m'indique une maison spacieuse où je pourrai m'installer. Tous sont heureux de me voir au milieu d'eux. "Il y a si

---

[521] L'ethnie *betsileo* se consacre principalement à la culture du riz, du maïs, du manioc et des patates douces…

longtemps que nous désirons un Père, me disent-ils. Reste avec nous."

Je laisse parler mon cœur. Je les rassure que c'est pour moi une consolation de venir les visiter, et que j'espérais bien que tous profiteraient de mon séjour pour accomplir leurs devoirs religieux. Nous étions au 18 décembre, je leur promis de passer les fêtes de Noël avec eux. Ils témoignent leur joie...

Quelques *Bara*, avec qui j'avais causé les jours précédents, étaient venus se mêler à la foule ; ils s'étaient tenus debout s'appuyant sur leurs sagaies et drapant leur dignité dans un bout d'étoffe crasseux. Ils regardaient et écoutaient sans rien comprendre, sinon qu'on faisait la prière à *Zañahary* (Dieu). Après la messe, je m'approchai d'eux et leur demandai s'ils ne seraient pas heureux, eux aussi, d'apprendre à prier Dieu.

"Viens, me répondirent-ils, et nous te donnerons nos enfants ; ils pourront apprendre à chanter et à prier ; mais nous, nous sommes trop vieux et nous avons nos coutumes."

L'évangélisation de ces pauvres *Bara* sera réellement difficile ; ils sont disséminés dans leurs montagnes, ne s'occupant que de leurs troupeaux. Leurs villages comptent une vingtaine de cases, et ils changent très souvent de domicile pour suivre leurs bœufs dans la forêt. L'administration, malgré tous ses efforts, n'a pu les décider à se grouper ; les deux écoles qu'elle a établies dans cette région comptent à peine une dizaine d'enfants qui y viennent quand ils ne peuvent faire autrement. »[522]

La visite suivante fut celle de Mgr Lasne en 1912, coadjuteur de Mgr Crouzet, lors de son passage partant de *Tuléar* en passant par *Benenitra*, *Betroka*, *Ihosy*, *Ivohibe* et *Karianga* pour aboutir à *Farafangana*. Lors de ce passage, les chrétiens d'*Ihosy* et d'*Ivohibe* demandèrent un missionnaire avec insistance[523].

---

[522] BERTRAND F., « Afrique Madagascar », *ACM*, 76, 1911, p. 519-523, cité in COLOMBI G., *Une évangélisation dans le diocèse d'Ihosy*, p. 33-34.

[523] Cf. COLOMBI, G., *ibidem*, p. 34.

Une année plus tard, fin mai 1913, les pères Fayard et Garric s'installèrent à *Betroka* pour desservir l'actuel territoire du diocèse d'*Ihosy* avec la partie Nord de l'actuel diocèse de Fort-Dauphin. Cette résidence permanente de missionnaires à *Betroka* dura seulement moins de deux ans. En effet, les deux missionnaires furent mobilisés pour défendre leur pays (la France) lors de la première Guerre Mondiale où le père Fayard trouva la mort sur le champ de bataille le 6 octobre 1915.

En 1916, dix mères de familles firent un déplacement[524] à *Farafangana* pour trouver Mgr Lasne et pour lui demander un missionnaire résidant à *Ihosy*. Après la réouverture de la mission de *Betroka* le 11 novembre 1926 avec le père Fresnel et le frère Wouters, trois endroits devinrent des résidences missionnaires, d'abord en février 1928, *Ihosy*, avec le père Briant ; en mai 1936, *Ivohibe*, avec le père Fresnel ; en 1959, *Isoanala*, avec le père Coudroy.

Après l'implantation des prêtres dans le territoire de l'actuel diocèse d'*Ihosy*, les sœurs filles de la charité contribuèrent à l'évangélisation et s'installèrent en 1931 à *Betroka* et en 1956 à *Ihosy*.

Un grand changement s'effectua dans la partie Sud de Madagascar avec l'érection en diocèse de l'ancien vicariat de Fort-Dauphin (le 14 septembre 1955). Deux ans plus tard, plus précisément le 8 avril 1957, il fut divisé en trois diocèses, à savoir les diocèses de Fort-Dauphin, de *Farafangana* et de *Tuléar*. Les deux diocèses de Fort-Dauphin et *Farafangana* restaient sous la responsabilité des missionnaires lazaristes, tandis que celui de *Tuléar* était confié aux assomptionnistes. Il faut noter que l'actuel territoire du diocèse

---

[524] Notons que la distance entre *Ihosy* et *Farafangana* est de 297 km. En dix jours aller et dix jours retour, les femmes parcoururent environ six cents kilomètres pour demander un prêtre résidant. Cela montre le courage et le dévouement des chrétiens de cette localité. Ces femmes étaient des immigrantes *betsileo* venant des hauts-plateaux.

d'*Ihosy* se répartissait alors entre les diocèses de Fort-Dauphin et de *Farafangana*.

#### 1.1.2.1 Les pionniers

Toujours habités du désir d'améliorer l'évangélisation dans cette partie Sud de Madagascar, les lazaristes français demandèrent le soutien et la collaboration de frères d'autres nationalités. Les lazaristes de la province de Turin répondirent favorablement à cette demande en décembre 1960 avec l'intention d'avoir leur propre mission. Ce souhait d'avoir un territoire propre en vue de la création d'un nouveau diocèse répondit exactement à l'attente du visiteur de Madagascar à l'époque ainsi que des deux évêques de *Farafangana* et de Fort-Dauphin. C'est ce que nous pouvons lire dans cette lettre du père Cassan au père Slattery, le 7 mai 1961 :

> « Par ailleurs, nous avons entendu dire, de plusieurs côtés, que la province de Turin serait heureuse de nous venir en aide en missionnaires. Nous ne savons si la province de Turin désire mélanger ses pères avec les nôtres ou si elle préférerait un territoire détaché. Dans ce dernier cas, vu notre petit nombre et le développement local de la Mission, nos Consulteurs, nos Seigneurs Fresnel et Chilouet, seraient prêts à céder à la province de Turin, tout ce qui est excentrique à nos deux Diocèses et susceptible de former avec le temps, un nouveau diocèse : toute la région des *Bara* située à *Ihosy* ; *Betroka* ; *Ivohibe* ; *Iakora*. Ce serait une mission homogène, ne comportant que des Malgaches d'une seule tribu, comme élément de base. De plus, c'est la meilleure région de notre Mission, pour le climat. Désirant avant tout l'évangélisation rapide du territoire qui nous est confié, nous ne serions que trop heureux de céder cette partie de territoire à des Confrères. Si, avant toute décision, Monsieur le Visiteur de la province de Turin, désire connaître le territoire qui serait le sien, il peut venir jusqu'à nous ; il sera le bienvenu et nous lui montrerons son territoire. Nous prions Dieu que les rumeurs entendues deviennent réalité. Cela permettrait à nos Seigneurs Fresnel et

> Chilouet de récupérer les Confrères, l'un de la région de *Betroka* et l'autre de la région d'*Ihosy*. »[525]

Cette lettre a confirmé l'homogénéité de la mission avec une seule tribu, les *Bara*. Elle évoquait aussi la beauté du pays *bara*. Et pour concrétiser ce projet, le père Giuseppe Archetto vint effectuer une visite du lieu et prit contact en compagnie du père visiteur des lazaristes avec les deux évêques concernés les mois d'octobre et de novembre 1961. Après ce voyage de reconnaissance des lieux et d'échange avec les différents responsables, la décision d'ouvrir la mission à Madagascar fut effective pour les responsables de la province de Turin, ainsi que pour les missionnaires qui avaient répondu favorablement à cet appel. Les trois premiers missionnaires envoyés furent les pères Luigi Dusio, Giovanni Stanta et Floriano Strappazzon. Le père Giovanni Razzu fut envoyé trois mois plus tard pour renforcer l'équipe. Arrivés à Madagascar, ils suivirent des cours de langue malgache à *Ambositra*. Au mois de mai 1963, ils entamaient l'apostolat dans les deux centres de la zone missionnaire qui leur avait été confiée, à savoir *Ihosy* (pères Dusio et Strappazzon) et *Betroka* (pères Razzu et Stanta). Après ces quatre prêtres, la province de Turin envoya 23 autres prêtres et trois frères coadjuteurs. Ce qui fait au total 30 missionnaires depuis le début de ce contrat jusqu'en 1989. Ils étaient répartis dans les cinq centres missionnaires, à savoir *Ihosy*, *Betroka*, *Ivohibe*, *Ranohira* et *Isoanala*. Depuis chaque centre, les missionnaires visitèrent les communautés chrétiennes dans les villages pour l'évangélisation et la promotion humaine.

Il y avait aussi des religieuses de Turin, onze sœurs filles de la charité et onze sœurs nazaréennes qui collaborèrent avec les prêtres lazaristes. Elles travaillaient surtout dans le domaine de la promotion humaine, dispensaires et écoles.

---

525 AGCMR, *Lettera di p. Cassan al p. Slattery da Fort-Dauphin il 7 maggio 1961*, Pars Nova 1915-1968, Madagascar XIV/6, in COLOMBI G., *Une évangélisation dans le diocèse d'Ihosy*, p. 36-37.

### 1.1.2.2 La naissance et le développement du diocèse

Après quelques années d'installation et d'efforts des missionnaires lazaristes de la province de Turin dans le territoire de l'actuel diocèse d'*Ihosy*, *Ihosy* a été érigé en diocèse le 13 avril 1967. L'un des pionniers, le père Luigi Dusio, fut nommé premier évêque de ce nouveau diocèse. Malheureusement, il n'a pas pu exercer longtemps sa charge. En effet, il mourut le 2 novembre 1970. Cependant, malgré cette courte période d'épiscopat, il réussit à poser les bases de ce jeune diocèse avec la constitution des structures pour le nouveau diocèse, les constructions des infrastructures (églises, écoles, résidences pour les missionnaires), le développement de la catéchèse et de la liturgie.

Le père Jean Guy Rakotondravahatra, missionnaire de Notre-Dame de La Salette, fut nommé le 25 mars 1972 pour succéder à Mgr Luigi Dusio. Dynamique et jeune, il donna au diocèse un nouvel élan dans tous les domaines. Nous citons ci-dessous les principales réalisations durant son épiscopat :

**Ouverture de collaborations avec d'autres congrégations** :

- Arrivée des jeunes filles de l'institut séculier « famille de la Madone » pour soigner les malades en fondant un hôpital financé par le gouvernement italien et par l'intermédiaire de l'organisation non-gouvernementale « *Sviluppo e pace* », dans le secteur de *Sakalalina* (1973).
- Arrivée des missionnaires de Notre-Dame de La Salette et des sœurs du Christ : catéchèse et promotion humaine au centre d'*Ampandratokana* (1976).
- Arrivée des « frères maristes » pour s'occuper des écoles secondaires (CEG) et du lycée (1986 à *Ihosy* et 1992 à *Betroka*).
- Arrivée du groupe de laïcs volontaires de l'organisation non-gouvernementale « *Reggio Terzo Mondo* » pour le développement agricole du centre d'*Ampandratokana* (1989).

**Formation et ordination des prêtres :**

- Ordination du premier prêtre diocésain, le père Paul *Rakamisy* (1981).
- Ordination du deuxième prêtre diocésain, le père François Xavier *Rakotomamonjy* (1986), avec l'ouverture du petit séminaire diocésain à *Ihosy*.
- Ordination de deux prêtres et d'un diacre (1992 lors de la célébration du 25ème anniversaire du diocèse) ; 1993 : ordination d'un prêtre diocésain ; 1996 : ordination de quatre prêtres diocésains un mois avant la mort subite de l'évêque en France (à La Salette, le 19 septembre 1996).

**Animations pastorales :**

- Premier synode diocésain (1975).
- Symposium des jeunes (1985).
- En guise de préparation au 25ème anniversaire du diocèse d'*Ihosy*, un synode diocésain fut organisé et célébré chaque année pendant trois ans avant cette célébration. Première année (1989) : synode des enfants ; deuxième année (1990) : synode des jeunes ; et troisième année (1991) : synode des adultes.
- Élaboration du catéchisme pour le diocèse d'*Ihosy*, suivant le plan du *Catéchisme de l'Église catholique*, mais riche en inculturation. En effet, chaque thème est précédé d'une petite introduction expliquant le sujet étudié avec des images, des proverbes ou des mots clés émanant de la culture malgache.
- Élaboration d'un « directoire pastoral » pour indiquer les lignes théologiques dont s'inspirent tous les agents pastoraux du diocèse, les principes qui animent leur pastorale et les moyens par lesquels ils la réalisent.

- Création d'un groupe audiovisuel (AVEX) au service de l'Église pour l'animation pastorale, enseignement de la doctrine sociale de l'Église, enseignement catéchétique.

Après la mort de Mgr Jean Guy *Rakotondravahatra*, le père Philippe *Ranaivomanana*, prêtre diocésain d'*Antsirabe*, fut nommé évêque du diocèse d'*Ihosy* après deux ans et quatre mois de vacance. Certes, il y eut une continuité dans l'annonce de l'Évangile au sein du diocèse. Mais retenons que Mgr Philippe *Ranaivomanana*[526] choisit comme priorité pastorale l'enseignement. C'est par les enfants qu'on peut entrer en contact avec les *Bara* qui demeurent toujours jaloux et très attachés à leurs traditions. Ils sont méfiants et réticents à la nouveauté et au contact avec les cultures étrangères. À l'école, outre les matières de l'enseignement général, le cours de religion ou le catéchisme trouve sa place. Comme les enfants sont encore ouverts à toutes informations et formations, ils apprennent assez vite. À leur tour, ils peuvent dialoguer facilement avec leurs parents sur ce qu'on leur enseigne à l'école. Et c'est par cela qu'on peut gagner petit à petit la confiance des adultes *Bara*. Et pour réaliser ce projet, Monseigneur Philippe a fait appel aux congrégations féminines pour ouvrir des écoles dans les quatre coins de son diocèse. Six congrégations ont répondu présentes et ont manifesté leur volonté de collaborer avec le diocèse d'*Ihosy*. Il s'agit des sœurs Jeanne Delanoue (*Sakalalina*), des sœurs du Cœur Immaculé de Marie de Diego Suarez (*Ivahona Betroka*), des religieuses augustines de Notre-Dame de Paris (*Ilakaka*), des sœurs trinitaires de Rome (*Mahasoa*), des sœurs franciscaines de l'Immaculée de Palagano (*Analavoka*) et des sœurs de Gethsémani (*Isifotra*).

[526] Mgr Philippe *Ranaivomanana*, lors de son parcours de formation sacerdotale, avait passé quelques années dans le diocèse d'*Ihosy*. Ainsi, ce diocèse n'était pas tout à fait nouveau pour lui. Il avait déjà une certaine relation et connaissance du terrain et de la culture locale.

L'arrivée de Mgr Philippe *Ranaivomanana* à la tête du diocèse d'*Ihosy* a été aussi marquée par l'installation de la radio diocésaine « AVEC »[527]. Le nom de la radio est déjà significatif : « être avec » signifie qu'elle se veut une radio de proximité. En effet, pour le diocèse d'*Ihosy*, avec sa grande superficie mais sa faible population, les villages s'éparpillent un peu partout dans cette vaste contrée. Des villages enclavés par manque de routes ou à cause de l'état dégradé de ces dernières ne peuvent être atteints que par la radio. La « Radio avec » couvre l'ensemble du territoire du diocèse d'*Ihosy* et touche une partie du territoire des diocèses voisins. Par cette grande couverture de ses ondes, elle développe un rôle missionnaire et social très influent. Les gens se servent de cette radio pour faire des annonces[528]. Elle est le moyen le plus efficace pour rejoindre des gens isolés. Par ses émissions culturelles, éducatives, informatives, récréatives et religieuses, elle est un moyen de libération de ces gens de leur solitude, de leur ignorance, de leur fermeture. Comme son nom l'indique, elle est une radio d'expression chrétienne, avec ses émissions religieuses (prière du matin suivie d'une explication de l'évangile du jour, prière de midi et du soir, diffusion de la messe dominicale) : elle est un moyen d'évangélisation. L'évêque lui-même participe à l'émission religieuse pour l'explication de la parole de Dieu. Il a aussi inventé une émission propre à lui intitulée

---

[527] « AVEC » est abréviation de l'Audio-Visuel d'Expression Chrétienne.

[528] Chez les *Bara* comme chez les autres ethnies malgaches, le « faire-part » d'un heureux ou d'un mauvais événement se transmet par l'intermédiaire d'un groupe de personnes qui l'annonce de village à village. Il transmet la nouvelle au chef du village ou au patriarche. Celui-ci, à son tour, est chargé d'informer tous les habitants. Il faut compter quelques kilomètres de distance d'un village à l'autre. Mais avec l'ouverture de cette radio diocésaine, les différentes annonces passent à la radio. Cela résout donc ce problème de déplacement. D'ailleurs, entendre le nom de leur proche ou de leur village à la radio est une grande fierté. Le taux d'écoute est au maximum pendant les annonces et la dédicace des chants.

*maso vao*[529], une émission d'éducation civique à partir d'un fait ordinaire de la vie quotidienne.

Comme à l'époque de son prédécesseur, Mgr Philippe *Ranaivomanana* a renouvelé son directoire pastoral. Ce nouveau directoire met l'accent sur l'organisation de l'Église : la hiérarchie, la responsabilité de chaque baptisé, le sens et le règlement des sacrements. Il sollicite la collaboration avec le trio « prêtre – religieux(ses) – laïcs », que l'on appelle « *tokotelo mahamasa-nahandro* », traduit littéralement par « trois pierres pour bien cuire les aliments ». Cette expression équivaut à l'expression « l'union fait la force ». En effet, le nombre des chrétiens et des églises augmente[530]. Cela exige plus d'organisation interne et de collaboration entre les trois entités qui forment l'Église.

Une animation sur la sauvegarde de l'environnement a été menée sous le slogan « diocèse vert ». En effet, les pasteurs *bara* ont la tradition de pratiquer le feu de brousse dans l'espoir de renouveler leurs pâturages. Et à cause de cette mauvaise pratique, leurs pâturages se dégradent d'année en année, le climat se réchauffe, le taux de pluviosité baisse chaque année. Il est urgent de sauver l'environnement. D'où l'invitation faite à tous les baptisés de planter un arbre chaque année. Les écoles catholiques ont fait aussi une campagne de reboisement.

Mgr Fulgence *Razakarivony*, le successeur de Mgr Philippe *Ranaivomanana*, commença son ministère épiscopal par la reconnaissance de son territoire, de sa population et de sa culture, ainsi que de ses

---

[529] *Maso* signifie yeux et *vao* veut dire nouveau. *Maso vao* peut signifier un nouveau regard qui fait toujours attention à tout.

[530] Si depuis son érection le diocèse n'avait que deux églises avec le statut de paroisses (*Ihosy* Cathédrale « Marie Mère de Dieu » et *Betroka* « Médaille miraculeuse »), l'année 2000 a été marquée par la création d'une deuxième paroisse dans la ville d'*Ihosy*, c'est-à-dire la troisième pour le diocèse, sous le patronage de saint Vincent de Paul.

collaborateurs (prêtres – religieux – laïcs). Pour le moment, il s'est contenté de mettre en pratique le directoire pastoral de son prédécesseur.

Après quelques années de reconnaissance, et en guise de préparation du 50ème anniversaire du diocèse d'*Ihosy*, il lança un synode diocésain étalé sur trois ans, en proposant un thème de réflexion pour chaque année : le thème de l'année pastorale 2014-2015 fut l'Église famille et communion ; celui de l'année pastorale 2015-1016 fut l'Église famille qui célèbre la liturgie et vit les sacrements ; l'année 2016-2017 eut comme thème l'Église lumière et missionnaire. Chaque thème est accompagné de questionnaires permettant de l'approfondir dans la vie pastorale de chaque communauté (églises de brousse, paroisses) ou chaque groupe (mouvements, commissions, communautés religieuses). Après une synthèse des réponses au niveau de chaque chapelle, district, et paroisse, un groupe constitué de prêtres, religieux et religieuses et laïcs engagés fait la collecte de toutes les synthèses et réalise une synthèse finale au niveau du diocèse. Telle est la méthode adoptée à chaque étape durant ces trois années de synode. À partir de ces collectes d'idées, Mgr Fulgence envisage d'élaborer un nouveau directoire pastoral. Le travail est en cours.

### 1.1.3 Le diocèse d'*Ihosy* en chiffres[531]

Les chiffres sont des indicateurs de l'état de l'évangélisation dans un lieu. Nous présentons ci-dessous des statistiques montrant les débuts du diocèse d'*Ihosy* et son état actuel.

---

[531] Comme nous l'avons déjà signalé, il est difficile d'obtenir des statistiques très fiables car il y a des gens qui ne sont pas inscrits dans le registre communal pour diverses raisons (peur et méfiance envers tout ce qui concerne l'administration ou isolement dans un endroit reculé où il n'y a ni hôpital, ni représentant de l'État). Les statistiques restent donc constituées de chiffres approximatifs.

## Tableau 4 : Statistiques du diocèse d'*Ihosy*

| Catégories | Année 1967 | Année 2014 |
|---|---|---|
| Habitants | 140 000 | 465 180 |
| Catholiques | 12 000 | 79 940 |
| Chrétiens non catholiques | 11 500 | 72 124 |
| Prêtres diocésains autochtones | 1 | 22 |
| Prêtres diocésains missionnaires | | 4 |
| Prêtres religieux autochtones | | 8 |
| Prêtres religieux missionnaires | 13 | 8 |
| Membres d'instituts séculiers | | 10 |
| Volontaires laïcs missionnaires | | 1 |
| Catéchistes à temps plein | | - |
| Catéchistes à temps partiel | 75 | 175 |
| Petits séminaristes | | 25 |
| Grands séminaristes | | 10 |
| Églises ou chapelles | 92 | 210 |
| Paroisses | 2 | 3 |
| Écoles primaires catholiques | 6 | 73 |
| Élèves | | 12413 |
| Écoles maternelles | | 33 |
| Élèves | | 495 |
| Écoles secondaires catholiques | | 21 |
| Élèves | | 3319 |
| Dispensaires fixes et itinérants | | 17 |
| Léproseries | | 2 |
| Hôpitaux | | 3 |

Nous pouvons lire par ces statistiques que durant cinquante ans d'existence, il y a une augmentation du nombre des acteurs de l'évangélisation (prêtres, religieux et religieuses, catéchistes), des infrastructures (écoles, dispensaires, hôpitaux) et des lieux de culte (chapelles, églises, paroisses). À remarquer que le nombre de prêtres missionnaires de la province de Turin diminue, tandis que les missionnaires autochtones ainsi que les prêtres diocésains connaissent une augmentation. Cela s'explique par la crise des vocations sacerdotales en Europe à la fin du 20ème siècle jusqu'à aujourd'hui et la floraison des vocations sacerdotales dans les pays de missions d'autrefois (en Afrique, en Amérique latine, en Asie).

Le fruit de cette augmentation des acteurs de l'évangélisation, ainsi que les différents efforts au niveau de la scolarisation et de la promotion humaine, est l'augmentation du nombre des chrétiens. Mais cette augmentation est due surtout à l'immigration des fonctionnaires d'État, des chercheurs de pierres précieuses[532] ou d'or, des cultivateurs, des marchands ambulants venant des quatre coins de Madagascar. Ce qui signifie que ce taux d'augmentation en nombre des chrétiens est plutôt ressenti chez les immigrés et moins chez les *Bara*. Certes, il existe des *Bara* convertis au christianisme, mais leur nombre montre encore le faible pourcentage des *Bara* chrétiens. En effet, nous estimons, d'après les dernières statistiques du diocèse d'*Ihosy* (2005) et les études effectuées par le père Elli vers l'année 1992, que les *Bara* représentent seulement 3 à 5 % des chrétiens du diocèse d'*Ihosy* (la région traditionnellement habitée par les *Bara*). Ce résultat nous montre l'échec du christianisme chez les *Bara*. Autrement dit, les *Bara* n'ont pas accueilli volontiers le christianisme. Pourquoi ? C'est ce que nous allons traiter au point suivant.

---

532 Le territoire du diocèse d'*Ihosy* compte bon nombre de gisements de pierres précieuses. Des villages sont créés à chaque découverte d'un nouveau gisement. Un des gisements (saphirs) les plus célèbres est celui d'*Ilakaka* qui se trouve dans le doyenné Ouest du diocèse d'*Ihosy*. En 1991-1992, à chaque période de vacances, en tant que séminariste, j'ai effectué mon ministère pastoral dans cet endroit et il n'y avait qu'une dizaine de maisons comptant une centaine d'habitants seulement. Mais quelques années plus tard, après mon ordination sacerdotale (1998), j'y suis revenu pour célébrer la messe : ce petit village est devenu une ville de 25 000 habitants.

## 1.2 Échec ou difficulté d'évangélisation chez les *Bara* ?

Si l'on se réfère aux chiffres donnés par les statistiques, on est tenté assez vite de conclure que la mission chez les *Bara* est un échec. Les causes de cet échec sont dues à plusieurs facteurs. D'abord, dès le départ, les missionnaires, durant leurs tournées pastorales en brousse, s'intéressaient plutôt aux communautés chrétiennes déjà formées par des immigrés *betsileo* chez les *Bara*. Cette négligence de l'évangélisation faite aux *Bara* au début de la mission fut un mauvais démarrage pour l'ouverture de ce peuple au christianisme. Comme ils se sentaient délaissés par les missionnaires, il est normal que les *Bara* aient aussi signifié leur désintérêt pour la foi chrétienne.

À cela s'ajoute, comme nous l'avons rappelé dans l'histoire du christianisme à Madagascar et dans la région *bara*, le fait que le protestantisme est venu chez les *Bara* avec l'impérialisme *Merina*, à l'époque où le protestantisme était la religion d'État. Quant au catholicisme, il est venu avec la colonisation. Ce contexte historique fut une mauvaise publicité pour le christianisme chez les *Bara*. Cela a certainement provoqué chez eux un sentiment de réticence envers le christianisme. Ils y voyaient une sorte d'impérialisme religieux.

Les jugements négatifs des autres envers les *Bara* nourrissaient aussi la méfiance de ces derniers et renforçaient leur fermeture. Retenons quelques exemples de ces jugements.

- Pour les Européens : « Les *Bara* [...] ont l'instinct belliqueux [...] comme tous les peuples paresseux et abandonnés à leurs instincts, les *Bara* aiment le pillage. »[533]

---

[533] DU BOIS DE LA VILLERABEL A., « Étude sur le secteur des *Bara Imamono* », *Colonie de Madagascar*, 1899, p. 525.

- « Le *Bara* est avant tout fier, hautain, orgueilleux. »[534]
- « Si la bravoure des guerriers du Sud a souvent été exagérée, leur répulsion pour le travail dépasse de beaucoup tout ce qui pourrait être écrit sur ce sujet [...], l'anarchie a régné en maître pendant plusieurs siècles [...] ; ce sont des peuplades essentiellement paresseuses, n'ayant d'énergie que pour piller et surtout pour discuter, dans des *kabary*[535] interminables, les ordres de leurs chefs qui sont, d'ailleurs, rarement obéis. »[536]
- « Voici les *Baras*. Les réfractaires. Les irréductibles. Les durs. »[537]

Dans les ouvrages, on trouve aussi cette trace des jugements négatifs envers les *Bara*. Dans le *firaketana*, ouvrage encyclopédique des expressions et des réalités malgaches, nous pouvons lire ce qui suit :

> « Entre eux, ils ne se font pas confiance ; ils ne font non plus confiance aux gens des autres tribus, et on ne peut pas leur faire confiance, même à ceux qui sont habitués à vous depuis longtemps. Ils ont une certaine ressemblance avec les *Sakalava*, par leur nature fière, à l'instar des gens sauvages, sans foi ni loi, extrêmement méfiants. Ils sont méchants, roublards, menteurs, voleurs. Se voler les bœufs les uns et les autres, être voleurs de grands chemins : c'est ainsi qu'ils vivent, c'est leur titre de fierté et de gloire. Comme ils aiment se bagarrer, ils sont constamment en guerre. [...] Ils sont vulgaires dans leur langage et leurs coutumes. »[538]

---

[534] VACHER C., « Études ethnographiques », *Revue de Madagascar*, 10 octobre 1903, p. 335.

[535] *Kabary* veut dire discours, mais chez les *Bara*, il signifie aussi particulièrement un discours pour le jugement d'un malfaiteur.

[536] BOIN, MOUVEAUX, « Les *Baras* et les *Tanalas* dans le district d'Ivohibe et d'Ihosy », *Colonie de Madagascar*, 1897, p. 451.

[537] FOUCHET M.P, *Les peuples nus*, Paris, Buchet-Chastel, 1981, p. 165.

[538] Cité par ELLI L., *Une civilisation du bœuf*, p. 26.

Dans un manuel scolaire, on trouve aussi cette trace de jugement négatif envers les *Bara* : « Les *Bara* peuvent être comparés à des enfants turbulents et batailleurs »[539].

Ce jugement négatif envers les *Bara* affecta également le regard des chrétiens aussi bien catholiques que protestants de l'époque. Pour eux, les *Bara* « sont des païens plongés dans les ténèbres de l'ignorance et, ce qui est pire, sans aucune intention d'en sortir »[540].

Dans leur recherche pour découvrir la cause de la méfiance des *Bara* envers le christianisme, Cowan et Rowlands trouvèrent la réponse lors de leur passage à *Ihosy* en 1880 :

> « Nous (Cowan et Rowlands) conduisîmes avec nous pour assister aux offices une douzaine de *Bara* qui traînaient dans les rues. Il était évident qu'aller au temple n'était pas une de leurs qualités. Ils étaient les seuls *Bara* présents, et je crains que c'est très rare qu'un *Bara* assiste aux offices. En effet, le comportement des *Hova* envers eux n'est pas de façon à les encourager à respecter leurs gouvernants, ou à se rendre à n'importe quel lieu fréquenté par eux [...]. Rien ne me peina plus que le ton et la façon dont le Gouverneur [...] parla des *Bara*. Nous voulions savoir pourquoi les gens ne vont pas au temple et pourquoi après beaucoup d'années ils n'avaient rien fait pour la région et pour le peuple, n'avaient pas construit d'églises ni tenu d'offices dans les villages des alentours. Voici la réponse. "Vous qui venez du *Betsileo*, vous ne connaissez pas les *Bara*. Ils ne sont pas des êtres humains, ils sont des animaux, de véritables bêtes" (*biby, biby mihitsy*). Cela explique toute l'antipathie que les *Bara* ont pour les *Hova*, qui les emploient comme bêtes de somme là où ils peuvent le faire, et les considèrent comme des animaux sauvages là où ils ne peuvent pas ; cela explique aussi la complète stagnation de l'Église et de l'enseignement par rapport aux *Betsileo*. Les *Bara* ne savent que trop bien que leur seul salut se

---

[539] CHAPUS G., DANDOUAU A., *Manuel d'histoire de Madagascar à l'usage de la République*, Paris, Larose, 1961, p. 37.

[540] ELLI L., *Une civilisation du bœuf*, p. 141.

> trouve dans leurs fusils et dans le fait de se tenir le plus possible loin des *Hova*. Les *Hova* dans le Sud n'ont pour les *Bara* ni de la piété dans leurs cœurs ni de place dans leurs synagogues. »[541]

Ce qui faisait très mal aux *Bara* au début de leurs contacts avec le christianisme, c'était la profanation de leurs lieux et de leurs objets sacrés. En effet, « des chefs *Bara* d'*Isoanala* et *Betroka* parlent encore aujourd'hui avec une profonde tristesse du fait que des chrétiens, surtout protestants, ont, dans le passé, profané, souillé et même incendié leurs *hazomanga*, l'objet le plus sacré et le plus chargé de symbolisme pour un *Bara* »[542].

Ces séries de jugements négatifs envers les *Bara*, ainsi que l'acte de profanation de leur univers sacré (objets et lieux), expliquent les raisons de l'échec de l'évangélisation chez eux. En effet, ces jugements avaient créé chez les *Bara* le sentiment de méfiance envers les autres et à l'égard de toute nouveauté. De tels jugements sont encore loin d'être écartés dans la mentalité de certaines personnes de notre époque. De leur côté, des chefs *Bara* ont gardé encore les séquelles de ces blessures. Ce contexte historique montre la difficulté de la mission chez les *Bara*.

Outre ce contexte historique, l'attachement farouche des *Bara* à la tradition ancestrale reste un obstacle majeur à l'évangélisation et à l'ouverture à toute nouveauté. Elli nous rapporte les raisons de cet attachement aux traditions léguées par les ancêtres :

> « Le lien est étroit, intime et essentiel, entre l'observance des rites traditionnels, des rites funéraires et des sacrifices au *Zañahary*, aux ancêtres, offerts par le patriarche face au *hazomanga* familial, et la vie même du groupe, qui s'exprime surtout par la fécondité des femmes, du troupeau et des champs. La vie, et donc la survie du groupe sont liées indissolublement à la fidélité aux *fomban-draza*

[541] COWAN W.D., *The Bara Land : a Description of the Country and People*, Antananarivo, L.M.S. Press, 1881, p. 23-24, cité dans *ibidem*, p. 140.

[542] ELLI, L., *Une civilisation du bœuf*, p. 141.

> (les coutumes ancestrales). Toute atteinte à ces coutumes est une atteinte à la vie du groupe. »[543]

Pour les *Bara*, le respect de la tradition est une responsabilité morale par rapport aux générations passées et aux générations à venir. En effet, les *Bara* considèrent les coutumes ancestrales comme un héritage reçu des ancêtres, à transmettre aux futures générations. Pour eux, ces coutumes « ont déjà fait leurs preuves et ont montré leur efficacité pour la construction d'une société viable et vivable, une société qui permet de vivre une vie vraiment humaine : pourquoi changer ces valeurs contre des valeurs inconnues ? »[544] En d'autres termes, on pourrait dire : « On ne change pas une équipe qui gagne ».

Il se peut que les *Bara*, instinctivement, sentent la force dynamique et transformatrice du christianisme. Beaucoup pensent encore aujourd'hui que devenir chrétien ou fréquenter la foi chrétienne, fait perdre l'efficacité des charmes ancestraux. Or, comme nous l'avons démontré dans la première partie de ce travail, ces charmes tiennent une place très importante dans l'élevage du troupeau, ainsi que dans la protection de la vie de la société *bara*. Par ailleurs, lors du premier contact avec les *Bara*, les missionnaires avaient pour objectif l'éradication de ces charmes, qui étaient considérés comme une idolâtrie, une pratique païenne. Que leur proposerait donc le christianisme à la place de ces charmes s'il fallait les interdire sous cette forme ?

Entre la volonté de rester fidèles aux ancêtres et la peur de ce changement exigé par le christianisme, les *Bara* posent une question fondamentale : Que vont devenir les traditions de nos ancêtres si nous

---

[543] *Ibidem*, p. 138.

[544] *Ibidem*, p. 139, 141.

acceptons le christianisme ?[545] Est-il possible de garder l'identité *bara* en devenant chrétien ?

Certes, les *Bara* se méfient du christianisme. Mais la méfiance des *Bara* envers le christianisme ne veut pas signifier que le milieu culturel *bara* est imperméable à la révélation chrétienne. Les statistiques témoignent que malgré le faible pourcentage des *Bara* devenus chrétiens, il existe des *Bara* qui se laissent interpeller et acceptent la foi chrétienne. Ces hommes et ces femmes ne pensent pas qu'en accueillant la foi chrétienne, ils vont perdre leur identité culturelle. Au contraire, ils estiment avoir trouvé dans la foi chrétienne une réponse à leurs problèmes et à leurs espérances, tout en restant *Bara*. Ils ne sont donc pas obligés de devenir *Betsileo* ou *Merina* ou encore des *vazaha* en acceptant la foi chrétienne. En effet, comme disait, Jean Guy Rakotondravahatra :

> « […] Dans leur vision du monde, dans leur religion, il y a une quête de Dieu, du Dieu révélé en Jésus-Christ, si grand et en même temps si proche de l'homme, en particulier des humbles, des laissés-pour-compte. Cette quête, le *Bara* l'exprime dans sa prière, rythmée par les différentes cérémonies qui marquent les moments importants de sa vie. Prière par laquelle il dit sa foi en Dieu "qui a fait les pieds et les mains", source de tous les biens ; prière exprimant un amour qui se veut harmonie sans faille entre d'un côté le *bara*, et de l'autre sa famille, sa communauté humaine, les vivants, les ancêtres, le cosmos et le Créateur ; prière enfin où perce son espérance à une survie après la mort, à un retour de sa vie au Créateur qui en est l'origine. »[546]

Malgré le faible pourcentage des *Bara* convertis au christianisme, cette affirmation d'un évêque qui a beaucoup œuvré pour l'inculturation en pays *bara* nous montre que dans les expériences religieuses

---

[545] Elli a souligné que répondre à cette question est la tâche la plus urgente qui s'impose aujourd'hui aux missionnaires de l'Évangile (cf. *ibidem*, p. 142).

[546] Cité par *ibidem*, p. 128.

des *Bara*, nous pouvons trouver des éléments exploitables pour un travail d'inculturation. La semence du message évangélique trouve dans la culture *bara* et dans l'homme *bara* un terrain fertile où elle peut s'enraciner et porter des fruits.

## Conclusion

Le bref rappel historique de la présence chrétienne à Madagascar, ainsi que la mission chez les *Bara*, à travers le cas du diocèse d'*Ihosy* nous ont rappelé que l'évangélisation de la Grande Île s'est faite en plusieurs étapes par des missionnaires de nationalités différentes (portugaise, hollandaise, française), de confessions différentes (catholique, protestante et anglicane). Et parmi les catholiques, différentes congrégations ont participé à cette mission comme les dominicains, les jésuites, les lazaristes, les spiritains, les frères des écoles chrétiennes. Cette présence remonte à la deuxième partie du 16$^{ème}$ siècle mais la tentative la plus sérieuse eut lieu vers la moitié du 17$^{ème}$ siècle. Chaque région de la Grande Île a sa propre histoire de son évangélisation. Si l'annonce de l'Évangile dans le centre de Madagascar connut un grand succès, dans les autres régions, comme dans le cas du diocèse d'*Ihosy*, elle rencontra une certaine résistance. Après plus d'un siècle de contact avec la foi chrétienne et un demi-siècle d'évangélisation plus sérieuse avec l'érection du diocèse d'*Ihosy*, les *Bara* présentent encore une statistique très faible d'évangélisation. Des raisons d'ordre historique et culturel empêchent l'accueil et l'acceptation du message évangélique chez les *Bara*. Mais l'existence des convertis *bara*, même s'ils sont peu nombreux, est un fait positif. Ils ont compris que dans la foi chrétienne, ils peuvent trouver un épanouissement inattendu. En suivant la foi chrétienne, ils ne se sentent pas être traîtres à l'égard de leurs ancêtres et de leurs traditions. Être *Bara* et être chrétien à la fois, c'est possible. C'est ce dialogue entre la tradition *Bara* et la foi chrétienne qui constituera l'axe de la suite de notre réflexion.

CHAPITRE 2

# PARLER DE DIEU DANS UN LANGAGE PASTORAL : DIALOGUE ENTRE LES DEUX TRADITIONS *BARA* ET BIBLIQUE, POUR UNE PERSPECTIVE D'ÉVANGÉLISATION CHEZ LES *BARA*

## Introduction

Pour engager un dialogue, il est nécessaire de partir d'un point commun. Le point commun sur lequel s'appuie le dialogue entre les deux traditions est le monde pastoral. En effet, comme nous l'avons déjà largement développé dans les deux parties précédentes, le monde pastoral, dans les deux traditions (biblique et *bara*), n'est pas un simple décor mais bien une expérience de vie, une manière de penser et de réfléchir, un lieu théologique. Et c'est dans ce cadre que nous allons centrer le dialogue entre les deux traditions mentionnées précédemment. Pour amorcer ce dialogue, nous posons les questions suivantes : En tant que peuplade de pasteurs, comment les *Bara* lisent-ils les thèmes pastoraux évoqués dans l'Ancien et le Nouveau Testament ? Se sentent-ils concernés par l'histoire du salut évoquée dans le contexte pastoral ? Les messages bibliques trouvent-ils un terrain d'accueil dans la tradition pastorale *bara* ? Pour répondre à ces questions et pour donner quelques pistes en vue d'une perspective d'évangélisation chez les *Bara*, nous aborderons trois points, à savoir : nous commencerons d'abord par le monde animal, Dieu connu à travers le monde animal ; puis nous évoquerons la lecture *Bara* de l'histoire du salut dans le contexte pastoral ; enfin, nous considérerons la lecture *bara* de la révélation de Dieu en Jésus, Messie, Agneau et Berger.

## 2.1 Lecture *bara* des thèmes pastoraux évoqués dans l'Ancien Testament

Partons du récit de la création des animaux présenté dans la Bible. Rappelons que l'appellation de Dieu *Zañahary* chez les *Bara* est liée à la création. D'ailleurs, l'évocation du nom de Dieu *Zañahary* dans chaque prière *bara* est accompagnée par la formule « celui qui a créé les pieds et les mains »[547]. Ceci montre que comme dans la Bible, chez les *Bara*, la notion de Dieu est liée à la création. La Bible ouvre son enseignement et son discours sur Dieu par le récit de la création. Il en est de même chez les *Bara*. Ils croient que le monde et ce qui y existe a un auteur. Dans l'Écriture, c'est Dieu lui-même qui apparaît le premier admirateur de son œuvre. Après chaque acte créateur, l'auteur souligne l'admiration de Dieu en disant : *« Dieu vit que cela était bon »*. En effet, la création reflète l'image de son auteur, comme le dit l'expression malgache : « *arakara-tarehy voa-javatra* »[548] qui se traduit par « l'œuvre reflète le visage ou l'image de son auteur ». Point commun de cette conception de la création dans les deux traditions, l'ordre et l'harmonie existant entre toutes les créatures. En effet, le Créateur a donné à chaque être un lieu qui lui est propre.

---

[547] L'expression *Tongotra aman-tanana* (« pieds et mains ») exprime l'homme dans la totalité.

[548] *Arakaraka* : selon ; *tarehy* : visage, image ; *voatra* : faire ; *zavatra* : chose.

Dans le récit biblique de la création des animaux, on évoque la proximité entre les animaux et les êtres humains. On remarque aussi l'existence d'une considération particulière pour les êtres humains comme interlocuteurs de Dieu. Cette considération particulière pour les êtres humains est aussi confirmée par la mission que Dieu leur confie. Ils sont chargés de gouverner les animaux. Cette mission de l'homme est liée à la bénédiction donnée en vue de les faire se multiplier. Multiplier le plus possible leur troupeau, telle est la plus grande ambition des *Bara*. En effet, pour les *Bara*, le bœuf est la première source de richesse[549]. Et cela a marqué aussi le vocabulaire comme l'explique Elli :

> « "Richesse" se dit en bara *HAREA* ; ce terme vient de la racine *HARY*, qui en malgache officiel signifie "acquisition, fruit du travail, de l'industrie, du commerce, gain", et en *bara* "élevage des animaux, surtout des bœufs". Le verbe transitif *MIHARY* signifie en malgache officiel "amasser des biens, gagner, thésauriser, acquérir" ; en *bara MIHARY* c'est "élever des animaux, surtout les bœufs" ; *PIHARY* c'est l'éleveur ; *FIHAREA* ou *FIHARIA* c'est l'élevage, ou le troupeau. Le riche c'est toujours en *bara*, le *PAÑARIVO*, "celui qui a mille (bœufs)" »[550].

Pour un *Bara*, un homme béni est celui qui possède un grand troupeau. Cela rejoint ce que dit la Bible : *« [...] Nos brebis, des milliers, des myriades, parmi nos campagnes, nos bestiaux bien pesants, point de brèche ni de fuite, et point de gémissement sur nos places. Heureux le peuple où c'est ainsi »* (Ps 143, 13b-15a). Commentant ce passage du psaume pour le peuple *bara*, l'évêque *Rakotondravahatra* affirme :

> « Pensons à la joie du "*mpanarivo*" contemplant son troupeau de zébus qui, le soir, rentre du pâturage : comment ne se sentirait-il pas heureux, comblé, en regardant cette créature, don de *Zañahary*, qui

[549] Il ne s'agit pas seulement de la valeur monétaire ou matérielle du bœuf mais il faut compter surtout sur sa valeur culturelle et cultuelle.

[550] ELLI L., *Une civilisation du bœuf*, p. 32.

pour lui, symbolise la réussite de sa vie, et qui est le gage pour l'avenir ! »[551]

Mais avant ce devoir envers les autres créatures, les humains ont aussi reçu la bénédiction pour se multiplier et remplir la terre. Autrement dit, la fécondité est une bénédiction de Dieu. Le psalmiste l'exprime à sa manière : *« Ton épouse : une vigne fructueuse au cœur de ta maison. Tes fils : des plants d'olivier à l'entour de la table. Voilà de quels biens sera béni l'homme qui craint le Seigneur. »* (Ps 127, 3-4) Cet esprit biblique rejoint celui des *Bara*. En effet, au-dessus de l'attachement des *Bara* au troupeau, l'homme demeure la véritable richesse. Le troupeau de zébus sert à entretenir la vie. Cela explique l'usage religieux du bœuf à chaque étape de la vie d'un *Bara*. Lors du mariage *bara,* nous l'avons vu, on offre en sacrifice une vache fertile, pour demander la bénédiction de *Zañahary* et des ancêtres. L'objet de la demande, c'est d'avoir des enfants et de perpétuer la vie de l'ethnie. La vache fertile représente la nouvelle mariée. Elle offre sa vie, sa fertilité pour la nouvelle mariée. Bref, la fécondité de la femme est conçue comme la bénédiction de *Zañahary*, grâce à la bienveillance des ancêtres[552]. Au contraire, la stérilité de la femme est jugée comme une malédiction.

La lecture *bara* du récit de la création correspond au second récit de la création dans la Bible qui révèle que l'être humain et les animaux ont été formés de la même terre. Cela rappelle non seulement la proximité entre l'être humain et les animaux, mais aussi la relation entre l'humain, les animaux et la terre. Cela confirme encore davantage qu'il existe une inter-relation entre les êtres vivants et les autres créatures.

Comprendre et accepter la proximité et la complémentarité entre l'homme et les animaux ne posent aucun problème chez les *Bara*. C'est par leur relation avec les bœufs que les *Bara* expérimentent

---

[551] Cité dans *ibidem*, p. 129.

[552] Cf. *ibidem*.

cette communion de vie avec les animaux. Le propos d'un berger *bara* recueilli par J. Faublée en est une illustration éclairante : « *Raha raiky nanaova-Ndriananãaahary ñolo voho ñ'aomby* » (« Dieu a fait un seul être des hommes et des bœufs »). L'expression *Raha raiky*, « un seul être », indique une certaine unité ontologique, une communion dans l'être, comme celle entre consanguins[553]. À cela s'ajoute la marque des oreilles[554] des zébus ou des *sofin-draza* (les oreilles du clan) qui est un blason de famille. Par cette marque, on ne repère pas seulement son troupeau mais les membres du clan eux-mêmes s'y reconnaissent aussi. Le zébu sert en quelque sorte de référence de communion pour le clan.

Chez les *Bara*, la terre tient une place importante pour tous les êtres vivants. Elle est toujours évoquée dans chaque prière et appelée *Tany masy* ou « terre sacrée ». Ce caractère sacré de la terre s'explique par son pouvoir vivificateur. Elle est considérée comme la nourrice de tous les êtres vivants (hommes et animaux) et des plantes. La terre est donc une mère. *Rabesahala-Randriamananoro* explique :

> « Dans les combats d'arts martiaux traditionnels, tels que le *ringa*, *doranga* ou *moraingy*, et toutes les diverses formes rencontrées dans les régions malgaches, les combattants commencent par toucher la terre pour ne faire qu'un avec elle. Ensuite, ils s'élèvent haut en l'air, pour mettre le combat sous le signe de la célébration de l'énergie du monde et pour dédier au soleil. Puis ils se touchent l'épaule

[553] Cf. *ibidem*, p. 123.

[554] Cela existe aussi chez les *Merina*. En effet, les bœufs du troupeau royal étaient appelés *omby maranitra*, les bœufs pointus. Cette appellation est en référence au signe distinctif de l'oreille droite taillée en pointe. D'où l'expression « *Maro ny omby any an'ala, fa ny maranitsofina no ombin'Andriana* » (« Il y a plusieurs bœufs dans la forêt mais seuls ceux qui ont les oreilles en pointe sont les bœufs du prince »). C'est une expression pour souligner la supériorité d'une chose sur les autres (cf. DELVAL R., *Le bœuf dans la vie malgache*, Paris, 1986, p. 9).

> pour affirmer la reconnaissance de cette énergie commune et son partage. C'est dans une même foi et pour les mêmes valeurs que l'on combat, en frères »[555].

Dans cette conception de la création, les deux traditions partagent le même point de vue. Sur terre, l'homme et les animaux accupent le même milieu de vie. En effet, le parc à zébus fait partie du village *bara*. Certes, c'est dans la création de la femme que l'homme trouve la pleine satisfaction comme son partenaire parfait. Mais le monde animal occupe aussi une place importante dans la vie de l'homme.

## La mission de nommer les animaux

> « *Le Seigneur modela encore du sol toutes les bêtes sauvages et tous les oiseaux du ciel, et il les amena à l'homme pour voir comment celui-ci les appellerait : chacun devait porter le nom que l'homme lui aurait donné.* » (Gn 2, 19)

L'homme est chargé de nommer les bêtes sauvages et tous les oiseaux du ciel. En effet, chez les *Bara* comme dans la Bible, le nom est porteur de sens. Il permet d'identifier celui qui le porte. Les *Bara* le comparent aux cornes de zébu, ainsi que le dit le proverbe suivant : « *Ñy añara tandroky, sady fanoñona no fañaza* » (« Le nom est comme les cornes : il sert soit pour désigner soit pour honorer »). Nommer les bœufs est une réalité chez les *Bara*, une expérience vécue dans leur quotidien. Nous avons déjà expliqué dans la première partie de ce travail la manière dont les *Bara* nomment leurs bœufs. Rappelons seulement qu'ils attribuent les noms à leurs bovidés selon l'âge, la taille, le sexe, la forme des cornes et la couleur de la robe. Un pasteur *bara* doit avoir une connaissance détaillée de chaque bœuf. Cette connaissance est formulée à travers un nom.

---

555 RABESAHALA-RANDRIAMANANORO Ch., *La religion malgache ancestrale pratiquée, éléments de compréhension*, Paris, Les Impliqués, 2014, p. 81.

Comme dans la Bible, chez les *Bara*, ce sont les proches qui donnent aussi le nom. De ce fait, il engage une responsabilité de la part de l'auteur du nom. À retenir aussi que comme dans la Bible, chez les *Bara*, l'homme porte des noms d'animaux. À titre d'exemple, nous pouvons citer le nom de *Rabiby*[556] (le premier chef ou roi *bara* qui conduisit son peuple d'Afrique à la côte malgache) ou encore *Remenabila*[557]. C'est une raison de plus qui explique la proximité et la familiarité entre l'animal et l'homme.

Dieu donne à chaque être vivant la nourriture qui lui convient : *« Je vous donne toutes les herbes portant semence, qui sont sur toute la surface de la terre, et tous les arbres qui ont des fruits portant semence : ce sera votre nourriture. À toutes les bêtes sauvages, à tous les oiseaux du ciel, à tout ce qui rampe sur la terre et qui est animé de vie, je donne pour nourriture toute verdure des plantes. »* (Gn 1, 29) À la base, les *Bara*, du fait de leur respect et de leur attachement aux bœufs, sont presque exclusivement végétariens[558]. Certes, en observant la vie de toutes les créatures, il existe une interdépendance pour survivre. Les uns ont besoin des autres pour vivre. Les animaux carnivores, par exemple, doivent manger d'autres espèces animales pour leur survie. Il en est de même chez les diverses espèces animales ou végétales. Mais dans cette relation d'interdépendance, il n'y a jamais d'excès ni de gaspillage. Les animaux se contentent seulement de prendre ce dont ils ont besoin. Cet esprit de respect

---

[556] *Rabiby* est composé d'un préfixe de respect *Ra-*, pour dire Monsieur ou Madame, et du mot *biby* qui signifie animal ou la bête. *Rabiby* peut se traduire comme Monsieur Animal ou Bête.

[557] *Remenabila*, c'est le chef de *dahalo* (voleur des zébus). *Re-* est le préfixe de respect chez les *Bara*, comme *Ra-* en malgache officiel. *Mena* signifie rouge (la robe rouge de zébu). *Bila*, c'est la forme courbée des cornes de zébu. *Remenabila* signifie donc Monsieur le taureau rouge en cornes courbées.

[558] Cf. ELLI L., *Une civilisation du bœuf*, p. 31.

mutuel entre les humains et les animaux est également vécu chez les Indiens, comme dit Descola :

> « Dans l'esprit des Indiens, le savoir-faire technique est indissociable de la capacité à créer un milieu intersubjectif où s'épanouissent des rapports réglés de personne à personne : entre le chasseur, les animaux et les esprits maîtres du gibier, et entre les femmes, les plantes du jardin et le personnage mythique qui a engendré les espèces cultivées et continue jusqu'à présent d'assurer leur vitalité. [...] Les hommes, eux, considèrent le gibier comme un beau-frère, relation instable et difficile qui exige le respect mutuel et la circonspection. »[559]

Le pape François regrette la perte de la biodiversité due à la conception de l'économie ainsi qu'à l'activité commerciale et productive fondée sur l'immédiateté. « Chaque année, disparaissent des milliers d'espèces végétales et animales que nous ne pourrons plus connaître, que nos enfants ne pourront pas voir, perdues pour toujours »[560]. Bref, cette attitude des *Bara* à travers à leur attachement aux zébus peut constituer une réponse à l'invitation du souverain pontife à sauvegarder la maison commune.

## 2.2 Lecture *bara* de l'histoire du salut dans le contexte pastoral

Pour éviter toute répétition de réflexion et de rédaction, nous aimerions seulement soulever quelques points marquants de l'histoire du salut dans le contexte pastoral qui touchent la sensibilité des *Bara* et qui les interpellent.

Si nous le formulons sous forme interrogative : les *Bara* se sentent-ils concernés en lisant l'histoire du salut ?

---

559 DESCOLA Ph., *Par-delà nature et culture*, Paris, NRF / Gallimard, 2005, p. 22.

560 PAPE FRANÇOIS, *Loué sois-tu, Laudato si'*, n° 33.

### 2.2.1 Abraham et le don du pays

Comme nous l'avons déjà évoqué, le début de l'histoire d'Abram est marqué par l'ordre de Dieu qui l'invite à quitter son pays pour aller dans un premier temps vers un pays non précis. Dans l'histoire des *Bara*, en tant que peuplade de pasteurs, nous avons aussi constaté cette quête de nouveaux pâturages. Avant d'arriver dans leur territoire actuel, ils firent un long parcours (de Morondava à Ivohibe). D'ailleurs le nom de leur chef à l'époque, *Ndriamanely* (le prince qui élargit ou étend, sous-entendu, son pouvoir et son territoire) est marqué par ce désir d'étendre son territoire. L'endroit était libre à l'époque et propice à l'élevage des troupeaux. Certainement, dans leur pensée et leur croyance, ce territoire était considéré comme un don de *Zañahary* pour eux. En effet, dans la croyance *bara*, ce qui fait vivre est toujours un acte divin. C'était *Zañahary* qui les conduisait à cet endroit, tel un pasteur qui conduit son troupeau.

Après avoir vécu la famine dans leur propre pays, après avoir parcouru un long chemin jusqu'en Égypte[561] pour sauver leur vie, après avoir affronté Pharaon à cause de Saraï, Abram et son neveu Lot, devenus riches, prirent le chemin du retour dans leur terre. Mais les rares pâturages de ce pays ne vont plus suffire pour lui et son neveu en raison de la grandeur de leurs troupeaux acquis en Égypte. Ils vont devoir se séparer. À qui reviendra le pays promis ? Abram pose la question à Dieu : *« Seigneur mon Dieu, à quoi saurai-je que je le posséderai ? »* (Gn 15,7) Alors, Dieu réitère sa promesse en lui demandant un sacrifice ressemblant à celui qui était familier dans sa propre culture, en guise de conclusion d'alliance avec lui.

---

[561] L'Égypte est un lieu paradoxal. Elle est à la fois un espace de refuge et de ressource pour grandir et pour s'enrichir mais aussi un lieu de servitude et de souffrance. C'est là que se manifeste l'intervention divine qui garde et protège son peuple comme un Pasteur vaillant.

De même chez les *Bara*, offrir un sacrifice au *Zañahary* est un signe de leur attachement ou de leur reconnaissance envers Dieu, une réalité vivante et fréquente dans leur vie sociale. Comme nous l'avons évoqué en première partie, dans chaque événement qui marque une étape de la vie d'un individu, il existe toujours une cérémonie à célébrer pour marquer chaque fois la place indispensable de Dieu ayant un pouvoir extraordinaire pour diriger la vie de tout être. Et souvent, cette cérémonie se présente sous forme de sacrifices de zébus (fruits de l'élevage), selon la possibilité de la famille ou l'ampleur de l'événement. Il se peut qu'on offre d'autres choses comme du maïs, du riz ou du rhum (fruits de la terre). Il en est de même pour la construction d'un village ou d'une maison. Lors d'une *tata*, les *Bara* évoquent toujours *Zañahary* et les ancêtres pour demander leur bénédiction afin que ce nouveau lieu soit bénéfique pour la vie de leur famille ainsi que de leurs troupeaux.

Le geste de Dieu de demander à Abram d'offrir un sacrifice pour confirmer la réalisation de sa promesse et la réponse d'Abram pour témoigner de sa fidélité à Dieu symbolisée par les offrandes sont également des réalités vécues dans la société *bara*.

### 2.2.2 Abraham et la promesse de descendance

Liée à cette promesse de pays, la promesse de descendance marque aussi le cycle d'Abraham. En fait, le pays est destiné à la descendance d'Abram. À la lecture de ces longs épisodes (Gn 12, 1- 20, 18) rapportant la naissance du fils de la promesse, comment pourrait réagir un *Bara* ?

D'abord, il faut retenir le fait que la question de la descendance est primordiale chez les *Bara*, comme chez les autres peuples, pour faire se perpétuer la vie du clan ou de l'ethnie. Être stérile est une douleur extrême et une honte pour une femme[562]. D'après la croyance *Bara*,

[562] Les croyances *bara* attribuent toujours la stérilité à la femme.

la vie vient de *Zañahary*. Cela « explique la croyance en la préexistence des êtres dans le sein de Dieu avant leur venue sur terre »[563]. Malgré la stérilité de Sara et l'âge avancé du couple qui rendent la faculté procréative défaillante pour donner une progéniture, Dieu insiste toujours sur la réalisation de sa promesse de postérité. Cette postérité dont parle la Bible peut être lue et comprise à travers le concept du « non-encore-né africain » qui nourrit également les notions *bara* de la personne et de la société. En effet, d'après la définition proposée par le professeur Bujo :

> « Le terme "non-encore nés" voudrait s'appliquer avant tout à ces enfants qui, bien qu'encore dans leur monde à eux, seront effectivement des "successeurs" des vivants d'aujourd'hui pour continuer à perpétuer leur mémoire. On ne peut donc pas traduire cette expression tout simplement par le mot "non-nés" ou "non born" (anglais) ou encore par "nicht Geborene" (allemand). Par ailleurs, comme il vient d'être insinué, il ne s'agit pas non plus uniquement des enfants déjà conçus et qui n'attendent qu'à naître du sein de leurs mères. Bien avant d'être dans le sein, ils sont attendus par les vivants et les morts comme avenir plein d'espérance pour la communauté. »[564]

Comme dans la promesse de postérité faite à Abraham, Jatsa ajoute : « Les non-encore-nés ne concernent pas seulement des êtres non encore nés ou non encore conçus ou déjà conçus à naître, même s'ils en font partie, mais le futur de la communauté en un mot »[565]. N'est-ce pas le désir de pérenniser leur *raza* qui pousse les *Bara* à confier à Dieu les différentes étapes de leur vie, avant même la conception de l'enfant au sein de sa mère ? Même face à la stérilité, ils croient

---

[563] JATSA A.F.F., *La place des non-encore-nés dans la communauté africaine. Contribution à la conception chrétienne de la personne*, coll. « Théologie africaine », vol. 2, Fribourg, Academic Press, 2016, p. 224.

[564] BUJO B., *Introduction à la théologie africaine*, Fribourg, Academic Press, 2008, p. 97.

[565] JATSA A.F.F., *La place des non-encore-nés dans la communauté africaine*, p. 59.

encore que *Zañahary*, en tant que maître de la vie, peut faire quelque chose. Écoutons cette prière du patriarche *bara* face à la stérilité : « *Ihay kanda misaotsy aminareo Zañahary mba ho soa, mba ho velo, mba hana anaky* » (« Nous sommes stériles, nous vous prions, *Zanãhary*, pour être bien, pour vivre, pour avoir des enfants »). Exaucé, le patriarche remercie les dieux : « *Misaotsy hanao Ndriañañahary fa nahazo anaky ahay. Ingo ñaomby omeanao ifalifalianay anao* » (« Merci à toi, *Ndrianañahary*, car nous avons obtenu un enfant. Voici le bœuf que nous t'offrons car nous sommes très contents de toi »)[566].

### 2.2.3 Bénédiction

La bénédiction marque le cycle d'Abraham. En fait, cette bénédiction est étroitement liée à la promesse d'un pays et d'une descendance. D'ailleurs, le sens du mot bénédiction, *berakah* en hébreu, exprime ce don de fécondité et de réussite. Avoir un terrain suffisant pour vivre, avoir une descendance qui perpétue la vie sont donc signes de bénédiction. Il en est de même chez les *Bara*. Un homme béni est celui qui possède beaucoup de zébus (signe de la réussite) et a des enfants nombreux. C'est ce que nous révèle cette prière d'un patriarche *bara* : « *Tahio ahay Ndrianañahary mba hanitsinitsy ñy anako, mba hahatomboky fiharea, mba hitata koa omaray, mba tsy hisy maty ñy zafiko ami-ñanako, mba ho arivo, mba ho zato* » (« Bénis nous, *Ndrianañahary*, pour que mes enfants soient bien, pour que croisse le troupeau, que je fasse encore demain la prière sacrificielle, que personne ne meure parmi mes petits-enfants et mes enfants, qu'ils soient mille, qu'ils soient cent »)[567].

La bénédiction offerte à Abraham a une dimension universelle. En effet, le nom d'Abraham servira de bénédiction : *« Par toi seront bénies toutes les nations de la terre »* (Gn 12, 3b). Abraham devient

566 Cf. FAUBLÉE J., *Les esprits de la vie à Madagascar*, p. 6.

567 Cf. FAUBLÉE J., *La cohésion de la société bara*, p. 13.

une source par laquelle Dieu partage la vie à toutes les nations. Les *Bara*, comme tous les Malgaches qui croient à la bénédiction des ancêtres, peuvent aussi bénéficier et compter sur la bénédiction d'Abraham pour la perpétuation de leur *raza*, ainsi que pour la réussite de leur vie. En effet, ce Dieu si proche[568] d'Abraham lui a promis de perpétuer la vie (*aina*) malgré la stérilité de sa femme. Donner d'assurer une immense postérité avec une femme stérile est une démonstration de force et de puissance de Dieu. Là où la vie (*aina*) est impossible pour les humains, cela devient un lieu d'émergence de cet *aina*. Tel est l'un des points capitaux de cette présence active de Dieu dans l'histoire du patriarche Abraham.

Faut-il rappeler que le désir ardent des ancêtres *bara* est de pouvoir perpétuer leur ethnie – d'ailleurs, c'est le désir de tout être vivant ? Durant leur existence terrestre, les ancêtres avaient tissé des relations confiantes avec Dieu, auteur de leur *aina* et maître de leur destin. Maintenant qu'ils sont devenus ancêtres, les générations présentes comptent sur leur intercession pour pouvoir pérenniser la vie de leur ethnie. Dans la pensée *bara*, comme partout à Madagascar, les ancêtres ont le devoir de veiller sur la vie de leurs descendants, ainsi que l'exprime ce proverbe malgache : « *Raha ny zaza no tsy hilalao, matesa ho tanora, raha tanora no tsy ho jejo matesa ho antitra, raha antitra no tsy ho hendry matesa ho razana, raha razana no tsy hitahy mifohaza hihady vomanga* » (« Si les enfants ne jouent pas, qu'ils deviennent vite jeunes ; si les jeunes ne s'intéressent pas à la mode, qu'ils vieillissent vite ; si les adultes ne sont pas sages, qu'ils meurent vite ; et si les ancêtres ne protègent pas, qu'ils se réveillent pour récolter les patates ») [569].

Ainsi, dans la prière *bara* appelée *tata*, l'invocation de Dieu est toujours suivie par celle des ancêtres. La succession de ces invocations

---

[568] Car son nom est attaché à celui d'Abraham. Voir plus tard : *« Dieu d'Abraham, Dieu d'Isaac, Dieu de Jacob »* (cf. Ex 3, 6).

[569] Ce proverbe montre la spécificité de chaque étape de la vie humaine.

indique en quelque sorte la relation qui existait jadis entre Dieu et les ancêtres. À chaque prière, les générations présentes se souviennent de cette relation qui existait entre Dieu-*Zañahary* et les ancêtres et veulent en vivre. En effet, le *Zañahary* en qui les ancêtres avaient confiance est toujours le même. Dieu qui a promis la vie en abondance pour les descendants d'Abraham est le Dieu dont l'appellation est *Zañahary*, en qui les ancêtres *bara* ont confié leur vie et celle de leurs descendants. Dans leur prière, les *Bara* peuvent évoquer le nom d'Abraham dans leur litanie des noms des ancêtres. Car ils sont aussi fils d'Abraham.

### 2.2.4 Lecture *bara* du personnage d'Isaac et ses expériences avec Dieu

L'un des trois visiteurs au chêne de Mambré (Gn 18, 1-16) a annoncé la naissance du fils de la promesse. L'offrande d'Abraham pour ces visiteurs révèle l'identité d'Isaac. En effet, l'offrande représente souvent le souhait de celui qui l'offre. Abraham, toujours dans l'attente d'un fils de la promesse, offre à ses hôtes un fils de taureau. Les hôtes, après avoir mangé le fils du taureau, lui annoncent la naissance d'un fils. Le mot « fils » nous met donc dans la perspective de la réalisation de la promesse. Isaac est donc ce fils de taureau, avenir de la perpétuation de la vie de troupeau.

Pour les *Bara*, l'image est révélatrice. Comme dans la Bible, chez les *Bara*, l'offrande est porteuse du souhait de celui qui l'offre. Il existe un échange de vie entre l'offrande et celui pour qui on l'offre. Quand on demande la vie, on tue un bœuf. En effet, la vie d'un bœuf vaut la vie d'un homme, comme l'exprime cette prière *bara* : « *Ingo ñaomby ome anareo, aviliko ñy taña amin'ñy tomboky ñ'anako, mba ho zanga ñy marary, fa io ñaomby omea anareo fahasivy* » (« Voici le bœuf que vous prenez, avec lequel j'échange les mains et les pieds de mon enfant, que le malade guérisse, car voici le bœuf que vous prenez, esprits des morts »)[570].

Le choix d'un fils de taureau pour identifier Isaac peut être très symbolique aux yeux des *Bara*. En effet, pour souligner le sens symbolique de l'offrande, celle-ci varie selon la circonstance[571]. D'ailleurs, chez les *Bara*, pour annoncer ou officialiser la conception d'un enfant, on offre un veau en croissance ou un fils de taureau. C'est une bénédiction de la conception, d'autant plus que la naissance d'un fils est extrêmement désirée pour une société patriarcale comme celle d'Abraham et celle des *Bara*. Ainsi que l'exprime ce proverbe malgache[572] : « *Nangetaheta aho, ka sendra rano ; nanakororo-bary, ka sendra rivotra ; naniry zaza, ka tera-dahy* » (« J'avais soif et j'ai trouvé de l'eau ; je vannais le riz et il est survenu un bon vent ; je désirais un enfant et un garçon m'est né »). Cette identification au fils du taureau prend son ampleur lors de la cérémonie de la circoncision où l'enfant sera intégré à la famille de son père. La circoncision a aussi comme but de rendre l'enfant mâle, de le viriliser. Lors de l'opération du prépuce, un homme armé de sagaie fait semblant de le percer avec elle, tout en lui disant : « Si tu es un homme, regarde-moi ». Une fois l'opération accomplie, l'enfant est placé entre les cornes d'un taureau devant le *hazomanga*. N'est-ce pas un geste qui montre que l'enfant est un fils du taureau ? Cette démarche rituelle s'appelle *manongoa*[573]. Les chants des femmes qui accompagnent cette cérémonie font allusion au fait que l'enfant est désormais

---

570 ELLI L., *Une civilisation du bœuf*, p. 95.

571 Cf. *supra*, 1ère partie, 3.6, le tableau représentatif des *tata* qui ont lieu au *hazomanga*.

572 Ce sont des paroles dites par la reine *Ranavalona I* à la naissance de son fils *Radama II*.

573 *Manongoa* signifie placer un objet au-dessus d'un autre. Après la circoncision, c'est l'enfant qui est placé entre les cornes d'un taureau. Mais *manongoa* peut signifier aussi faire accoupler.

un homme. Intégré à la famille paternelle, devenu un homme, l'enfant reçoit à cette occasion des dons dignes d'un homme, des bœufs de la part de la famille paternelle et maternelle, de la part des frères du père par serment (par pacte du sang) et d'autres gens. Cela signifie que l'enfant commence à avoir un troupeau à lui. Quand il sera grand, il s'occupera de son troupeau.

La découverte de l'identité d'Isaac se déploie à travers le sacrifice exigé par Dieu à Abraham. Dieu demande à Abraham de sacrifier son fils bien-aimé. À la lecture de cette scène, les *Bara* redécouvrent leur identité. En effet, les *Bara* qui ont une plus grande considération et un attachement profond aux animaux, en l'occurrence aux zébus, doivent avoir le sentiment de faire un sacrifice à chaque fois qu'ils offrent un de leurs animaux en sacrifice. On dirait que c'est une partie d'eux-mêmes qui est offerte à chaque sacrifice. Cela explique le sacrifice d'une partie du père (voir Abraham qui donne le meilleur de lui-même) ou du Père (qui livre son Fils unique aux hommes) dans le récit du sacrifice d'Isaac.

Les *Bara* sont aussi très obéissants envers la parole de leurs parents. Car ils savent que les parents veulent toujours le bien pour leurs enfants, comme le dit un proverbe malgache : « *Tsy misy raiamandreny hanolo-bato mafana ny zanany* » (« Les parents n'offrent jamais des pierres brûlantes à leurs enfants »)[574]. Autrement dit les parents ne mettent jamais en danger la vie de leurs enfants. Car offrir une pierre chaude à un enfant est très dangereux pour sa vie. Ainsi, dans la société *bara*, les parents, que l'on appelle en général *Raiamandreny*, occupent une place très importante et reçoivent un grand

[574] Ce proverbe rejoint l'enseignement de Jésus sur la bonté du Père céleste en Mt 7, 11 ou Lc 11, 13.

respect[575] de la part des membres de la société, surtout de leurs enfants. Nous pouvons mentionner quelques exemples d'attitudes de respect chez les *Bara*, cités par le père Elli :

> « Si un mari rentre à la maison après un long voyage, le fils doit le saluer par des attitudes corporelles qui indiquent à la fois la soumission et le respect. Il s'accroupit, le corps à demi-plié, élève simultanément à hauteur de sa tête les deux bras et rabat ses mains sur ses épaules en baissant la tête. Ces mêmes gestes sont faits par l'enfant repenti venant demander à son père le pardon d'une faute ou par le jeune homme devant son futur beau-père qui lui accorde la main de sa fille […].
>
> Un enfant s'accroupit pour parler à son père, ou quand son père lui parle. Pour passer devant son père, l'enfant se plie légèrement (*midrakadrakaka*) »[576].

Tout cela nous montre à quel point les enfants *bara* sont obéissants et respectueux envers leurs parents, le fils envers son père notamment. Comprendre l'obéissance d'Isaac à la parole de son père Abraham, ainsi que celle d'Abraham à Dieu le Père, ne pose aucun problème aux *Bara*. C'est une réalité vécue dans leur vie quotidienne. Il est inimaginable qu'un père demande ou souhaite de mauvaises choses pour son fils. Un père a la noble tâche de veiller sur la vie de ses enfants, de les aider à grandir. L'enfant a donc la pleine assurance qu'obéir à son père ne mène jamais à la mort mais à la vie. Dans la Bible, l'obéissance d'Isaac est exprimée par l'agneau (animal obéissant) (cf. Is 53, 7). Il convient de retenir aussi que chez les *Bara*, on n'offre jamais en sacrifice un animal qui montre une attitude de peur ou de désobéissance. Même un zébu destiné pour un sacrifice qui souffle ou halète lors du sacrifice, on le libère car c'est un signe de peur ou de refus. Cela signifie que le sacrifice n'est pas imposé par les humains aux animaux, mais que c'est un accord qui

---

575 Il existe un langage respectueux chez les *Bara* : des termes spéciaux pour dénommer les parties du corps et les actions communes.

576 ELLI L., *Une civilisation du bœuf*, p. 86.

existe entre les deux. En effet, les êtres de la nature sont de véritables partenaires sociaux[577].

La suite de l'histoire d'Isaac rapporte que, plus tard, il est devenu berger[578] comme son père. Dans son parcours, il était toujours sous la protection de son Berger. En effet, son obéissance à la parole de Dieu n'a d'autre prix que la réussite. Dans la croyance *bara*, la réussite est toujours lue comme une bénédiction de *Zañahary* et des ancêtres : une bénédiction obtenue par le respect aux traditions des ancêtres et l'obéissance à l'ordre voulu par *Zañahary*.

## 2.2.5 Jacob lu par les *Bara*

Le cycle de Jacob, dont le nom signifie « celui qui usurpe » dans le sens qu'il ne lâche pas son rival, est dominé par le thème de la bénédiction. Lisant le début du récit de Jacob, les *Bara* savent aussi que c'est dans la vie ordinaire de tous les jours qu'ils expérimentent la présence de Dieu. Ce Dieu qu'ils dénomment *Zañahary* est connu par leurs ancêtres. D'ailleurs, ils comptent sur l'intercession de leurs ancêtres pour obtenir de *Zañahary* la bénédiction (richesse et descendance). Le geste de Jacob envers Dieu à travers la stèle rappelle aussi celui des *Bara* dressant un « tas de pierres » appelé *tatoa* en mémoire des événements historiques dans leur vie. Et cet endroit devient un lieu de prière individuelle. Voici un exemple de prière prononcée devant ce lieu :

« *Mba mahasoa, mahaveloma, mba ho tahi Nañahary aho, tahinao hazo toy iaho, mba hahazo aomby, hahazo valy. Mba mitahia hanao vato fisoran'i olo toy, mba hanañy anaky iaho, mba hanañy aomby iaho, mba hahazo valy aho* » (« Pour que vous me rendiez bien, pour que vous me fassiez vivre, que je sois béni de *Zañahary*, que je sois béni par toi, arbre ici, pour me faire gagner des bœufs, pour me faire

[577] Cf. DESCOLA Ph., *Par-delà nature et culture*, p. 23.

[578] Le changement d'identité est fréquent dans les récits bibliques. Jésus est à la fois agneau (Jn 1) et berger (Jn 10).

trouver femme, que tu me bénisses, pierre lieu de prière des gens d'ici, pour que j'aie des enfants, pour que j'aie des bœufs, pour que je trouve femme »)[579].

Mais retenons que le *hazomanga* demeure le lieu de prière par excellence pour les *Bara*. À la différence du *tatoa*, le *hazomanga* est un lieu de prière communautaire et exige toujours un sacrifice de zébu. Comme nous l'avons déjà évoqué, chez les *Bara*, le *hazomanga* est le lieu sacré, le lieu où Dieu descend pour rencontrer les humains.

Arrivé au pays de son oncle, Jacob fit une rencontre surprise avec sa cousine Rachel auprès d'un puits. Rachel était une bergère. Elle était venue au puits pour donner à boire au troupeau de son père. Le patriarche eut un coup de foudre pour sa cousine Rachel, ce qui l'a incité à faire un geste provocateur en roulant tout seul la pierre pour abreuver le bétail de son oncle. Ce geste lui a valu en guise d'attestation en vue du stage pastoral chez son oncle.

Ce geste de Jacob rappelle les différents mythes et contes qui racontent l'exigence du courage et de la force d'un homme dans la quête d'une épouse. Le mythe d'*Ibonia*[580], par exemple, est une vraie illustration de cette épreuve qu'un homme doit affronter pour avoir une femme. Pour affronter *Rainivato*[581] son adversaire, *Ibonia* doit chercher des talismans puis plonger entièrement dans l'eau muni de ceux-ci, depuis le coucher jusqu'au lever du soleil. S'il arrive à triompher de cette épreuve, il peut défier *Rainivato* et pourra gagner sa femme, mais dans le cas contraire, c'est *Rainivato* qui le tuera. Chez les *Bara*, il existe aussi ce rite. Pour avoir une femme, les

---

579 Traduction de FAUBLÉE J., *Les esprits de la vie à Madagascar*, p. 24.

580 Cf. NOIRET Fr., *Le mythe d'Ibonia le grand prince* (Madagascar), Paris, Karthala, 2008.

581 Déjà le nom *Rainivato* (père des pierres) montre la solidité de son adversaire.

jeunes hommes *bara* volent des bœufs[582], ainsi qu'en témoignait un *Bara* : « Jadis, on ne pouvait pas avoir une femme si on n'était pas un voleur »[583]. J. Randrianarison disait aussi : « Le vol des bœufs est un sport pour les jeunes afin d'attirer l'attention des filles. C'est signe de virilité que d'être emprisonné pour un acte semblable et encore plus de réussir alors à s'évader »[584]. Chez les *Betsileo d'Amoron'Imania*, la lutte avec les bœufs (tauromachie) est une occasion de faire preuve de séduction pour les jeunes gens : ce sont des épreuves qui attestent que celui qui cherche une femme est vraiment capable d'assumer sa responsabilité de père de famille (nourrir et protéger sa famille). La démonstration de force de Jacob devant Rachel peut donc être lue par les *Bara* comme une épreuve pour montrer qu'il est capable de s'occuper du bétail et par conséquent de la famille.

C'est chez son oncle Laban que Jacob devient un berger par excellence : quatorze ans de formation pastorale, au sens propre comme au sens figuré. Pour avoir les filles (Rachel – Léa) de Laban, Jacob doit le servir pendant quatorze ans. Être au service de son beau-père pour compenser le départ de sa fille est une réalité connue chez les *Bara*, comme chez les autres peuples. Si Jacob fit quatorze années de service chez Laban pour avoir ses deux filles, un jeune époux *bara*, au moment même de la demande en mariage, offre deux bœufs

---

582 Cette pratique nous semble absurde si nous nous référons à ce qui se passe actuellement quant à l'ampleur des dégâts (une déstabilisation de l'ensemble de la société malgache surtout en milieu rural) qu'elle cause. Mais il faut la situer à l'époque où le nombre des bœufs était supérieur au chiffre de la population. Et il convient de se rappeler que les jeunes gens pratiquent le vol non pour tuer les propriétaires ni pour faire du business, mais juste pour montrer leur habilité, leur force. La chose évolue actuellement. De nombreux *Bara*, surtout ceux qui ont suivi des études assez poussées, ont abandonné cette pratique.

583 ELLI L., *Une civilisation du bœuf*, p. 49.

584 *Ibidem*, p. 50.

à sa belle-famille. L'un sert au rite d'une aspersion de sang appelé *tandra* « en faveur de la levée d'interdit pour une parenté proche, toujours possible à cause des lacunes généalogiques ; mais surtout aujourd'hui pour la "bénédiction" du jeune ménage »[585]. L'autre, que l'on dénomme *taha*, est « donné en compensation des services que le lignage perd en cédant une de ses femmes, comme aussi en compensation du fait que cette femme enfantera des fils non pour son lignage mais pour le lignage de son mari »[586]. En outre, le gendre a aussi le devoir de venir en aide à sa belle-famille à chaque événement familial, ainsi que dans la vie quotidienne. Par exemple, il aide à faire piétiner les rizières de sa belle-famille par les bœufs. Accomplir un tel devoir envers sa belle-famille est un signe de respect et de reconnaissance.

Certes, quatorze années semblent assez longues pour Jacob. Mais le résultat fut très satisfaisant. Le troupeau de son oncle fut bien soigné et s'est accru énormément (cf. Gn 30, 30). Son oncle a été béni à cause de Jacob. Jacob était devenu riche en troupeau. Au niveau familial, il connaissait aussi un grand succès. Sa famille s'agrandissait. Même sa femme Rachel qui était stérile avait mis au monde un fils à qui il donna le nom de Joseph, qui signifie « ajouté ». C'est une ouverture à la réalisation de la promesse de descendance. C'est un signe de la présence de Dieu. Il en est de même pour les *Bara*. Tous ces succès trouvent leur source dans la bénédiction de *Zañahary*.

Après qu'il a bien accompli son devoir de gendre et rempli sa fonction de berger, il est temps pour le patriarche de rentrer chez lui. Mais avant tout, il faut convaincre Laban de le laisser partir. Pour réparer le désaccord entre les humains, ils ont besoin de la présence divine et de la collaboration du monde des créés (représenté par l'animal à sacrifier et le tas de pierres). Car le monde a été créé en

[585] *Ibidem*, p. 104.

[586] *Ibidem*, p. 103.

harmonie. Le désaccord entre les humains a de mauvaises répercussions sur l'harmonie dans la création. Les *Bara* sont conscients de cette interdépendance entre tout ce qui existe et ils sollicitent la participation de tout un chacun, autant que possible, pour la réparation d'un désaccord. Afin d'éviter que cela ne se reproduise, les deux parties en conflit sont invitées à prêter serment ou *mititiky* en *bara.* Voici le serment prononcé par les deux protagonistes : « *Zay mamitaky maty fito ka mieñy, zay tsy mamitaky ho eni-noro ho eni-kaveloma* » (« Celui qui trompe meurt sept fois, et c'est tout. Celui qui ne trompe pas aura de la santé, aura des richesses »)[587]. La cérémonie se termine par un sacrifice. Qui dit sacrifice, dit invocation de *Zañahary* et des *raza* (ancêtres).

Ainsi, dans sa démarche de réconciliation avec son frère Ésaü, Jacob compte sur trois entités : D'abord, la puissance divine, puis l'intermédiaire des messagers (communauté humaine), enfin le monde animal. Les animaux occupent une place vitale car c'est par leur vie que les deux frères retrouvent la possibilité d'une relation. Ils redonnent vie à ce lien cassé depuis longtemps. C'est la même démarche qui existe chez les *Bara*, pour renouer une relation coupée. D'abord, il y a la communauté humaine (société) qui convoque les protagonistes et essaie de soulever le problème, montrer les fautes de chacun et les inviter à se réconcilier. Il y a le bœuf sacrifié qui offre sa vie pour que ses frères humains retrouvent la leur. Puis, Dieu et les ancêtres accueillent la demande de réconciliation et offrent la bénédiction.

Pour terminer ce cycle de Jacob, nous voulons souligner son changement de nom qui marque aussi son changement de vie. Après sa lutte avec Dieu (Gn 32, 29), il obtient de Dieu ce nouveau nom « Israël ». Désormais, avec cette nouvelle appellation « Israël », une vie renouvelée commence. Au cœur de ce nom, il porte un élément du nom divin « El ». Par ce nouveau nom, il devient référence pour

[587] FAUBLÉE J., *La cohésion des sociétés Bara*, p. 110.

sa descendance « fils d'Israël ». Un changement de nom est une réalité fréquente chez les *Bara* pour montrer un changement de vie. Lisant ce long parcours de Jacob, sous la conduite de Dieu, doté à la fin d'un nouveau nom comme attestation de stage pour montrer qu'il est vraiment un berger par excellence en faveur de toute sa descendance « fils d'Israël », à l'exemple de son Dieu qui est le vrai pasteur pour lui et sa famille, le Berger d'Israël (Gn 48, 15), les *Bara* comprendront mieux cette proximité de Dieu qui veille toujours sur ses clans.

### 2.2.6 Lecture *bara* de l'histoire de Joseph et de ses frères ou le problème de la fratrie

Le problème de la fratrie dans l'histoire de Joseph et de ses frères peut interpeller le peuple *bara*, comme l'ensemble du peuple malgache. De tristes réalités similaires minent la vie de certaines familles, certains clans et villages *bara*. Certes, comme dans la totalité du peuple malgache, le système des relations entre les humains chez les *Bara* est régi par le *filongoa* ou le *fihavanana*. Mais il existe des personnes mal intentionnées qui sèment la zizanie au sein d'une famille, d'un clan. Il se peut aussi que des frères se disputent à cause d'une jalousie, de l'envie, de la rancune, de la vengeance. Écoutons le propos du père Elli à ce sujet :

> « Qui a peu de bœufs en veut à qui en a beaucoup ; qui a eu son troupeau volé cherche à le récupérer en volant à son tour ; qui a une dent contre quelqu'un ou a subi un tort, pense à la vengeance, et quelle vengeance meilleure que de voler ce que l'autre a de plus cher, ses bœufs ? Cela explique – au moins au dire des *Bara* eux-mêmes – la recrudescence des vols à l'intérieur du clan ou du lignage. Deux frères, deux parents très proches, deux hommes du même village se volent entre eux ; ce qui arrive très souvent. »[588]

Puis ils se livrent dans un combat sans merci au tribunal jusqu'à l'épuisement de leurs bœufs. Des villages brûlés, des bœufs volés,

---

[588] ELLI L., *Une civilisation du bœuf*, p. 50.

des milliers de victimes, de l'insécurité presque partout, tels sont les résultats de ce désordre.

En lisant le récit de Joseph et de ses frères, les *Bara* sont invités à recentrer leur vie sur la valeur ancestrale du *fihavanana*. Rappelons rapidement ici que le *fihavanana* est défini comme une relation de parenté, de bonne entente, de bonnes relations, d'amitié, d'harmonie. Le *fihavanana* comprend l'amour, le respect, la solidarité, l'entraide, le pardon et d'autres vertus. Le récit de Joseph et de ses frères peut servir au peuple *bara* à sauver le *fihavanana* rompu. Pour rétablir la relation cassée entre proches, pour sortir de l'impasse de l'insécurité qui mine l'ensemble de la société malgache, et pas seulement chez les *Bara*, le *fihavanana* invite tous les protagonistes à prendre le chemin de la réconciliation. Certes, il est très difficile pour les êtres humains de demander pardon, et encore plus difficile de pardonner.

> « Joseph nous apprend à pardonner même les pires actions commises contre nous. Ses frères nous apprennent que le vent tourne dans la vie. Le mal que nous faisons aux autres, revient comme un boomerang ; c'est pourquoi il est sage de faire du bien autour de nous en tout temps. Enfin, Dieu nous apprend que ses voies sont au-dessus de celles des hommes, et que rien ne peut entraver la réalisation de ses plans. Comme il peut tout faire, il peut même faire sortir le bien du mal. »[589]

### 2.2.7 Lecture *bara* de la vocation pastorale de Moïse

Dès sa naissance, on dirait que le parcours de vie de Moïse est orienté vers la vocation pastorale. En fait, à sa naissance, Moïse fait l'expérience d'être libéré de l'eau par Dieu. Plus tard, il sera envoyé pour délivrer le peuple hébreu par le passage de la Mer rouge, non pas par sa propre force mais par l'intervention de Dieu. Comprendre l'intervention providentielle de Dieu dans cet acte libérateur est une

[589] ASSOHOTO B., NGEWA S., in *Commentaire biblique contemporain*, p. 80.

chose naturelle chez les *Bara*. En effet, chez les *Bara*, tout geste salutaire est un acte divin. Autrement dit, toutes les interventions qui sauvent une vie sont attribuées au *Zañahary*[590].

La formation théorique au sein de la famille royale de l'Égypte va être confirmée par « un stage pratique sur le terrain » à Madian, lors de sa fuite. La durée de ce stage pratique (40 ans) montre l'importance et la complexité de la tâche qui attendent Moïse. Chez les *Bara*, depuis son plus jeune âge, le garçon s'est préparé à devenir un vrai berger, profession qui fait la fierté des *Bara*. Avant dix ans, le garçon passe sa journée à faire paître les veaux. À partir de dix ans, il se met à l'école de son père ou de son frère en l'accompagnant aux pâturages. Ces connaissances servent aussi de leçon de vie, si nous retenons que le troupeau reflète la société *bara*. L'intensité du stage pastoral pratique de Moïse est tout à fait normale pour devenir un vrai pasteur qui peut affronter les différents problèmes du peuple. C'est une réalité que les garçons *bara* connaissent depuis leur enfance et pendant toute leur vie.

Après ces longues années de stage pratique, Moïse reçoit de Dieu la mission de libérer son peuple. C'est un signe de confiance de Dieu en Moïse et en ses compétences. Dieu rejoint donc Moïse dans son milieu pastoral pour lui confier cette mission. Dieu se rend aussi proche de chaque peuple dans son activité de tous les jours. Chaque individu a l'expérience de la présence active de Dieu dans les différentes étapes de sa vie. Ainsi, chez les *Bara*, il n'y a pas une étape vécue sans invocation du nom de Dieu. La présence vivifiante et

590 On entend souvent cette phrase : « *Ianao no zañahary tsy nahafaty ahy* » (« Toi, tu es le dieu qui a sauvé ma vie »), pour dire que Dieu se sert de cette personne pour sauver ma vie.

prévenante de Dieu[591], éprouvée par Moïse, tel un berger qui n'abandonne à aucun moment son troupeau, est une expérience connue par des hommes *bara* avant de devenir pères de famille ou chefs de clans. En effet, la sensibilité cultivée à travers le contact avec les animaux éveille l'émotivité envers les êtres humains. Ainsi, l'accomplissement de nos différents devoirs de bergers nous forme à assumer nos responsabilités.

Toujours dans la perspective de la libération du peuple hébreu, la proximité de Dieu avec Moïse est si intense que même dans les termes utilisés, il existe un enchevêtrement : ainsi le troupeau de Dieu et le troupeau de Moïse, le bâton de Dieu et le bâton de Moïse. Cette proximité a marqué le corps même de Moïse après qu'il a renouvelé l'alliance avec Dieu, interrompue par l'épisode du veau d'or : en portant les deux nouvelles tables de la loi, Moïse est devenu cornu (Ex 34, 29). Comme dans l'antiquité, chez les *Bara*, les cornes sont signes de la force. Citons quelques proverbes et expressions montrant la puissance assurée par les cornes :

- « *Aombilahy be tsifa tsy mifily tany hialia* » (« Un taureau aux cornes robustes ne choisit pas un terrain pour combattre »). Cela veut dire qu'un taureau avec des cornes robustes est toujours prêt à combattre sur n'importe quel terrain, qu'il soit plat ou en pente.
- « *Aombilahy tsy rambesy amin'ñy tsifany* » (« On n'attrape pas un taureau par les cornes »). Cela signifie qu'il faut savoir aussi contourner les difficultés, prendre des voies détournées pour résoudre des problèmes difficiles[592].

---

591 BUJO B., *Le credo de l'Église en dialogue avec les cultures. Existe-t-il une manière africaine de croire au Dieu de Jésus Christ ?*, coll. « Théologie africaine », vol 1, Fribourg, Academic Press, 2016, p. 35.

592 Cf. ELLI L., *Une civilisation du bœuf*, p. 195.

- « *Tandroka aron'ny vozona* » (« Cornes qui protègent le cou »). C'est une expression malgache pour désigner l'armée qui protège le royaume. Elle est comparée à des cornes qui protègent le cou.

Avec cette image, Moïse peut aussi être considéré comme un animal cornu qui ne recule jamais devant les adversaires pour protéger son troupeau. Comme les autres personnages bibliques, Moïse occupe à la fois la place d'un animal cornu et d'un berger. Doté de cette force divine et réconforté par la présence divine durant sa mission, Moïse a bien rempli son rôle pastoral. Mais le personnage de Moïse nous laisse voir aussi que c'est Dieu le vrai Berger qui a conduit son peuple vers la Terre promise.

### 2.2.8 Lecture *bara* des messie-bergers : la figure de Saül et de David

En Terre promise, Dieu choisit des personnes pour s'occuper de son peuple tel un berger qui prend soin de son troupeau. Nous proposons ici une lecture *bara* de deux figures opposées de messies-bergers, Saül et David.

#### 2.2.8.1 Saül le mauvais berger, une expérience pastorale ratée

Saül est le fils envoyé pour retrouver la vraie richesse de son père. Au bout de trois jours de recherche, Saül pense abandonner sa quête pour ne pas inquiéter son père. Cette intention d'abandon de Saül est un mauvais signe pour la profession de pasteur. En effet, trouver les animaux perdus fait partie des critères d'un bon pasteur. Un tel abandon est chez les *Bara* signe de faiblesse. Un vrai pasteur doit montrer un très grand courage et avec son flair spécial, il doit se mettre à la poursuite du troupeau perdu pour le récupérer.

Si Saül est sur le point d'abandonner son parcours, son serviteur lui conseille de voir l'homme de Dieu pour voir plus clair sur cette affaire. Accepter cette proposition du serviteur signifie la volonté de Saül d'impliquer Dieu dans cette quête. Justement, arrivé chez le voyant, Saül obtient la réponse. Les ânesses sont retrouvées. Le silence du texte sur l'auteur de ce bon résultat permet au lecteur de penser que celui qui l'envoie vers Samuel doit être le héros qui a trouvé les ânesses perdues. Le texte nous rappelle que c'est Dieu qui envoie Saül vers Samuel (1 S 9, 16). Dieu est donc le héros, auteur de cet acte salutaire. Chez les *Bara*, un résultat inattendu, comme le fait de retrouver les ânesses qui ont failli être abandonnées par Saül, ne peut être dû qu'au secours de Dieu *Zañahary mitahy*[593].

Par ailleurs, la principale mission de Saül est de sauver[594] le peuple de la main des Philistins (1 S 9, 16). Pour cette mission, il a reçu l'onction, d'abord en privé à Mispa. Puis, après sa victoire contre les Ammonites, il a officialisé cette onction à Guilgal. La réussite de Saül marque la présence de Dieu qui veille sur son peuple. Son onction comme roi d'Israël signifie que Dieu est avec lui. Chez les *Bara*, un roi est nanti à la fois de la fonction de prêtre et de gouverneur. C'est à travers une *tata* (prière) auprès du *hazomanga* qu'il reçoit la consécration[595], afin de manifester qu'il est signe de présence de Dieu au milieu de son clan ou de sa tribu.

La suite du récit rapporte que Saül n'a pas reconnu cette place qu'occupe Dieu dans sa vie et sa fonction. Il est bien loin de l'attitude de Moïse qui reconnaît dans ses combats la place vitale de Dieu (cf. Nb 10, 35). Au contraire Saül se croit fort et nie le rôle de Dieu dans ses combats (cf. 1 S 13, 4). L'esprit du Seigneur s'est retiré de lui (cf. 1 S 16, 14). Dans la croyance malgache, ignorer cette présence de Dieu est une folie. Saül ressemble bien à ce que dit le proverbe malgache : « *Manao an'Andriamanitra tsy misy, ka mitsambiky*

---

[593] *Zañahary mitahy* signifie Dieu qui vient au secours, Dieu qui sauve.

[594] Le sauveur des ânesses sera envoyé pour sauver le peuple d'Israël de la main des Philistins. Plus tard, Jésus appelle des pêcheurs (Simon et son frère André ; Jacques le fils de Zébédée et Jean son frère) pour qu'ils deviennent pêcheurs d'hommes.

[595] Cf. ELLI L., *Fomba Bara*, p. 307.

*mikipy* » (« En niant l'existence de Dieu, on en vient à sauter les yeux fermés »). Commentant ce proverbe, Lupo écrit :

> « Il faudrait vraiment être aveugle pour affirmer que toute cette machine de l'univers et des êtres vivants et conscients s'est produite d'elle-même. Faites-le, vous allez vous précipiter dans les ténèbres, dans l'impossibilité de connaître, d'être connu, et, donc, d'être tout simplement. J'ai toujours pensé que derrière cette formule très dense, qu'on entend encore réciter dans de nombreuses circonstances, il y a, comme en filigrane, une image très vive et tout à fait familière qui pourrait être considérée, comme le noyau d'une parabole. C'est l'image de l'homme sans Dieu, c'est-à-dire, sans principe ni fin : aveugle qui ne sait pas d'où il vient, ni où il va et qui se précipite dans le néant de l'obscurité : manque de connaissance, manque d'être. »[596]

Tout cela nous montre que l'homme doit reconnaître ses exploits réalisés grâce au soutien de Dieu.

### 2.2.8.2 David roi-messie, berger professionnel

Si nous lisons le récit du début de David, tout en évoquant à la réalité que vivent les *Bara*, comment ne pas penser aux garçons *bara* qui ont passé une journée entière derrière leur troupeau ? Ainsi que nous l'avons déjà évoqué, c'est là leur école. Certes, leurs parents ou leurs aînés leur donnent des consignes à suivre, afin de mieux garder et servir leur troupeau. Mais ce qui reste permanent chez eux et participe aussi à leur formation, ce sont le petit et le gros bétail. En fait, c'est avec leur bétail qu'ils échangent par des paroles[597] et des gestes spéciaux. Cela nous rappelle aussi la complémentarité entre les êtres

---

[596] LUPO P., *Dieu dans la tradition malgache. Approches comparées avec les religions africaines et le christianisme*, Fianarantsoa / Paris, Ambozontany / Karthala, 2006, p. 32.

[597] Dans la Bible, nous avons des animaux qui parlent tels le serpent de la Genèse (Gn 3, 1.4) ou l'ânesse de Balaam (Nb 22, 28.30).

créés. C'est dans ce milieu où ils grandissent et vivent quotidiennement que Dieu les rejoint. Quand le petit et le gros bétail ont trouvé de quoi se nourrir, se portent bien, loin de la menace des voleurs, les pasteurs (petits ou grands) sont contents et sentent la présence active de Dieu dans leur métier.

Ainsi, la lecture de l'onction de David ne laisse pas indifférents les *Bara*. Tout jeune, David a été choisi par Dieu pour devenir roi de son peuple. Malgré son âge, David est chargé d'une grande responsabilité. Chez les *Bara*, le choix d'un roi ou d'un *lonaky* peut s'adresser aussi à un jeune garçon. Celui-ci supplie que l'un de ses oncles prenne le pouvoir à la mort de son père en disant[598] : « *Eo ianareo hitana ny hazomanga, hoy izy fa izaho mbola kely* » (« Vous êtes là pour vous occuper du *hazomanga*[599], parce que je suis encore petit »). Mais les oncles répondent : « *Efa nomen'ny Zañahary anao io, iza no hiantso ny rainao, iza no hahasahy hitana ny fanovondrainao raha tsy ianao naterany ? Tano ny fanovon'ny rainao* ! » (« Cette responsabilité t'est réservée par Dieu. Qui ose invoquer le nom de ton père ? Qui ose tenir le gobelet sacré de ton père sinon toi ? Va tenir le gobelet sacré de ton père ! ») Ce dialogue souligne que c'est Dieu qui est l'auteur du choix du premier responsable d'un peuple. Car avant tout, un peuple appartient à Dieu. Le responsable n'est pas propriétaire du peuple. Il est plutôt son serviteur comme le confirme la prière *tata* lors de l'installation d'un nouveau *lonaky* : « *Ianao no tompon'ny hazomanga ! Ho soa, ho tsara, hahaleo vesatra (hahaleo firenena)* » (« Vous êtes le propriétaire du *hazomanga* ! Que tu sois bien, que tu te portes bien, que tu puisses supporter la charge (supporter la nation) »). Bref, l'origine divine du choix et de l'autorité d'un roi est une réalité vécue chez les *Bara*.

[598] ELLI L., *Fomba Bara*, p. 308.

[599] S'occuper du *hazomanga* signifie avoir le pouvoir du chef de clan, être patriarche.

L'histoire de David, en particulier le récit de son combat contre Goliath, est parmi les récits les plus connus de la Bible. Elle reste toujours impressionnante et toujours actuelle. Le scénario est presque digne d'un film hollywoodien avec le titre « le combat du siècle ». Pour un peuple de pasteurs comme les *Bara*, la sensibilité est encore plus élevée. En voyant David armé de son bâton, de sa fronde[600] et de cinq pierres bien lisses chargées dans son sac de berger, on remarque que ce sont les mêmes armes que celles employées[601] chez les *Bara* pour se protéger contre les ennemis ou les bêtes sauvages. Mais ce qui impressionne le plus, c'est le courage de ce jeune David prêt à affronter le géant philistin Goliath. Un proverbe malgache dit à sa manière l'impuissance de David face à ce géant philistin bien armé : « *Ny atody tsy miady amim-bato* » (« Un œuf ne se bat pas contre une pierre »). Aux yeux des *Bara*, la victoire de David ne vient ni de sa propre force, ni de ses armes. Elle n'a d'autre source que Dieu. Ce récit confirme donc ce que les *Bara* vivent déjà dans leur croyance. *Zañahary* seul peut effectuer un tel exploit. Il est protecteur des faibles et des plus petits. Cette victoire de David contre Goliath interpelle aussi le peuple *bara* en ce moment. Ils ont besoin d'un nouveau David pour les libérer de toutes sortes d'oppressions causées par des forces armées, pour les libérer de l'ignorance (analphabétisme), de la peur des autres, de la fermeture à la modernité.

Le nouveau David, le Messie, sauveur de l'humanité, c'est Jésus. David, à travers ses expériences en tant que berger, confesse sa foi en Dieu Berger (cf. 1 S 17, 37). Cette confession de foi en Dieu Berger se formule en un hymne de louange et d'action de grâce dans le psaume 23. Ce psaume résume l'expérience de David en Dieu. Cette image de Dieu Berger parle aussi pour le peuple *Bara* de tradition

---

[600] La fronde, *pilatsy* en langue *bara*, est l'une des armes les plus utilisées chez les *Bara*, surtout chez leurs voisins *Tandroy*, réputés avoir une bonne maîtrise de cette arme.

[601] La sagaie, la hache et le fusil de chasse font aussi partie des armes les plus utilisées des *Bara*.

pastorale. Quand celui-ci définit l'homme, il emploie l'image pastorale tout en confessant sa foi en Dieu. En effet, pour les *Bara*, l'homme est un troupeau gardé par Dieu (« *Arakandron'Añahary ny olombelo* »). C'est une manière de dire que Dieu est notre Berger. Cette pleine révélation de l'image de Dieu dans le monde pastoral se manifeste enfin en la personne de son Fils Jésus-Christ.

## 2.3 Lecture *bara* de la révélation de Dieu en Jésus, Messie, Agneau et Berger

Pour effectuer une lecture *bara* de la révélation de Dieu en Jésus, Messie, Agneau et Berger, nous évoquerons deux points, à savoir l'appartenance de Jésus à la lignée des pasteurs et la lecture *bara* de la vie pastorale de Jésus.

### 2.3.1 Appartenance de Jésus à la lignée des pasteurs

Le Nouveau Testament s'ouvre par la présentation de Jésus fils de David, fils d'Abraham (Mt 1, 1). Cela rappelle l'importance des généalogies chez les anciens Orientaux. Chez les *Bara*, à chaque prière *tata* auprès du *hazomanga*, le patriarche récite les noms des ancêtres du clan, pour les honorer d'avoir transmis la vie et pour montrer aux descendants d'où ils viennent et qui ils sont. La généalogie selon Matthieu, en présentant Jésus comme fils de David et fils d'Abraham, rappelle à la fois l'appartenance de Jésus à la lignée des pasteurs et la continuité de l'immersion de Dieu dans l'histoire de l'humanité. En tant que peuple de pasteurs, les *Bara* peuvent partager la fierté[602] de la vie pastorale et peuvent ainsi témoigner de leur expérience de la proximité de Dieu. Quant à la généalogie de Jésus présentée par Luc (Lc 3, 23-38), elle montre une liste qui remonte jusqu'à Adam, le premier homme, qui a reçu la première vocation pastorale (Gn 1, 28). Cela confirme encore que Jésus appartient à la

[602] Rappelons que pour les *Bara*, l'élevage est la vraie occupation noble (cf. ELLI L., *Une civilisation du bœuf*, p. 31).

lignée des pasteurs. Cette généalogie ascendante de Jésus qui le présente comme Fils de Dieu, nous rappelle la conception malgache du monde où tous les êtres trouvent leur origine commune en Dieu, comme le dit ce proverbe : « *Ladim-boatavo ny fiainana, ka raha fotorina iray ihany* » (« La vie est semblable aux tiges de citrouille ; celles-ci ont de nombreuses ramifications mais à bien y voir, elles se rattachent à une même racine »)[603].

Le lieu de naissance de Jésus, Bethléem, lieu qui fait mémoire de la naissance de Benjamin et de la mort de Rachel (bergère et brebis) (Gn 35, 16-20), ainsi que la référence à David (la ville de David, Lc 2, 4), renforce la volonté de Dieu de s'incarner dans le monde pastoral. D'ailleurs, la réponse des grands prêtres et des scribes à Hérode lors de la visite des mages le rapporte clairement : *« Et toi, Bethléem, terre de Juda, tu n'es nullement le moindre des clans de Juda ; car de toi sortira un chef qui sera pasteur de mon peuple Israël »* (Mt 2, 6). Né dans une crèche au milieu des animaux, le Fils de Dieu témoigne de sa volonté de collaborer avec ce peuple. L'incarnation de Jésus ne repose pas seulement sur le fait de prendre chair avec un corps humain, mais également de prendre chair dans la culture de son peuple, une culture pastorale, afin de la rendre meilleure encore. Si l'on prend le cas des *Bara*, il existe des pratiques pastorales à purifier. On peut citer par exemple, le vol des bœufs[604] (qui crée un trouble social), le concubinage, le fameux *tsenan'ampela*[605], la jalousie.

---

[603] Traduction de RAHARILALAO H.A.M., *Église et Fihavanana à Madagascar*, p. 122.

[604] Comme déjà signalé, la société malgache subit actuellement les mauvaises conséquences de ce vol des bœufs. On est victime de l'insécurité générale.

[605] *Tsenan'apela* est composé de deux mots : *tsena*, qui signifie marché, et *apela*, femme, fille. Le *tsenan'apela* est donc une expression pour désigner

L'incarnation de Jésus peut apporter cette purification. En effet, la nuit de sa naissance, la crèche, avec la présence des animaux, les herbes, les anges, les bergers, devient un lieu de rencontre. Avec la naissance de Jésus, les êtres créés retrouvent la vie harmonieuse initiale établie dans le récit de la création et à travers la réalisation de la prophétie d'Isaïe sur l'ère messianique où cohabitent les créatures. Chaque être retrouve sa juste place et sa vraie valeur. Si la société malgache est malade actuellement (crise politique et économique, insécurité dans l'ensemble du territoire malgache), la dévalorisation ou même la désacralisation des zébus y est pour quelque chose. Claude Stadelmann essaie de le démontrer dans son livre *Madagascar et le zébu, un couple en danger* :

> « Le zébu à Madagascar est de plus en plus menacé. Le crime organisé, dans la plupart des régions de la Grande Île, débouche sur un véritable massacre. Des vols par centaines de têtes déciment les troupeaux. [...]
>
> Le peuple malgache, déjà exsangue dans sa majorité, survit dans un climat d'insécurité tangible dans les campagnes et en ville. Les voleurs de zébus, les fameux *dahalo*, sèment la terreur. Ils font table rase laissant les cadavres croupir dans les villages incendiés. De violents actes criminels liés au vol de zébus défraient la chronique chaque semaine. Une brutalité barbare. Incroyable chez ce peuple aussi pacifique que festif. [...]
>
> Avec l'insécurité, c'est tout l'équilibre de la chaîne – humaine, sociale, culturelle, économique – qui est sérieusement mis en péril. »[606]

Si la naissance de Jésus annonce la réalisation de la paix davidique (cf. Is 9, 5-6), elle rappelle aussi la paix entre les êtres vivants (cf. Is

---

le marché des femmes ou des jeunes filles. Là où se trouve un marché des zébus, *tsenan'aomby*, existe un marché des femmes, *tsenan'apela*.

[606] STADELMANN Cl., *Madagascar et le zébu, un couple en danger*, Crémines, Éd. du Raimeux, 2016, p. 5.

11, 1-9). Conscients de la manipulation des zébus pour des fins politiques et économiques par des personnes malintentionnées, les organisateurs du « festival du zébu » dans la région d'*Ihorombe* mettent en exergue cette culture pastorale pour sauvegarder ce patrimoine malgache. L'incarnation de Jésus dans ce monde pastoral contribue à la sauvegarde de ce patrimoine de Madagascar. Sauver ce patrimoine signifie aussi sauver le peuple malgache : *« Aujourd'hui vous est né un Sauveur, qui est le Christ Seigneur, dans la ville de David »* (Lc 2, 11).

### 2.3.2 Lecture *bara* de la vie pastorale de Jésus : Enseignements nourris par des images pastorales

*« L'Esprit du Seigneur est sur moi, parce qu'il m'a consacré par l'onction pour porter la bonne nouvelle aux pauvres. Il m'a envoyé annoncer aux captifs la délivrance et aux aveugles le retour à la vue, renvoyer en liberté les opprimés, proclamer une année de grâce du Seigneur.* » (Lc 4, 18-19)

Cette prophétie d'Isaïe (Is 61, 1-2) lue par Jésus dans la synagogue de Nazareth définit et inaugure son ministère, ainsi qu'il le dit lui-même : *« Aujourd'hui s'accomplit à vos oreilles ce passage de l'Écriture »* (Lc 4, 21). Dans cette mission, Jésus utilise différentes images pour nourrir ses enseignements, selon la culture de ses interlocuteurs. Pour l'illustrer, nous allons faire une lecture *bara* des enseignements du Christ sur le thème pastoral, d'abord dans les évangiles synoptiques puis dans l'évangile de Jean.

#### 2.3.2.1 Jésus-Berger dans les évangiles synoptiques

*« Bethléem, ... de toi sortira un chef qui sera pasteur de mon peuple Israël. »* (Mt 2, 6) Quels sont les critères de ce pasteur du peuple d'Israël ? Autrement dit comment Jésus présente-t-il sa mission en tant que berger d'Israël ? Qu'est-ce qu'un vrai berger ?

## Un vrai berger n'est pas un loup

D'abord, Jésus invite à savoir distinguer entre le vrai et le faux berger : *« Méfiez-vous des faux prophètes, qui viennent à vous déguisés en brebis, mais au-dedans ce sont des loups rapaces »* (Mt 7, 15). L'image prise par Jésus pour définir le vrai berger est très frappante. En forme négative, mais directe et claire, un vrai prophète, un vrai berger n'est pas un loup. En tant qu'animal agressif et prédateur, le loup est toujours un danger pour les brebis : « Le loup c'est l'incarnation du danger, du mal »[607]. Par contre, une brebis est un animal sans défense, fragile, docile. Nous pouvons donc imaginer les dégâts engendrés si un loup arrive à se camoufler parmi les brebis. Les faux prophètes ou faux bergers sont donc comparés à des loups rapaces qui n'ont d'autre envie que de dévorer les plus faibles du troupeau, les brebis. Au contraire, un véritable prophète ou un vrai berger doit protéger le plus faible. Il doit donc veiller sur ses brebis, les protéger contre leurs prédateurs.

Il n'est pas difficile pour les *Bara* de comprendre ce message de Jésus. En effet, comme nous l'avons évoqué précédemment, le *lonaky* ou patriarche représente la figure d'un prophète ou d'un berger pour ce peuple. Un pasteur *bara* a la noble tâche de veiller sur son troupeau, de le protéger de tous les dangers. Certes, le loup n'existe pas chez les *Bara*, mais il existe d'autres prédateurs : ainsi le pasteur doit protéger son troupeau contre les attaques des crocodiles[608] lors de l'abreuvage au fleuve ou d'une traversée d'un fleuve. Le patriarche en tant que pasteur de son clan a le devoir de perpétuer la vie de son clan. De ce fait, il est donc appelé à assurer la sécurité de son peuple face aux différents prédateurs. Jésus est donc le *lonaky* parfait, non seulement pour un clan, mais pour l'humanité tout entière, y compris les *Bara*. Il invite le patriarche du clan, comme il le fait pour ses disciples, à veiller sur les siens.

---

607 DERVILLE T., *Animaux dans l'Évangile*, p. 41.

608 Comme le pasteur dans l'Égypte antique.

### Un vrai berger prend soin et nourrit ses brebis

*« À la vue des foules il en eut pitié, car ces gens étaient las et prostrés comme des brebis qui n'ont pas de berger. »* (Mt 9, 36)

Jésus, berger plein d'amour, exprime sa pitié et sa compassion face aux misères des foules. L'image prise par Jésus pour exprimer ses sentiments de tristesse envers son peuple a une sensibilité particulière pour les gens qui ont une expérience de relation avec les animaux. Nous savons à quel point la maladie ou la mort des animaux de compagnie affecte profondément les sentiments de leur maître. Plusieurs personnes restent inconsolables après la mort de leur chien ou de leur chat. C'est ce sentiment qui affecte Jésus en voyant ces foules, comme des brebis sans berger. Chez les *Bara*, ce sentiment de pitié est exprimé par le mot *maha-feriñay*. Ce terme est composé de trois mots : le préfixe *maha* signifie « qui rend », par exemple *mahajamba*, qui rend aveugle. Le deuxième mot, c'est *fery*, qui veut dire plaie ou blessure. Et le troisième mot, c'est l'*ay*, la vie, le flux vital. Voir ces gens las et prostrés blesse la vie (flux vital) de Jésus. Jésus ne supporte pas les misères de son peuple comme le patriarche *bara* qui ne tolère pas la souffrance de son clan. Juste avant ce verset (Mt 9, 36), Matthieu montre le zèle de Jésus parcourant villes et bourgades, annonçant la Bonne Nouvelle du Royaume et guérissant toute maladie (Mt 9, 35).

### Un berger à la recherche d'une brebis perdue (Mt 15, 24 ; 18, 12-14 ; Lc 15, 4-7)

Rappelons que Matthieu et Luc parlent de ce berger à la recherche d'une brebis perdue mais selon deux angles différents. Matthieu oriente la parabole de la brebis perdue vers le discours ecclésial. Le but de son enseignement est donc de ramener le membre qui s'égare de la communauté. Le berger est bouleversé par l'égarement de la brebis. Il ne minimise ni la petitesse de cette brebis ni son nombre infime par rapport au reste des brebis. Et malgré la zone montagneuse qu'il devra parcourir pour retrouver celle qui est perdue, le berger montre son courage et n'abandonne pas sa recherche tant qu'il ne l'a pas retrouvée et ramenée auprès des quatre-vingt-dix-neuf (99) autres. L'image est très parlante pour les *Bara*. En fait, le matin, à la sortie du parc à zébus ou le soir à la rentrée, les bœufs passent un moment au *Kizà*[609] pour un moment de contrôle. Chaque bête est repérée parmi les dizaines ou même les centaines de ses compagnes. « Ce n'est jamais "un" bœuf qui s'est égaré, mais c'est toujours "tel" bœuf ou "tel autre" »[610]. Cela montre la connaissance et l'attachement du pasteur *bara* pour chacun d'eux. Il ne ménage pas ses efforts pour suivre les traces de l'animal perdu. Telle est également l'attitude de *Zañahary* pour tous en particulier.

Si Matthieu oriente son discours vers un objectif ecclésial, Luc le présente avec un but de conversion. Pour Luc, la scène se passe dans un désert. Luc fait mention du portrait d'un berger qui porte la brebis trouvée sur ses épaules, un geste exprimant son affection. Autant il est profondément touché par la perte de cette brebis, autant la joie de ce berger est débordante quand il la retrouve. Il partage son allégresse en invitant amis et voisins. Cela montre la valeur de cette brebis pour son berger. L'image est claire. Elle évoque l'amour de Dieu pour les pécheurs. Un pécheur retrouvé fait la joie des habitants du ciel. Chez les *Bara*, le fait de retrouver un animal perdu fait toujours la joie de son pasteur. Un membre du clan retrouvé fait toujours la joie de tout le clan. Une personne libérée de ses mauvaises habitudes fait la joie de la communauté des vivants, celle de *Zañahary* et celle des ancêtres. Le chef du clan a le devoir de corriger les siens : « *Ny ana-dray aman-dreny toy ny tsipak'ombalahy, mahavoa mahafaty, tsy mahavoa mahafanina* » (« Avertissements des parents, c'est comme les ruades des taureaux ; quand ils frappent, ils tuent ; et quand ils ne touchent pas du moins, ils effraient »)[611].

---

609 Une autre enceinte collée au parc.

610 ELLI L., *Une civilisation du bœuf*, p. 38.

611 Traduction de DELVAL R., *Le bœuf dans la vie malgache*, p. 110.

## Le berger juge (Mt 25, 32)

Ce dernier thème prolonge l'image eschatologique du berger, déjà annoncée dans l'épisode de la brebis perdue. Il parle du personnage du Fils de l'homme, du juge eschatologique. Il siégera sur son trône pour juger. Cela rappelle son caractère royal : un homme responsable qui a pouvoir sur les siens. Dans le contexte *bara*, la figure de ce berger juge renvoie au personnage du *lonaky* qui est à la fois patriarche, chef du clan, prêtre. Il détient le plein pouvoir dans son clan. Il juge les siens selon le jugement traditionnel appelé *tange*[612]. En effet, le *tange* est une épreuve judiciaire, un jugement de Dieu. Il existe plusieurs formes de *tange* chez les *Bara*. Nous en citons deux à titre d'exemples. Premier exemple, le « *Tange rano misy voay* » (« épreuve de l'eau dans laquelle se trouve des caïmans ») : Pendant cette épreuve, « l'accusé était conduit près d'une rivière ou sur les bords d'une mare infestée de caïmans ; l'inculpé devait traverser l'eau d'un bord à l'autre… S'il n'était pas happé et entraîné sous l'eau par un caïman, son innocence était proclamée »[613]. Deuxième exemple, le « *Tange volamena* » (« épreuve de l'or ») : « L'accusé devait boire de l'eau où un objet en or avait été placé, puis il était enfermé dans la case où l'épreuve avait lieu ; le lendemain, à la même heure, il était délivré ; s'il avait vomi, ou si son ventre était ballonné, s'il avait uriné abondamment, ou s'il avait eu la diarrhée, il était reconnu coupable ou perdait son procès »[614]. Derrière ces épreuves, c'est Dieu qui juge l'accusé, lui qui connaît les actes de chaque personne et demeure maître de ses créatures (les caïmans, l'or). Il libère ou punit la personne concernée selon ses actes.

---

[612] Le *tange* est une épreuve.

[613] Elli L., *Dictionnaire ethnologique Bara – Français*, p. 516.

[614] *Ibidem*.

Dans son jugement, le berger fait le tri en mettant à part les moutons et les chèvres. Comme nous l'avons déjà commenté, les deux animaux choisis par Jésus pour identifier les personnes jugées révèlent leur caractère. Les moutons représentent les faibles, les petits, l'obéissance. Les chèvres sont symboles du mal, du péché. À Madagascar, on reconnaît derrière l'image des moutons les faibles, comme le dit ce proverbe : « *Aza atositosika ny ondry botry fa tsy hita izay ho faran-karena* » (« Ne repoussez pas les brebis chétives, car vous ne savez pas en définitive quel sera votre dernier bien et ce que vous aurez comme dernière ressource »)[615]. Considérées comme porte-malheur, les chèvres sont classées animaux tabous chez les *Bara*. Tout cela rejoint le message et les symboles bibliques véhiculés à travers ces animaux identifiant chaque personne humaine devant le juge berger.

### 2.3.2.2 Jésus Agneau de Dieu et bon Pasteur selon l'évangile de Jean

Comme les évangiles synoptiques, l'évangile de Jean aborde également un thème pastoral révélant l'identité de Jésus. Comment donc les *Bara* perçoivent-ils la présentation de Jésus par le quatrième évangile avec des images pastorales ?

#### Jésus Agneau de Dieu

Au début de l'évangile de Jean, Jean le Baptiste, précurseur de Jésus, l'annonce avec cette image pastorale « Agneau de Dieu ». Voyant Jésus venir vers lui, Jean invite les gens à regarder en Jésus *« l'Agneau de Dieu qui enlève le péché du monde ».*

Si nous voulons expliquer aux *Bara* avec leur propre culture l'identité de Jésus « Agneau de Dieu », soit l'agneau pascal, soit l'agneau qui rappelle le Serviteur souffrant chez Isaïe, cela nous renvoie au sacrifice. En effet, la culture *bara* est une culture essentiellement

---

615 Cf. http://malagasyword.org/bins/ohabolana/atositosika.mg.pv.

sacrificielle. Le sacrifice est destiné à établir ou rétablir la communication entre l'homme et la divinité, brisée par le péché de l'homme. Restons un peu sur le mot sacrifice. Étymologiquement, le terme sacrifice trouve sa source dans le mot latin *sacrificium* (*sacer facere*)[616] qui signifie « le fait de rendre sacré » et désigne une offrande.

Si dans la culture biblique l'agneau, par son caractère obéissant, est une offrande qui symbolise la vie de ceux qui veulent s'offrir à Dieu, il n'est pas étonnant que le Fils de Dieu, qui veut témoigner son obéissance à son Père pour le salut de l'humanité par son Incarnation, s'identifie avec l'Agneau de Dieu. C'est le mouvement christologique descendant. Et par le mouvement christologique ascendant, Jésus s'identifie à cet agneau, offrande de l'homme à Dieu. C'est en Jésus, le Fils par excellence, que l'homme accomplit son passage à Dieu (Jn 1, 12-13). Dans la culture *Bara*, l'offrande qui peut exprimer ces deux mouvements christologiques est « *l'ombilahy mazava loha* », le taureau à la tête claire. D'abord, le choix d'un taureau s'explique par la valeur de l'animal. Le taureau, comme nous l'avons déjà expliqué et nous allons encore en reparler plus tard, est vital pour l'ensemble du troupeau. Par conséquent, il est aussi vital pour le clan et il ne peut être sacrifié que dans un événement touchant la vie du clan d'une manière directe ou indirecte. Et comme il est question d'enlever non pas les péchés individuels mais les péchés du monde, le taureau est donc l'offrande convenable pour sauver le monde. Le choix de la couleur du taureau joue un rôle symbolique. En fait, le taureau à la tête claire est un souhait de bon voyage, comme l'exprime l'expression : « *Ombilahy mazava loha tsara mandroso tsara miverina* » (« Taureau à la tête claire bon aller – et bon retour »). Cela dessine en image l'obéissance de Jésus à son Père pour le salut de l'humanité (cf. Ph 2, 6-11).

---

[616] Cf. https://fr.wikipedia.org/wiki/Sacrifice.

### Jésus le bon Berger selon l'évangile de Jean (Jn 10, 1-21)

Après la présentation de Jésus comme « Agneau de Dieu » par Jean le Baptiste au début du 4ème évangile, qui révèle à la fois l'identité de Jésus et sa mission, c'est Jésus lui-même qui, en activité pastorale, dévoile sa mission et son identité à travers la métaphore pastorale du bon Berger. Reprenons les idées principales évoquées dans l'évangile de Jean pour cette métaphore du bon Berger et lisons-les avec la culture pastorale *bara*.

Au temps de Jésus, la bergerie est un enclos rectangulaire où l'on rassemble et enferme les brebis de différents troupeaux pour la nuit. Un veilleur de nuit garde ces brebis durant la nuit. Puis, le matin, quand chaque berger vient rechercher les siennes, le gardien de nuit ouvre la porte de l'enclos pour faire sortir le troupeau. Il suffit d'un seul cri du berger pour que les brebis le reconnaissent à sa voix. Cela montre déjà le lien qui existe entre le berger et ses brebis : la connexion orale établie entre berger et brebis. Faisant sortir ses brebis l'une après l'autre, le berger, à l'aide de sa houlette, compte les siennes. Puis, il les précède et les mène au pâturage.

Tous ces mouvements font partie de l'expérience pastorale de tous les jours des *Bara*. Ainsi, lors d'un rassemblement de bœufs (non de brebis), il est courant chez les *Bara* de mettre les bœufs de différents troupeaux dans un même parc. Le matin à la sortie et le soir à la rentrée, le pasteur fait un contrôle strict des animaux qui lui appartiennent. Après ce contrôle, il conduit son troupeau au pâturage. La connaissance par le pasteur *bara* de chacun de ses animaux est exceptionnelle[617]. Il reconnaît ses animaux par leurs meuglements (chacune a sa voix), à la couleur de leur robe, à leur taille, à la forme de leurs cornes ainsi qu'à leur sexe. Et toutes ces particularités permettent d'attribuer un nom qui leur correspond : chaque animal a son propre nom. Mais cette connaissance est réciproque, car les animaux reconnaissent le timbre vocal de leur pasteur, son sifflement.

[617] Cf. ELLI L., *Une civilisation du bœuf*, p. 38.

Ce chemin fait ensemble tous les jours, ainsi que les moments qu'ils passent ensemble, créent un lien et un attachement très intime entre le troupeau et son pasteur.

La révélation de Jésus sur son identité et sa mission à travers des métaphores pastorales peuvent donc toucher le tréfonds des *Bara*, car c'est leur univers. C'est une réalité qu'ils voient et vivent tous les jours depuis leur enfance. Identifié à un Pasteur messianique envoyé par le Père[618], Jésus possède donc une connaissance détaillée de chaque personne. Il connaît chacun par son nom. Sa voix est connue par les siens. La voix de Jésus est connue par ses disciples à travers l'enseignement qu'il leur donne : un enseignement qui révèle son identité comme chemin qui mène vers le pâturage de la vie éternelle. En libérant son troupeau de son enclos, Jésus rappelle que « la communauté des disciples, l'Église, est celle qui, sans cesse, doit quitter son propre "enclos", pour suivre son Berger »[619]. L'Église est un peuple nomade sans frontières. Chaque chrétien est un pèlerin toujours en marche derrière le Berger vers le Royaume de Dieu. Le pape François insiste sur cette ouverture de l'Église vers les périphéries.

L'identification de Jésus avec *« la porte des brebis »* signifie qu'il est la porte du salut pour les hommes (Jn 10, 9). Par le sacrement du baptême, l'homme entre par cette porte[620], la porte du salut. En fait, c'est par Jésus que l'homme a accès à la vie divine. Il devient fils dans le Fils. Une fois entré dans l'Église, il jouit de nourriture en abondance (la Parole de Dieu et le pain eucharistique), gage de la vie éternelle.

---

[618] Cf. HUBAUT M., *Le Verbe s'est fait chair,* p. 193.

[619] *Ibidem.*

[620] D'ailleurs, la cérémonie du rite du baptême commence par l'accueil devant la porte de l'église pour montrer cette entrée dans la communauté chrétienne, le troupeau de Dieu.

Jésus se distingue du voleur qui ne fait que profiter de ses brebis (voler, égorger, faire périr). Au contraire, Jésus est venu pour donner une vie en abondance pour ses brebis. Cette vie en abondance est la vie divine qui ne connaît pas de fin. Telle est sa principale mission. Vivre éternellement, c'est le rêve de chaque être vivant. Les *Bara*, comme les autres peuples, désirent cette vie éternelle. Ils offrent des sacrifices pour avoir la bénédiction des ancêtres et de *Zañahary.*

Jésus ne se contente pas seulement d'être comme un berger ou un pasteur, mais il est un « bon » pasteur. Il est la réalisation de ce Pasteur messianique annoncé par Ézéchiel (Ez 34, 13-23). Ce qualificatif du bon Pasteur réside dans sa capacité à donner sa vie pour ses brebis. Cela rejoint sa parole même sur la plus grande preuve d'amour : *« Il n'y a pas de plus grande preuve d'amour que de donner sa vie pour celui qu'on aime ! »* (Jean 15, 13) Cela rappelle les héros[621] bergers *bara* qui sont morts au combat pour défendre leur troupeau lors d'attaques de voleurs de zébus. Cela montre à quel point ils s'attachent à leur troupeau.

Cela interpelle aussi plusieurs bergers qui n'osent pas donner leur vie pour leurs troupeaux par amour de leur propre vie. Car la vie *aina*, ainsi que le dit le proverbe malgache, est un fils unique, « *lahitokana ny aina* ». C'est pour cela que, comme nous le rapporte le proverbe malgache : « *Raha maty aho matesa rahavana, raha maty rahavana matesa ny omby* » (« Si je dois mourir, que l'un des miens meure d'abord, mais si l'un des miens doit mourir, que les bœufs dans le parc meurent avant »).

Un pasteur qui risque sa vie pour son troupeau est exceptionnel. Celui-là seul est vraiment un bon pasteur. Cela permet au peuple *bara*

---

[621] Souvent, ce sont les propriétaires qui sont victimes lors d'un accrochage avec les voleurs de zébus, car ils doivent donner l'exemple aux autres *mpanaradia* (poursuiveurs de zébus perdus). Ils se positionnent toujours au front du combat. S'ils abandonnent, le reste des *mpanaradia* renoncent à la poursuite.

de comprendre combien Dieu nous aime par son Fils. C'est ce qui fait la différence entre le vrai berger et le berger-mercenaire. Un berger-mercenaire ne risque pas sa vie devant les prédateurs tels les loups. Les brebis ne comptent pas vraiment pour lui. Tandis que le bon berger a le courage d'affronter l'ennemi pour sauver ses brebis. Jésus insiste : le bon berger a une relation d'amitié réciproque avec ses brebis. Un croyant est une brebis unique. Jésus l'appelle par son nom. Cette relation intime qui unit le bon Pasteur avec chacun de nous est semblable, dit Jésus, avec celle qui l'unit avec son Père. Mais cet amour du bon Pasteur a une dimension universelle. Il embrasse tous les hommes sans distinction d'origine, de race, de nation, de culture, de religion. L'essentiel est que les brebis écoutent la voix du bon Pasteur pour le suivre sur le chemin qui mène à la vie éternelle. Toutes les brebis qui écoutent la voix du bon Pasteur et suivent son chemin et forment un seul troupeau. Et c'est lui, son unique pasteur. « Le pape, les patriarches, les évêques, les prêtres ne sont que les "intendants" au service du troupeau, mais il n'y a véritablement qu'un seul pasteur, le Christ »[622]. Cet enseignement de Jésus peut rassurer les *Bara* qu'eux aussi font partie de cet unique troupeau du Christ, le bon Pasteur. Avec plus de concrétisations de la part des chrétiens, et surtout des responsables des Églises pour mettre en pratique l'invitation du souverain pontife à la sortie vers les périphéries, les *Bara* peuvent oublier la triste histoire de leur premier contact avec le christianisme.

## Le bon Berger et ses relèves

Après avoir accompli sa mission comme bon Pasteur, par sa mort et sa résurrection, pour donner une vie en abondance à son troupeau, Jésus va rejoindre son Père. Mais avant de quitter ce monde, en tant que pasteur professionnel, il ne laisse pas son troupeau sans pasteur. Il passe le relais à Pierre comme pasteur responsable de son troupeau.

---

[622] HUBAUT M., *Le Verbe s'est fait chair,* p. 197.

Pierre est chargé de faire paître les agneaux et les brebis de Jésus : *« Fais paître mes agneaux »* (Jn 21, 15) ; *« Fais paître mes brebis »* (Jn 21, 17). À noter que derrière cette mission de Pierre, le troupeau n'est pas le sien mais celui de Jésus. Pierre est donc un simple intendant du troupeau de Jésus. Il est, comme dit un proverbe malgache, « *mpiandry omby volavita*[623] *tsy tompony fa mpamerindoha* » (« Le gardien d'un bœuf *volavita* n'en est pas le propriétaire mais un intendant préposé à sa garde »). En effet, à l'époque royale, dans l'*Imerina*, des signes particuliers, comme la couleur *volavita* et les oreilles pointues des *omby maranitra*[624] permettaient de reconnaître les bœufs du troupeau royal. Pierre est donc cet intendant du troupeau royal. Les chrétiens, par le sacrement du baptême, sont devenus un peuple royal tels les bœufs *volavita* ou *maranitra*. D'ailleurs, une expression pour souligner la supériorité d'une chose est issue de ce type de bœuf royal : *« Maro ny omby any an'ala fa ny maranitsofina no ombin'andriana* » (« Il y a plusieurs bœufs dans la forêt mais seuls ceux qui ont les oreilles en pointes sont les bœufs du prince »).

Puis, Jésus prévient Pierre qu'en tant que son proche collaborateur, il sera associé à sa Passion aussi : *« Jésus disait cela pour signifier par quel genre de mort Pierre rendrait gloire à Dieu. Sur ces mots, il lui dit : "Suis-moi" »* (Jn 21, 19). L'ordre de Jésus à Pierre : *« Suis-moi »* après l'annonce de sa mort signifie que lui aussi passera par la mort avant de le suivre jusqu'à la vie éternelle, terme de notre parcours à la suite du bon Pasteur. *« Lui, Jésus, a donné sa vie pour nous. Nous aussi, nous devons donner notre vie pour nos frères »* (1 Jn 3, 16). Un proverbe malgache exprime très bien cette image de se

---

[623] *Omby volavita*, c'est un bœuf ayant des taches blanches sur le front, sur le dos, à la queue et aux extrémités des pattes.

[624] *Omby maranitra* signifie bœufs pointus : « Ce n'était pas une référence à leurs cornes mais une allusion au signe distinctif qui permettait de les reconnaître parmi les autres animaux. Ils avaient l'oreille droite taillée en pointe » (cf. DELVAL R., *Le bœuf dans la vie malgache*, p. 9).

mettre à la suite de Jésus le bon Pasteur : « *Toy ny dian'omby, ka ny alehan'ny tanany ihany no arahin'ny tongony* » (« C'est comme la marche du bœuf : là où passent les pieds de devant, les pieds de derrière passent aussi »). Là où passait Jésus, Pierre passera aussi.

## Le nom de l'agneau sur les fronts ou le *añara tandroky* (le nom comme les cornes) (Ap 22, 4)

Reconnaissons que le dernier livre de la Bible, l'Apocalypse de Jean, regorge d'images symboliques. Plusieurs animaux y sont évoqués. Parmi ces animaux, l'Agneau tient une place importante, car il désigne le Christ. Parmi les 28 mentions de ce mot « agneau » dans l'Apocalypse, nous nous intéressons à celui qui est évoqué en 22, 4, le nom de l'agneau sur les fronts. Comment peut-on expliquer aux *Bara* le nom de l'Agneau sur les fronts des serviteurs ?

Avoir le nom de l'Agneau sur le front est signe d'appartenance. Il rappelle donc l'appartenance des serviteurs à l'Agneau. Ils sont consacrés au Christ et à Dieu, comme le rappelle le même livre : *« Puis voici que l'Agneau apparut à mes yeux ; il se tenait sur le mont Sion, avec cent quarante-quatre mille de gens portant inscrits sur le front son nom et le nom de son Père »* (Ap 14, 1). Le chiffre cent quarante-quatre mille est le nombre symbolique de la plénitude de ceux qui restent fidèles au Christ, l'Église de l'Ancien et du Nouveau Testament. Depuis le baptême, nous avons refusé de suivre Satan et accepté d'appartenir au Christ. Avoir ce nom sur le front signifie aussi avoir la mission de témoigner du nom de Jésus dans le monde. Un proverbe *bara*, que nous avons déjà mentionné, explique à sa manière ce nom sur le front des serviteurs : « *Ny añara tandroky, sady fanoñoa no fañaza* » (« Le nom est comme les cornes : il sert soit pour désigner soit pour honorer »). Dire que le nom est comme les cornes, signifie qu'il est placé sur la tête, comme les cornes sont fixées sur la tête. Rappelons que le nom d'un bœuf est constitué par la couleur de sa robe et la forme de ses cornes. C'est pour cela qu'il (le nom) sert à appeler ou à désigner. Les serviteurs sont appelés par ce nom qui est inscrit sur le front, le nom de l'Agneau, le nom du

Christ. C'est pour cela qu'on les appelle chrétiens. Les cornes sont aussi signes de puissance[625]. Par exemple, les chefs sont qualifiés de « *tandroky ny tany* » ou les cornes qui protègent le pays, les soldats sont appelés « *tandroka aron'ny vozona* » comme les cornes qui protègent le cou. De ce fait, elles deviennent un signe du respect dû. Le nom du Christ sur le front est donc signe de dignité, de victoire contre le mal et de gage de vie éternelle.

## Conclusion

Ce chapitre reprend la lecture du thème pastoral dans la Bible que nous avons déjà abordé dans la deuxième partie de cette recherche, mais avec la grille de lecture *bara*. Ce chapitre a présenté le dialogue entre les deux traditions biblique et *bara* dans une perspective d'évangélisation chez les *Bara*. Dès le début, avec le récit de la création, nous avons remarqué l'existence de similitudes entre les deux traditions. En effet, la création reste, dans les deux domaines, un lieu de révélation de Dieu. La Bible commence son histoire par le récit de la création où Dieu joue le rôle principal. Chez les *Bara*, l'appellation de Dieu est liée à la création, *Zañahary*. À chaque prière, ils invoquent le nom de Dieu tout en rappelant qu'il est le créateur[626]. Chaque tradition présente aussi l'ordre et l'harmonie entre toutes les créatures. La proximité et la complémentarité entre l'homme et les animaux présentées par la Bible sont une réalité vécue chez les *Bara*, à travers la relation de ceux-ci avec les bœufs. Un propos d'un berger *bara* disant : « *Raha raiky no nanaova-Ndrañahary ñolo voho ñ'aomby* » (« Dieu a fait un seul être des hommes et des bœufs ») illustre cette communion de vie entre les animaux et les hommes. Ainsi, la marque des oreilles des bœufs est un blason de famille. Tout cela nous rappelle qu'un être se définit par rapport à un autre.

625 DELVAL R., *Le bœuf dans la vie malgache*, p. 7.

626 « *Agny hanao Zañahary namboa tomboky namboa taña*, Toi Dieu *Zañahary*, celui qui a créé les pieds et les mains. »

La mission que Dieu a confiée à l'homme pour dominer et nommer les animaux est bien interprétée par les *Bara* dans la relation pasteur-troupeau. Cette relation pasteur-troupeau, avec toute sa richesse, sert à exprimer la relation entre Dieu et son peuple. C'est dans un contexte pastoral que Dieu entretient une relation avec une personne, Abraham, une histoire personnelle qui va devenir l'histoire d'un peuple. D'abord avec les patriarches, Dieu se sert de leur expérience pastorale (relation entre l'homme et les animaux) (Abraham, Isaac, Jacob et ses fils) pour se faire connaître à eux. Dans leur marche vers le pays promis et dans la quête d'une descendance, Dieu leur manifeste sa présence, une présence ressentie comme celle d'un berger qui veille sur son troupeau. Il en est de même avec la libération du peuple d'Israël sous l'esclavage des Égyptiens. Tel un pasteur qui libère son troupeau d'un enclos pour aller vers le bon pâturage, Dieu en la personne de Moïse a libéré son peuple et l'a guidé vers la Terre promise. En Terre promise, Dieu a donné des rois-bergers pour s'occuper de son peuple. Il protège son peuple contre le mauvais roi et il promet un Messie-Berger pour en prendre soin. Ce Messie-Berger annoncé par les prophètes est Jésus.

Tout au long de son ministère pastoral, Jésus prend soin de ce peuple. Jésus est l'incarnation de toutes les images métaphoriques utilisées dans l'Ancien Testament pour révéler le Père. Il utilise des images pastorales dans les évangiles synoptiques au cours de ses discours. Dans l'évangile de Jean il récapitule l'enseignement de l'Ancien Testament avec ce langage pastoral. Il est le bon Berger qui conduit son troupeau vers la vie éternelle. Face à tout cela, l'expérience pastorale des *Bara* reste un atout pour comprendre et accueillir le message biblique sur la révélation de l'image de Dieu dans le contexte pastoral. Cela peut permettre à ce peuple de faire aussi une lecture personnelle de sa relation avec Dieu et d'évangéliser sa culture pastorale pour la rendre encore meilleure.

## CHAPITRE 3

# QUELQUES PISTES POUR UNE LITURGIE INCULTURÉE ET UNE ORIENTATION PASTORALE

## Introduction

Nous venons d'établir que comme les autres peuples devenus chrétiens, les *Bara* n'ont pas à renier leur religion quand ils embrassent le christianisme. En effet, Dieu rejoint chaque peuple tel qu'il est, avec sa culture. Nous avons tenté de démontrer qu'avec leur culture pastorale, ils peuvent s'ouvrir aisément à la révélation biblique de l'image de Dieu. Au terme de cet ouvrage, il est temps de proposer quelques pistes pratiques pour l'évangélisation du peuple *bara*. D'abord, nous parlerons d'une orientation pastorale axée sur une pastorale de proximité. Puis nous évoquerons une liturgie inculturée.

## 3.1 Pastorale de proximité : « Soyez des pasteurs qui portent l'odeur des brebis »

Faut-il rappeler que l'un des obstacles qui empêchent les *Bara* d'adhérer au christianisme est le désintérêt des évangélisateurs au peuple *bara* ? Certains pionniers, ainsi que les agents évangélisateurs actuels, s'intéressent plutôt aux communautés déjà formées. Autrement dit, il y a une certaine distance entre les évangélisateurs et le peuple *bara*. Cette distance peut être comprise du fait d'un manque de contact direct avec ce peuple. Mais elle peut être perçue aussi comme une distance par rapport à la culture *bara* elle-même.

Certes, les *Bara*, pour pouvoir s'occuper de leurs troupeaux, ont besoin d'endroits spacieux. De ce fait, ils se retirent souvent dans des endroits reculés. En général, les *Bara* n'aiment pas se mêler ou vivre avec les autres. Ils préfèrent vivre seuls, c'est-à-dire en famille ou en clan. Ils considèrent comme une folie de vivre en ville[627]. Mais cette décision des *Bara* de prendre de la distance peut cacher une attitude de crainte et de défense. C'est une crainte de perdre leurs traditions à cause du contact avec les autres traditions ethniques malgaches et la modernité. De ce fait, ils se mettent en position de défense en se retirant et en prenant une certaine distance. Dans ce recul, on peut lire aussi la fierté des *Bara* pour leur village. Ils sont fiers du nom de leur village, car il les représente. Pour la distribution du *nofon-kena mitam-pihavanana*[628], on se réfère toujours au nom du village. Mais qui dit village chez les *Bara* dit aussi *hazomanga*. C'est le lieu de référence et le lieu sacré pour chaque *Bara*. Par peur de perdre la renommée de leur village, de perdre leur identité et leur tradition, de désacraliser le lieu sacré *hazomanga*, les *Bara* ne sont pas très favorables à accueillir les autres (d'une ethnie étrangère, porteurs de traditions différentes) ou pour construire une église dans leur village.

Il est clair qu'une telle distance n'améliore guère la connaissance réciproque des uns et des autres. Sans un minimum de connaissance

[627] Cf. MANAHIRA, *Sadian-janahary, Fetry, Foto-pinoana Bara*, Ihosy, Imprimerie ECAR, 1999, p. 46.

[628] La part de viande partagée lors de la cérémonie funéraire ou pendant la cérémonie de bénédiction, signe de la communion. En fait *nofon-kena* signifie filet de viande ; *mitana* veut dire tenir ; et *fihavanana* est la parenté.

des us et coutumes des autres, on acquiert facilement des préjugés sur leurs attitudes et leurs façons de vivre[629].

Pour casser ces barrières et combler cet abîme qui sépare, voire oppose, chrétiens et *Bara*, nous proposons donc la pastorale de proximité. Elle a son fondement en la Trinité. En effet, depuis la création, Dieu ne cesse de manifester sa présence chez les hommes. Étant créé à son image, l'homme est porteur de la présence divine. Défiguré par le péché, par la désobéissance à la parole du Seigneur qui représente Dieu chez les hommes, l'être humain a creusé une distance par rapport à son Dieu. Mais Dieu, par son amour et sa miséricorde, ne cesse de trouver le moyen de sauver les hommes. Les récits bibliques en témoignent. Avec l'histoire des patriarches, des rois et des prophètes, Dieu, à travers l'image d'un berger, manifeste toujours sa présence parmi son peuple. D'ailleurs, le Nom de Dieu révélé à Moïse en pleine activité pastorale est porteur de cette présence active de Dieu auprès de son peuple : *« Je suis avec vous »*. « Être avec », tel un berger, collé à son troupeau durant la journée et restant toujours en éveil durant la nuit.

Dieu le Père associe son Fils à cette mission : « *Après avoir, à maintes reprises et sous maintes formes, parlé jadis aux Pères par les prophètes, Dieu en ces jours qui sont les derniers, nous a parlé par un Fils* » (He 1, 1-2). Ce Fils a pris chair comme nous, il est né d'une femme. Le mystère de l'Incarnation témoigne de ce désir éternel de Dieu d'être plus proche de nous. Pour nous montrer sa compassion et sa proximité, le Fils de Dieu se présente comme le bon Berger, toujours proche et cherchant toujours le meilleur pour ses brebis. Face à une foule affamée de sa présence et de sa parole, Jésus ne cache pas sa compassion : *« En débarquant, il vit une foule nombreuse et il en eut pitié, parce qu'ils étaient comme des brebis sans berger, et il se mit à les enseigner longuement »* (Mc 6, 34). Après

---

[629] Cf. *supra*, 1.2 de cette 3ème partie, où nous avons évoqué le triste jugement des autres sur les *Bara*.

avoir initié ses disciples pendant trois ans et après avoir accompli la volonté de son Père, Jésus confie à ses disciples le pouvoir et le devoir de poursuivre sa mission, sous la mouvance de son Esprit : *« Comme le Père m'a envoyé, moi aussi je vous envoie. Recevez l'Esprit Saint »* (Jn 20, 21b-22).

Dans un contexte pastoral, le Christ, le bon Berger, a confié ce mandat à Simon Pierre, qui représente la communauté ecclésiale. Il demande à Pierre donc de faire paître ses agneaux et ses brebis (Jn 21, 16-17). L'Église, sous le souffle de l'Esprit et sous la conduite du successeur de Pierre, continue cette mission. Comme ses prédécesseurs, le pape François assure cette noble tâche. Il insiste sur cette pastorale de proximité en exhortant les baptisés à aller vers les périphéries pour rencontrer les gens, pour leur annoncer la Bonne Nouvelle de l'Évangile. Et toujours dans cette perspective, il exhorte aussi ses proches collaborateurs les prêtres, lors des messes chrismales[630], à aller rejoindre les hommes dans leur vie quotidienne jusqu'aux périphéries de leur existence. Utilisant un langage pastoral symbolique, il dit aux prêtres : « Je vous demande d'être des pasteurs qui portent l'odeur des brebis – pasteurs au milieu de leur propre troupeau, et pêcheurs d'hommes »[631].

L'expression « pasteurs porteurs de l'odeur des brebis » semble juste et digne pour exprimer la nécessité de cette pastorale de proximité. « L'odeur des brebis » peut signifier la bonne odeur de la tradition. En effet, en malgache, la tradition ancestrale est appelée *hanitra nentin-drazana*[632] que l'on peut traduire littéralement : « le

---

630 Cf. Homélie du pape, Messe chrismale, 28 mars 2013.

631 *Ibidem.*

632 *Hanitra* signifie la bonne odeur, le parfum ; *netin-drazana* est composé de deux mots, *netina*, qui veut dire apportée par, et le terme *razana*, qui signifie ancêtres. *Hanitra netin-drazana* signifie littéralement « la bonne odeur apportée par les ancêtres ».

parfum apporté par les ancêtres ». Ainsi, pour dire la tradition artistique, on dit *vakomanitra*[633]. Le terme *vakomanitra* est composé de deux mots, à savoir *vakoka* qui indique la valeur artistique traditionnelle et le mot *manitra* qui signifie parfumer. Le *hanitra nentin-drazana* et le *vakomanitra*, en malgache officiel, font partie de ce que les *Bara* appellent *fetsy*[634]. En effet, chez les *Bara*, le *fetsy* englobe le testament des ancêtres. Chaque *Bara* a le noble devoir de respecter ce *fetsy*. Ce *fetsy*, contenu dans le vase de la tradition, exhale le parfum des *Bara*. Un pasteur qui porte l'odeur des brebis doit donc être pénétré par cette bonne odeur des valeurs traditionnelles.

L'efficacité de cette méthode pastorale de proximité est sûre, même si elle demande du courage, de la patience et de la conviction. Pour le cas de l'évangélisation chez les *Bara*, nous pouvons citer quelques cas concrets qui témoignent de cet effort d'être proches de ce peuple. D'abord, celui de Mgr Jean-Guy Rakotondravahatra[635], un grand défenseur et initiateur de l'inculturation au sein de la conférence épiscopale de Madagascar. Il a créé un catéchisme intitulé « *Izaho mino ny Lahatr'Andriamanitra Ray be fitiavana* » (« Je crois au dessein de Dieu le Père plein d'amour »), adapté à la spécificité de la région *bara*. Il a utilisé des concepts culturels pour expliquer la foi. Nous

---

633 Cf. RAJEMISA-RAOLISON R., *Rakibolana malagasy*, Antananarivo, Ambozontany, 2003, p. 1009.

634 *Fetsy* signifie le testament des ancêtres.

635 Comme mentionné plus haut, il fut le deuxième évêque du diocèse d'Ihosy (1972-1996) et décéda subitement d'un malaise cardiaque le 19 septembre 1996 à La Salette. Il fut un grand défenseur de l'inculturation, lors du synode romain sur l'évangélisation en 1974. Lors du synode africain, il a réitéré, vingt ans plus tard, l'importance du dialogue avec les cultures traditionnelles.

pouvons citer par exemple le concept *vakirà*[636] choisi pour expliquer le baptême comme alliance[637]. Pour le sacrement de l'eucharistie, Il désigne aussi Jésus comme le « *Mpitan-Kazomanga Vaovao* »[638], c'est-à-dire le Prêtre nouveau, détenteur du *hazomanga*.

Parmi les prêtres engagés dans l'approfondissement de la culture *bara*, mentionnons le père Luigi Elli, un ethnologue spécialisé dans la culture des *Bara*. Noël J. Gueunier le présentait comme « l'une de ces figures attachantes de missionnaires qui finissent pour ainsi dire par "se convertir" à la culture du peuple à qui ils sont venus prêcher l'Évangile »[639]. Lors de son ministère pastoral chez les *Bara* (dans les districts d'*Ivohibe*, *Isoanala* et *Ranotsara*), il avait fréquenté les *Bara Marovola*, *Bara Zafindredriko*, *Bara Tevondro* et *Bara Iantsantsa*. Fruits de ses contacts avec les *Bara* et de ses études sur cette ethnie, il avait écrit plusieurs livres dont deux dictionnaires *bara*. Écoutons ce que dit Jacques Faublée, préfaçant l'ouvrage du père Elli sur *Les Bara de Madagascar : une civilisation du bœuf. Difficultés et perspectives d'une évangélisation* :

> « À ma connaissance en ce qui concerne Madagasikara, l'ouvrage du Père Luigi Elli constitue le premier exposé complet et clair des liens affectifs plus que matériels qui réunissent, non seulement les

---

[636] Le terme *vakirà* est composé de deux mots, à savoir *vaky*, le radical du verbe « casser, couper, inciser », et *rà*, qui veut dire « sang ». Le *vakirà* est donc le rituel de fraternisation ou d'alliance par le sang.

[637] Nous en reparlons beaucoup plus au point suivant.

[638] « *Mpitan-kazomanga vaovao* » est composé de trois mots : *mpitana*, qui signifie détenteur, *hazomanga*, qui désigne le poteau sacrificiel ou encore la maison patriarcale, et *vaovao*, qui veut dire nouveau. Littéralement le « *Mpitan-kazomanga* » signifie le nouveau détenteur ou le nouveau responsable de la maison et du poteau sacrificiel. C'est le patriarche qui est chargé de la fonction du prêtre.

[639] GUEUNIER N.J., https://journals.openedition.org/oceanindien/1373.

> pasteurs *bara* et leurs zébus, mais toutes les populations pastorales de l'île à leurs troupeaux. »[640]

Quant à nous, tout au long de ce livre, nous nous sommes référé régulièrement aux études menées par le père Elli. En tout cas, ses écrits restent des ouvrages de référence incontournables pour ceux qui désirent mener une étude sur les *Bara* de Madagascar. Comme Mgr Jean-Guy Rakotondravahatra, le père Elli, par ses livres, a laissé des matériaux très utiles pour évangéliser ce peuple.

En vue de cette pastorale de proximité, la méthode pratiquée par le père Giovanni Razzu[641] semble simple mais elle avait ouvert la porte de la confiance des *Bara* aux gens d'Église. En effet, sa méthode consistait à aller visiter les *lonaky*. On surnomme même sa méthode comme « la pastorale des *lonaky* ». Vu l'importance de ce personnage pour les *Bara*, cette visite était toujours considérée comme un signe de grand respect envers eux. Certes, chaque personne est libre de choisir et de suivre ses idées. Mais quand le *lonaky* accorde sa faveur et son choix, cela revêt une énorme influence sur toute sa famille. Bien sûr, cette visite ne suffit pas car ce n'est que la porte d'accès à la rencontre du peuple. Mais pour que cette rencontre soit fructueuse, il faut laisser du temps au dialogue. Durant ce dialogue entre ce peuple et sa culture, d'un côté, et le berger, de l'autre côté, une écoute réciproque est nécessaire. C'est le travail de l'inculturation.

---

[640] ELLI L., *Une civilisation du bœuf*, « Préface », p. 3.

[641] Le père Giovanni RAZZU est l'un des pionniers de l'évangélisation du diocèse d'*Ihosy*, prêtre lazariste de la province de Turin, arrivé à Madagascar en novembre 1962, ainsi que nous l'avons expliqué ci-dessus.

## 3.2 Quelques pistes pour l'inculturation de la liturgie

### 3.2.1 Une inculturation

Avant de nous lancer dans l'inculturation de la liturgie, il nous semble indispensable de définir ce que nous entendons par « inculturation ».

Présentée « comme rapport adéquat entre la foi et toute personne humaine (ou communauté) en situation socioculturelle particulière, l'inculturation est sans doute une réalité aussi ancienne que l'histoire du salut »[642]. Dans ce sens, la Bible elle-même est une inculturation. La constitution conciliaire *Gaudium et spes* nous rappelle (n° 58) : « Entre le message de salut et la culture, il y a de multiples liens. Car Dieu, en se révélant à son peuple jusqu'à sa pleine manifestation dans son Fils incarné, a parlé selon des types de cultures propres à chaque époque ». Commentant ce passage, Mgr Michel Aupetit retient que « l'évangélisation reste possible au cœur d'une culture tout à la fois à recevoir, à restaurer, à construire et à transmettre »[643].

Après le concile Vatican II, le mot « inculturation » est donc devenu le champ d'intérêt des chercheurs en théologie et a reçu plusieurs définitions. Parmi elles, nous retenons celle du pape saint Jean-Paul II : « L'inculturation est précisément l'insertion du message évangélique dans les cultures »[644]. Autrement dit, l'inculturation est

---

642 LACOSTE J.-Y., *Dictionnaire critique de théologie*, Paris, PUF, 2007, p. 680.

643 Dans la « Préface » à HADJADJ F. (dir.), *Culture et évangélisation. La culture, un défi pour l'évangélisation. Conférences de Carême 2018 à Notre-Dame de Paris*, Paris, Parole et Silence, 2018, p. 10.

644 JEAN-PAUL II, *L'Église en Afrique, Ecclesia in Africa*, Exhortation apostolique post-synodale, n° 60, § 3.

le travail consistant en quelque sorte à extraire l'Évangile de son carcan culturel d'origine pour être ensuite ré-implanté dans une autre culture pour qu'il devienne « un principe d'inspiration, à la fois norme et force d'unification, qui transforme et recrée cette culture, étant ainsi à l'origine d'une "nouvelle création" »[645]. « Elle vise à permettre à l'homme d'accueillir Jésus-Christ dans l'intégralité de son être personnel, culturel, économique et politique, en vue de sa pleine et totale union à Dieu le Père, et d'une vie sainte sous l'action de l'Esprit Saint »[646].

Retenons que l'inculturation exige trois critères à savoir *la continuité*, c'est-à-dire la pertinence par rapport à la culture comme la langue, l'image, le mot, la musique, etc. Le deuxième critère est *la discontinuité*. Il s'agit de la transformation de la culture. Le dernier critère est *l'authenticité*. C'est la fidélité à l'Évangile et à la communion à l'Église. Chaque travail d'inculturation doit donc tenir compte de ces trois critères. C'est ce que nous essayons de mettre en oeuvre en présentant quelques cas concrets pour une liturgie inculturée.

### 3.2.2 Une liturgie inculturée

Si la catéchèse nous enseigne la vérité biblique, la liturgie nous aide à la vivre. Mais comment l'homme *bara*, avec toute sa culture, communique-t-il avec son Créateur dans la célébration liturgique ? Comment exprime-t-il à sa manière cette vérité biblique ? Voici quelques pistes d'inculturation liturgique.

---

645 ARRUPE P., sj, « Lettre aux Jésuites, 14 mai 1979 », dans *Écrits pour évangéliser. Présentés par Jean-Yves Calvez*, Paris, DDB, 1985, p. 169.

646 JEAN-PAUL II, *L'Église en Afrique*, n° 62, § 2.

#### 3.2.2.1 La célébration liturgique du mystère de l'Incarnation : Naissance du Roi de l'univers dans une crèche, une faute protocolaire bénéfique

L'année liturgique est constituée par la méditation et la célébration du mystère de la vie de Jésus et de son œuvre de salut. Elle commence par le mystère de l'Incarnation. En ce mystère, Dieu visite son peuple (Lc 1, 78).

En lisant le récit de la nativité du Seigneur, voyant le Roi de l'univers né dans une crèche, beaucoup en sont scandalisés. Est-ce une faute protocolaire ou est-ce un choix divin pour réaliser son œuvre de salut ?

Sans aucun doute, aux yeux des rois de ce monde, l'accueil d'un roi dans un pareil endroit est vraiment une faute protocolaire très grave et scandaleuse. Il mérite un endroit bien meilleur qu'une crèche. Pourtant l'évangile dit bien : *« Elle [Marie] accoucha de son fils premier-né, l'emmaillota et le déposa dans une mangeoire, parce qu'il n'y avait pas de place pour eux dans la salle d'hôtes »* (Lc 2, 7).

Il faut rappeler l'oracle du Seigneur qui proclame : *« C'est que vos pensées ne sont pas mes pensées et mes chemins ne sont pas vos chemins »* (Is 55, 8). Si le Seigneur a choisi délibérément ce chemin, c'est qu'il a un message d'une très haute importance à nous transmettre. Cela nous demande de relire l'histoire du salut.

Après la triste histoire du péché des premiers êtres humains, la relation entre Dieu et l'humanité est rompue. Il en est de même pour celle entre les hommes. D'où le fratricide dans l'histoire de deux premiers frères dans la Bible (cf. Gn 4). Et cette rivalité entre frères se répète à chaque génération (cf. Ésaü et Jacob (Gn 25s) ; Joseph et ses frères (Gn 37)). Les récits bibliques, ainsi que l'expérience de tous les jours montrent bien que réconcilier deux frères est une tâche très difficile. Plus la relation entre deux personnes qui ont des différends est étroite, plus l'œuvre de réconciliation est ardue. C'est pour éradiquer cette rivalité entre frères et rétablir la relation avec Dieu que le Fils de Dieu est venu dans le monde.

Cette mission a commencé dès sa naissance dans la crèche. Essayons d'analyser le mystère caché dans ce lieu d'accueil de la nativité du Fils de Dieu à la lumière du récit de Caïn et Abel en Genèse 4. La mention du *« fils premier-né »* dans *« une mangeoire »*, au cœur du récit de la Nativité, nous rappelle les deux offrandes des deux premiers frères qui se terminaient mal. En tant que pasteur, Abel offrit *« les prémices de ses bêtes »* et Caïn comme cultivateur apporta *« les fruits de la terre »*. Les deux offrandes des frères rivaux sont donc réconciliées par cette naissance de Jésus, car en tant que *« fils premier-né »*, il prend en lui l'offrande d'Abel, les *« prémices de ses bêtes »*, et comme *« fruit du sein »* de Marie, il présente aussi l'offrande de Caïn. D'ailleurs ce qu'on met dans une mangeoire à bétail, ce sont *« les fruits de la terre »*, donc l'offrande de Caïn.

Un fils dans une mangeoire, n'est-il pas un fils à manger ? Depuis sa naissance, Jésus s'offre pour nourrir l'humanité affamée de paix (Lc 2, 14). Il est le pain qui descend du ciel (Jn 6, 41). Lors de la liturgie eucharistique, quand le prêtre prépare les dons pour l'offrande, il dit : « Tu es béni, Dieu de l'univers, toi qui nous donnes ce pain, *fruit de la terre* et du travail des hommes ; nous te le présentons : il deviendra le pain de la vie ». Cela rappelle donc l'offrande de Caïn. Et cette même offrande sera présentée par le prêtre à la fin de la liturgie de l'eucharistie avec les paroles : « Voici l'Agneau de Dieu qui enlève le péché du monde ». C'est le présent d'Abel. Les péchés du monde sont enlevés quand les frères rivaux sont réconciliés. Cela n'est pas étonnant qu'avant de partager le corps du Christ, le prêtre invite les fidèles à se donner la main en guise de signe de paix.

Cette « visite » divine ne peut être que bénéfique car ceux qui lui font bon accueil ont le privilège de devenir enfants de Dieu (Jn 1, 12). Derrière cet accueil, si l'on suit bien la logique de l'analyse ci-dessus, il y a l'idée d'une vie fraternelle, d'une réconciliation. Accueillir Jésus, c'est aussi accueillir ses frères, ainsi qu'il l'affirmait : *« Qui accueille en mon nom un enfant comme celui-là, m'accueille moi-même ; et qui m'accueille, ce n'est pas moi qu'il accueille, mais celui qui m'a envoyé »* (Mc 9, 37). Devenir enfant de Dieu, c'est vivre le commandement de l'amour fraternel (cf. Jn 13, 34). Telle est donc la bénédiction donnée à celui qui réserve un accueil chaleureux au Fils de Dieu.

Certes, quant à un peuple de pasteurs pour qui le troupeau signifie sa vie entière, la naissance du Fils de Dieu dans une crèche annonce une visite divine dans sa vie quotidienne. La bénédiction attendue de cette visite est la croissance du troupeau. Dans cette perspective, un essai d'inculturation a donc été réalisé lors de la célébration de la nuit de Noël. Un parc à zébus a été dressé devant la cathédrale, symbole de tous les parcs dans le territoire du diocèse. Et à la fin de la célébration, lors de la bénédiction solennelle, après avoir béni les fidèles, l'évêque a aussi béni ce parc, signe de bénédiction de la vie professionnelle de chaque famille.

Mais à quoi sert la croissance du troupeau, si elle est exposée au phénomène du vol de bœufs où les gens s'entretuent ? Faut-il rappeler que le vol de bœufs constitue un des principaux obstacles au développement économique de Madagascar et à la paix sociale dans tout le territoire malgache ? Ces derniers temps, l'État malgache a dû dépêcher des régiments pour rétablir l'ordre dans plusieurs régions de la Grande Île, mais la tâche s'avère toujours difficile. S'il existe encore de la haine entre frères, des discordes entre familles, des rancunes entre villages, des rancœurs entre clans à cause des vols de bœufs, le parc des zébus (la crèche) est encore loin de la vraie bénédiction apportée par le Fils de Dieu (paix aux hommes sur la terre). Cela demande donc l'évangélisation de ce lieu. Il faut incarner dans cet endroit la volonté du Fils de Dieu de réconcilier les frères ennemis. L'inculturation du parc des zébus exige donc le changement radical de l'image de cet espace : il faut qu'il devienne un lieu de réconciliation entre frères, familles, villages et clans. À ce moment-là, se réalisera le vœu du psalmiste chantant : *« Nos brebis, des milliers, des myriades, parmi nos campagnes, nos bestiaux [bœufs] bien pesants, point de brèche ni de fuite, et point de gémissement sur nos places »* (Ps 144 (143), 13b-14) !

### 3.2.2.2 Le sacrifice pour le péché : le Christ « taureau rouge », « taureau-Dieu », « taureau de la vie »

Comme nous venons de l'expliciter dans le point précédent, le but ultime de la mission de Jésus sur terre est de nous libérer de la mainmise du péché. De ce fait, il s'offre en sacrifice pour la purification de nos péchés.

Déjà dans l'Ancien Testament, pour l'effacement du péché, il est d'usage d'offrir un taureau en sacrifice : *« Chaque jour, tu apprêteras pour le rite d'absolution un taureau en sacrifice pour le péché ; tu offriras sur l'autel le sacrifice pour le péché en y faisant le rite d'absolution et tu l'oindras pour le consacrer »* (Ex 29, 36). Le livre du Lévitique donne une explication assez ample du sacrifice pour le péché (cf. Lv 4). Quand le grand prêtre ou l'assemblée d'Israël a péché par inadvertance contre l'un des commandements du Seigneur et a commis l'une des choses défendues par les commandements, le grand prêtre ou la communauté doit offrir un taureau en sacrifice pour le péché (cf. Lv 4, 3-5.13-15).

Il en est de même dans la culture *bara*. On sacrifie un bœuf pour réparer les conséquences néfastes des péchés[647]. Rappelons que « le bœuf est l'offrande la plus agréable au *Zañahary* et aux ancêtres »[648]. Et parmi les bœufs, vu sa valeur symbolique dans la vie du clan et son rôle particulier dans l'ensemble du troupeau, le taureau occupe une place indispensable dans la société *bara*. Pour cette

---

[647] ELLI L., *Une civilisation du bœuf*, p. 97.

[648] *Ibidem*, p. 89.

raison, on ne sacrifie jamais un taureau sauf dans un cas extrême qui touche la vie de toute la communauté.

Si V. Tsangandahy attribue le titre de « taureau rouge » au Christ dans son essai d'inculturation de la prière eucharistique III, c'est pour montrer l'ampleur de la mission du Christ pour le rachat du péché du monde. Citons :

> « [...] Il [le Christ] a accompli ta volonté pour rassembler une multitude de saints. C'est pourquoi il est devenu le "taureau rouge" offert au *hazomanga* en cette tradition que nous célébrons. Il s'est offert en sacrifice pour que nous vivions. Il a donné sa vie pour faire honte à la mort [...] »[649].

Le Christ est vraiment le dernier recours de Dieu pour le salut du monde (cf. Mc 12, 6). « Désormais, en ceux-ci, nous reconnaissons l'unique "taureau-Dieu", le "taureau de la vie", qui a vaincu la mort... »[650]. Le sacrifice du Christ, le « taureau-Dieu », qui revêt la force divine pour vaincre la mort, est supérieur aux sacrifices mosaïques : *« En effet, du sang de taureaux et de boucs est impuissant à enlever des péchés »* (He 10, 4). Le Christ s'est offert une fois pour toutes afin d'enlever les péchés d'un grand nombre (cf. He 9, 28 ; Is 53, 12). Telle est la nouveauté apportée par le sacrifice de ce « taureau-Dieu ». Dorénavant, c'est lui qui prend la place du taureau sur l'autel pour la rémission du péché.

### 3.2.2.3 Mission accomplie : le Christ « taureau à la tête claire »

Après avoir accompli sa mission rédemptrice, Jésus retourne chez son Père. Afin d'expliquer ce chemin réalisé par le Fils de Dieu pour notre salut, la traduction du texte liturgique de la troisième prière eucharistique attribue à Jésus le titre de « taureau à la tête claire ». En effet, selon l'expression connue dans l'ensemble du territoire

---

649 TSANGANDAHY H.V.P., *Le havoria bara. De l'ancestralisation à la Pâque chrétienne*, p. 127.

650 *Ibidem*, p. 128.

malgache, « un taureau à la tête claire »[651] est un symbole et un souhait de bon voyage.

Le symbole des apôtres nous dessine donc ce parcours effectué par Jésus pour le salut de l'humanité. Et comme un taureau qui est sûr de lui-même, toujours confiant en sa force et accomplissant son chemin sans aucune crainte, le Christ « a souffert sous Ponce Pilate, a été crucifié, est mort et a été enseveli, est descendu aux enfers, le troisième jour est ressuscité des morts, est monté aux cieux, est assis à la droite de Dieu le Père tout-puissant »[652]. Effectuant sa mission avec succès, il ressemble vraiment à ce « taureau à la tête claire ». La mémoire de Jésus dans sa mort et sa mystérieuse Résurrection, ainsi que son retour vers le Père, exprimée par l'anamnèse, est résumée aussi par le titre de « taureau à la tête claire » qui nous précède sur le chemin vers le Père.

Pour couronner cet acte salutaire réalisé par le Fils, son Père *« l'a exalté et lui a donné le Nom au-dessus de tout nom, pour que tout, au nom de Jésus, s'agenouille, au plus haut des cieux, sur la terre et dans les enfers, et que toute langue proclame, de Jésus-Christ, qu'il est Seigneur »* (Ph 2, 9-11). Ce titre *« Seigneur »* et le *« Nom au-dessus de tout nom »* ne sont-ils pas les noms posthumes mentionnés par l'anamnèse inculturée[653] ? En tout cas, les quelques expressions évoquées dans la traduction de la prière eucharistique III que nous venons de commenter montrent l'effort d'inculturation effectué. Car il ne s'agit pas seulement d'une simple traduction de texte, mais d'une insertion de la valeur culturelle *bara* pour mieux exprimer sa foi en Dieu.

---

[651] « *Aombilahy mazava loha, tsara mandroso, tsara miverina* » (« Un taureau à la tête claire, bon aller et bon retour »).

[652] Cf. le symbole des Apôtres.

[653] TSANGANDAHY H.V.P., *Le havoria bara,* p. 129.

### 3.2.2.4 Les chants et les gestes liturgiques inculturés

Depuis le concile Vatican II, la composition de nouveaux chants liturgiques à la couleur locale a été encouragée. Cette mission a été confiée par la Conférence épiscopale malgache au groupe *Ankalazao ny Tompo*[654]. Le don du chant pour le peuple malgache a aidé à la composition de chants liturgiques inculturés, par la mise en musique de thèmes bibliques avec des mots et des images riches en symbolisme, afin d'expliquer les mystères de chaque Personne de la Sainte Trinité (le Père, le Fils et l'Esprit Saint) d'une manière allégorique ou analogique. Les paroles écrites des chants sont accompagnées par une musique malgache marquée d'une émotion sentimentale et festive pour faire réfléchir à la vie ancestrale, à la terre et à la valeur culturelle de *fihavanana* et elles expriment un grand respect pour le flux vital *aina*[655]. Bref, les œuvres de l'équipe *Ankalazao ny Tompo* ont connu un grand succès dans l'Église à Madagascar.

À part l'équipe *Ankalazao ny Tompo*, il existe plusieurs groupes liturgiques ou chorales qui ont composé aussi des chants liturgiques à couleur locale. C'est le cas du diocèse d'*Ihosy*, où quelques prêtres, des grands séminaristes et des laïcs ont composé des chants en dialecte *bara*, avec le rythme musical *bara*. Citons comme exemple le

---

654 *Ankalazao ny Tompo* signifie « Célébrons le Seigneur ». C'est un groupe composé de différentes personnes (des laïcs hommes et femmes, des religieux et religieuses, des prêtres) et de spécialistes (des théologiens, des liturgistes, des musiciens, des compositeurs et surtout des chanteurs) venant des quatre coins de Madagascar. Cf. GAIDE G., ANDRIANTSIFA S.A., *Ankalazao ny Tompo, Liturgie malgache. L'Amour chante*, Antananarivo, Ambozontany / Analamahitsy, 1998, p. 5.

655 Cf. RAZAFITSIMIALONA L.O., *Une christologie inculturée dans quelques hymnes liturgiques d'Ankalazao ny Tompo*, Mémoire de maîtrise en théologie, Antananarivo, ICM, 2000, p. 119.

chant *Nahazo Mpiarakandro*[656] composé par le père Arrivé spécialement pour le sacre du nouvel évêque du diocèse d'*Ihosy* (2011). Dans le texte de cette chanson, l'évêque est comparé à un pasteur de bœufs - à l'image des patriarches *bara* - qui a la charge de veiller sur son peuple. Les chrétiens sont comme un troupeau de bœufs sous la garde d'un pasteur. Les trois charges de l'évêque (gouverner, sanctifier et enseigner) sont expliquées par les charges de patriarche *bara* qui a le devoir de sanctifier son clan par la *tata*, de le gouverner en tant que chef de clan et de l'enseigner en tant que dépositaire et transmetteur de la tradition héritée des ancêtres. Et cette chanson est suivie du geste liturgique d'une danse *bara*.

Ce chant a eu du succès auprès des chrétiens du diocèse d'*Ihosy* qui connaissent la culture *bara* (même s'ils ne sont pas des *Bara*, mais issus d'autres ethnies). Cependant, il n'est pas évident pour les *Bara* qui ne sont pas encore convertis au christianisme d'accepter le chant comme prière. Certains *Bara* considèrent péjorativement le christianisme comme une *fivavahan-daza*[657], c'est-à-dire comme une religion pour enfants, ou sans valeur, ou pas sérieuse. Car selon eux, ce sont les enfants qui chantent et dansent quand ils jouent. Cela nous rappelle la réaction de Mikal, fille de Saül : voyant David qui sautait et tournoyait devant le Seigneur, elle le méprisa (cf. 2 S 6, 16). En fait, c'est la conception de la prière même qui est différente. Pour eux, la prière, c'est la *tata* durant laquelle le patriarche (si c'est une *tata* devant le *hazomanga*) dit la demande au nom de toute la communauté, ou chaque individu adresse directement sa prière à *Zañahary*, c'est-à-dire une prière élevée vers Dieu lors d'un événement particulier. D'ailleurs, certains critiquent la fréquentation des prières chrétiennes. Ils

---

[656] *Nazaho Mpiarakandro* signifie « Nous avons un nouveau pasteur ».

[657] Le terme *fivavahan-daza* se compose de deux mots : *fivavahana* (religion ou prière) et *zaza* (enfants). Le *fihavavahan-daza* peut signifier donc une liturgie enfantine, ou une religion enfantine, ou une prière enfantine, ou encore une liturgie d'enfants car ce sont souvent les enfants qui remplissent les églises.

se posent la question de savoir si ce Dieu des chrétiens qu'il faut invoquer tous les jours est vraiment attentif à leur demande.

Derrière ces réactions se cache une certaine attitude de crainte d'un Dieu présenté comme un monarque exigeant, punisseur, jaloux de ses titres et impassible. Cette conception *bara* de Dieu doit être évangélisée par la foi en Jésus-Christ qui a révélé un Dieu-Père (cf. Jn 3, 16) qui nous aime totalement. C'est l'amour filial qui doit commander l'ensemble de la relation avec ce Dieu-Père. Pour pouvoir ressentir davantage cet amour filial, les chrétiens préfèrent prier Dieu autant que possible. Ce n'est donc pas parce qu'ils ne seraient pas exaucés que les chrétiens prient Dieu tous les jours, mais c'est afin qu'ils puissent bénéficier au maximum de l'amour du Père. Comme un enfant qui a toujours besoin de communiquer avec son père et de profiter de sa tendresse, telle est l'attitude d'un chrétien s'adressant au Père. Le christianisme n'est donc pas une prière enfantine comme on l'imagine, mais une prière des enfants devant leur Père céleste, ainsi que l'affirme saint Paul dans sa lettre aux Romains : *« Vous avez reçu un esprit de fils adoptifs qui nous fait nous écrier : Abba ! Père ! »* (Rm 8, 15b) Le choix du mot araméen *« Abba »*[658], utilisé par les enfants pour désigner leur père comme un *papa* en français ou *baba* en *bara*, montre à la fois la proximité, le respect et l'affection des chrétiens envers leur Père. Les *Bara* sont donc invités à adopter cette attitude pour leur accomplissement et leur épanouissement. Ils sont appelés à découvrir dans leur vie quotidienne cette proximité aimante de Dieu.

[658] Cf. GILLIÉRON B., *Dictionnaire biblique*, p. 11.

### 3.2.3 Quelques figures christologiques dans les arts liturgiques chrétiens

Pour terminer notre investigation sur la liturgie inculturée, nous présentons quelques illustrations des figures christologiques à travers les arts liturgiques chrétiens. En effet, les arts liturgiques[659] expriment la foi avec des images sur des pièces de mobilier tels l'autel, le baptistère, le bénitier, l'ambon ou sur des objets de culte comme le calice, le ciboire ou la patène, etc., ou encore sur les accessoires et les vêtements sacerdotaux comme l'étole, la chasuble, la crosse et la mitre. Ils se présentent sous forme de sculpture, de peinture ou de broderie. Les quelques figures christologiques que nous allons présenter ici laissent percevoir les efforts d'inculturation menés avec des images métaphoriques animales au sein des différents arts liturgiques.

#### 3.2.3.1 Les animaux dans les arts liturgiques chrétiens

Nous choisissons trois animaux pour représenter le Christ dans les arts liturgiques chrétiens. Ce sont l'agneau, le pélican et le poisson.

**L'agneau**

Déjà dans l'Ancien Testament, avec l'agneau pascal de l'Exode (Ex 12, 21-23) et l'agneau qui se laisse mener à l'abattoir (Is 53, 7), cet animal se présente comme une préfiguration de Jésus-Christ[660]. Dans le Nouveau Testament, avec « l'agneau de Dieu » selon la présentation de Jean le Baptiste (Jn 1, 29) et l'agneau comme titre messianique fréquemment mentionné dans le dernier livre de la Bible, il désigne le Christ. La première communauté chrétienne a identifié

---

659 https://fr.wikipedia.org/wiki/Art_liturgique.

660 Cf. GIRARD M., *Les symboles dans la Bible*, p. 818.

Jésus avec l'agneau. Il n'est pas étonnant alors que les artistes présentent le Christ à travers la figure de l'agneau pour en exprimer la richesse métaphorique[661].

### Le pélican[662]

Selon les légendes antiques, cet oiseau nourrit ses petits de sa propre chair ou les soigne avec son propre sang. De là vient l'idée d'en faire le modèle de l'amour parental ou de l'affection du prince pour ses sujets. Dans l'Église, le pélican est pris comme symbole du Christ qui donne sa chair, pain eucharistique, pour nourrir l'humanité. Saint Augustin, dans son commentaire sur le psaume 101, 8, évoque la ressemblance du pélican et du Christ dont le sang vivifie les croyants[663]. Saint Thomas d'Aquin recourt à l'invocation « *pie pellicane* » ou pieux pélican pour désigner la présence du Christ dans l'eucharistie[664].

### Le poisson

Dans les miracles évangéliques où Jésus comble les foules, il multiplie les pains et les poissons. À travers la multiplication des pains et des poissons, Jésus montre sa volonté de nourrir les gens de sa propre chair. C'est la préfiguration du Christ eucharistique[665]. Cela

---

661 C'est le cas de l'agneau sur la base de l'autel à la chapelle des sœurs de charité de la Sainte-Croix d'Ingenbohl, à Fribourg.

662 Cf. BISSON J., http://terreetciel.over-blog.com/article-32176771.html.

663 *Patrologia Latina* 37, 1299.

664 Dans les représentations, le pélican illustre le Christ dans la nourriture de sa Parole (sur l'ambon, comme à l'église de Haut-le-Wastia, dans la province de Namur en Belgique) et dans celle du pain eucharistique (sur le tabernacle, tel celui de la chapelle de Billens, dans le canton de Fribourg).

665 Cf. GIRARD M., *Les symboles dans la Bible*, p. 765.

explique l'image du poisson que l'on retrouve souvent sur le tabernacle[666].

#### 3.2.3.2 Le bœuf dans les arts liturgiques chrétiens à Madagascar

À Madagascar, vu son importance et la symbolique qu'il incarne, le bœuf suscite l'inspiration des nombreux artistes locaux pour identifier le Christ comme nourriture eucharistique et sacrifice d'alliance.

Ainsi trouvons-nous une tête de zébu sur la lumière éternelle du tabernacle à la cathédrale d'*Ihosy* ; ou aussi trois têtes de zébus supportant un calice à la chapelle de la maison de l'épiscopat de Madagascar à Antanimena Antananarivo.

Dans ses armoiries, Mgr Fulgence Razakarivony, évêque du diocèse d'*Ihosy*, conjugue le rappel de son lieu d'origine (il est missionnaire de Notre-Dame de La Salette) et de son lieu de mission (le pays *bara*, représenté par une tête de zébu), les deux liés au centre par l'eucharistie.

Quant au logo des JMJ du diocèse d'*Ihosy* (du 18 au 21 juillet 2013), il comporte un calice avec une tête de zébu et l'hostie placés au centre de la carte du diocèse.

#### 3.2.3.3 Le bon Berger

*« Comme un berger, il paîtra son troupeau ; il prendra les agneaux dans ses bras et les portera dans son sein ; il conduira les brebis qui allaitent. »* (Is 40, 11)

L'image du pasteur *bara*, armé d'un fusil de chasse et portant sur ses épaules un tout jeune veau, se retrouve par exemple dans la croix pectorale d'un évêque (malgache) comportant la figure du bon Berger avec une brebis sur son dos.

---

[666] Comme à la chapelle fribourgeoise des sœurs de charité de la Sainte-Croix d'Ingenbohl.

## Conclusion

Après avoir abordé une lecture *bara* de la vie pastorale dans la Bible comme lieu de rencontre et de connaissance de Dieu, de dialogue entre les deux traditions *bara* et biblique, ce chapitre nous a orientés surtout sur le versant pratique, en proposant quelques pistes pour un renouvellement pastoral et pour une liturgie et une catéchèse inculturées. Il convient de retenir qu'être *Bara* et être chrétien peuvent faire bon ménage. Les *Bara* peuvent garder leur identité tout en devenant chrétiens. D'ailleurs, leur culture pastorale leur permet de mieux saisir le message biblique transmis à travers des langages pastoraux. Comme orientation pastorale, nous avons proposé une pastorale de proximité à l'image de la proximité qui existe entre le pasteur et son troupeau, à l'image de Dieu Pasteur de son peuple, en nous appuyant sur l'invitation du pape François lancée à ses proches collaborateurs : « Soyez des pasteurs qui portent l'odeur des brebis ». Des pionniers ont montré l'efficacité de cette méthode, tels des exemples à suivre pour la pratique pastorale. Puis, quelques pistes pour une liturgie inculturée ont été évoquées, en particulier la célébration liturgique du mystère de l'Incarnation avec une réflexion sur la crèche et le mystère de la Rédemption à travers le sacrifice pour le péché. Des titres christologiques tels que le Christ « taureau rouge », « taureau-Dieu », « taureau de la vie », proposés dans la préface de la prière eucharistique, ont montré cet effort d'inculturation. Pour terminer ce chapitre, nous avons évoqué les arts liturgiques chrétiens illustrant le Christ avec des images animalières, dont le bœuf, symbole de vie, comme une belle expression pastorale de la foi.

# CONCLUSION DE LA TROISIÈME PARTIE

Cette troisième partie a commencé par un aperçu historique de l'évangélisation à Madagascar en général, et dans le diocèse d'*Ihosy* en particulier. Nous avons noté que l'évangélisation de la Grande Île a connu plusieurs étapes, à savoir le début vers la deuxième partie du 16ème siècle avec les missionnaires hollandais et portugais (dominicains) sur la côte Ouest de l'île ; puis, au début du 17ème siècle, les jésuites qui essayèrent d'évangéliser les côtes de Madagascar ; la tentative la plus sérieuse eut lieu vers la moitié du 17ème siècle (1643-1674) dans le Sud (région de Fort-Dauphin), une tentative mise en échec à cause du désaccord entre les Français et les populations autochtones. Après un siècle et demi d'attente, l'œuvre de l'évangélisation de la Grande Île reprit sous le règne de *Radama I* (1810-1828) avec les missionnaires protestants britanniques, membres de la *London Missionary Society* (*LMS*). Une petite interruption eut lieu sous le règne *Ranavalona I* (1828-1861). Avec le règne de *Ranavalona II*, qui était favorable à la foi chrétienne, le protestantisme devint la religion d'État. La domination et l'influence des protestants dans l'administration publique furent un obstacle pour les activités des missionnaires catholiques. Il fallut attendre l'arrivée des armées françaises et la colonisation pour retrouver le développement des activités missionnaires catholiques et l'arrivée de plusieurs congrégations religieuses.

Quant à la mission chez les *Bara*, ce fut vers la fin du 19$^{\text{ème}}$ siècle (1876) que les missionnaires protestants y commencèrent l'évangélisation. Les catholiques les suivirent peu de temps après (1898) avec les visites occasionnelles de prêtres lazaristes de passage dans l'actuel diocèse d'*Ihosy*. Mais l'évangélisation la plus sérieuse se fit lors de l'arrivée et de l'implantation des prêtres lazaristes de la province de Turin dans le territoire *bara*. Cela fut suivi par l'installation de la congrégation religieuse des filles de la charité dans le territoire *bara*. Cette mission des prêtres lazaristes de la province de Turin en territoire *bara* se paracheva avec l'érection du diocèse d'*Ihosy* en 1967. Depuis, les évêques qui s'y succédèrent, soutenus par leurs proches collaborateurs, selon leurs directoires pastoraux, ont donné le meilleur d'eux-mêmes pour annoncer l'Évangile dans ce diocèse. Les statistiques du diocèse témoignent des résultats tangibles obtenus durant ces cinquante ans d'existence. Certes, le nombre des baptisés dans le diocèse connaît une augmentation vraiment remarquable. Mais si on analyse ces statistiques, l'augmentation est plutôt ressentie du côté des gens immigrés venant en territoire *bara* comme fonctionnaires, des chercheurs de pierres précieuses ou des paysans agriculteurs et éleveurs à côté des *Bara*, mais non pas du côté des *Bara*. Des raisons d'ordre historique et culturel sont à l'origine de la résistance des *Bara* à l'accueil du message évangélique. Mais l'existence de convertis *Bara* à la foi chrétienne est un signe positif de la possibilité de devenir chrétien tout en gardant l'identité *bara*. Il s'agit d'instaurer un dialogue entre la tradition *bara* et la foi chrétienne.

Ce dialogue a donc été abordé dans un contexte pastoral. Il s'est agi d'une lecture *bara* de thèmes pastoraux choisis dans la Bible. Cette lecture a commencé par le récit de la création. En effet, la création demeure pour les deux traditions un lieu de révélation de Dieu. Dans l'Écriture, Dieu est présenté d'abord comme le Créateur de l'univers visible et invisible. Chez les *Bara*, le nom de Dieu est lié à son œuvre créatrice. Les créatures sont créées pour vivre en harmonie. Elles se complètent et se définissent l'une par rapport à l'autre. La responsabilité donnée à l'homme pour dominer et nommer les animaux dans le sens de les gouverner est une réalité vécue chez les *Bara* dans leur vie pastorale. La Bible se sert de la relation troupeau-pasteur pour exprimer la relation de Dieu avec les êtres humains. L'histoire du salut, depuis Abraham jusqu'au Christ, peut être lue à travers ce modèle de relation. En tant que peuple de pasteurs, le message peut ainsi être bien compris par les *Bara*.

Le dialogue entre les deux traditions a montré et confirmé qu'être *Bara* n'est pas un obstacle à l'accueil de l'Évangile. Comme les autres peuples devenus chrétiens, les *Bara* n'ont pas à renier leur identité pour devenir chrétiens. L'amour de Dieu qui devance tout désir humain rejoint le peuple *Bara* et sa culture. Pour toucher ce peuple dans son milieu de vie, dans sa culture, nous avons proposé comme orientation pastorale, la pastorale de proximité, selon l'image du Dieu Berger de son peuple, et en réponse à l'invitation du pape d'aller vers les périphéries.

Dieu ne cesse de s'inculturer pour transmettre son message et pour renouveler la vie de chaque peuple. Avec leur culture, les *Bara* peuvent lire le message de la foi, interpréter la Parole de Dieu selon leur vision du monde, avec leur propre langage. Cet effort d'inculturation embrasse notamment le monde liturgique. Outre l'explication du sens de la célébration liturgique du mystère de l'Incarnation et de celui de la Rédemption, nous avons évoqué la prière eucharistique en langue *bara* avec des images métaphoriques tirées de l'identité culturelle *bara*. Ces titres christologiques ont également été mis en valeur par des artistes locaux à travers les arts liturgiques.

# CONCLUSION GÉNÉRALE

Au terme de notre parcours, il est temps d'évaluer l'ensemble de notre recherche, de voir si l'objectif posé au début est atteint. Rappelons que le but de ce travail est l'évangélisation du peuple *bara*. Étant donné que les *Bara* sont une peuplade de pasteurs et que dans la Bible le thème pastoral occupe une place considérable, nous avons choisi le monde pastoral comme leur chemin d'évangélisation. En effet, Dieu rejoint les êtres humains dans leur milieu de vie. Il se fait connaître à travers leur culture. Ce qui signifie d'emblée que ce n'est pas seulement à travers le monde pastoral que Dieu se révèle à l'homme dans la Bible, mais qu'il existe aussi d'autres univers (végétal, minéral) et d'autres activités exploitées par l'Écriture pour parler de Dieu (agriculteur, pêcheur).

## Panorama

Cet ouvrage se compose de trois grandes parties.

La première partie est consacrée à la présentation de la vie pastorale chez les *Bara* de Madagascar. En effet, la culture pastorale a imprégné la vie de l'ensemble du peuple malgache. Plus précisément, les Malgaches ont un attachement particulier au bœuf ou au zébu qu'ils dénomment *aomby* ou *omby*. Cet animal occupe encore une large place, non pas seulement dans la vie économique et sociale mais par le symbole qu'il a représenté et continue encore de représenter[667] dans la vie des Malgaches. Bref, il fait partie de l'identité du peuple malgache. Comme toute chose évolue, après les contacts avec les différentes civilisations, une bonne partie du peuple malgache ne pratique plus ce mode de vie pastoral, même si sa relation avec le bœuf reste encore très forte. Parmi les ethnies qui ont gardé cette tradition pastorale et la pratiquent encore, nous trouvons donc l'ethnie *bara*.

Le premier chapitre de cette première partie présente le peuple *Bara*, une des dix-huit ethnies qui forment le peuple malgache et qui peuplent le Centre Sud de Madagascar sur un territoire de 60 000 km$^2$. Les *Bara* rassemblent plusieurs tribus qui se subdivisent en plusieurs clans descendant d'un ancêtre commun et qui se reconnaissent par les marques des oreilles des zébus, par les interdits, les noms et l'histoire généalogique. L'histoire de l'origine des *Bara* reste encore un débat parmi les historiens, mais plusieurs auteurs soutiennent leur origine africaine. L'ethnie *Bara* forme trois grands royaumes à savoir *Bara-Iantsatsa, Bara-be, Bara-Imamono*. Deux autres royaumes sont issus, l'un (royaume de *Bara-Vinda*) de *Bara-Be* et l'autre (*Bara Tevondro*) de *Bara-Iatsatsa*. Les villages *bara* sont construits dans des endroits favorables à un mode de vie pastoral, rythmé par l'élevage du troupeau.

D'ailleurs, le deuxième chapitre de la première partie expose cette vie pastorale des *Bara*. Ils sont de grands éleveurs de zébus. Cet animal contribue à exprimer par son origine afro-asiatique[668] que les destins du bœuf et de la population malgache (d'origine afro-asiatique) se sont trouvés étroitement associés[669]. Le zébu s'adapte parfaitement au climat et aux pâturages de Madagascar et a connu une augmentation rapide. Il y eut de belles périodes où le nombre des

[667] DELVAL R., *Le bœuf dans la vie malgache*, p. 1.

[668] Cf. *ibidem*, p. 2.

[669] *Ibidem*.

bœufs était même supérieur à celui des habitants. Mais cela n'est qu'un bon vieux souvenir car depuis un certain temps, à cause du phénomène du vol de bœufs, leur nombre connaît une baisse dramatique. Certes, le vol de bœufs ne date pas d'hier. Il fait partie même de la culture *bara* pour des raisons symboliques (il faut démontrer sa force et son habilité). Mais ce n'est plus le cas, car il est manipulé par des gens mal intentionnés pour des raisons économico-politiques et devient un fléau national. Cependant, cet animal en péril continue de jouer un rôle vital dans la vie des *Bara*. Il accompagne l'existence de chaque personne depuis sa conception et jusqu'à sa mort. De même, dans chaque événement de la société *bara*, il est toujours présent. Il est *aina* pour les *Bara*. Et pour perpétuer cet *aina*, comme tous les Malgaches, les *Bara* ont besoin du *fihavanana*. Pour créer le *fihavanana*, le bœuf est nécessaire. Par son sacrifice, il entretient le lien entre les générations futures et présentes et les ancêtres. Par son sacrifice, il fait le lien entre les humains et Dieu.

Le chapitre trois de la première partie parle justement des usages rituels des zébus. C'est là le point culminant de la présentation de la vie pastorale des *Bara*. En fait, les *Bara* pratiquent l'élevage des bœufs, d'abord pour un but religieux. Aux yeux des *Bara*, le bœuf est l'offrande agréable aux ancêtres et à Dieu. Par son sacrifice, il met en communication le monde visible et le monde invisible, le monde profane et le sacré, les vivants et les morts, les êtres humains et les divins. Grâce au sacrifice, le patriarche peut se tenir debout devant le *hazomanga* pour invoquer Dieu et les ancêtres. À travers le sacrifice, il existe une communication de vie entre Dieu et les êtres humains. Cela présente le monde pastoral comme lieu de rencontre avec Dieu. De plus, à travers les prières du patriarche, les *Bara* expriment leur foi en Dieu, ainsi que le rappelle l'adage « *lex credendi lex orandi* ». L'analyse de quelques prières nous conduit à découvrir leur conception de Dieu, un Dieu qui possède plusieurs qualités formulées par différents noms, un Dieu qui partage la même passion que l'homme vis-à-vis du bœuf.

La deuxième partie de notre travail évoque le monde pastoral comme espace de révélation dans la Bible. Elle se compose de quatre chapitres qui s'articulent l'un à l'autre. Le premier chapitre, consacré à la Bible, montre que si celle-ci n'a pas l'exclusivité de la culture pastorale, elle révèle tout de même un ancrage profond dans le monde pastoral. La Bible cite en effet une foule d'animaux. À part l'homme, les animaux sont les êtres vivants les plus proches de l'homme. L'échange de noms entre les humains et les animaux témoigne d'un lien très fort existant entre eux. D'ailleurs, les animaux domestiques ou les animaux de compagnie font partie de la vie quotidienne des humains. Ainsi, l'homme a reçu de son créateur le noble devoir de s'occuper des animaux. La manière dont un berger s'occupe de son troupeau est un exemple de la concrétisation de cette responsabilité de l'homme vis-à-vis des animaux. Le récit « mythique » de la création se concrétise dans la personne des patriarches. Les riches expériences pastorales des patriarches servent à comprendre le sens de l'immersion de Dieu dans leur vie et dans la réalisation des promesses. Ils sont convaincus que Dieu est leur pasteur (Gn 48, 15-16).

Le deuxième chapitre va toujours dans ce même sens. C'est dans un langage pastoral que Dieu s'adresse à Moïse pour réaliser son projet de libérer son peuple de la mainmise des Égyptiens et de le conduire vers la Terre promise. D'ailleurs, le parcours de vie de Moïse est une préfiguration de son futur rôle de libérateur. Dès sa naissance, Moïse est « sauvé des eaux » et devient plus tard le libérateur de ses frères en passant par la Mer Rouge. Son éducation chez Pharaon est déjà une préparation pour son rôle de futur dirigeant du peuple d'Israël. Sa fuite en Madian est une occasion pour lui de se former pour son futur rôle de berger d'Israël. Dieu rejoint Moïse en pleine activité pastorale pour lui confier la mission de délivrer et de conduire son peuple vers la Terre promise. Et pour rassurer Moïse, il lui révèle son Nom. C'est un Nom qui résume l'expérience de l'homme avec Dieu et signe la présence de Dieu dans le parcours de Moïse. Par ce Nom, Dieu est présent en Moïse et fait de Moïse un instrument du salut pour son peuple. C'est par ce Nom que Moïse accomplit sa mission. Cette révélation du Nom de Dieu à Moïse au buisson ardent confirme donc le milieu pastoral comme lieu de rencontre avec Dieu et de connaissance du Seigneur.

Le troisième chapitre nous rapporte la suite de l'histoire du peuple de Dieu en Terre promise. En effet, en tant que Berger de son peuple, Dieu continue à s'occuper de son troupeau pour le faire profiter de ce nouveau pâturage de la Terre promise et pour le protéger de tous les dangers. De là découle l'onction des rois messies pour guider le peuple selon l'Esprit de Dieu. En fait, c'est Dieu qui s'occupe de son peuple. Il est le premier Berger de son peuple. Les rois ne sont que ses représentants. Nous évoquons alors deux rois messies pour montrer cette intention de Dieu. Le premier roi messie est Saül. Il reçoit de Samuel l'onction pour être berger du peuple de Dieu. L'histoire de Saül commence par la recherche des ânesses perdues. Cette quête n'aboutit à rien. Si la recherche des animaux perdus est une qualité nécessaire pour un bon berger, le récit des ânesses introuvables semble être une parabole de Saül en tant que mauvais berger. Cela est confirmé par la suite de son histoire. Durant son règne, Saül désobéit à Dieu et ne reconnaît pas la place et le rôle divin dans son pouvoir. De ce fait, il est rejeté par Dieu et détrôné. C'est sur ce fond de l'échec de Saül que David entre en scène. Depuis son jeune âge, David pratique le métier de berger. On va le chercher derrière son troupeau pour l'oindre comme nouveau roi d'Israël à la place de Saül. Son parcours montre qu'il est vraiment un berger professionnel et qu'il sait reconnaître la place de Dieu dans sa vie et dans sa fonction. C'est par le nom de Dieu qu'il peut vaincre le géant philistin Goliath. Cette confession de foi de David en un Dieu Berger explose en un hymne de louange et de reconnaissance à travers le Psaume 23. La figure de David messie berger demeure une référence dans la suite de l'histoire du salut. Après David, les rois qui montrent l'image de mauvais bergers font souffrir le peuple de Dieu. Par la bouche des prophètes, le Seigneur dénonce les mauvais bergers et annonce qu'il va s'occuper de son troupeau avec un vrai berger.

C'est de la descendance de David que surgira ce bon Pasteur annoncé par les prophètes.

Le quatrième chapitre décrit le monde pastoral dans le Nouveau Testament. En Jésus se réalise la promesse faite par Dieu pour son peuple. En effet, avec les évangiles synoptiques, le Nouveau Testament s'ouvre par le récit de la généalogie de Jésus qui enregistre les grandes figures des bergers de l'Ancien Testament. Cela souligne la continuité entre les deux Testaments et la réalisation de la prophétie en la personne de Jésus. Sa naissance dans une crèche au milieu des animaux, dans une mangeoire, entouré par ses parents, annoncé et loué par des anges et visité par des bergers, inaugure un nouveau monde par la restauration de l'harmonie entre toutes les créatures, la réconciliation entre l'homme et les autres créatures. Les évangiles synoptiques exposent aussi que durant sa vie pastorale, Jésus se montre un vrai berger qui ne ménage pas sa force pour s'occuper de son troupeau. Quant au thème pastoral dans le quatrième évangile, il semble diviser le livre en trois parties. Au début, Jésus est présenté comme l'Agneau de Dieu (Jn 1). Au milieu, dans son enseignement, Jésus se présente comme le bon Pasteur (Jn 10). Et à la fin, Jésus confie son troupeau à ses disciples (Jn 21). Dans le dernier livre de la Bible, Jean reprend le thème pastoral pour déployer la complexité de la personne de Jésus. En effet, l'Agneau est l'image centrale qui résume la richesse de la christologie de l'Apocalypse. Il est à la fois l'Agneau pascal et l'Agneau pasteur.

Après avoir démontré que la vie pastorale occupe une place importante dans la vie des *Bara* et du peuple de Dieu dans la Bible à travers les deux premières parties de l'ouvrage, nous parlons dans la dernière partie du monde pastoral comme lieu d'évangélisation chez les *Bara*. Il s'agit de faire dialoguer l'Écriture et les *Bara*. Cette partie comprend trois chapitres qui détaillent les étapes à suivre pour l'évangélisation des *Bara*.

Le premier chapitre de cette dernière partie fait le constat de l'état de l'évangélisation chez les *Bara* en prenant un cas précis, celui du diocèse d'*Ihosy*. Un bref rappel historique de la présence chrétienne à Madagascar en général et dans le diocèse d'*Ihosy* en particulier ouvre ce chapitre. Pour Madagascar en général, la présence chrétienne remonte à la deuxième partie du 16ème siècle mais la tentative la plus sérieuse a eu lieu vers la moitié du 17ème siècle avec les envoyés de saint Vincent de Paul. Pour le diocèse d'*Ihosy*, le premier passage des missionnaires protestants en pays *bara* s'est produit vers la fin du 19ème siècle, suivi peu de temps après par les missionnaires catholiques. Mais l'évangélisation la plus sérieuse du pays *bara* a eu lieu avec l'érection du diocèse d'*Ihosy* le 13 avril 1967. Depuis ce demi-siècle d'évangélisation, il est vrai que le nombre des chrétiens dans le diocèse augmente mais les statistiques des *Bara* convertis au christianisme sont encore très faibles. Des raisons d'ordre historique et culturel sont la cause de cet échec. Mais l'existence des *Bara* convertis, bien qu'ils soient moins nombreux, est déjà un fait positif pour la possibilité d'un dialogue entre les deux traditions *bara* et chrétienne.

Le deuxième chapitre parle justement de ce dialogue entre les deux traditions, un dialogue basé sur le monde pastoral comme espace de rencontre avec Dieu et de connaissance de Dieu. Ce dialogue commence par le récit de la création. Dans les deux traditions, la création est un lieu de révélation de Dieu. Dans la Bible, Dieu est présenté d'abord comme Créateur de l'univers et de tout ce qui existe. Chez les *Bara*, le nom de Dieu *Zañahary* est enveloppé par le concept de Dieu créateur. L'harmonie entre toutes les créatures est exposée par ces deux traditions. La responsabilité donnée à l'homme par Dieu pour dominer sur les animaux (dans le sens de gouverner) annoncée par la Bible est une réalité de vie chez les *Bara*. En effet, pour eux, être pasteur est le métier noble et digne par excellence.

Vu l'attachement d'un berger à son troupeau et les nombreux devoirs d'un berger envers son troupeau, Dieu se sert de cette image pastorale pour manifester son attachement et sa bienveillance envers son peuple. La proximité, la tendresse, l'amour, la compassion, la connaissance, la bienveillance, le souci, la protection de Dieu sont dévoilés par cette image de Dieu Pasteur de son peuple. Dans l'histoire des patriarches, Dieu met en œuvre toutes ses qualités de berger dans la réalisation de la promesse d'un pays et d'une descendance. Cette histoire peut interpeller les *Bara* dans leur désir de perpétuer leur vie, la vie de leur clan et dans leur quête de trouver des pâturages suffisants pour leurs troupeaux. Ainsi, l'identité pastorale du peuple *Bara* peut devenir un atout pour comprendre la suite de l'histoire du salut. Avec le récit de Moïse, la libération du peuple d'Israël et le chemin de ce dernier vers la Terre promise, Dieu est reconnu en la personne de Moïse comme un berger qui libère son troupeau et le conduit vers le bon pâturage. Avec l'histoire des rois-bergers à qui Dieu confie son peuple, l'image des bergers veillant sur leur troupeau fait comprendre que Dieu se préoccupe de la vie de son peuple et de chaque individu. Jésus récapitule toutes les qualités contenues dans les figures des bergers du peuple de Dieu dans l'Ancien Testament pour dévoiler sa propre identité et pour révéler aussi le vrai visage de son Père. Il corrige ainsi les défauts des bergers dénoncés par les prophètes. En utilisant la métaphore de l'Agneau-Berger, le Christ confirme aussi le lien entre les animaux, l'homme et Dieu. En se présentant comme le bon Berger qui offre sa vie pour son troupeau, Jésus montre à quel point il tient à son troupeau. Sa vie vaut son troupeau. Toute l'existence de Jésus démontre la valeur de son troupeau. Tout cela peut amener les *Bara* à penser aux héros qui ont trouvé la mort en protégeant leurs troupeaux contre les voleurs. Ce dialogue basé sur le monde pastoral entre la Bible et les *Bara*, permet d'affirmer que ceux-ci n'ont pas à renier leur identité pastorale pour devenir chrétiens. D'ailleurs, cette identité leur permet une lecture claire des récits bibliques et peut les amener à découvrir la vraie image de Dieu.

Ce dialogue entre les deux traditions est un atout pour l'évangélisation chez les *Bara*. Le troisième chapitre parle surtout d'une orientation pastorale chez les *Bara* et de quelques pistes d'inculturation liturgique et catéchétique. Pour la perspective pastorale dans le diocèse d'*Ihosy*, pays *bara*, nous proposons donc une pastorale de proximité, à l'exemple d'un berger proche de son troupeau qui porte l'odeur de ses brebis, selon l'expression du pape François. Des pionniers dans le diocèse ont déjà fourni des modèles à suivre dans cette perspective.

Pour l'inculturation, nous constatons durant cette recherche que la Bible elle-même est une inculturation et que Dieu ne cesse de s'inculturer pour renouveler la vie de chaque culture, pour redonner vie à la culture humaine, et pour se faire connaître aux différents peuples. Ainsi, pour le peuple *Bara* et son univers, Dieu a besoin de cette culture pour se faire connaître et pour renouveler ce peuple et sa culture. Certes, il existe des pratiques qui ne sont pas favorables au développement de ce peuple selon sa culture. Ces pratiques, telles que le vol de zébus ou le concubinage, doivent être purifiées par l'Évangile. Mais des valeurs culturelles *bara* servent aussi à transmettre et accueillir le message de l'Évangile. Pour la liturgie, l'usage de la langue vernaculaire, selon l'invitation du concile Vatican II peut être mise en valeur. Un exemple de prière liturgique inculturée mérite l'attention (prière eucharistique). Des titres christologiques sont interprétés avec des métaphores locales pour dévoiler le mystère du Christ. Des chants et des gestes liturgiques de couleur locale sont inventés pour aider à vivre une liturgie proche du peuple. De même, des représentations des titres christologiques en art liturgique servent à l'intelligence du mystère.

## Résultats

Quels résultats peuvent donc être retenus de cette recherche ?

Le point de départ de notre travail était le désir d'apporter la Bonne Nouvelle aux *Bara*, une peuplade de pasteurs, grands éleveurs de zébus, dans le sud de Madagascar. Ce peuple présente une certaine méfiance envers la foi chrétienne à cause de l'échec du premier contact et de la crainte de perdre sa tradition et son identité. Ce travail nous a permis donc d'approcher l'identité de ce peuple. Cela nous a conduit à éviter toutes sortes de jugements ou de préjugés et à proposer un vrai dialogue entre ce peuple et la Bible.

Le thème pastoral qui est cher aux deux traditions nous a ouvert la porte au dialogue. En effet, les deux traditions ont montré que ce monde pastoral est un lieu de rencontre avec Dieu et de connaissance de Dieu. Autrement dit, notre thèse a soutenu que le milieu pastoral est un lieu théologique. Les nombreux animaux dans la Bible, comme les troupeaux de bœufs chez les *Bara*, ne sont pas un simple décor mais participent à la découverte de l'image de Dieu. Car en tant que créatures de Dieu, ces animaux sont une manifestation de l'amour divin[670]. Cette étude nous a permis de réfléchir sur le rapport entre le Créateur, l'être humain et les animaux et d'examiner comment contribuer à la sauvegarde de notre maison commune selon l'expression et l'invitation du pape François.

En exploitant ce lien entre animaux, êtres humains et Dieu, nous avons pu faire une riche relecture de l'histoire du salut dans la Bible, découvrir le vrai visage des personnages bibliques à travers des métaphores animales, comme pour Isaac présenté comme un fils de taureau à l'annonce de sa naissance, et comme l'agneau lors de son sacrifice, ou encore pour Joseph qualifié à la fois de maître des vaches et de fils de la vache. Jacob prend soin de son troupeau comme de sa famille (cf. Gn 33, 13). Jésus, l'image parfaite du Père, est aussi un Agneau et un Berger. On trouve la même manière de penser chez les *Bara* qui donne de mieux comprendre cet esprit biblique. En effet, les *Bara* sont attachés aux zébus. Ce lien entre les zébus et les *Bara* s'exprime par le don réciproque de vie entre eux. Les *Bara* font don de leur clan aux zébus par les marques des oreilles et les soins qu'ils leur accordent jour après jour. En retour, les zébus font don de leur vie aux êtres humains par les sacrifices dans les événements

[670] LINZEY A., *Théologie animale* (traduction française de M. Rozenbaum), Strasbourg, One Voice, 2009, p. 122.

joyeux et douloureux de l'existence. Comme nous l'avons déjà dit, au-delà de la métaphore, cette remise en chantier du monde divin, humain, animal et des autres créatures nous montre qu'il existe une complémentarité entre eux et qu'ils se définissent les uns par rapport aux autres.

Ce dialogue nous a révélé que nous ne sommes plus à l'époque des hésitations, à nous demander si le christianisme peut épouser une autre culture que celle du monde occidental[671]. Chaque culture a des valeurs permettant d'interpréter le message biblique. En effet, dans la culture *bara*, il existe des valeurs propices à l'accueil de l'Évangile, comme l'amour et le respect de l'*aina* (flux vital), don de *Zañahary*, le *fihavanana* ou *filongoa.* Il existe aussi une manière de penser aidant à comprendre le message biblique. Il y a des gestes de respect et des termes particuliers pour désigner une chose avec plus de respect qui peuvent être intégrés dans la vie liturgique. Des métaphores et des concepts sont utilisés dans la catéchèse pour expliquer les vérités de la foi. Des titres christologiques sont exprimés par les arts liturgiques.

Comme toute culture, la culture *bara* possède aussi des éléments ou des pratiques qui ne sont pas compatibles avec l'Évangile, comme le vol de bœufs, la jalousie et la vengeance engendrée par ce type de vol, la polygamie. Ces pratiques doivent être purifiées par la règle d'or proposée par l'Évangile, l'amour de Dieu et du prochain.

Certes, les *Bara* manifestent leur foi en Dieu à travers les prières *tata* à chaque étape de l'existence ou pour un événement spécifique. Après chaque prière, *Zañahary* et les ancêtres sont priés de rejoindre leur lieu de résidence. Il faut dire que dans la conception *bara* de

---

[671] Selon l'analyse de l'enseignement de Vatican II par le théologien allemand Karl Rahner, nous sommes plutôt à la troisième période de l'histoire de l'Église, englobant le monde entier, lors de laquelle celle-ci se propage et est ouverte à toutes les cultures. Voir BUJO B., *Introduction à la théologie africaine*, p. 14.

Dieu, il existe une certaine distance entre Dieu, les ancêtres et l'homme : une séparation de vie qui marque une certaine crainte d'un Dieu exigeant et punisseur. Cet ouvrage a donc tenté de dévoiler aux *Bara* le vrai visage d'un Dieu qui a tant aimé le monde qu'il a envoyé son Fils parmi nous. Les *Bara* sont donc invités à établir une relation filiale avec Dieu en son Fils Jésus-Christ.

Si l'assemblée des *Bara* pour la prière *tata* devant le *hazomanga* est sélective, réservée pour le seul clan, le lieu de prière des chrétiens leur propose une grande ouverture. Les *Bara* sont donc invités à sortir de leur monde, à avoir plus d'ouverture pour leur épanouissement et leur accomplissement.

Pour corriger les erreurs de l'évangélisation chrétienne lors de son premier contact avec les *Bara*, comme pour regagner leur confiance, nous avons proposé un projet pastoral de proximité qui manifeste l'intérêt du christianisme à rejoindre ce peuple dans les périphéries. C'est un signe d'estime et de considération du peuple *Bara* de la part de la foi chrétienne.

## Limites et perspectives d'avenir

Ce livre ne prétend pas avoir apporté de réponse exhaustive à l'ensemble de la problématique consacrée à l'évangélisation du peuple *bara*, ni pouvoir résoudre les problèmes pastoraux dans le diocèse d'*Ihosy*. Car nous reconnaissons qu'il existe des points qui méritent encore d'être approfondis.

Le manque d'ouvrages récents sur le peuple *bara* explique les limites de notre recherche. Certes, nous avons essayé de combler ce manque par des enquêtes menées sur le terrain. Mais, comme tout travail de recherche, au fur et à mesure de l'avancement de la démarche, de nouvelles questions ont surgi. Ce besoin d'une information complémentaire apparu au cours de notre labeur a difficilement pu être comblé à cause de la distance géographique qui sépare le terrain de l'enquête et notre lieu d'étude.

À cela s'est ajouté le problème de temps. En fait, les six années d'interruption après notre premier séjour d'études en Suisse et le changement de thème à la reprise des études nous ont lancé dans une nouvelle recherche. Ces différents facteurs nous ont comme pressé pour que nous parvenions à avancer le plus vite possible. Pourtant, certains points auraient nécessité plus de temps pour que les idées puissent mûrir davantage. Nous avons parfois confondu vitesse et précipitation.

Malgré tout, ce travail, nous l'espérons, ouvre une perspective pour ceux qui s'intéressent au peuple *Bara* et à sa culture pastorale. Etant donné que les zébus font partie de l'identité du peuple malgache, cette étude peut aider aussi les chercheurs se penchant sur le peuple malgache.

La riche relation entre l'être humain et les animaux, évoquée tout au long de cet ouvrage, peut fournir des éléments d'importance pour les questions écologiques et éthiques.

La méthode pastorale proposée pour le diocèse d'*Ihosy* dans ce travail peut servir aussi à la pratique pastorale d'autres diocèses à Madagascar, surtout à celle de diocèses habités par des populations qui ont les mêmes coutumes que les *Bara*.

Les pratiques liturgiques commentées peuvent inspirer les chercheurs en liturgie ou des groupes liturgiques dans des diocèses malgaches.

Bref, notre thèse ouvre une perspective pour tous les chercheurs qui voudront nous emboîter le pas. Elle fournit des éléments qui méritent d'être exploités, comme la thématique de la théologie de la vie *aina* ou encore celle de la théologie du *fihavanana* malgache.

# GLOSSAIRE

| | |
|---|---|
| *Aina* ou *ai* (en dialecte *bara*) | Vie, flux vital |
| *Dahalo, malaso, mpan-galatr'omby, mavo* | Voleur de bœufs |
| *Fahasivy* | Les esprits des morts qui ne sont pas inclus dans la lignée généalogique d'un clan ou d'une tribu. |
| *Fanovy* | Gobelet sacré destiné pour les rites religieux |
| *Fatana* | L'endroit où on cuisine |
| *Fihavanana* ou *filongoa* (chez les *Bara*) | Lien d'amour, d'amitié, de parenté |
| *Havana, longo* | Parents, amis, proches |
| *Hazolava* | Cri d'alerte, appel au secours |
| *Hazom-boto* | Bois de pénis |
| *Hazomanga* | Poteau sacrificiel |
| *Horaky* | Rizières |
| *Hova* | Noble, prince |
| *Kabary* | Discours, palabre |
| *Kibory* | Tombeau ancestral |
| *Kobany* | Lit |
| *Kobay, kibay* | Bâton |
| *Lonaky* | Chef de clan, patriarche |
| *Mohara* ou *aoly* | Charme |
| *Mpiarakandro* | Pasteur, gardien de zébus |
| *Mpitan-kazomanga* | Patriarche, détenteur du poteau sacrificiel |

| | |
|---|---|
| *Omby* | Zébu, bœuf |
| *Omby lahy* | Taureau |
| *Omby vavy* | Vache |
| *Omby vosotsy* | Zébu mâle castré |
| *Raza* | Ensemble des ancêtres dans la lignée généalogique d'un clan ou d'une tribu |
| *Sirañа* | Point d'eau, gué |
| *Sofin-dRaza* | Littéralement, les oreilles du clan, les marques des bœufs |
| *Tamana* | Vache adulte qui a déjà vêlé |
| *Tangè* | Épreuve judiciaire, jugement de Dieu |
| *Tanin'aomby* | Pâturage |
| *Tata* | Prière, invocation de Dieu |
| *Toets'aomby* | Campement à zébus |
| *Toñy* | Amulette qui protège le troupeau et le village ; calme, paisible, serein. |
| *Trañon-donaky* ou *Tra-nobe* | Maison patriarcale |
| *Vakirà, Fatidra* | Pacte du sang |
| *Valan'aomby* | Parc à zébus |
| *Vazimba* | Premiers habitants |
| *Vy arara* ou *verara* | Couteau sacrificiel |
| *Zañahary* | Dieu créateur, Dieu Soleil |

# BIBLIOGRAPHIE

## Bibles, Magistère et Documents officiels de l'Église


*Catéchisme de l'Eglise Catholique*, Paris, Mame / Plon, 1992.

*Catholicisme, hier aujourd'hui demain*, T. 9, Paris, 1982.

FRANCOIS, *La joie de l'Évangile, Evangelii Gaudium*, Exhortation apostolique, Paris, Salvator, 2013.

FRANCOIS, *Loué sois-tu, Laudato si'*, Lettre encyclique sur l'écologie, Paris / St-Maurice, Saint-Augustin, 2015.

JEAN-PAUL II, *Ecclesia in Africa*, Exhortation apostolique post-synodale, Rome, 14 septembre 1995.

JEAN-PAUL II, *Evangelium Vitae*, Lettre encyclique, Rome, 25 mars 1995.

JEAN-PAUL II, *Redemptoris Missio*, Lettre encyclique, Rome, 7 décembre 1990.

*La Bible de Jérusalem*, Paris, Cerf, 2000.

*La Bible TOB. L'Ancien et le Nouveau Testament*, nouvelle édition, Paris, Cerf, 2004.

*Ny Baiboly Masina*, Sœurs missionnaires de St. Pierre Claver, Rome, 1982.

PAUL VI, *Evangelii nuntiandi*, Exhortation apostolique, Rome, 8 décembre 1975.

VATICAN II, *Les seize documents conciliaires*, Texte intégral, coll. « La pensée chrétienne », Montréal / Paris, Fides, 1989.

## Études bibliques et ouvrages théologiques

ABADIE Ph., *Le berger devenu roi. La monté au trône de David. 1 Samuel 16 à 2 Samuel 5*, Lyon, Olivétan, 2013.

AIGLE D., BRIQUEL-CHATONNET F., *Figures de Moïse*, coll. « Orient & Méditerranée », n° 18, Paris, De Boccard, 2015.

ALEXANDER J.H., *Moïse, prince, berger et prophète*, Genève / Paris, La Maison de la Bible, 1999.

ALFEYEV H., *Le Nom grand et glorieux. La vénération du Nom de Dieu et la prière de Jésus dans la tradition orthodoxe*, Paris, Cerf, 2007.

ALTER R., *The David Story. A Translation with Commentary of 1 and 2 Samuel*, Los Angeles / New York, Time Book Review, 1999.

AMBROISE DE MILAN, *Abraham. Les pères dans la foi*, Paris, Migne, 1999.

ASSOHOTO B., NGEWA S., « Le livre de la Genèse. Dieu et l'humanité », in ADEYEMO Tokunboh (dir.), *Commentaire biblique contemporain. Un commentaire en un seul volume écrit par 70 théologiens africains*, Pontault-Combault, Farel, 2008.

ASURMENDI J.-M., *Le prophète Ézéchiel*, « Cahier Évangile », n° 38, Paris, Cerf, 1981.

BENOLO Fr., *La foi d'un gentil ou l'inculturation nature*, coll. « ISTA » n° 4, Antananarivo, Institut supérieur de philosophie et de théologie de Madagascar, 1996.

BLANCHARD Y.-M., *L'Apocalypse*, coll. « La Bible tout simplement », Paris, Éd. de l'Atelier – Ouvrières, 2003.

BONDOLFI A., *L'homme et l'animal. Dimensions éthiques de leur relation*, Fribourg, Éd. Universitaires, 1995.

BONNARD P., *L'évangile selon saint Matthieu*, 2ème édition revue et augmentée, Genève, Labor et Fides, 1982.

BOUYER L., *Le quatrième évangile*, coll. « Bible et vie chrétienne », Paris, Casterman, 1963.

BOVON Fr., *L'évangile selon saint Luc 1-9*, coll. « Commentaire du Nouveau Testament – Deuxième série », n° IIIa, Genève, Labor et Fides, 1991.

BUJO B., *Introduction à la théologie africaine*, Fribourg, Academic Press, 2008.

BUJO B., *Le credo de l'Église en dialogue avec les cultures. Existe-t-il une manière africaine de croire au Dieu de Jésus Christ ?*, coll. « Théologie africaine », vol. 1, Fribourg, Academic Press, 2016.

CAIR-HELION O., *Les animaux de la Bible, allégories et symboles*, Barcelone, Gerfaut, 2004.

CALÈS J., *Le livre des Psaumes*, I : *Introduction. Psaumes I-LXXII,* Paris, Beauchesne, 1936.

CAQUOT A., DE ROBERT P., *Les livres de Samuel*, coll. « Commentaire de l'Ancien Testament », VI, Genève, Labor et Fides, 1994.

CASTEL F., *Commencements. Les onze premiers chapitres de la Genèse*, coll. « Dossiers pour l'animation biblique », Paris, Centurion, 1985.

CAZEAUX J., *Saül, David, Salomon. La Royauté et le destin d'Israël*, coll. « Lectio divina », n° 193, Paris, Cerf, 2003.

CAZELLES H., *À la recherche de Moïse*, Paris, Cerf, 1979.

CAZELLES H., *Autour de l'Exode. Sources bibliques*, Paris, J. Gabalda, 1987.

CAZELLES H., *La Bible et son Dieu*, coll. « Jésus et Jésus-Christ », n° 40, Paris, Desclée, 1989.

CHOURAQUI A., *Moïse : voyage aux confins d'un mystère révélé et d'une utopie réalisable*, Paris, Flammarion, 1997.

CHOURAQUI A., *Moïse*, Monaco, Éd. du Rocher, 1995.

CORSINI E., *L'Apocalypse maintenant*, coll. « Parole de Dieu », Paris, Seuil, 1984.

COUFFIGNAL R., *Saül, héros tragique de la Bible. Étude littéraire du récit de son règne d'après les Livres de Samuel (1 S IX-XXXI et 2 S I)*, Paris / Caen, Lettres Modernes / Minard, 1999.

COUSIN H, *L'évangile de Luc*, Paris, Centurion, 1993.

CULAT R., *Méditations bibliques sur les animaux*, Nouvelle édition augmentée, Paris, L'Harmattan, 2016.

CUVILLIER E., *L'évangile de Marc*, coll. « Bible en face », Genève / Paris, Labor et Fides / Bayard, 2002.

DA SILVA A., *La symbolique des rêves et des vêtements dans l'histoire de Joseph et de ses frères*, Paris, Fides, 1994.

DE LA SOURCE I., *Lire la Bible avec les Pères. La Genèse*, Paris, Médiaspaul, 1988.

DE PENTHOS J., *Saint Jean Chrysostome. Commentaire sur la Genèse*, Paris, Artège, 2013.

DE PURY A., *Homme et animal, Dieu les créa. Les animaux et l'Ancien Testament*, Genève, Labor et fides, 1993.

DE PURY A., RÖMER T., SCHMID K., *L'Ancien Testament commenté. La Genèse*, Paris / Genève, Bayard / Labor et Fides, 2016.

DE ROBERT Ph., *Le berger d'Israël. Essai sur le thème pastoral dans l'Ancien Testament*, Neuchâtel, Delachaux et Niestlé, 1968.

DE VILLEFRANCHE H., *Voir et servir. Des clés pour lire saint Luc*, Paris, Parole et Silence, 2017.

DELORME J., *L'heureuse annonce selon Marc. Lecture intégrale du deuxième évangile*, II, coll. « Lectio divina », Paris / Montréal, Cerf / Médiaspaul, 2008.

DERVILLE T., *Animaux dans l'Évangile*, Nanterre, Ecclésia, 2010.

DESROUSSEAUX L., VERMEYLEN J., *Figures de David à travers la Bible*, XVII$^{\text{ème}}$ Congrès de l'ACFEB (Lille, 1-5 sept. 1997), coll. « Lectio divina », Paris, Cerf, 1999.

DEVILLERS L., *L'évangile de Luc*, coll. « Mon ABC de la Bible », Paris, Cerf, 2016.

EISENBERG J., ABECASSIS A., *Jacob, Rachel, Léa, et les autres…*, coll. « À Bible ouverte », IV, Paris, Albin Michel, 1981.

ESCAFRE B., *Évangile de Jésus-Christ selon saint Jean*, 1, *Le livre des signes (Jn 1-12)*, coll. « Cahiers Évangile », n$^{\text{o}}$ 145, Paris, Cerf, 2008.

FAIVRE D., *Précis d'anthropologie biblique. Images de l'homme*, Paris, L'Harmattan, 2000.

FLEG E., *Moïse raconté par les Sages*, Paris, Albin Michel, 1997.

FLICHY O., *L'évangile de Matthieu*, coll. « Mon ABC de la Bible », Paris, Cerf, 2016.

FOCAN C., *L'évangile selon Marc*, coll. « Commentaire biblique : Nouveau Testament », n° 2, Paris, Cerf, 2004.

FOURNIER-BIDOZ A., *Les livres des Prophètes*, II, Paris, Bayard / Centurion, 1999.

GERBER D., *« Il vous est né un Sauveur ». La construction du sens sotériologique de la venue de Jésus en Luc – Actes*, coll. « Le monde de la Bible », n° 58, Genève, Labor et Fides, 2008.

GIRARD M., *Les symboles dans la Bible. Essai de théologie biblique enracinée dans l'expérience humaine universelle*, Montréal / Paris, Bellarmin / Cerf, 1991.

GRAPPE C., MARX, A., *Le sacrifice. Vocation et subversion du sacrifice dans les deux Testaments*, Genève, Labor et Fides, 1998.

HOUTMAN C., *Exodus*, vol. 1 : *Historical Commentary on the Old Testament*, Kampen, Kok Publishing House, 1993.

HUBAUT M., *Le Verbe s'est fait chair. Commentaire de l'évangile de saint Jean*, Paris, Salvator, 2018.

HÜBSCH B., « Premiers contacts du christianisme et de Madagascar (XVII^e^ au XVIII^e^ siècle) », in IDEM, *Madagascar et le christianime*, Antananarivo / Paris, Ambozontany / Karthala, 1993.

JATSA A.F.F., *La place des non-encore-nés dans la communauté africaine. Contribution à la conception chrétienne de la personne*, coll. « Théologie africaine », vol. 2, Fribourg, Academic Press, 2016.

JAUBERT A., *Approches de l'évangile de Jean*, coll. « Parole de Dieu », Paris, Seuil, 1976.

KEEL O., STAUBLI Th., *Les animaux du 6ème jour. Les animaux dans la Bible et dans l'Orient ancien*, Fribourg, Musée Bible + Orient, 2003.

L'EPLATTENIER Ch, *Lecture de l'évangile de Luc*, Paris, Desclée, 1982.

LEFEBVRE Ph., DORSAZ M., FRANCEY B., AMHERDT F.-X. (dir.), *Joseph : la vie, mode d'emploi (Genèse 37-50)*, coll. « Les cahiers de l'ABC », n° 2, St-Maurice, Saint-Augustin, 2014.

LEFEBVRE Ph., *Brèves rencontres. Vies minuscules de la Bible*, Paris, Cerf, 2015.

LEFEBVRE Ph., *Joseph. L'éloquence d'un taciturne*, Paris, Salvator, 2012.

LEFEBVRE Ph., *Le Messie en famille. Saül, David, Jésus et leur entourage*, coll. « Connaître la Bible », n° 19, Bruxelles, Lumen Vitae, 2000.

LEFEBVRE Ph., *Livres de Samuel et récits de la résurrection*, coll. « Lectio divina », Paris, Cerf, 2004.

LEFEBVRE Ph., MONTALEMBERT V., *Un homme, une femme et Dieu. Pour une théologie biblique de l'identité sexuée*, coll. « Épiphanie », Paris, Cerf, 2007.

LEFEBVRE Ph., *Saül, le fils envoyé par son père. Lecture de 1 Samuel 9*, coll. « Connaître la Bible », n° 13, Bruxelles, Lumen Vitae, 1999.

LELIÈVRE A., MAILLOT A., *Les Psaumes, chants d'amour (1 à 75)*, Lyon, Olivétan, 2007.

LÉON-DUFOUR X., *Lecture de l'évangile selon Jean*, T. 1, Paris, Seuil, 1983.

LÉON-DUFOUR X., *Lecture de l'évangile selon Jean*, T. 2, Paris, Seuil, 1990.

LÉON-DUFOUR X., *Lecture de l'évangile selon Jean*, T. 4, Paris, Seuil, 1996.

LÉONARD-ROQUES V., *Caïn et Abel. Rivalité et responsabilité*, Monaco, Éd. du Rocher, 2007.

LINZEY A., *Théologie animale* (traduction française de M. Rozenbaum), Strasbourg, One Voice, 2009.

MACCHI J-D., RÖMER T. (éd.), *Jacob. Commentaire à plusieurs voix de Gen 25-36*, Mélanges offerts à Albert de Pury, Genève, Labor et Fides, 2001.

MACCHI J.-D., *Israël et ses tribus selon Genèse 49*, coll. « OBO », n° 171, Fribourg, Academic Press, 1999.

MARCHADOUR A., *L'évangile de Jean*, coll. « Commentaires », Paris, Bayard / Centurion, 1995.

MARCHADOUR A., *Genèse*, coll. « Commentaires », Paris, Bayard / Centurion, 1999.

MARGUERAT D., *Le jugement dans l'évangile de Matthieu*, Genève, Labor et Fides, 1981.

MARTIN Fr., *L'Apocalypse. Lecture sémiotique*, Lyon, Profac-Cadir, 2004.

MAX A., *Les offrandes végétales dans l'Ancien Testament. Du tribut d'hommage au repas eschatologique*, Leiden / New York / Köln, E.J. Brill, 1994.

MEN A., *Au fil de l'Apocalypse*, coll. « Le sel de la terre », Paris, Cerf, 2003.

MICHAELI Fr., *Dieu à l'image de l'homme*, Neuchâtel / Paris, Delachaux et Niestlé, 1950.

MICHAELI Fr., *Le livre de l'Exode*, coll. « Commentaire de l'Ancien Testament », II, Neuchâtel / Paris, Delachaux et Niestlé, 1974.

NETTELHORST R.P., *100 personnages clés de la Bible. Biographies et arbres généalogiques de l'Ancien et du Nouveau Testament*, Paris, Acropole, 2017.

PRIGENT P., *L'Apocalypse de saint Jean*, coll. « Commentaire du Nouveau Testament XIV – Deuxième série », Genève, Labor et Fides, 2014.

QUESNEL M., GRUSON P. (dir.), *La Bible et sa culture*, Paris, Desclée de Bouwer, 2018.

RABESAHALA-RANDRIAMANANORO Ch., *La religion malgache ancestrale pratiquée. Éléments de compréhension*, Paris, Les Impliqués, 2014.

RAHARILALAO H.A.M., *Église et Fihavanana à Madagascar*, Fianarantsoa, Ambozontany, 1991.

RAZAFITSALAMA A. *Réflexion théologique. Questionnaire et esquisse*, Antananarivo, JECAM, 1976.

RAZAFITSIMIALONA L.O., *Une christologie inculturée dans quelques hymnes liturgiques d'Ankalazao ny Tompo*, Mémoire de maîtrise en théologie, Antananarivo, ICM, 2000.

REVOL F., *Penser l'écologie dans la tradition catholique*, Genève, Labor et Fides, 2018.

RIGAUX B, *Témoignage de l'évangile de Luc*, Bruges / Paris, Desclée de Brouwer, 1970.

RÖMER Th., *L'Ancien Testament commenté. L'Exode*, Paris / Genève, Bayard / Labor et Fides, 2017.

RÖMER Th., *Les cornes de Moïse. Faire entrer la Bible dans l'histoire*, Paris, Fayard, 2009.

SABOURIN L., *Les noms et les titres de Jésus*, Paris, Desclée de Brouwer, 1963.

SIMOENS Y., *Évangile selon Jean*, Paris, Facultés Jésuites de Paris, 2016.

TASSIN Cl., *Évangile de Jésus-Christ selon saint Matthieu*, coll. « Cahiers Évangile », n° 129, Paris, Cerf, 2004.

TASSIN Cl., *L'évangile de Matthieu*, coll. « Commentaires », Paris, Bayard / Centurion, 1991.

TRESMONTANT Cl., *Apocalypse de Jean*, Paris, O.E.I.L., 1984.

TRESMONTANT Cl., *Evangile de Matthieu*, Paris, O.E.I.L, 1986.

TRILLING W., *L'évangile selon Matthieu*, T. II, Paris, Desclée, 1974.

TSANGANDAHY H. V. P., *Le havoria bara : de l'ancestralisation à la Pâque chrétienne*, Mémoire de maîtrise, Antananarivo, Institut supérieur de théologie et de philosophie, 1995.

VESCO J.-L., *Le psautier de David traduit et commenté*, vol. I, coll. « Lectio divina », n° 210, Paris, Cerf, 2008.

VESCO J.-L., *Psaumes : cris d'hommes et voix de Dieu*, Marseille, La Thune, 2002.

VOGELS W., *Abraham et sa légende. Genèse 12,1-25,11*, Paris, Médiaspaul / Cerf, 1996.

VOGELS W., *Moïse aux multiples visages. De l'Exode au Deutéronome*, coll. « Lire la Bible », Paris, Cerf, 1997.

VON RAD G., *La Genèse*, Genève, Labor et Fides, 1968.

WÉNIN A., *Abraham ou l'apprentissage du dépouillement. Gn 11, 27-25, 18*, coll. « Lire la Bible », Paris, Cerf, 2016.

WÉNIN A., *Samuel et l'instauration de la monarchie (1 S 1-12). Une recherche littéraire sur le personnage*, Frankfurt am Main / Bern / New York / Paris, Peter Lang, 1988.

WIÉNER Cl., *Le livre de l'Exode*, coll. « Cahiers Évangile », n° 54, Paris, Cerf, 1985.

## Ouvrages et articles anthropologiques, philosophiques et historiques

ARRUPE P., « Lettre aux Jésuites, 14 mai 1979 », dans *Écrits pour évangéliser. Présentés par Jean-Yves Calvez*, Paris, DDB, 1985.

BERTRAND F., « Afrique Madagascar », *Annales de la Congrégation de la Mission* (*ACM*), 76, 1911, p. 519-523.

BOIN, MOUVEAUX, « Les *Baras* et les *Tanalas* dans le district d'Ivohibe et d'Ihosy », *Colonie de Madagascar*, 1897.

CARUSO V., *Brève esquisse d'analyse du « hazo-manga » dans la société bara*, Document ronéotypé, Farafangana, 1970.

CHAPUS G., DANDOUAU A., *Manuel d'histoire de Madagascar à l'usage de la République*, Paris, Larose, 1961.

COLIN P., *Aspect de l'âme malgache*, Paris, Orante, 1959.

COLOMBI G., *Une évangélisation dans le diocèse d'Ihosy à Madagascar (1971-1992). Itinéraires théologico-pastoraux*, Mémoire de Licence en missiologie, Rome, 1994.

DE FLACOURT É., *Histoire de la grande Isle de Madagascar*, Paris, 1658.

DELVAL R., *Le bœuf dans la vie malgache*, Paris, 1986.

DESCHAMPS H., *Les migrations intérieures passées et présentes à Madagascar*, coll. « L'homme d'outre-mer », Nouvelle Série, n° 1, Paris, Berger-Levrault, 1959.

DESCOLA Ph., *Par-delà nature et culture*, Paris, Nrf / Gallimard, 2005.

DU BOIS DE LA VILLERABEL A., « Étude sur le secteur des *Bara Imamono* », *Colonie de Madagascar*, 1899.

DUBOIS R., *Olombelona. Essai sur l'existence personnelle et collective à Madagascar*, Paris, L'Harmattan, 1978.

ELLI L., *Fomba Bara*, Fianarantsoa, Saint Paul, 1999.

ELLI L., *Une civilisation du bœuf. Les Bara de Madagascar, difficultés et perspectives d'une évangélisation*, coll. « Gasikarako », Fianarantsoa, Ambozontany, 1993.

ERMAN A., RANKE H., *La civilisation égyptienne*, Paris, Payot, 1952.

FAUBLÉE J., « L'élevage chez les Bara du sud de Madagascar », *Journal de la Société des Africanistes*, 11 (1941), p. 115-123.

FAUBLÉE J., « L'équilibre d'une société malgache traditionnelle : les Bara », *Cahiers Charles de Foucauld*, 6ème série, 21 (1951).

FAUBLÉE J., *Ethnographie de Madagascar*, Paris, Nouvelle édition / Édition de France et d'Outre-Mer, 1946.

FAUBLÉE J., *La cohésion des sociétés bara*, Paris, PUF, 1954.

FAUBLÉE J., *Les esprits de la vie à Madagascar*, Paris, PUF, 1953.

FAUBLÉE J., *Récits bara*, coll. « Travaux et Mémoires de l'institut d'ethnologie », n° 48, Paris, 1947.

FERRAND G., « L'origine africaine des Malgaches », *Journal asiatique*, mai-juin 1908, p. 353-500.

FOUCHET M.-P., *Les peuples nus*, Paris, Buchet-Chastel, 1981.

GAIDE G., ANDRIATSIFA S.A., *Ankalazao ny Tompo. Liturgie malgache. L'Amour chante*, Antananarivo, Ambozontany / Analamahitsy, 2001.

GRANPIERRE V., *Histoire de la Mésopotamie*, Paris, Gallimard, 2010.

HADJADJ F. (dir.), *Culture et évangélisation. La culture, un défi pour l'évangélisation. Conférences de Carême 2018 à Notre-Dame de Paris*, Paris, Parole et Silence, 2018.

HOULDER J.A., *Ohabolana ou Proverbes malgaches*, Tananarive, Imprimerie Luthérienne, 1960.

JAOVELO-DZAO R., *Mythes, rites et transes à Madagascar, Angano, Joro, et Tromba Sakalava*, Antananarivo / Paris, Ambozontany / Karthala, 1996.

LAHADY P., *Le culte betsimisaraka et son système symbolique*, Fianarantsoa, Ambozontany, 1979.

LANVONDÈS H., *Bekoropoka : quelques aspects de la vie familiale et sociale d'un village malgache*, coll. « Cahiers de l'Homme », VI, Paris, Mouton, Paris, 1967.

LUPO P., *Dieu dans la tradition malgache. Approches comparées avec les religions africaines et le christianisme*, Antananarivo / Paris, Ambozontany / Karthala, 2006.

MANAHIRA, *Sadian-janahary, Fetry, Foto-pinoana Bara*, Ihosy, Imprimerie ECAR, 1999.

MICHEL L., *La religion des anciens Mérina*, Aix-en-Provence, La Pensée universitaire, 1958.

MICHEL L., *Mœurs et coutumes des Bara*, coll. « Mémoires de l'Académie Malgache », n° 40, Tananarive, 1957.

MOLET L., *Le bœuf dans l'Ankaizina : son importance sociale et économique*, coll. « Mémoires de l'institut scientifique de Madagascar », n° 2, Série C, Tananarive, 1953.

MOLET L., *La conception malgache du monde surnaturel et de l'homme en Imerina*, T. 1 et 2, Paris, L'Harmattan, 1979.

NAKANY P., « Un Bara parle des vols de bœufs », *Journal Lumière*, 5 (août 1973).

NOIRET Fr., *Le mythe d'Ibonia le grand prince (Madagascar)*, Paris, Karthala, 2008.

OTTINO P., *Les champs de l'ancestralité à Madagascar. Parenté, alliance et patrimoine*, Paris, Karthala / Orstrom, 1998.

PAOLY BE, « *Ny foko Bara* », », *Lakroan'i Madagasikara*, 29 juin 1969.

PAOLY BE, « *Ny Hako no niandohan'ny Bara* », *Lakroan'i Madagasikara*, 22 juin 1969.

RABENILAINA R.B., « Les *takahotsy*, contes *bara* des origines », *Études Océan Indien* 8 (1987), p. 57-96.

RABENILAINA R.B., *Morpho-syntaxe du malgache. Description structurale du dialecte bàra*, coll. « Langues et civilisations de l'Asie du Sud-est et du monde insulindien. Langues, cultures et sociétés de l'Océan indien », n° 14, Paris, Société d'études linguistiques et anthropologiques de France, 1983.

RABESAHALA-RANDRIAMANANORO Ch., *La religion malgache ancestrale pratiquée. Éléments de compréhension*, Paris, Les Impliqués, 2014.

RAHANETRA M., *La vie et le fihavanana. Esquisse d'une philosophie malgache*, Série de communications à l'Académie malgache, Antananarivo, 1983.

RAHASASON G.A.R., *Endrim-pifandraisana amin'ny Zagnahary sy ny raza araka ny Tata Bara, Foko Zafimagnely, tarik'i Barera BENAIVO ao Sahambano,* Fianarantsoa, 1992.

RAISON-JOURDE Fr., *Bible et pouvoir à Madagascar au XIX$^{e}$ siècle. Invention d'une identité chrétienne et construction de l'Etat (1780-1880)*, Paris, Karthala, 1991.

RAKOTOARIVELO J., *Le problème de Dieu dans les proverbes malgaches*, Fribourg, 1973.

RAKOTOMALALA M., BLANCHY S., RAISON-JOURDE Fr., *Madagascar : Les ancêtres au quotidien. Usages sociaux du religieux sur les Hautes-Terres malgaches*, Paris, L'Harmattan, 2001.

RAKOTONDRAVAHATRA J.G., « *Niresaka taminay momba ny "BILO"* i Monsenera Jean-Guy Rakotondravahatra », *Isika Mianakavy* (avrily 1973), p. 3.

RAMANDRAIVONONA D., *Le Malgache. Sa langue et sa religion*, Paris, Présence africaine, 1959.

RANAIVO S., « La longue marche des zébus », *no comment magazine* 44 (sept 2013).

RANDRIAMAMONJY F., *Histoire des régions de Madagascar. Des origines à la fin du 19ème siècle*, Antananarivo, Éd. Luthérienne TPFLM (*Trano Printy Fiangonana Loterana Malagasy*), 2008.

RANDRIAMAMONJY F., *Tantaran'i Madagasikara isam-paritra*, Antananarivo, Éd. Luthérienne TPFLM (*Trano Printy Fiangonana Loterana Malagasy*), 2001.

RANDRIANARISON J., « Le bœuf dans l'économie rurale de Madagascar », I, *Madagascar. Revue de Géographie* 28 (janvier-juin 1976), p. 9-122.

RASAMOELINA H., *Madagascar. État, communautés villageoises et banditisme rural*, Paris, Harmattan, 2007.

STADELMANN Cl., *Madagascar et le zébu, un couple en danger*, Crémines, Éd. du Raimeux, 2016.

TARABEY B., *Madagascar Dahalo. Enquête sur les bandits du Grand Sud*, Antananarivo, Éd. no comment, 2014.

VACHER C., « Études ethnographiques », *Revue de Madagascar*, 10 octobre 1903.

## Dictionnaires et encyclopédies

BOGAERT P.M., DELCOR M., JACOB E., LIPINSKI E., MARTIN-ACHARD R., PONTHOT J., *Dictionnaire encyclopédique de la Bible*, 3e édition revue et augmentée, Paris, Brepols, 2002.

LÉON-DUFOUR X. (dir.), *Vocabulaire de théologie biblique*, Paris, Cerf, 1970.

CHEVALIER J., GHEERBRANT A., *Dictionnaire des symboles*, Paris, Robert Laffont / Jupiter, 1969.

ELLI L., *Dictionnaire ethnologique bara-français*, Antananarivo, Communauté lazariste de Turin et de Madagascar, 2010.

FRANCO I., *Dictionnaire de mythologie égyptienne*, Paris, Tallandier, 2013.

LACOSTE J.-Y., *Dictionnaire critique de théologie*, Paris, PUF, 2007.

MONLOUBOU L., DU BUIT F.M., *Dictionnaire biblique universel*, Paris, Desclée, 1984.

MOREL C., *Dictionnaire des symboles, des mythes et des croyances*, Paris, L'Archipel, 2018.

ODELAIN O., SEGUINEAU R., *Dictionnaire des noms propres de la Bible*, Paris, Cerf / Desclée de Brouwer, 1978.

POSENER G., *Dictionnaire de la civilisation égyptienne*, Paris, Hazan, 2011.

RAJEMISA-RAOLISON R., *Rakibolana malagasy*, Antananarivo, Ambozontany, 2003.

VILLER M., CAVALLERA F., DE GUIBERT J., RAYEZ A., DERVILLE A., SOLIGNAC A., *Dictionnaire de spiritualité, ascétique et mystique. Doctrine et histoire*, T. 11, Paris, Beauchesne, 1982.

## Sitographie

BISSON J., http://terreetciel.over-blog.com/article-32176771.html

BISSON J., http://terreetciel.over-blog.com/article-32176771.html

EUGÈNE R., « Exécutions sommaires et bavures des forces de l'ordre, création d'une unité spéciale anti-dahalo », http://www.midi-madagasikara.mg/a-la-une/2016/03/10/

GUEUNIER N.J., https://journals.openedition.org/oceanindien/1373

JURET – ROUSSEL, « Hermès », http://fr.wikimini.org/wiki/Hermès

KERIVEL G., LIETOUT P., « Le Pape François prône la défense des faibles », https://www.capital.fr/economie-politique/le-pape-francois-prone-la-defense-des-faibles-dans-son-homelie-820740

MINISTÈRE DE L'ÉLEVAGE, http://www.elevage.gov.mg/estimation-effectif-cheptel-bovins-par-region-annee-2010-2012/

RAHAROLAHY L., « Le bœuf dans la société traditionnelle malgache », 2010, http://www.naturevolution.org/wp-content/uploads/

RAHOLINARIVO SOLONAVALONA P., « Conférence de presse Fitiba septembre 2018 », https://web.facebook.com/paolo.raholinarivosolonavalona/videos/

RAKOTONDRAIBE. M., « Madagascar : Halte à la vente de terre », http://www.pambazuka.net/fr/category.php/advocacy/79500/print

RAKOTOZAFY L.M.A., « Essai d'établissement de l'histoire des bœufs à Madagascar », *Taloha* 20, Revue scientifique internationale des civilisations, 2012, http://www.taloha.info/document.php?id=1241

RANAIVOSON G.F., « Un bataillon interarmes pour lutter contre les dahalo », https://www.lexpressmada.com/24/07/2017/

STEYMANS H.U., « La Trinité et les animaux », http://www.unifr.ch/theo/assets/files/SP2016/mot_du_doyen_juin2016.pdf

TVPLUS MADAGASCAR, https://www.youtube.com/watch?v=hacLfrVTXU4

WIKIPEDIA, « Histoire de la Grèce antique », https://fr.wikipedia.org/wiki/Histoire_de_la_Grèce_antique.

WIKIPEDIA, « L'art liturgique », https://fr.wikipedia.org/wiki/Art_liturgique

WIKIPEDIA, « Le sacrifice », https://fr.wikipedia.org/wiki/Sacrifice

WIKIPEDIA, « Palestine », https://fr.wikipedia.org/wiki/Palestine

WIKIPEDIA, « Pays de Canaan », https://fr.wikipedia.org/wiki/Pays_de_Canaan_(Bible)

# DÉJÀ PARUS DANS LA COLLECTION « THÉOLOGIE AFRICAINE »

N° 1 : Bénézet BUJO, *Le Credo de l'Eglise en dialogue avec les cultures. Existe-t-il une manière africaine de croire au Dieu de Jésus Christ*, Fribourg, Academic Press, août 2016.

N° 2 : Adalric Felix Fidèle JATSA, *La place des non encore-nés dans la communauté africaine. Contribution à la conception chrétienne de la personne*, Fribourg, Academic Press, mars 2017.

N° 3 : Dieudonné ADUBANG'O UCOUN, *Le sacrement du mariage face aux mutations socio-culturelles. Pour renouer avec les valeurs négro-africaines*, Fribourg, Academic Press, septembre 2017.

N° 4 : Léocadie BILLY, *Maternité précoce, enjeu pour la famille et le mariage*, St-Maurice, Saint-Augustin, février 2019.

N° 5 : Bénézet BUJO, *La vision africaine du monde. Pour un enseignement social de l'Église sans loi naturelle*, St-Maurice, Saint-Augustin, décembre 2018.

N° 6 : Bénézet BUJO, *Quelle Église pour un christianisme authentiquement africain ? Universalité dans la diversité*, Basel, Schwabe Verlag, novembre 2020.

N° 7 : Nicolas CUBAKA CISHUGI, *Se réconcilier au nom de la vie. Approche traditionnelle africaine de résolution des conflits au service de la réconciliation sociale et ecclésiale. Cas du Ndaro chez les Baschi de la République démocratique du Congo*, Basel, Schwabe Verlag, juillet 2021.

Le signet de Schwabe Verlag est
la marque d'imprimeur de l'officine
Petri, fondée à Bâle en 1488
et origine de la maison d'édition
actuelle. Le signet se réfère aux
débuts de l'imprimerie et fut créé
dans le périmètre de Hans Holbein.
Il illustre le passage de la Bible de
Jérémie 23,29: «Ma parole n'est-elle
pas comme un feu, dit l'Éternel,
et comme un marteau qui brise
le roc?»